权威·前沿·原创

皮书系列为
"十二五"国家重点图书出版规划项目

权威·前沿·原创

社会科学文献出版社

皮书系列

2015年

盘点年度资讯　预测时代前程

社会科学文献出版社 学术传播中心 编制

社会科学文献出版社
SOCIAL SCIENCES ACADEMIC PRESS (CHINA)

社会科学文献出版社成立于1985年,是直属于中国社会科学院的人文社会科学专业学术出版机构。

成立以来,特别是1998年实施第二次创业以来,依托于中国社会科学院丰厚的学术出版和专家学者两大资源,坚持"创社科经典,出传世文献"的出版理念和"权威、前沿、原创"的产品定位,社科文献立足内涵式发展道路,从战略层面推动学术出版五大能力建设,逐步走上了智库产品与专业学术成果系列化、规模化、数字化、国际化、市场化发展的经营道路。

先后策划出版了著名的图书品牌和学术品牌"皮书"系列、"列国志"、"社科文献精品译库"、"全球化译丛"、"全面深化改革研究书系"、"近世中国"、"甲骨文"、"中国史话"等一大批既有学术影响又有市场价值的系列图书,形成了较强的学术出版能力和资源整合能力。2014年社科文献出版社发稿5.5亿字,出版图书1500余种,承印发行中国社科院院属期刊71种,在多项指标上都实现了较大幅度的增长。

凭借着雄厚的出版资源整合能力,社科文献出版社长期以来一直致力于从内容资源和数字平台两个方面实现传统出版的再造,并先后推出了皮书数据库、列国志数据库、中国田野调查数据库等一系列数字产品。数字出版已经初步形成了产品设计、内容开发、编辑标引、产品运营、技术支持、营销推广等全流程体系。

在国内原创著作、国外名家经典著作大量出版,数字出版突飞猛进的同时,社科文献出版社从构建国际话语体系的角度推动学术出版国际化。先后与斯普林格、荷兰博睿、牛津、剑桥等十余家国际出版机构合作面向海外推出了"皮书系列""改革开放30年研究书系""中国梦与中国发展道路研究丛书""全面深化改革研究书系"等一系列在世界范围内引起强烈反响的作品;并持续致力于中国学术出版走出去,组织学者和编辑参加国际书展,筹办国际性学术研讨会,向世界展示中国学者的学术水平和研究成果。

此外,社科文献出版社充分利用网络媒体平台,积极与中央和地方各类媒体合作,并联合大型书店、学术书店、机场书店、网络书店、图书馆,逐步构建起了强大的学术图书内容传播平台。学术图书的媒体曝光率居全国之首,图书馆藏率居于全国出版机构前十位。

上述诸多成绩的取得,有赖于一支以年轻的博士、硕士为主体,一批从中国社科院刚退出科研一线的各学科专家为支撑的300多位高素质的编辑、出版和营销队伍,为我们实现学术立社,以学术品位、学术价值来实现经济效益和社会效益这样一个目标的共同努力。

作为已经开启第三次创业梦想的人文社会科学学术出版机构,2015年的社会科学文献出版社将迎来她30周岁的生日,"三十而立"再出发,我们将以改革发展为动力,以学术资源建设为中心,以构建智慧型出版社为主线,以社庆三十周年系列活动为重要载体,以"整合、专业、分类、协同、持续"为各项工作指导原则,全力推进出版社数字化转型,坚定不移地走专业化、数字化、国际化发展道路,全面提升出版社核心竞争力,为实现"社科文献梦"奠定坚实基础。

社长致辞

我们是图书出版者,更是人文社会科学内容资源供应商;

我们背靠中国社会科学院,面向中国与世界人文社会科学界,坚持为人文社会科学的繁荣与发展服务;

我们精心打造权威信息资源整合平台,坚持为中国经济与社会的繁荣与发展提供决策咨询服务;

我们以读者定位自身,立志让爱书人读到好书,让求知者获得知识;

我们精心编辑、设计每一本好书以形成品牌张力,以优秀的品牌形象服务读者,开拓市场;

我们始终坚持"创社科经典,出传世文献"的经营理念,坚持"权威、前沿、原创"的产品特色;

我们"以人为本",提倡阳光下创业,员工与企业共享发展之成果;

我们立足于现实,认真对待我们的优势、劣势,我们更着眼于未来,以不断的学习与创新适应不断变化的世界,以不断的努力提升自己的实力;

我们愿与社会各界友好合作,共享人文社会科学发展之成果,共同推动中国学术出版乃至内容产业的繁荣与发展。

社会科学文献出版社社长
中国社会学会秘书长

2015 年 1 月

社会科学文献出版社　　皮书系列

❖ 皮书起源 ❖

"皮书"起源于十七、十八世纪的英国,主要指官方或社会组织正式发表的重要文件或报告,多以"白皮书"命名。在中国,"皮书"这一概念被社会广泛接受,并被成功运作、发展成为一种全新的出版形态,则源于中国社会科学院社会科学文献出版社。

❖ 皮书定义 ❖

皮书是对中国与世界发展状况和热点问题进行年度监测,以专业的角度、专家的视野和实证研究方法,针对某一领域或区域现状与发展态势展开分析和预测,具备权威性、前沿性、原创性、实证性、时效性等特点的连续性公开出版物,由一系列权威研究报告组成。皮书系列是社会科学文献出版社编辑出版的蓝皮书、绿皮书、黄皮书等的统称。

❖ 皮书作者 ❖

皮书系列的作者以中国社会科学院、著名高校、地方社会科学院的研究人员为主,多为国内一流研究机构的权威专家学者,他们的看法和观点代表了学界对中国与世界的现实和未来最高水平的解读与分析。

❖ 皮书荣誉 ❖

皮书系列已成为社会科学文献出版社的著名图书品牌和中国社会科学院的知名学术品牌。2011年,皮书系列正式列入"十二五"国家重点出版规划项目;2012~2014年,重点皮书列入中国社会科学院承担的国家哲学社会科学创新工程项目;2015年,41种院外皮书使用"中国社会科学院创新工程学术出版项目"标识。

经济类 | 皮书系列 重点推荐

经 济 类

经济类皮书涵盖宏观经济、城市经济、大区域经济，提供权威、前沿的分析与预测

经济蓝皮书
2015年中国经济形势分析与预测

李 扬 / 主编　　2014年12月出版　　定价:69.00元

◆ 本书为总理基金项目，由著名经济学家李扬领衔，联合中国社会科学院、国务院发展中心等数十家科研机构、国家部委和高等院校的专家共同撰写，系统分析了2014年的中国经济形势并预测2015年我国经济运行情况，2015年中国经济仍将保持平稳较快增长，预计增速7%左右。

城市竞争力蓝皮书
中国城市竞争力报告 No.13

倪鹏飞 / 主编　　2015年5月出版　　定价:89.00元

◆ 本书由中国社会科学院城市与竞争力研究中心主任倪鹏飞主持编写，以"巨手：托起城市中国新版图"为主题，分别从市场、产业、要素、交通一体化角度论证了东中一体化程度不断加深。建议：中国经济分区应该由四分区调整为二分区；按照"一团五线"的发展格局对中国的城市体系做出重大调整。

西部蓝皮书
中国西部发展报告（2015）

姚慧琴　徐璋勇 / 主编　　2015年7月出版　　估价:89.00元

◆ 本书由西北大学中国西部经济发展研究中心主编，汇集了源自西部本土以及国内研究西部问题的权威专家的第一手资料，对国家实施西部大开发战略进行年度动态跟踪，并对2015年西部经济、社会发展态势进行预测和展望。

皮书系列重点推荐　经济类

中部蓝皮书
中国中部地区发展报告（2015）

喻新安／主编　　2015年7月出版　　估价：69.00元

◆ 本书敏锐地抓住当前中部地区经济发展中的热点、难点问题，紧密地结合国家和中部经济社会发展的重大战略转变，对中部地区经济发展的各个领域进行了深入、全面的分析研究，并提出了具有理论研究价值和可操作性强的政策建议。

世界经济黄皮书
2015年世界经济形势分析与预测

王洛林　张宇燕／主编　　2015年1月出版　　定价：69.00元

◆ 本书为中国社会科学院创新工程学术出版资助项目，由中国社会科学院世界经济与政治研究所的研创团队撰写。该书认为，2014年，世界经济维持了上年度的缓慢复苏，同时经济增长格局分化显著。预计2015年全球经济增速按购买力平价计算的增长率为3.3%，按市场汇率计算的增长率为2.8%。

中国省域竞争力蓝皮书
中国省域经济综合竞争力发展报告（2013~2014）

李建平　李闽榕　高燕京／主编　　2015年2月出版　　定价：198.00元

◆ 本书充分运用数理分析、空间分析、规范分析与实证分析相结合、定性分析与定量分析相结合的方法，建立起比较科学完善、符合中国国情的省域经济综合竞争力指标评价体系及数学模型，对2012~2013年中国内地31个省、市、区的经济综合竞争力进行全面、深入、科学的总体评价与比较分析。

城市蓝皮书
中国城市发展报告No.8

潘家华　魏后凯／主编　　2015年9月出版　　估价：69.00元

◆ 本书由中国社会科学院城市发展与环境研究中心编著，从中国城市的科学发展、城市环境可持续发展、城市经济集约发展、城市社会协调发展、城市基础设施与用地管理、城市管理体制改革以及中国城市科学发展实践等多角度、全方位地立体展示了中国城市的发展状况，并对中国城市的未来发展提出了建议。

权威 前沿 原创

经济类　皮书系列重点推荐

金融蓝皮书
中国金融发展报告（2015）

李 扬 王国刚 / 主编　2014 年 12 月出版　定价 :75.00 元

◆ 由中国社会科学院金融研究所组织编写的《中国金融发展报告（2015）》，概括和分析了 2014 年中国金融发展和运行中的各方面情况，研讨和评论了 2014 年发生的主要金融事件。本书由业内专家和青年精英联合编著，有利于读者了解掌握 2014 年中国的金融状况，把握 2015 年中国金融的走势。

低碳发展蓝皮书
中国低碳发展报告（2015）

齐 晔 / 主编　2015 年 7 月出版　估价 :89.00 元

◆ 本书对中国低碳发展的政策、行动和绩效进行科学、系统、全面的分析。重点是通过归纳中国低碳发展的绩效，评估与低碳发展相关的政策和措施，分析政策效应的制度背景和作用机制，为进一步的政策制定、优化和实施提供支撑。

经济信息绿皮书
中国与世界经济发展报告（2015）

杜 平 / 主编　2014 年 12 月出版　定价 :79.00 元

◆ 本书是由国家信息中心组织专家队伍精心研究编撰的年度经济分析预测报告，书中指出，2014 年，我国经济增速有所放慢，但仍处于合理运行区间。主要新兴国家经济总体仍显疲软。2015 年应防止经济下行和财政金融风险相互强化，促进经济向新常态平稳过渡。

低碳经济蓝皮书
中国低碳经济发展报告（2015）

薛进军 赵忠秀 / 主编　2015 年 6 月出版　定价 :85.00 元

◆ 本书汇集来自世界各国的专家学者、政府官员，探讨世界金融危机后国际经济的现状，提出"绿色化"为经济转型期国家的可持续发展提供了重要范本，并将成为解决气候系统保护与经济发展矛盾的重要突破口，也将是中国引领"一带一路"沿线国家实现绿色发展的重要抓手。

社会政法类

社会政法类皮书聚焦社会发展领域的热点、难点问题，提供权威、原创的资讯与视点

社会蓝皮书

2015年中国社会形势分析与预测

李培林　陈光金　张翼 / 主编　2014年12月出版　定价：69.00元

◆ 本书由中国社会科学院社会学研究所组织研究机构专家、高校学者和政府研究人员撰写，聚焦当下社会热点，指出2014年我国社会存在城乡居民人均收入增速放缓、大学生毕业就业压力加大、社会老龄化加速、住房价格继续飙升、环境群体性事件多发等问题。

法治蓝皮书

中国法治发展报告No.13（2015）

李　林　田　禾 / 主编　2015年3月出版　定价：105.00元

◆ 本年度法治蓝皮书回顾总结了2014年度中国法治取得的成效及存在的问题，并对2015年中国法治发展形势进行预测、展望，还从立法、人权保障、行政审批制度改革、反价格垄断执法、教育法治、政府信息公开等方面研讨了中国法治发展的相关问题。

环境绿皮书

中国环境发展报告（2015）

刘鉴强 / 主编　2015年7月出版　估价：79.00元

◆ 本书由民间环保组织"自然之友"组织编写，由特别关注、生态保护、宜居城市、可持续消费以及政策与治理等版块构成，以公共利益的视角记录、审视和思考中国环境状况，呈现2014年中国环境与可持续发展领域的全局态势，用深刻的思考、科学的数据分析2014年的环境热点事件。

社会政法类　皮书系列 重点推荐

反腐倡廉蓝皮书
中国反腐倡廉建设报告 No.4
李秋芳　张英伟 / 主编　2014 年 12 月出版　定价 :79.00 元

◆ 本书继续坚持"建设"主题，既描摹出反腐败斗争的感性特点，又揭示出反腐政治格局深刻变化的根本动因。指出当前症结在于权力与资本"隐蔽勾连"、"官场积弊"消解"吏治改革"效力、部分公职人员基本价值观迷乱、封建主义与资本主义思想依然影响深重。提出应以科学思维把握反腐治标与治本问题，建构"不需腐"的合理合法薪酬保障机制。

女性生活蓝皮书
中国女性生活状况报告 No.9（2015）
韩湘景 / 主编　2015 年 4 月出版　定价 :79.00 元

◆ 本书由中国妇女杂志社、华坤女性生活调查中心和华坤女性消费指导中心组织编写，通过调查获得的大量调查数据，真实展现当年中国城市女性的生活状况、消费状况及对今后的预期。

华侨华人蓝皮书
华侨华人研究报告 (2015)
贾益民 / 主编　2015 年 12 月出版　估价 :118.00 元

◆ 本书为中国社会科学院创新工程学术出版资助项目，是华侨大学向世界提供最新涉侨动态、理论研究和政策建议的平台。主要介绍了相关国家华侨华人的规模、分布、结构、发展趋势，以及全球涉侨生存安全环境和华文教育情况等。

政治参与蓝皮书
中国政治参与报告（2015）
房　宁 / 主编　2015 年 7 月出版　估价 :105.00 元

◆ 本书作者均来自中国社会科学院政治学研究所，聚焦中国基层群众自治的参与情况介绍了城镇居民的社区建设与居民自治参与和农村居民的村民自治与农村社区建设参与情况。其优势是其指标评估体系的建构和问卷调查的设计专业，数据量丰富，统计结论科学严谨。

皮书系列重点推荐 | 行业报告类

行业报告类

行业报告类皮书立足重点行业、新兴行业领域，提供及时、前瞻的数据与信息

房地产蓝皮书

中国房地产发展报告 No.12（2015）

魏后凯 李景国/主编　2015年5月出版　定价：79.00元

◆ 本年度房地产蓝皮书指出，2014年中国房地产市场出现了较大幅度的回调，商品房销售明显遇冷，库存居高不下。展望2015年，房价保持低速增长的可能性较大，但区域分化将十分明显，人口聚集能力强的一线城市和部分热点二线城市房价有回暖、房价上涨趋势，而人口聚集能力差、库存大的部分二线城市或三四线城市房价会延续下跌（回调）态势。

保险蓝皮书

中国保险业竞争力报告（2015）

姚庆海 王力/主编　2015年12出版　估价：98.00元

◆ 本皮书主要为监管机构、保险行业和保险学界提供保险市场一年来发展的总体评价，外在因素对保险业竞争力发展的影响研究；国家监管政策、市场主体经营创新及职能发挥、理论界最新研究成果等综述和评论。

企业社会责任蓝皮书

中国企业社会责任研究报告（2015）

黄群慧 彭华岗 钟宏武 张蒽/编著
2015年11月出版　估价：69.00元

◆ 本书系中国社会科学院经济学部企业社会责任研究中心组织编写的《企业社会责任蓝皮书》2015年分册。该书在对企业社会责任进行宏观总体研究的基础上，根据2014年企业社会责任及相关背景进行了创新研究，在全国企业中观层面对企业健全社会责任管理体系提供了弥足珍贵的丰富信息。

行业报告类　　皮书系列 重点推荐

投资蓝皮书

中国投资发展报告（2015）

谢　平 / 主编　　2015 年 4 月出版　　定价 :128.00 元

◆ 2014 年，适应新常态发展的宏观经济政策逐步成型和出台，成为保持经济平稳增长、促进经济活力增强、结构不断优化升级的有力保障。2015 年，应重点关注先进制造业、TMT 产业、大健康产业、大文化产业及非金融全新产业的投资机会，适应新常态下的产业发展变化，在投资布局中争取主动。

住房绿皮书

中国住房发展报告（2014~2015）

倪鹏飞 / 主编　　2014 年 12 月出版　　定价 :79.00 元

◆ 本年度住房绿皮书指出，中国住房市场从 2014 年第一季度开始进入调整状态，2014 年第三季度进入全面调整期。2015 年的住房市场走势：整体延续衰退、一、二线城市 2015 年下半年、三四线城市 2016 年下半年复苏。

人力资源蓝皮书

中国人力资源发展报告（2015）

余兴安 / 主编　　2015 年 9 月出版　　估价 :79.00 元

◆ 本书是在人力资源和社会保障部部领导的支持下，由中国人事科学研究院汇集我国人力资源开发权威研究机构的诸多专家学者的研究成果编写而成。 作为关于人力资源的蓝皮书，本书通过充分利用有关研究成果，更广泛、更深入地展示近年来我国人力资源开发重点领域的研究成果。

汽车蓝皮书

中国汽车产业发展报告（2015）

国务院发展研究中心产业经济研究部 中国汽车工程学会
大众汽车集团（中国）/ 主编　　2015 年 8 月出版　　估价 :128.00 元

◆ 本书由国务院发展研究中心产业经济研究部、中国汽车工程学会、大众汽车集团（中国）联合主编，是关于中国汽车产业发展的研究性年度报告，介绍并分析了本年度中国汽车产业发展的形势。

皮书系列重点推荐　国别与地区类

国别与地区类

国别与地区类皮书关注全球重点国家与地区，提供全面、独特的解读与研究

亚太蓝皮书
亚太地区发展报告（2015）

李向阳／主编　　2015年1月出版　　定价：59.00元

◆ 本年度的专题是"一带一路"，书中对"一带一路"战略的经济基础、"一带一路"与区域合作等进行了阐述。除对亚太地区2014年的整体变动情况进行深入分析外，还在此基础上提出了对于2015年亚太地区各个方面发展情况的预测。

日本蓝皮书
日本研究报告（2015）

李薇／主编　　2015年4月出版　　定价：69.00元

◆ 本书由中华日本学会、中国社会科学院日本研究所合作推出，是以中国社会科学院日本研究所的研究人员为主完成的研究成果。对2014年日本的政治、外交、经济、社会文化作了回顾、分析，并对2015年形势进行展望。

德国蓝皮书
德国发展报告（2015）

郑春荣　伍慧萍／主编　　2015年5月出版　　定价：69.00元

◆ 本报告由同济大学德国研究所组织编撰，由该领域的专家学者对德国的政治、经济、社会文化、外交等方面的形势发展情况，进行全面的阐述与分析。德国作为欧洲大陆第一强国，与中国各方面日渐紧密的合作关系，值得国内各界深切关注。

国别与地区类　　皮书系列
重点推荐

国际形势黄皮书
全球政治与安全报告（2015）

李慎明　张宇燕/主编　2015年1月出版　定价:69.00元

◆ 本书对中、俄、美三国之间的合作与冲突进行了深度分析，揭示了影响中美、俄美及中俄关系的主要因素及变化趋势。重点关注了乌克兰危机、克里米亚问题、苏格兰公投、西非埃博拉疫情以及西亚北非局势等国际焦点问题。

拉美黄皮书
拉丁美洲和加勒比发展报告（2014~2015）

吴白乙/主编　2015年5月出版　定价:89.00元

◆ 本书是中国社会科学院拉丁美洲研究所的第14份关于拉丁美洲和加勒比地区发展形势状况的年度报告。本书对2014年拉丁美洲和加勒比地区诸国的政治、经济、社会、外交等方面的发展情况做了系统介绍，对该地区相关国家的热点及焦点问题进行了总结和分析，并在此基础上对该地区各国2015年的发展前景做出预测。

美国蓝皮书
美国研究报告（2015）

郑秉文　黄平/主编　2015年6月出版　定价:89.00元

◆ 本书是由中国社会科学院美国所主持完成的研究成果，重点讲述了美国的"再平衡"战略，另外回顾了美国2014年的经济、政治形势与外交战略，对2014年以来美国内政外交发生的重大事件以及重要政策进行了较为全面的回顾和梳理。

大湄公河次区域蓝皮书
大湄公河次区域合作发展报告（2015）

刘稚/主编　2015年9月出版　估价:79.00元

◆ 云南大学大湄公河次区域研究中心深入追踪分析该区域发展动向，以把握全面、突出重点为宗旨，系统介绍和研究大湄公河次区域合作的年度热点和重点问题，展望次区域合作的发展趋势，并对新形势下我国推进次区域合作深入发展提出相关对策建议。

皮书系列重点推荐　地方发展类

地方发展类

地方发展类皮书关注大陆各省份、经济区域，提供科学、多元的预判与咨政信息

北京蓝皮书

北京公共服务发展报告（2014~2015）

施昌奎 / 主编　　2015 年 1 月出版　　定价：69.00 元

◆ 本书是由北京市政府职能部门的领导、首都著名高校的教授、知名研究机构的专家共同完成的关于北京市公共服务发展与创新的研究成果。本年度主题为"北京公共服务均衡化发展和市场化改革"，内容涉及了北京市公共服务发展的方方面面，既有对北京各个城区的综合性描述，也有对局部、细部、具体问题的分析。

上海蓝皮书

上海经济发展报告（2015）

沈开艳 / 主编　　2015 年 1 月出版　　定价：69.00 元

◆ 本书系上海社会科学院系列之一，本年度将"建设具有全球影响力的科技创新中心"作为主题，对 2015 年上海经济增长与发展趋势的进行了预测，把握了上海经济发展的脉搏和学术研究的前沿。

广州蓝皮书

广州经济发展报告（2015）

李江涛　朱名宏 / 主编　　2015 年 7 月出版　　估价：69.00 元

◆ 本书是由广州市社会科学院主持编写的"广州蓝皮书"系列之一，本报告对广州 2014 年宏观经济运行情况作了深入分析，对 2015 年宏观经济走势进行了合理预测，并在此基础上提出了相应的政策建议。

皮书系列
重点推荐

文化传媒类

文化传媒类

文化传媒类皮书透视文化领域、文化产业，探索文化大繁荣、大发展的路径

新媒体蓝皮书
中国新媒体发展报告 No.6（2015）

唐绪军/主编　　2015年7月出版　　定价:79.00元

◆ 本书深入探讨了中国网络信息安全、媒体融合状况、微信谣言问题、微博发展态势、互联网金融、移动舆论场舆情、传统媒体转型、新媒体产业发展、网络助政、网络舆论监督、大数据、数据新闻、数字版权等热门问题，展望了中国新媒体的未来发展趋势。

舆情蓝皮书
中国社会舆情与危机管理报告（2015）

谢耘耕/主编　　2015年8月出版　　估价:98.00元

◆ 本书由上海交通大学舆情研究实验室和危机管理研究中心主编，已被列入教育部人文社会科学研究报告培育项目。本书以新媒体环境下的中国社会为立足点，对2014年中国社会舆情、分类舆情等进行了深入系统的研究，并预测了2015年社会舆情走势。

文化蓝皮书
中国文化产业发展报告（2015）

张晓明　王家新　章建刚/主编　　2015年7月出版　　估价:79.00元

◆ 本书由中国社会科学院文化研究中心编写。从2012年开始，中国社会科学院文化研究中心设立了国内首个文化产业的研究类专项资金——"文化产业重大课题研究计划"，开始在全国范围内组织多学科专家学者对我国文化产业发展重大战略问题进行联合攻关研究。本书集中反映了该计划的研究成果。

皮书系列 2015全品种 经济类

经济类

G20国家创新竞争力黄皮书
二十国集团（G20）国家创新竞争力发展报告（2015）
著(编)者：黄茂兴 李闽榕 李建平 赵新力
2015年9月出版 / 估价：128.00元

产业蓝皮书
中国产业竞争力报告（2015）
著(编)者：张其仔 2015年7月出版 / 估价：79.00元

长三角蓝皮书
2015年全面深化改革中的长三角
著(编)者：张伟斌 2015年10月出版 / 估价：69.00元

城乡一体化蓝皮书
中国城乡一体化发展报告（2015）
著(编)者：付崇兰 汝信 2015年12月出版 / 估价：79.00元

城市创新蓝皮书
中国城市创新报告（2015）
著(编)者：周天勇 旷建伟 2015年8月出版 / 估价：69.00元

城市竞争力蓝皮书
中国城市竞争力报告（2015）
著(编)者：倪鹏飞 2015年5月出版 / 定价：89.00元

城市蓝皮书
中国城市发展报告NO.8
著(编)者：潘家华 魏后凯 2015年9月出版 / 估价：69.00元

城市群蓝皮书
中国城市群发展指数报告（2015）
著(编)者：刘新静 刘士林 2015年10月出版 / 估价：59.00元

城乡统筹蓝皮书
中国城乡统筹发展报告（2015）
著(编)者：潘晨光 程志强 2015年7月出版 / 估价：59.00元

城镇化蓝皮书
中国新型城镇化健康发展报告（2015）
著(编)者：张占斌 2015年7月出版 / 估价：79.00元

低碳发展蓝皮书
中国低碳发展报告（2015）
著(编)者：齐晔 2015年7月出版 / 估价：89.00元

低碳经济蓝皮书
中国低碳经济发展报告（2015）
著(编)者：薛进军 赵忠秀 2015年6月出版 / 定价：85.00元

东北蓝皮书
中国东北地区发展报告（2015）
著(编)者：马克 黄文艺 2015年8月出版 / 估价：79.00元

发展和改革蓝皮书
中国经济发展和体制改革报告（2015）
著(编)者：邹东涛 2015年11月出版 / 估价：98.00元

工业化蓝皮书
中国工业化进程报告（2015）
著(编)者：黄群慧 吕铁 李晓华 2015年11月出版 / 估价：89.00元

国际城市蓝皮书
国际城市发展报告（2015）
著(编)者：屠启宇 2015年1月出版 / 定价：79.00元

国家创新蓝皮书
中国创新发展报告（2015）
著(编)者：陈劲 2015年7月出版 / 估价：59.00元

环境竞争力绿皮书
中国省域环境竞争力发展报告（2015）
著(编)者：李建平 李闽榕 王金南
2015年12月出版 / 估价：198.00元

金融蓝皮书
中国金融发展报告（2015）
著(编)者：李扬 王国刚 2014年12月出版 / 定价：75.00元

金融信息服务蓝皮书
金融信息服务发展报告（2015）
著(编)者：鲁可锦 殷剑峰 林义相
2015年7月出版 / 估价：89.00元

经济蓝皮书
2015年中国经济形势分析与预测
著(编)者：李扬 2014年12月出版 / 定价：69.00元

经济蓝皮书·春季号
2015年中国经济前景分析
著(编)者：李扬 2015年5月出版 / 定价：79.00元

经济蓝皮书·夏季号
中国经济增长报告（2015）
著(编)者：李扬 2015年7月出版 / 估价：69.00元

经济信息绿皮书
中国与世界经济发展报告（2015）
著(编)者：杜平 2014年12月出版 / 定价：79.00元

就业蓝皮书
2015年中国大学生就业报告
著(编)者：麦可思研究院 2015年7月出版 / 估价：98.00元

就业蓝皮书
2015年中国高职高专生就业报告
著(编)者：麦可思研究院 2015年6月出版 / 定价：98.00元

就业蓝皮书
2015年中国本科生就业报告
著(编)者：麦可思研究院 2015年6月出版 / 定价：98.00元

临空经济蓝皮书
中国临空经济发展报告（2015）
著(编)者：连玉明 2015年9月出版 / 估价：79.00元

民营经济蓝皮书
中国民营经济发展报告（2015）
著(编)者：王钦敏 2015年12月出版 / 估价：79.00元

农村绿皮书
中国农村经济形势分析与预测（2014~2015）
著(编)者：中国社会科学院农村发展研究所
国家统计局农村社会经济调查司
2015年4月出版 / 定价：69.00元

皮书系列 2015全品种

经济类·社会政法类

农业应对气候变化蓝皮书
气候变化对中国农业影响评估报告（2015）
著(编)者：矫梅燕　2015年8月出版 / 估价:98.00元

企业公民蓝皮书
中国企业公民报告（2015）
著(编)者：邹东涛　2015年12月出版 / 估价:79.00元

气候变化绿皮书
应对气候变化报告（2015）
著(编)者：王伟光　郑国光　2015年10月出版 / 估价:79.00元

区域蓝皮书
中国区域经济发展报告（2014~2015）
著(编)者：梁昊光　2015年5月出版 / 定价:79.00元

全球环境竞争力绿皮书
全球环境竞争力报告（2015）
著(编)者：李建建　李闽榕　李建平　王金南
2015年12月出版 / 估价:198.00元

人口与劳动绿皮书
中国人口与劳动问题报告No.15
著(编)者：蔡昉　2015年1月出版 / 定价:59.00元

商务中心区蓝皮书
中国商务中心区发展报告（2015）
著(编)者：中国商务区联盟
　　　中国社会科学院城市发展与环境研究所
2015年10月出版 / 估价:69.00元

商务中心区蓝皮书
中国商务中心区发展报告No.1（2014）
著(编)者：魏后凯　李国红　2015年1月出版 / 定价:89.00元

世界经济黄皮书
2015年世界经济形势分析与预测
著(编)者：王洛林　张宇燕　2015年1月出版 / 定价:69.00元

世界旅游城市绿皮书
世界旅游城市发展报告（2015）
著(编)者：鲁勇　周正宇　宋宇　2015年7月出版 / 估价:88.00元

西北蓝皮书
中国西北发展报告（2015）
著(编)者：赵宗福　孙发平　苏海红　鲁顺元　段庆林
2014年12月出版 / 定价:79.00元

西部蓝皮书
中国西部发展报告（2015）
著(编)者：姚慧琴　徐璋勇　2015年7月出版 / 估价:89.00元

新型城镇化蓝皮书
新型城镇化发展报告（2015）
著(编)者：李伟　2015年10月出版 / 估价:89.00元

新兴经济体蓝皮书
金砖国家发展报告（2015）
著(编)者：林跃勤　周文　2015年7月出版 / 估价:79.00元

中部竞争力蓝皮书
中国中部经济社会竞争力报告（2015）
著(编)者：教育部人文社会科学重点研究基地
　　　南昌大学中国中部经济社会发展研究中心
2015年9月出版 / 估价:79.00元

中部蓝皮书
中国中部地区发展报告（2015）
著(编)者：喻新安　2015年7月出版 / 估价:69.00元

中国省域竞争力蓝皮书
中国省域经济综合竞争力发展报告（2013~2014）
著(编)者：李建平　李闽榕　高燕京
2015年2月出版 / 定价:198.00元

中三角蓝皮书
长江中游城市群发展报告（2015）
著(编)者：秦尊文　2015年10月出版 / 估价:69.00元

中小城市绿皮书
中国中小城市发展报告（2015）
著(编)者：中国城市经济学会中小城市经济发展委员会
　　　《中国中小城市发展报告》编纂委员会
　　　中小城市发展战略研究院
2015年10月出版 / 估价:98.00元

中原蓝皮书
中原经济区发展报告（2015）
著(编)者：李英杰　2015年7月出版 / 估价:88.00元

社会政法类

北京蓝皮书
中国社区发展报告（2015）
著(编)者：于燕燕　2015年7月出版 / 估价:69.00元

殡葬绿皮书
中国殡葬事业发展报告（2014~2015）
著(编)者：李伯森　2015年4月出版 / 定价:158.00元

城市管理蓝皮书
中国城市管理报告（2015）
著(编)者：谭维克　刘林　2015年12月出版 / 估价:158.00元

城市生活质量蓝皮书
中国城市生活质量报告（2015）
著(编)者：中国经济实验研究院　2015年7月出版 / 估价:59.00元

城市政府能力蓝皮书
中国城市政府公共服务能力评估报告（2015）
著(编)者：何艳玲　2015年7月出版 / 估价:59.00元

创新蓝皮书
创新型国家建设报告（2015）
著(编)者：詹正茂　2015年7月出版 / 估价:69.00元

15

皮书系列 2015全品种 — 社会政法类

慈善蓝皮书
中国慈善发展报告（2015）
著(编)者：杨团　2015年6月出版 / 定价：79.00元

地方法治蓝皮书
中国地方法治发展报告No.1（2014）
著(编)者：李林　田禾　2015年1月出版 / 定价：98.00元

法治蓝皮书
中国法治发展报告No.13（2015）
著(编)者：李林　田禾　2015年3月出版 / 定价：105.00元

反腐倡廉蓝皮书
中国反腐倡廉建设报告No.4
著(编)者：李秋芳　张英伟　2014年12月出版 / 定价:79.00元

非传统安全蓝皮书
中国非传统安全研究报告（2014~2015）
著(编)者：余潇枫　魏志江　2015年5月出版 / 定价：79.00元

妇女发展蓝皮书
中国妇女发展报告（2015）
著(编)者：王金玲　2015年9月出版 / 估价：148.00元

妇女教育蓝皮书
中国妇女教育发展报告（2015）
著(编)者：张李玺　2015年7月出版 / 估价：78.00元

妇女绿皮书
中国性别平等与妇女发展报告（2015）
著(编)者：谭琳　2015年12月出版 / 估价：99.00元

公共服务蓝皮书
中国城市基本公共服务力评价（2015）
著(编)者：钟君　吴正杲　2015年12月出版 / 估价：79.00元

公共服务满意度蓝皮书
中国城市公共服务评价报告（2015）
著(编)者：胡伟　2015年12月出版 / 估价：69.00元

公共外交蓝皮书
中国公共外交发展报告（2015）
著(编)者：赵启正　雷蔚真　2015年4月出版 / 定价：89.00元

公民科学素质蓝皮书
中国公民科学素质报告（2015）
著(编)者：李群　许佳军　2015年7月出版 / 估价：79.00元

公益蓝皮书
中国公益发展报告（2015）
著(编)者：朱健刚　2015年7月出版 / 估价：78.00元

管理蓝皮书
中国管理发展报告（2015）
著(编)者：张晓东　2015年9月出版 / 估价：98.00元

国际人才蓝皮书
中国国际移民报告（2015）
著(编)者：王辉耀　2015年2月出版 / 估价：79.00元

国际人才蓝皮书
中国海归发展报告（2015）
著(编)者：王辉耀　苗绿　2015年7月出版 / 估价：69.00元

国际人才蓝皮书
中国留学发展报告（2015）
著(编)者：王辉耀　苗绿　2015年9月出版 / 估价：69.00元

国家安全蓝皮书
中国国家安全研究报告（2015）
著(编)者：刘慧　2015年7月出版 / 估价：98.00元

行政改革蓝皮书
中国行政体制改革报告（2014~2015）
著(编)者：魏礼群　2015年4月出版 / 定价：98.00元

华侨华人蓝皮书
华侨华人研究报告（2015）
著(编)者：贾益民　2015年12月出版 / 估价：118.00元

环境绿皮书
中国环境发展报告（2015）
著(编)者：刘鉴强　2015年7月出版 / 估价：79.00元

基金会蓝皮书
中国基金会发展报告（2015）
著(编)者：刘忠祥　2016年6月出版 / 估价：69.00元

基金会绿皮书
中国基金会发展独立研究报告（2015）
著(编)者：基金会中心网　2015年8月出版 / 估价：88.00元

基金会透明度蓝皮书
中国基金会透明度发展研究报告（2015）
著(编)者：基金会中心网　清华大学廉政与治理研究中心　2015年9月出版 / 估价：78.00元

教师蓝皮书
中国中小学教师发展报告（2014）
著(编)者：曾晓东　鱼霞　2015年6月出版 / 定价：69.00元

教育蓝皮书
中国教育发展报告（2015）
著(编)者：杨东平　2015年5月出版 / 定价：79.00元

科普蓝皮书
中国科普基础设施发展报告（2015）
著(编)者：任福君　2015年7月出版 / 估价：59.00元

劳动保障蓝皮书
中国劳动保障发展报告（2015）
著(编)者：刘燕斌　2015年7月出版 / 估价：89.00元

老龄蓝皮书
中国老年宜居环境发展报告(2015)
著(编)者：吴玉韶　2015年9月出版 / 估价：79.00元

连片特困区蓝皮书
中国连片特困区发展报告（2014~2015）
著(编)者：游俊　冷志明　丁建军　2015年3月出版 / 定价：98.00元

民间组织蓝皮书
中国民间组织报告(2015)
著(编)者：潘晨光　黄晓勇　2015年8月出版 / 估价：69.00元

民调蓝皮书
中国民生调查报告（2015）
著(编)者：谢耘耕　2015年7月出版 / 估价：128.00元

社会政法类 | 皮书系列 2015全品种

民族发展蓝皮书
中国民族发展报告（2015）
著(编)者：郝时远 王延中 王希恩
2015年4月出版 / 定价:98.00元

女性生活蓝皮书
中国女性生活状况报告No.9（2015）
著(编)者：韩湘景 2015年4月出版 / 定价:79.00元

企业公众透明度蓝皮书
中国企业公众透明度报告(2014~2015)No.1
著(编)者：黄速建 王晓光 肖红军
2015年1月出版 / 定价:98.00元

企业国际化蓝皮书
中国企业国际化报告(2015)
著(编)者：王辉耀 2015年10月出版 / 估价:79.00元

汽车社会蓝皮书
中国汽车社会发展报告（2015）
著(编)者：王俊秀 2015年7月出版 / 估价:59.00元

青年蓝皮书
中国青年发展报告No.3
著(编)者：廉思 2015年7月出版 / 估价:59.00元

区域人才蓝皮书
中国区域人才竞争力报告（2015）
著(编)者：桂昭明 王辉耀 2015年7月出版 / 估价:69.00元

群众体育蓝皮书
中国群众体育发展报告（2015）
著(编)者：刘国永 杨桦 2015年8月出版 / 估价:69.00元

人才蓝皮书
中国人才发展报告（2015）
著(编)者：潘晨光 2015年8月出版 / 估价:85.00元

人权蓝皮书
中国人权事业发展报告（2015）
著(编)者：中国人权研究会 2015年8月出版 / 估价:99.00元

森林碳汇绿皮书
中国森林碳汇评估发展报告（2015）
著(编)者：闫文德 胡文臻 2015年9月出版 / 估价:79.00元

社会保障绿皮书
中国社会保障发展报告（2015）No.7
著(编)者：王延中 2015年4月出版 / 定价:89.00元

社会工作蓝皮书
中国社会工作发展报告（2015）
著(编)者：民政部社会工作研究中心
2015年8月出版 / 估价:79.00元

社会管理蓝皮书
中国社会管理创新报告（2015）
著(编)者：连玉明 2015年9月出版 / 估价:89.00元

社会蓝皮书
2015年中国社会形势分析与预测
著(编)者：李培林 陈光金 张翼
2014年12月出版 / 定价:69.00元

社会体制蓝皮书
中国社会体制改革报告No.3（2015）
著(编)者：龚维斌 2015年4月出版 / 定价:79.00元

社会心态蓝皮书
中国社会心态研究报告（2015）
著(编)者：王俊秀 杨宜音 2015年10月出版 / 估价:69.00元

社会组织蓝皮书
中国社会组织评估发展报告（2015）
著(编)者：徐家良 廖鸿 2015年12月出版 / 估价:69.00元

生态城市绿皮书
中国生态城市建设发展报告（2015）
著(编)者：刘举科 孙伟平 胡文臻 2015年7月出版 / 估价:98.00元

生态文明绿皮书
中国省域生态文明建设评价报告（ECI 2015）
著(编)者：严耕 2015年9月出版 / 估价:85.00元

世界社会主义黄皮书
世界社会主义跟踪研究报告（2014~2015）
著(编)者：李慎明 2015年4月出版 / 估价:258.00元

水与发展蓝皮书
中国水风险评估报告（2015）
著(编)者：王浩 2015年9月出版 / 估价:69.00元

土地整治蓝皮书
中国土地整治发展研究报告No.2
著(编)者：国土资源部土地整治中心 2015年5月出版 / 定价:89.00元

网络空间安全蓝皮书
中国网络空间安全发展报告（2015）
著(编)者：惠志斌 唐涛 2015年4月出版 / 估价:79.00元

危机管理蓝皮书
中国危机管理报告（2015）
著(编)者：文学国 2015年8月出版 / 估价:89.00元

协会商会蓝皮书
中国行业协会商会发展报告（2014）
著(编)者：景朝阳 李勇 2015年4月出版 / 估价:99.00元

形象危机应对蓝皮书
形象危机应对研究报告（2015）
著(编)者：唐钧 2015年7月出版 / 估价:149.00元

医改蓝皮书
中国医药卫生体制改革报告（2015～2016）
著(编)者：文学国 房志武 2015年12月出版 / 估价:79.00元

医疗卫生绿皮书
中国医疗卫生发展报告（2015）
著(编)者：申宝忠 韩玉珍 2015年7月出版 / 估价:75.00元

应急管理蓝皮书
中国应急管理报告（2015）
著(编)者：宋英华 2015年10月出版 / 估价:69.00元

政治参与蓝皮书
中国政治参与报告（2015）
著(编)者：房宁 2015年7月出版 / 估价:105.00元

政治发展蓝皮书
中国政治发展报告（2015）
著（编）者：房宁 杨海蛟　2015年7月出版 / 估价：88.00元

中国农村妇女发展蓝皮书
流动女性城市融入发展报告（2015）
著（编）者：谢丽华　2015年11月出版 / 估价：69.00元

宗教蓝皮书
中国宗教报告（2015）
著（编）者：金泽 邱永辉　2016年5月出版 / 估价：59.00元

行业报告类

保险蓝皮书
中国保险业竞争力报告（2015）
著（编）者：项俊波　2015年12月出版 / 估价：98.00元

彩票蓝皮书
中国彩票发展报告（2015）
著（编）者：益彩基金　2015年4月出版 / 定价：98.00元

餐饮产业蓝皮书
中国餐饮产业发展报告（2015）
著（编）者：邢颖　2015年4月出版 / 定价：69.00元

测绘地理信息蓝皮书
智慧中国地理空间智能体系研究报告（2015）
著（编）者：库热西·买合苏提　2015年12月出版 / 估价：98.00元

茶业蓝皮书
中国茶产业发展报告（2015）
著（编）者：杨江帆 李闽榕　2015年10月出版 / 估价：78.00元

产权市场蓝皮书
中国产权市场发展报告（2015）
著（编）者：曹和平　2015年12月出版 / 估价：79.00元

电子政务蓝皮书
中国电子政务发展报告（2015）
著（编）者：洪毅 杜平　2015年11月出版 / 估价：79.00元

杜仲产业绿皮书
中国杜仲橡胶资源与产业发展报告（2014~2015）
著（编）者：杜红岩 胡文臻 俞锐
2015年1月出版 / 定价：85.00元

房地产蓝皮书
中国房地产发展报告No.12（2015）
著（编）者：魏后凯 李景国　2015年5月出版 / 定价：79.00元

服务外包蓝皮书
中国服务外包产业发展报告（2015）
著（编）者：王晓红 刘德军　2015年7月出版 / 估价：89.00元

工业和信息化蓝皮书
移动互联网产业发展报告（2014~2015）
著（编）者：洪京一　2015年4月出版 / 估价：79.00元

工业和信息化蓝皮书
世界网络安全发展报告（2014~2015）
著（编）者：洪京一　2015年4月出版 / 估价：69.00元

工业和信息化蓝皮书
世界制造业发展报告（2014~2015）
著（编）者：洪京一　2015年4月出版 / 定价：69.00元

工业和信息化蓝皮书
世界信息化发展报告（2014~2015）
著（编）者：洪京一　2015年4月出版 / 定价：69.00元

工业和信息化蓝皮书
世界信息技术产业发展报告（2014~2015）
著（编）者：洪京一　2015年4月出版 / 定价：79.00元

工业设计蓝皮书
中国工业设计发展报告（2015）
著（编）者：王晓红 于炜 张立群　2015年9月出版 / 估价：138.00元

互联网金融蓝皮书
中国互联网金融发展报告（2015）
著（编）者：芮晓武 刘烈宏　2015年8月出版 / 估价：79.00元

会展蓝皮书
中外会展业动态评估年度报告（2015）
著（编）者：张敏　2015年1月出版 / 定价：78.00元

金融监管蓝皮书
中国金融监管报告（2015）
著（编）者：胡滨　2015年4月出版 / 定价：89.00元

金融蓝皮书
中国商业银行竞争力报告（2015）
著（编）者：王松奇　2015年12月出版 / 估价：69.00元

客车蓝皮书
中国客车产业发展报告（2014~2015）
著（编）者：姚蔚　2015年2月出版 / 定价：85.00元

老龄蓝皮书
中国老龄产业发展报告（2015）
著（编）者：吴玉韶 党俊武　2015年9月出版 / 估价：79.00元

流通蓝皮书
中国商业发展报告（2015）
著（编）者：荆林波　2015年7月出版 / 估价：89.00元

旅游安全蓝皮书
中国旅游安全报告（2015）
著（编）者：郑向敏 谢朝武　2015年5月出版 / 定价：128.00元

行业报告类　皮书系列 2015全品种

旅游景区蓝皮书
中国旅游景区发展报告（2015）
著(编)者：黄安民　2015年7月出版／估价：79.00元

旅游绿皮书
2014~2015年中国旅游发展分析与预测
著(编)者：宋瑞　2015年1月出版／定价：98.00元

煤炭蓝皮书
中国煤炭工业发展报告（2015）
著(编)者：岳福斌　2015年12月出版／估价：79.00元

民营医院蓝皮书
中国民营医院发展报告（2015）
著(编)者：庄一强　2015年10月出版／估价：75.00元

闽商蓝皮书
闽商发展报告（2015）
著(编)者：王日根　李闽榕　2015年12月出版／估价：69.00元

能源蓝皮书
中国能源发展报告（2015）
著(编)者：崔民选　王军生　2015年8月出版／估价：79.00元

农产品流通蓝皮书
中国农产品流通产业发展报告（2015）
著(编)者：贾敬敦　张东科　张玉玺　孔令羽　张鹏毅
2015年9月出版／估价：89.00元

企业蓝皮书
中国企业竞争力报告（2015）
著(编)者：金碚　2015年11月出版／估价：89.00元

企业社会责任蓝皮书
中国企业社会责任研究报告（2015）
著(编)者：黄群慧　彭华岗　钟宏武　张蒽
2015年11月出版／估价：69.00元

汽车安全蓝皮书
中国汽车安全发展报告（2015）
著(编)者：中国汽车技术研究中心
2015年7月出版／估价：79.00元

汽车工业蓝皮书
中国汽车工业发展年度报告（2015）
著(编)者：中国汽车工业协会　中国汽车技术研究中心　丰田汽车（中国）投资有限公司
2015年4月出版／定价：128.00元

汽车蓝皮书
中国汽车产业发展报告（2015）
著(编)者：国务院发展研究中心产业经济研究部
中国汽车工程学会　大众汽车集团（中国）
2015年7月出版／估价：128.00元

清洁能源蓝皮书
国际清洁能源发展报告（2015）
著(编)者：国际清洁能源论坛（澳门）
2015年9月出版／估价：89.00元

人力资源蓝皮书
中国人力资源发展报告（2015）
著(编)者：余兴安　2015年9月出版／估价：79.00元

融资租赁蓝皮书
中国融资租赁业发展报告（2014~2015）
著(编)者：李光荣　王力　2015年1月出版／定价：89.00元

软件和信息服务业蓝皮书
中国软件和信息服务业发展报告（2015）
著(编)者：陈新河　洪京一　2015年12月出版／估价：198.00元

上市公司蓝皮书
上市公司质量评价报告（2015）
著(编)者：张跃文　王力　2015年10月出版／估价：118.00元

设计产业蓝皮书
中国设计产业发展报告（2014~2015）
著(编)者：陈冬亮　梁昊光　2015年3月出版／定价：89.00元

食品药品蓝皮书
食品药品安全与监管政策研究报告（2015）
著(编)者：唐民皓　2015年7月出版／估价：69.00元

世界能源蓝皮书
世界能源发展报告（2015）
著(编)者：黄晓勇　2015年6月出版／定价：99.00元

碳市场蓝皮书
中国碳市场报告（2015）
著(编)者：低碳发展国际合作联盟
2015年11月出版／估价：69.00元

体育蓝皮书
中国体育产业发展报告（2015）
著(编)者：阮伟　钟秉枢　2015年7月出版／估价：69.00元

体育蓝皮书
长三角地区体育产业发展报告（2014~2015）
著(编)者：张林　2015年4月出版／定价：79.00元

投资蓝皮书
中国投资发展报告（2015）
著(编)者：谢平　2015年4月出版／定价：128.00元

物联网蓝皮书
中国物联网发展报告（2015）
著(编)者：黄桂田　2015年7月出版／估价：59.00元

西部工业蓝皮书
中国西部工业发展报告（2015）
著(编)者：方行明　甘犁　刘方健　姜凌　等
2015年9月出版／估价:79.00元

西部金融蓝皮书
中国西部金融发展报告（2015）
著(编)者：李忠民　2015年8月出版／估价：75.00元

新能源汽车蓝皮书
中国新能源汽车产业发展报告（2015）
著(编)者：中国汽车技术研究中心
日产（中国）投资有限公司　东风汽车有限公司
2015年8月出版／估价：69.00元

信托市场蓝皮书
中国信托业市场报告（2014~2015）
著(编)者：用益信托工作室　2015年2月出版／定价：198.00元

信息产业蓝皮书
世界软件和信息技术产业发展报告（2015）
著(编)者：洪京一　2015年8月出版 / 估价：79.00元

信息化蓝皮书
中国信息化形势分析与预测（2015）
著(编)者：周宏仁　2015年8月出版 / 估价：98.00元

信用蓝皮书
中国信用发展报告（2014~2015）
著(编)者：章政　田侃　2015年4月出版 / 定价：99.00元

休闲绿皮书
2015年中国休闲发展报告
著(编)者：刘德谦　2015年7月出版 / 估价：59.00元

医药蓝皮书
中国中医药产业园战略发展报告（2015）
著(编)者：裴长洪　房书亭　吴篠心　2015年7月出版 / 估价：89.00元

邮轮绿皮书
中国邮轮产业发展报告（2015）
著(编)者：汪泓　2015年9月出版 / 估价：79.00元

中国上市公司蓝皮书
中国上市公司发展报告（2015）
著(编)者：许雄斌　张平　2015年9月出版 / 估价：98.00元

中国总部经济蓝皮书
中国总部经济发展报告（2015）
著(编)者：赵弘　2015年7月出版 / 估价：79.00元

住房绿皮书
中国住房发展报告（2014~2015）
著(编)者：倪鹏飞　2014年12月出版 / 定价：79.00元

资本市场蓝皮书
中国场外交易市场发展报告（2015）
著(编)者：高峦　2015年8月出版 / 估价：79.00元

资产管理蓝皮书
中国资产管理行业发展报告（2015）
著(编)者：智信资产管理研究院　2015年6月出版 / 定价：89.00元

文化传媒类

传媒竞争力蓝皮书
中国传媒国际竞争力研究报告（2015）
著(编)者：李本乾　2015年9月出版 / 估价：88.00元

传媒蓝皮书
中国传媒产业发展报告（2015）
著(编)者：崔保国　2015年5月出版 / 定价：98.00元

传媒投资蓝皮书
中国传媒投资发展报告（2015）
著(编)者：张向东　2015年7月出版 / 估价：89.00元

动漫蓝皮书
中国动漫产业发展报告（2015）
著(编)者：卢斌　郑玉明　牛兴侦　2015年7月出版 / 估价：79.00元

非物质文化遗产蓝皮书
中国非物质文化遗产发展报告（2015）
著(编)者：陈平　2015年5月出版 / 定价：98.00元

广电蓝皮书
中国广播电影电视发展报告（2015）
著(编)者：杨明品　2015年7月出版 / 估价：98.00元

广告主蓝皮书
中国广告主营销传播趋势报告（2015）
著(编)者：黄升民　2015年7月出版 / 估价：148.00元

国际传播蓝皮书
中国国际传播发展报告（2015）
著(编)者：胡正荣　李继东　姬德强　2015年7月出版 / 估价：89.00元

国家形象蓝皮书
2015年国家形象研究报告
著(编)者：张昆　2015年7月出版 / 估价：79.00元

纪录片蓝皮书
中国纪录片发展报告（2015）
著(编)者：何苏六　2015年9月出版 / 估价：79.00元

科学传播蓝皮书
中国科学传播报告（2015）
著(编)者：詹正茂　2015年7月出版 / 估价：69.00元

两岸文化蓝皮书
两岸文化产业合作发展报告（2015）
著(编)者：胡惠林　李៣宗　2015年7月出版 / 估价：79.00元

媒介与女性蓝皮书
中国媒介与女性发展报告（2015）
著(编)者：刘利群　2015年8月出版 / 估价：69.00元

全球传媒蓝皮书
全球传媒发展报告（2015）
著(编)者：胡正荣　2015年12月出版 / 估价：79.00元

少数民族非遗蓝皮书
中国少数民族非物质文化遗产发展报告（2015）
著(编)者：肖远平　柴立　2015年6月出版 / 定价：128.00元

世界文化发展蓝皮书
世界文化发展报告（2015）
著(编)者：张庆宗　高乐田　郭熙煌　2015年7月出版 / 估价：89.00元

文化传媒类・地方发展类

皮书系列 2015全品种

视听新媒体蓝皮书
中国视听新媒体发展报告（2015）
著(编)者：袁同楠　2015年7月出版／定价：98.00元

文化创新蓝皮书
中国文化创新报告（2015）
著(编)者：于平　傅才武　2015年7月出版／估价：79.00元

文化建设蓝皮书
中国文化发展报告（2015）
著(编)者：江畅　孙伟平　戴茂堂
2016年4月出版　估价：138.00元

文化科技蓝皮书
文化科技创新发展报告（2015）
著(编)者：于平　李凤亮　2015年10月出版／估价：89.00元

文化蓝皮书
中国文化产业供需协调检测报告（2015）
著(编)者：王亚南　2015年2月出版／定价：79.00元

文化蓝皮书
中国文化消费需求景气评价报告（2015）
著(编)者：王亚南　2015年2月出版／定价：79.00元

文化蓝皮书
中国文化产业发展报告（2015）
著(编)者：张晓明　王家新　章建刚
2015年7月出版　估价：79.00元

文化蓝皮书
中国公共文化投入增长测评报告(2015)
著(编)者：王亚南　2014年12月出版／定价：79.00元

文化蓝皮书
中国文化政策发展报告（2015）
著(编)者：傅才武　宋文玉　燕东升
2015年9月出版／定价：98.00元

文化品牌蓝皮书
中国文化品牌发展报告（2015）
著(编)者：欧阳友权　2015年4月出版／定价：89.00元

文化遗产蓝皮书
中国文化遗产事业发展报告（2015）
著(编)者：刘世锦　2015年12月出版／定价：89.00元

文学蓝皮书
中国文情报告（2014~2015）
著(编)者：白烨　2015年5月出版／定价：49.00元

新媒体蓝皮书
中国新媒体发展报告No.6（2015）
著(编)者：唐绪军　2015年7月出版／定价：79.00元

新媒体社会责任蓝皮书
中国新媒体社会责任研究报告（2015）
著(编)者：钟瑛　2015年10月出版／定价：79.00元

移动互联网蓝皮书
中国移动互联网发展报告（2015）
著(编)者：官建文　2015年6月出版／定价：79.00元

舆情蓝皮书
中国社会舆情与危机管理报告（2015）
著(编)者：谢耘耕　2015年8月出版／定价：98.00元

地方发展类

安徽经济蓝皮书
芜湖创新型城市发展报告（2015）
著(编)者：杨少华　王开玉　2015年7月出版／估价：69.00元

安徽蓝皮书
安徽社会发展报告（2015）
著(编)者：程桦　2015年4月出版／定价：89.00元

安徽社会建设蓝皮书
安徽社会建设分析报告（2015）
著(编)者：黄家海　王开玉　蔡宪　2015年7月出版／估价：69.00元

澳门蓝皮书
澳门经济社会发展报告（2014~2015）
著(编)者：吴志良　郝雨凡　2015年5月出版／定价：79.00元

北京蓝皮书
北京公共服务发展报告（2014~2015）
著(编)者：施昌奎　2015年1月出版／定价：69.00元

北京蓝皮书
北京经济发展报告（2014~2015）
著(编)者：杨松　2015年6月出版／定价：79.00元

北京蓝皮书
北京社会治理发展报告（2014~2015）
著(编)者：殷星辰　2015年6月出版／定价：79.00元

北京蓝皮书
北京文化发展报告（2014~2015）
著(编)者：李建盛　2015年5月出版／定价：79.00元

北京蓝皮书
北京社会发展报告（2015）
著(编)者：缪青　2015年7月出版／定价：79.00元

北京蓝皮书
北京社区发展报告（2015）
著(编)者：于燕燕　2015年1月出版／定价：79.00元

北京旅游绿皮书
北京旅游发展报告（2015）
著(编)者：北京旅游学会　2015年7月出版／估价：88.00元

北京律师蓝皮书
北京律师发展报告（2015）
著(编)者：王隽　2015年12月出版／估价：75.00元

皮书系列 2015全品种 — 地方发展类

北京人才蓝皮书
北京人才发展报告（2015）
著(编)者:于淼 2015年7月出版 / 估价:89.00元

北京社会心态蓝皮书
北京社会心态分析报告（2015）
著(编)者:北京社会心理研究所 2015年7月出版 / 估价:69.00元

北京社会组织管理蓝皮书
北京社会组织发展与管理（2015）
著(编)者:黄江松 2015年4月出版 / 定价:78.00元

北京养老产业蓝皮书
北京养老产业发展报告（2015）
著(编)者:周明明 冯喜良 2015年4月出版 / 定价:69.00元

滨海金融蓝皮书
滨海新区金融发展报告（2015）
著(编)者:王爱俭 张锐钢 2015年9月出版 / 估价:79.00元

城乡一体化蓝皮书
中国城乡一体化发展报告（北京卷）（2014~2015）
著(编)者:张宝秀 黄序 2015年5月出版 / 定价:79.00元

创意城市蓝皮书
北京文化创意产业发展报告（2015）
著(编)者:张京成 2015年11月出版 / 估价:65.00元

创意城市蓝皮书
无锡文化创意产业发展报告（2015）
著(编)者:谭军 张鸣年 2015年10月出版 / 估价:75.00元

创意城市蓝皮书
武汉市文化创意产业发展报告（2015）
著(编)者:袁堃 黄永林 2015年11月出版 / 估价:85.00元

创意城市蓝皮书
重庆创意产业发展报告（2015）
著(编)者:程宇宁 2015年7月出版 / 估价:89.00元

创意城市蓝皮书
青岛文化创意产业发展报告（2015）
著(编)者:马达 张丹妮 2015年7月出版 / 估价:79.00元

福建妇女发展蓝皮书
福建省妇女发展报告（2015）
著(编)者:刘群英 2015年10月出版 / 估价:58.00元

甘肃蓝皮书
甘肃舆情分析与预测（2015）
著(编)者:陈双梅 郝树声 2015年1月出版 / 估价:79.00元

甘肃蓝皮书
甘肃文化发展分析与预测（2015）
著(编)者:安文华 周小华 2015年1月出版 / 估价:79.00元

甘肃蓝皮书
甘肃社会发展分析与预测（2015）
著(编)者:安文华 包晓霞 2015年1月出版 / 估价:79.00元

甘肃蓝皮书
甘肃经济发展分析与预测（2015）
著(编)者:朱智文 罗哲 2015年1月出版 / 定价:79.00元

甘肃蓝皮书
甘肃县域经济综合竞争力评价（2015）
著(编)者:刘进军 2015年7月出版 / 估价:69.00元

甘肃蓝皮书
甘肃县域社会发展评价报告（2015）
著(编)者:刘进军 柳民 王建兵 2015年1月出版 / 定价:79.00元

广东蓝皮书
广东省电子商务发展报告（2015）
著(编)者:程晓 2015年12月出版 / 估价:69.00元

广东蓝皮书
广东社会工作发展报告（2015）
著(编)者:罗观翠 2015年7月出版 / 估价:89.00元

广东社会建设蓝皮书
广东省社会建设发展报告（2015）
著(编)者:广东省社会工作委员会 2015年10月出版 / 估价:89.00元

广东外经贸蓝皮书
广东对外经济贸易发展研究报告（2014~2015）
著(编)者:陈万灵 2015年5月出版 / 估价:89.00元

广西北部湾经济区蓝皮书
广西北部湾经济区开放开发报告（2015）
著(编)者:广西北部湾经济区规划建设管理委员会办公室
广西社会科学院 广西北部湾发展研究院
2015年8月出版 / 估价:79.00元

广州蓝皮书
广州社会保障发展报告（2015）
著(编)者:蔡国萱 2015年7月出版 / 估价:65.00元

广州蓝皮书
2015年中国广州社会形势分析与预测
著(编)者:张强 陈怡霓 杨秦 2015年6月出版 / 定价:79.00元

广州蓝皮书
广州经济发展报告（2015）
著(编)者:李江涛 朱名宏 2015年7月出版 / 估价:69.00元

广州蓝皮书
广州商贸业发展报告（2015）
著(编)者:李江涛 王旭东 荀振英 2015年7月出版 / 估价:69.00元

广州蓝皮书
2015年中国广州经济形势分析与预测
著(编)者:庾建设 沈奎 谢博能
2015年6月出版 / 定价:79.00元

广州蓝皮书
中国广州文化发展报告（2015）
著(编)者:徐俊忠 陆志强 顾涧清
2015年7月出版 / 估价:69.00元

广州蓝皮书
广州农村发展报告（2015）
著(编)者:李江涛 汤锦华 2015年8月出版 / 估价:69.00元

广州蓝皮书
中国广州城市建设与管理发展报告（2015）
著(编)者:董皞 冼伟雄 2015年7月出版 / 估价:69.00元

皮书系列 2015全品种

地方发展类

广州蓝皮书
中国广州科技和信息化发展报告（2015）
著(编)者：邹采荣 马正勇 冯宏　2015年7月出版 / 估价：79.00元

广州蓝皮书
广州创新型城市发展报告（2015）
著(编)者：李江涛　2015年7月出版 / 估价：69.00元

广州蓝皮书
广州文化创意产业发展报告（2015）
著(编)者：甘新　2015年8月出版 / 估价：79.00元

广州蓝皮书
广州志愿服务发展报告（2015）
著(编)者：魏国华 张强　2015年9月出版 / 估价：69.00元

广州蓝皮书
广州城市国际化发展报告（2015）
著(编)者：朱名宏　2015年9月出版 / 估价：59.00元

广州蓝皮书
广州汽车产业发展报告（2015）
著(编)者：李江涛 杨再高　2015年9月出版 / 估价：69.00元

贵州房地产蓝皮书
贵州房地产发展报告（2015）
著(编)者：武廷方　2015年6月出版 / 定价：89.00元

贵州蓝皮书
贵州人才发展报告（2015）
著(编)者：于杰 吴大华　2015年7月出版 / 估价：69.00元

贵州蓝皮书
贵安新区发展报告（2014）
著(编)者：马长青 吴大华　2015年4月出版 / 定价：69.00元

贵州蓝皮书
贵州社会发展报告（2015）
著(编)者：王兴骥　2015年5月出版 / 定价：79.00元

贵州蓝皮书
贵州法治发展报告（2015）
著(编)者：吴大华　2015年5月出版 / 定价：79.00元

贵州蓝皮书
贵州国有企业社会责任发展报告（2015）
著(编)者：郭丽　2015年10月出版 / 定价：79.00元

海淀蓝皮书
海淀区文化和科技融合发展报告（2015）
著(编)者：孟景伟 陈名杰　2015年7月出版 / 估价：75.00元

海峡西岸蓝皮书
海峡西岸经济区发展报告（2015）
著(编)者：黄端　2015年9月出版 / 估价：65.00元

杭州都市圈蓝皮书
杭州都市圈发展报告（2015）
著(编)者：董祖德 沈翔　2015年7月出版 / 估价：89.00元

杭州蓝皮书
杭州妇女发展报告（2015）
著(编)者：魏颖　2015年4月出版 / 定价：79.00元

河北经济蓝皮书
河北省经济发展报告（2015）
著(编)者：马树强 金浩 刘兵 张贵　2015年3月出版 / 定价：89.00元

河北蓝皮书
河北经济社会发展报告（2015）
著(编)者：周文夫　2015年1月出版 / 定价：79.00元

河北食品药品安全蓝皮书
河北食品药品安全研究报告（2015）
著(编)者：丁锦霞　2015年6月出版 / 定价：79.00元

河南经济蓝皮书
2015年河南经济形势分析与预测
著(编)者：胡五岳　2015年2月出版 / 定价：69.00元

河南蓝皮书
河南城市发展报告（2015）
著(编)者：谷建全 王建国　2015年3月出版 / 定价：79.00元

河南蓝皮书
2015年河南社会形势分析与预测
著(编)者：刘道兴 牛苏林　2015年4月出版 / 定价：69.00元

河南蓝皮书
河南工业发展报告（2015）
著(编)者：龚绍东 赵西三　2015年1月出版 / 定价：79.00元

河南蓝皮书
河南文化发展报告（2015）
著(编)者：卫绍生　2015年3月出版 / 定价：79.00元

河南蓝皮书
河南经济发展报告（2015）
著(编)者：喻新安　2014年12月出版 / 定价：79.00元

河南蓝皮书
河南法治发展报告（2015）
著(编)者：丁同民 闫德民　2015年7月出版 / 估价：69.00元

河南蓝皮书
河南金融发展报告（2015）
著(编)者：喻新安 谷建全　2015年6月出版 / 估价：69.00元

河南蓝皮书
河南农业农村发展报告（2015）
著(编)者：吴海峰　2015年4月出版 / 估价：69.00元

河南商务蓝皮书
河南商务发展报告（2015）
著(编)者：焦锦淼 穆荣国　2015年4月出版 / 定价：88.00元

黑龙江产业蓝皮书
黑龙江产业发展报告（2015）
著(编)者：于渤　2015年9月出版 / 估价：79.00元

黑龙江蓝皮书
黑龙江经济发展报告（2015）
著(编)者：曲伟　2015年1月出版 / 定价：79.00元

黑龙江蓝皮书
黑龙江社会发展报告（2015）
著(编)者：张新颖　2015年1月出版 / 定价：79.00元

皮书系列 2015全品种 地方发展类

湖北文化蓝皮书
湖北文化发展报告(2015)
著(编)者:江畅 吴成国 2015年7月出版 / 估价:89.00元

湖南城市蓝皮书
区域城市群整合
著(编)者:童中贤 韩未名 2015年12月出版 / 估价:79.00元

湖南蓝皮书
2015年湖南电子政务发展报告
著(编)者:梁志峰 2015年5月出版 / 定价:98.00元

湖南蓝皮书
2015年湖南社会发展报告
著(编)者:梁志峰 2015年5月出版 / 定价:98.00元

湖南蓝皮书
2015年湖南产业发展报告
著(编)者:梁志峰 2015年5月出版 / 定价:98.00元

湖南蓝皮书
2015年湖南经济展望
著(编)者:梁志峰 2015年5月出版 / 定价:128.00元

湖南蓝皮书
2015年湖南县域经济社会发展报告
著(编)者:梁志峰 2015年5月出版 / 定价:98.00元

湖南蓝皮书
2015年湖南两型社会与生态文明发展报告
著(编)者:梁志峰 2015年5月出版 / 定价:98.00元

湖南县域绿皮书
湖南县域发展报告No.2
著(编)者:朱有志 2015年7月出版 / 估价:69.00元

沪港蓝皮书
沪港发展报告(2014~2015)
著(编)者:尤安山 2015年4月出版 / 定价:89.00元

吉林蓝皮书
2015年吉林经济社会形势分析与预测
著(编)者:马克 2015年2月出版 / 定价:89.00元

济源蓝皮书
济源经济社会发展报告(2015)
著(编)者:喻新安 2015年4月出版 / 定价:69.00元

健康城市蓝皮书
北京健康城市建设研究报告(2015)
著(编)者:王鸿春 2015年4月出版 / 定价:79.00元

江苏法治蓝皮书
江苏法治发展报告(2015)
著(编)者:李力 龚廷泰 2015年9月出版 / 估价:98.00元

京津冀蓝皮书
京津冀发展报告(2015)
著(编)者:文魁 祝尔娟 2015年4月出版 / 定价:89.00元

经济特区蓝皮书
中国经济特区发展报告(2015)
著(编)者:陶一桃 2015年7月出版 / 定价:89.00元

辽宁蓝皮书
2015年辽宁经济社会形势分析与预测
著(编)者:曹晓峰 张晶 梁启东 2014年12月出版 / 定价:79.

南京蓝皮书
南京文化发展报告(2015)
著(编)者:南京文化产业研究中心 2015年12月出版 / 估价:79.

内蒙古蓝皮书
内蒙古反腐倡廉建设报告(2015)
著(编)者:张志华 无极 2015年12月出版 / 估价:69.00元

浦东新区蓝皮书
上海浦东经济发展报告(2015)
著(编)者:沈开艳 陆沪根 2015年1月出版 / 定价:69.00元

青海蓝皮书
2015年青海经济社会形势分析与预测
著(编)者:赵宗福 2014年12月出版 / 定价:69.00元

人口与健康蓝皮书
深圳人口与健康发展报告(2015)
著(编)者:曾序春 2015年12月出版 / 估价:89.00元

山东蓝皮书
山东社会形势分析与预测(2015)
著(编)者:张华 唐洲雁 2015年7月出版 / 估价:89.00元

山东蓝皮书
山东经济形势分析与预测(2015)
著(编)者:张华 唐洲雁 2015年7月出版 / 估价:89.00元

山东蓝皮书
山东文化发展报告(2015)
著(编)者:张华 唐洲雁 2015年7月出版 / 估价:98.00元

山西蓝皮书
山西资源型经济转型发展报告(2015)
著(编)者:李志强 2015年5月出版 / 定价:89.00元

陕西蓝皮书
陕西经济发展报告(2015)
著(编)者:任宗哲 白宽犁 裴成荣 2015年1月出版 / 定价:69.

陕西蓝皮书
陕西社会发展报告(2015)
著(编)者:任宗哲 白宽犁 牛昉 2015年1月出版 / 定价:69.00

陕西蓝皮书
陕西文化发展报告(2015)
著(编)者:任宗哲 白宽犁 王长寿 2015年1月出版 / 定价:65.

陕西蓝皮书
丝绸之路经济带发展报告(2015)
著(编)者:任宗哲 石英 白宽犁
2015年8月出版 / 估价:79.00元

上海蓝皮书
上海文学发展报告(2015)
著(编)者:陈圣来 2015年1月出版 / 定价:69.00元

上海蓝皮书
上海文化发展报告(2015)
著(编)者:荣跃明 2015年1月出版 / 定价:74.00元

上海蓝皮书
上海资源环境发展报告（2015）
著(编)者：周冯琦 汤庆合 任文伟
2015年1月出版 / 定价：69.00元

上海蓝皮书
上海社会发展报告（2015）
著(编)者：杨雄 周海旺 2015年1月出版 / 定价：69.00元

上海蓝皮书
上海经济发展报告（2015）
著(编)者：沈开艳 2015年1月出版 / 定价：69.00元

上海蓝皮书
上海传媒发展报告（2015）
著(编)者：强荧 焦雨虹 2015年1月出版 / 定价：69.00元

上海蓝皮书
上海法治发展报告（2015）
著(编)者：叶青 2015年5月出版 / 定价：69.00元

上饶蓝皮书
上饶发展报告（2015）
著(编)者：朱寅健 2015年7月出版 / 估价：128.00元

社会建设蓝皮书
2015年北京社会建设分析报告
著(编)者：宋贵伦 冯虹 2015年7月出版 / 估价：79.00元

深圳蓝皮书
深圳劳动关系发展报告（2015）
著(编)者：汤庭芬 2015年7月出版 / 估价：75.00元

深圳蓝皮书
深圳经济发展报告（2015）
著(编)者：张骁儒 2015年7月出版 / 估价：79.00元

深圳蓝皮书
深圳社会发展报告（2015）
著(编)者：叶民辉 张骁儒 2015年7月出版 / 估价：89.00元

深圳蓝皮书
深圳法治发展报告（2015）
著(编)者：张骁儒 2015年5月出版 / 定价：69.00元

四川蓝皮书
四川文化产业发展报告（2015）
著(编)者：侯水平 2015年4月出版 / 定价：79.00元

四川蓝皮书
四川企业社会责任研究报告（2014~2015）
著(编)者：侯水平 盛毅 2015年4月出版 / 定价：79.00元

四川蓝皮书
四川法治发展报告（2015）
著(编)者：郑泰安 2015年1月出版 / 定价：69.00元

四川蓝皮书
四川生态建设报告（2015）
著(编)者：李晟之 2015年4月出版 / 定价：79.00元

四川蓝皮书
四川城镇化发展报告（2015）
著(编)者：侯水平 范秋美 2015年4月出版 / 定价：79.00元

四川蓝皮书
四川社会发展报告（2015）
著(编)者：郭晓鸣 2015年4月出版 / 定价：79.00元

四川蓝皮书
2015年四川经济发展形势分析与预测
著(编)者：杨钢 2015年1月出版 / 定价：89.00元

四川法治蓝皮书
四川依法治省年度报告No.1（2015）
著(编)者：李林 杨天宗 田禾 2015年3月出版 / 定价：108.00元

天津金融蓝皮书
天津金融发展报告（2015）
著(编)者：王爱俭 杜强 2015年9月出版 / 估价：89.00元

温州蓝皮书
2015年温州经济社会形势分析与预测
著(编)者：潘忠强 王春光 金浩 2015年4月出版 / 定价：69.00元

扬州蓝皮书
扬州经济社会发展报告（2015）
著(编)者：丁纯 2015年12月出版 / 定价：89.00元

长株潭城市群蓝皮书
长株潭城市群发展报告（2015）
著(编)者：张萍 2015年7月出版 / 定价：69.00元

郑州蓝皮书
2015年郑州文化发展报告
著(编)者：王哲 2015年9月出版 / 估价：65.00元

中医文化蓝皮书
北京中医药文化传播发展报告（2015）
著(编)者：毛嘉陵 2015年5月出版 / 定价：79.00元

珠三角流通蓝皮书
珠三角商圈发展研究报告（2015）
著(编)者：林至颖 王先庆 2015年7月出版 / 估价：98.00元

国别与地区类

阿拉伯黄皮书
阿拉伯发展报告（2015）
著(编)者：马晓霖 2015年7月出版 / 估价：79.00元

北部湾蓝皮书
泛北部湾合作发展报告（2015）
著(编)者：吕余生 2015年8月出版 / 估价：69.00元

皮书系列 2015全品种 — 国别与地区类

大湄公河次区域蓝皮书
大湄公河次区域合作发展报告（2015）
著(编)者:刘稚　2015年9月出版 / 估价:79.00元

大洋洲蓝皮书
大洋洲发展报告（2015）
著(编)者:喻常森　2015年8月出版 / 估价:89.00元

德国蓝皮书
德国发展报告（2015）
著(编)者:郑春荣 伍慧萍　2015年5月出版 / 定价:69.00元

东北亚黄皮书
东北亚地区政治与安全（2015）
著(编)者:黄凤志 刘清才 张慧智
2015年7月出版 / 估价:69.00元

东盟黄皮书
东盟发展报告（2015）
著(编)者:崔晓麟　2015年7月出版 / 估价:75.00元

东南亚蓝皮书
东南亚地区发展报告（2015）
著(编)者:王勤　2015年7月出版 / 估价:79.00元

俄罗斯黄皮书
俄罗斯发展报告（2015）
著(编)者:李永全　2015年7月出版 / 估价:79.00元

非洲黄皮书
非洲发展报告（2015）
著(编)者:张宏明　2015年7月出版 / 估价:79.00元

国际形势黄皮书
全球政治与安全报告（2015）
著(编)者:李慎明 张宇燕　2015年1月出版 / 定价:69.00元

韩国蓝皮书
韩国发展报告（2015）
著(编)者:刘宝全 牛林杰　2015年8月出版 / 估价:79.00元

加拿大蓝皮书
加拿大发展报告（2015）
著(编)者:仲伟合　2015年4月出版 / 定价:89.00元

拉美黄皮书
拉丁美洲和加勒比发展报告（2014~2015）
著(编)者:吴白乙　2015年5月出版 / 定价:89.00元

美国蓝皮书
美国研究报告（2015）
著(编)者:郑秉文 黄平　2015年6月出版 / 定价:89.00元

缅甸蓝皮书
缅甸国情报告（2015）
著(编)者:李晨阳　2015年8月出版 / 估价:79.00元

欧洲蓝皮书
欧洲发展报告（2015）
著(编)者:周弘　2015年7月出版 / 估价:89.00元

葡语国家蓝皮书
葡语国家发展报告（2015）
著(编)者:对外经济贸易大学区域国别研究所　葡语国家研究中心
2015年7月出版 / 估价:89.00元

葡语国家蓝皮书
中国与葡语国家关系发展报告·巴西（2014）
著(编)者:澳门科技大学　2015年7月出版 / 估价:89.00元

日本经济蓝皮书
日本经济与中日经贸关系研究报告（2015）
著(编)者:王洛林 张季风　2015年5月出版 / 定价:79.00元

日本蓝皮书
日本研究报告（2015）
著(编)者:李薇　2015年4月出版 / 定价:69.00元

上海合作组织黄皮书
上海合作组织发展报告（2015）
著(编)者:李进峰 吴宏伟 李伟
2015年9月出版 / 估价:89.00元

世界创新竞争力黄皮书
世界创新竞争力发展报告（2015）
著(编)者:李闽榕 李建平 赵新力
2015年12月出版 / 估价:148.00元

土耳其蓝皮书
土耳其发展报告（2015）
著(编)者:郭长刚 刘义　2015年7月出版 / 估价:89.00元

图们江区域合作蓝皮书
图们江区域合作发展报告（2015）
著(编)者:李铁　2015年4月出版 / 定价:98.00元

亚太蓝皮书
亚太地区发展报告（2015）
著(编)者:李向阳　2015年1月出版 / 定价:59.00元

印度蓝皮书
印度国情报告（2015）
著(编)者:吕昭义　2015年7月出版 / 估价:89.00元

印度洋地区蓝皮书
印度洋地区发展报告（2015）
著(编)者:汪戎　2015年5月出版 / 定价:89.00元

中东黄皮书
中东发展报告（2015）
著(编)者:杨光　2015年11月出版 / 估价:89.00元

中欧关系蓝皮书
中欧关系研究报告（2015）
著(编)者:周弘　2015年12月出版 / 估价:98.00元

中亚黄皮书
中亚国家发展报告（2015）
著(编)者:孙力 吴宏伟　2015年9月出版 / 估价:89.00元

中国皮书网

www.pishu.cn

发布皮书研创资讯，传播皮书精彩内容
引领皮书出版潮流，打造皮书服务平台

栏目设置：

- □ 资讯：皮书动态、皮书观点、皮书数据、
  皮书报道、皮书发布、电子期刊
- □ 标准：皮书评价、皮书研究、皮书规范
- □ 服务：最新皮书、皮书书目、重点推荐、在线购书
- □ 链接：皮书数据库、皮书博客、皮书微博、在线书城
- □ 搜索：资讯、图书、研究动态、皮书专家、研创团队

中国皮书网依托皮书系列"权威、前沿、原创"的优质内容资源，通过文字、图片、音频、视频等多种元素，在皮书研创者、使用者之间搭建了一个成果展示、资源共享的互动平台。

自 2005 年 12 月正式上线以来，中国皮书网的 IP 访问量、PV 浏览量与日俱增，受到海内外研究者、公务人员、商务人士以及专业读者的广泛关注。

2008 年、2011 年，中国皮书网均在全国新闻出版业网站荣誉评选中获得"最具商业价值网站"称号；2012 年，获得"出版业网站百强"称号。

2014 年，中国皮书网与皮书数据库实现资源共享，端口合一，将提供更丰富的内容，更全面的服务。

权威报告　热点资讯　海量资源

当代中国与世界发展的高端智库平台

皮书数据库 www.pishu.com.cn

皮书数据库是专业的人文社会科学综合学术资源总库，以大型连续性图书——皮书系列为基础，整合国内外相关资讯构建而成。包含七大子库，涵盖两百多个主题，囊括了近十几年间中国与世界经济社会发展报告，覆盖经济、社会、政治、文化、教育、国际问题等多个领域。

皮书数据库以篇章为基本单位，方便用户对皮书内容的阅读需求。用户可进行全文检索，也可对文献题目、内容提要、作者名称、作者单位、关键字等基本信息进行检索，还可对检索到的篇章再做二次筛选，进行在线阅读或下载阅读。智能多维度导航，可使用户根据自己熟知的分类标准进行分类导航筛选，使查找和检索更高效、便捷。

权威的研究报告，独特的调研数据，前沿的热点资讯，皮书数据库已发展成为国内最具影响力的关于中国与世界现实问题研究的成果库和资讯库。

皮书俱乐部会员服务指南

1. 谁能成为皮书俱乐部成员？
- 皮书作者自动成为俱乐部会员
- 购买了皮书产品（纸质书/电子书）的个人用户

2. 会员可以享受的增值服务
- 免费获赠皮书数据库100元充值卡
- 加入皮书俱乐部，免费获赠该纸质图书的电子书
- 免费定期获赠皮书电子期刊
- 优先参与各类皮书学术活动
- 优先享受皮书产品的最新优惠

3. 如何享受增值服务？
（1）免费获赠100元皮书数据库体验卡
第1步 刮开皮书附赠充值的涂层（右下）；
第2步 登录皮书数据库网站（www.pishu.com.cn），注册账号；
第3步 登录并进入"会员中心"—"在线充值"—"充值卡充值"，充值成功后即可使用。

（2）加入皮书俱乐部，凭数据库体验卡获赠该书的电子书
第1步 登录社会科学文献出版社官网（www.ssap.com.cn），注册账号；
第2步 登录并进入"会员中心"—"皮书俱乐部"，提交加入皮书俱乐部申请；
第3步 审核通过后，再次进入皮书俱乐部，填写页面所需图书、体验卡信息即可自动兑换相应电子书。

4. 声明
解释权归社会科学文献出版社所有

皮书俱乐部会员可享受社会科学文献出版社其他相关免费增值服务，有任何疑问，均可与我们联系。
图书销售热线：010-59367070/7028 图书服务QQ：800045692 图书服务邮箱：duzhe@ssap.cn
数据库服务热线：400-008-6695 数据库服务QQ：2475522410 数据库服务邮箱：database@ssap.cn
欢迎登录社会科学文献出版社官网（www.ssap.com.cn）和中国皮书网（www.pishu.cn）了解更多信息

皮书大事记
（2014）

☆ 2014年10月，中国社会科学院2014年度皮书纳入创新工程学术出版资助名单正式公布，相关资助措施进一步落实。

☆ 2014年8月，由中国社会科学院主办，贵州省社会科学院、社会科学文献出版社承办的"第十五次全国皮书年会（2014）"在贵州贵阳隆重召开。

☆ 2014年8月，第二批淘汰的27种皮书名单公布。

☆ 2014年7月，第五届优秀皮书奖评审会在京召开。本届优秀皮书奖首次同时评选优秀皮书和优秀皮书报告。

☆ 2014年7月，第三届皮书学术评审委员会于北京成立。

☆ 2014年6月，社会科学文献出版社与北京报刊发行局签订合同，将部分重点皮书纳入邮政发行系统。

☆ 2014年6月，《中国社会科学院皮书管理办法》正式颁布实施。

☆ 2014年4月，出台《社会科学文献出版社关于加强皮书编审工作的有关规定》《社会科学文献出版社皮书责任编辑管理规定》《社会科学文献出版社关于皮书准入与退出的若干规定》。

☆ 2014年1月，首批淘汰的44种皮书名单公布。

☆ 2014年1月，"2013(第七届)全国新闻出版业网站年会"在北京举办，中国皮书网被评为"最具商业价值网站"。

☆ 2014年1月,社会科学文献出版社在原皮书评价研究中心的基础上成立了皮书研究院。

皮书数据库
www.pishu.com.cn

皮书数据库三期

- 皮书数据库（SSDB）是社会科学文献出版社整合现有皮书资源开发的在线数字产品，全面收录"皮书系列"的内容资源，并以此为基础整合大量相关资讯构建而成。

- 皮书数据库现有中国经济发展数据库、中国社会发展数据库、世界经济与国际政治数据库等子库，覆盖经济、社会、文化等多个行业、领域，现有报告30000多篇，总字数超过5亿字，并以每年4000多篇的速度不断更新累积。

- 新版皮书数据库主要围绕存量+增量资源整合、资源编辑标引体系建设、产品架构设置优化、技术平台功能研发等方面开展工作，并将中国皮书网与皮书数据库合二为一联体建设，旨在以"皮书研创出版、信息发布与知识服务平台"为基本功能定位，打造一个全新的皮书品牌综合门户平台，为您提供更优质更到位的服务。

更多信息请登录

中国皮书网	皮书微博	皮书博客	皮书微信
http://www.pishu.cn	http://weibo.com/pishu	http://blog.sina.com.cn/pishu	皮书说

请到各地书店皮书专架 / 专柜购买，也可办理邮购

咨询 / 邮购电话：010-59367028　59367070　　邮　　箱：duzhe@ssap.com
邮购地址：北京市西城区北三环中路甲29号院3号楼华龙大厦13层读者服务中心
邮　　编：100029
银行户名：社会科学文献出版社
开户银行：中国工商银行北京北太平庄支行
账　　号：0200010019200365434
网上书店：010-59367070　　qq：1265056568
网　　址：www.ssap.com.cn　　www.pishu.com

北京社会心态蓝皮书

BLUE BOOK OF
BEIJING SOCIAL MENTALITY

北京社会心态分析报告
（2014~2015）

ANALYSIS REPORT ON BEIJING SOCIAL MENTALITY
(2014-2015)

北京社会心理研究所 / 编

社会科学文献出版社
SOCIAL SCIENCES ACADEMIC PRESS (CHINA)

图书在版编目(CIP)数据

北京社会心态分析报告.2014~2015/北京社会心理研究所编.
—北京：社会科学文献出版社，2015.8
（北京社会心态蓝皮书）
ISBN 978-7-5097-7898-2

Ⅰ.①北… Ⅱ.①北… Ⅲ.①社会心理-研究报告-北京市-2014~2015 Ⅳ.①C912.6

中国版本图书馆 CIP 数据核字（2015）第 182497 号

北京社会心态蓝皮书
北京社会心态分析报告（2014~2015）

编　　者／北京社会心理研究所

出　版　人／谢寿光
项目统筹／陈　颖
责任编辑／王　颉

出　　版／社会科学文献出版社·皮书出版分社（010）59367127
　　　　　　地址：北京市北三环中路甲 29 号院华龙大厦　邮编：100029
　　　　　　网址：www.ssap.com.cn
发　　行／市场营销中心（010）59367081　59367090
　　　　　　读者服务中心（010）59367028
印　　装／北京季蜂印刷有限公司
规　　格／开　本：787mm×1092mm　1/16
　　　　　　印　张：23　字　数：382 千字
版　　次／2015 年 8 月第 1 版　2015 年 8 月第 1 次印刷
书　　号／ISBN 978-7-5097-7898-2
定　　价／79.00 元

皮书序列号／B-2014-391

本书如有破损、缺页、装订错误，请与本社读者服务中心联系更换

△ 版权所有 翻印必究

北京社会心态分析报告（2014~2015）编委会

主　　编　宋贵伦

常务主编　张　坚

副 主 编　张青之　张　杰

执行主编　朱俊颖　聂　品　张胸宽

编　　委（以姓氏笔画为序）

　　　　　　王　惠　　石孟磊　　冯春苗　　朱廷劭　　刘华清
　　　　　　刘　艳　　刘视湘　　汤冬玲　　李林英　　李淑婷
　　　　　　杨　波　　余　佳　　汪卫东　　张丽华　　张锦花
　　　　　　陈　珊　　陈　捷　　图　娅　　胡　静　　洪　兰
　　　　　　高霖宇　　康　悦　　董洪杰　　谭日辉

主编简介

宋贵伦 中共北京市委社会工作委员会书记，北京市社会建设办公室主任，北京市社会建设工作领导小组办公室主任，北京市社会科学界联合会党组书记、常务副主席；北京师范大学、国家行政学院、首都师范大学、北京工业大学兼职教授；中央马克思主义理论研究与建设工程课题组成员。北京师范大学本科毕业，北京市委党校在职研究生毕业，研究员。曾任十一届全国人大代表，在中央、市、区三级宣传部门工作多年，近年来致力于社会建设理论研究和实践创新。著有《毛泽东与中国文艺》《北京社会建设概论》等。

张　坚 中共北京市委社会工委副书记，自2010年以来分管北京社会心理研究所，2013年起担任北京市社会心理工作联合会会长，长期从事社会政策研究工作。在市政府研究室工作期间，曾专门研究人口、就业、社会保障三个领域的政策问题。进入北京市委社会工委工作后，组织开展了"北京市十二五社会建设规划"的研究起草工作；组织撰写了"世界城市与北京社会建设研究"的课题报告，获北京市哲学社会科学优秀成果奖；组织开展了全市第一次市民心理健康调查，并依此组织撰写了研究报告，获全市调查研究优秀成果二等奖。

张青之 毕业于陆军学院，先后就读于装甲兵指挥学院、中国人民解放军国防大学、中国科学院以及美国芝加哥大学，获军事学硕士、心理学博士（在职），大校军衔。先后在总后勤部政治部担任院校教育组组长，总后勤部干部轮训大队副大队长等职，担任全军"5·12"汶川抗震救灾心理专家组组长。现为北京市政府社会办副巡视员，北京市委宣讲团专家。专著有《新时期军警官心理健康指南》《后勤保障部队战时心理调适指导手册》《信息化战争心理防护》《军队抗震救灾心理教育和服务》。参与《北京社会心态分析报告》2013、2014 年度编撰。主讲课程有《心理压力与动力管理》《心理危机干预技术》《社区心理健康宣传与服务》等。

张　杰　1982 年毕业于山东大学，1992 年获美国杨百翰大学社会学博士学位，现任中央财经大学社会发展学院院长和教授，美国纽约州立大学布法罗分院社会学终身教授。兼职于山东大学博士生导师，自杀预防研究中心主任。2002 年首次应邀列席全国政协九届五次会议，现任全国政协海外列席代表。研究成果横跨社会学和医学两大领域。在危机干预和自杀预防的领域建立了扭力理论并在研讨和开发用扭力理论做指导的心理治疗方法；在社会学领域，提出了社会参照理论并组织队伍对此理论进行研发和验证。在 SCI 或 SSCI 英文期刊上发表论文百余篇。

序　言

读者朋友们，2014~2015年度的北京社会心态分析报告正式与大家见面了。继北京居民心理健康状况、北京居民社会情绪分析之后，本年度的蓝皮书主要以研究北京居民的生活价值观为重点内容。

大家知道，价值观是社会心理学研究的基本内容。但对价值观的研究绝不仅仅局限于社会心理学。哲学、社会学、经济学等学科都在从各自的角度对价值观进行研究。上海辞书出版社2010年出版的《辞海》（第六版）中，对价值观的诠释是"人们对人生价值的认识和根本态度。人生观的组成部分。具有行为取向的功能。资产阶级价值观以实现个人利益为最大价值；无产阶级价值观，以在为人民服务中，才能实现人生的最大价值"。"百度词条"关于价值观给出的解释是"价值观是指个人对客观事物（包括人、物、事）及对自己的行为结果的意义、作用、效果和重要性的总体评价，是对什么是'好的'、是'应该的'总看法，是推动并指引一个人采取决定和行动的原则、标准，是个性心理结构的核心因素之一。它使人的行为带有稳定的倾向性"。

在心理学界，对什么是价值观目前还没有形成一致的认识。对此的诠释和说明多种多样。有学者认为"从心理学上讲，价值观是指人在对事物属性认识的基础上，从其自身的需要出发，形成的与事物价值有关的、对其行为起指导性作用的观念系统。它包括三个基本成分：价值评价，价值选择和价值方式"。这种认识准不准确、全不全面，还有待进一步深入讨论。

2013年年底，中共中央办公厅印发了《关于培育和践行社会主义核心价值观的意见》。自那时以来，全国上下掀起了学习、贯彻、实践社会主义核心价值观的热潮。富强、民主、文明、和谐、自由、平等、公正、法治、爱国、敬业、诚信、友善，这12个词成为主流媒体上出现频率最高的词汇，围绕这12个词所开展的各类宣讲、解读成为各类单位组织的主要活动，与此直接相关的人物、事迹被各类媒体广为传播。持续、广泛、高强度的宣传使核心价值观在广大民众中深入人心。有调查表明,民众对核心价值观的知晓率达到85%以上。网上有报导说,湖北一小伙到新娘家迎亲,新娘在屋里提出条件,让新郎必须背出核心价值观,不然不开门。小伙一行人你一词我一词很快凑出答案,高高兴兴迎出新娘。

其实在日常生活中,价值观离我们并不远,并非高深莫测的东西。如何对待家人、如何对待就学、如何对待工作、如何对待消费等等,在这些态度和行为的背后,都反映了个人的价值观。本年度的蓝皮书,用较大篇幅探讨了北京居民在家庭、教育、职业、健康、消费等方面所持有的价值观。其中有一些很有意思的发现。

1. 传统价值观在家庭生活中具有深厚的基础。比如,人们非常看重家庭和睦的意义。"家和万事兴"得到近95%的被调查者的认同。认为婚姻幸福对自己人生具有重大意义的超过90%。接近2/3的人认为,家庭事务应由年长者说了算。80%的人认为,好好孝敬侍奉公婆是媳妇应尽的责任。70%的人认为,生儿育女是人们应承担的责任。这在一定程度上说明,尽管社会环境变化巨大,但在家庭生活中,以往的价值观具有顽强的传承性。

2. 身体健康,在绝大多数居民中成为人生的首要追求。调查表明,90%以上的人把健康列在其人生追求的前三位。其中,更有6成的人把健康列在第一位。而且"健康第一"的观念不受年龄、性别、学历、户籍、职业及宗教等因素的影响,在各群组中表现出高度的一致性。这说明,过去那种"事业第一""挣钱第一"甚至"家庭第一"的观念正在被"健康第一"所取代。人们对健康——这一基本权利的重视程度相当高。

3. "远亲不如近邻"依然是绝大多数居民持有的观念。邻里关系是人们日常生活中最经常遇到的关系之一。在人口流动大、新建小区多、社区变化快的背景下,过去那种十几年甚至几十年比邻而居的情况已不多见。我们对身边邻居的熟悉程度也大不如前。但是,这次调查的结果表明,"远亲不如近邻"依然是80%以上居民持有的观念。人们依然把邻居看成是可以信赖、互助的对象。"邻家失火,不救自危","息事宁人,能忍自安"依然是大多数北京居民处理邻里关系的基本态度。

4. "知识"的价值得到绝大多数人的认同,"读书无用"的观念没有了市场。在肯定知识的价值的同时,人们对掌握知识的目的持有不同的观点。多数人认为，掌握知识是为了促进自身的全面发展，为了快乐充实的生活，为了成为品德高尚的人。而认为掌握知识是为了升官发财、成名成家的也占有一定的比例。对于"积累物质财富"与"积累知识"哪个更重要的问题，30%的人选择积累物质财富，40%的人选择积累知识，接近30%的人回答"不清楚"。这个情况说明，尽管大多数人对知识的价值广泛认同，但面对物质财富的诱惑，相当一部分人的观念发生了动摇。

除了价值观问题，本年度蓝皮书还收录了研究社会心态和社会心理建设的文章。在社会心态部分，特别就失独老人、流动儿童的心理健康状况进行了讨论。应该说，这一老一小两部分人的心理健康状况亟须引起全社会的关注。在社会心理建设部分，特别推出了中医心理对家庭和谐关系的影响一文，主要是把中医在心理调适中的做法和经验介绍给大家。希望这本蓝皮书对大家客观认识当前北京市民的价值观，了解社会心理的相关问题有所帮助。

编　者

摘　要

本书是北京社会心理研究所"北京社会心态研究"课题组在北京市委社会工作委员会、北京市社会建设工作办公室相关领导的直接指导下，组织编写的第二本"北京社会心态蓝皮书"。参与本课题研究和本书撰写的有来自中国科学院、中国社会科学院、北京社会科学院、高等院校、北京社会建设研究基地、北京市社会心理工作联合会的专家和研究人员。本书的研究报告基于大量的实证研究，研究方法有入户调查、互联网大数据分析、访谈等。

本书重点突出了社会心态中的"社会价值观"研究，不仅从历史方位意识、社会规范意识、社会秩序信念、价值本位意识和价值实践意识五个方面，对当前北京居民的价值坐标系统与概况进行了深入研究，而且从家庭、学校、工作单位、社区等广阔的生活空间着眼，揭示居民日常处理各种社会关系时所秉持的价值观，提出培育和弘扬社会主义核心价值观的思考及建议。

在社会心态研究的基础上，本书还结合首都社会建设的实际需要以及北京市社会心理工作联合会的工作，对社会心理建设工作进行了调查研究和经验总结，为未来一段时间首都社会心态培育、社会建设及社会心理建设提供了参考。

目 录

B Ⅰ 总报告

B.1 把握价值观基本结构，构建科学价值观体系
——2014年北京居民价值观调查报告 …………… 聂 品 / 001
 一 价值观的研究背景与方法 ……………………………… / 002
 二 北京居民的价值观体系 ………………………………… / 005
 三 影响北京居民价值观的因素 …………………………… / 042
 四 北京居民价值观研究的几点启示 ……………………… / 046

B Ⅱ 价值观专题研究篇

B.2 北京居民对社会主义核心价值观的认知状况调查 ……… 张胸宽 / 048
B.3 北京居民家庭婚姻价值观调查报告 ……………………… 陈 珊 / 060
B.4 北京居民教育领域价值观念调查研究报告
——从价值观角度研究北京居民的教育观念 ………… 汤冬玲 / 087
B.5 北京居民职业价值观调查报告 …………………………… 王 惠 / 104
B.6 北京居民健康观及就医观调查报告
——从价值观角度谈和谐医患关系构建 ……………… 张丽华 / 123
B.7 北京居民消费价值观调查报告 …………………………… 石孟磊 / 148

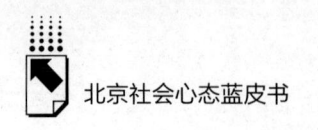

BⅢ 社会心态研究篇

- B.8 信仰危机下的社会心态研究 ………………………… 谭日辉 / 165
- B.9 2014年北京"微博"态势报告 ………………………… 朱廷劭 / 178
- B.10 微时代的宏需求：微信的人际交往模式研究
  ………………………………………………… 余 佳 胡 静 / 199
- B.11 北京失独老人心理健康状况及对策研究 ……………… 李林英 / 222
- B.12 北京市昌平区流动儿童心理健康状况调查
  ………………………… 刘 艳 刘华清 张 东 魏晨曦 李玖菊 / 240

BⅣ 社会心理建设篇

- B.13 北京市心理援助热线情况调研报告 ……… 朱俊颖 石孟磊 / 257
- B.14 中医心理对家庭和谐关系认知与行为的影响研究
  ………………………………… 汪卫东 张锦花 徐惠玲 杜 辉
  周璇梓 梁秋语 洪 兰 / 266
- B.15 农转居社区居民的心理适应研究
  ——基于北京南海家园社区的实证研究
  ……………………………… 刘视湘 董洪杰 李淑婷 / 288
- B.16 老年社会适应模型的构建与实证分析
  ………………………………… 陈 捷 冯春苗 图 娅 / 316
- B.17 北京居民邻里关系研究
  ——从价值观角度谈新型邻里关系构建 ……… 聂 品 康 悦 / 333

Abstract …………………………………………………………… / 341
Contents …………………………………………………………… / 342

总 报 告
General Report

B.1
把握价值观基本结构，构建科学价值观体系
——2014年北京居民价值观调查报告

聂 品*

摘　要： 本研究从社会心理学角度考察北京居民主体的历史方位意识、社会规范意识、社会秩序信念、价值本位意识和价值实践意识，对当前北京居民的价值坐标系统与概况进行研究，深入分析影响价值观的因素，提出价值观整合以及培育、弘扬社会主义核心价值观的思考和建议。

关键词： 历史方位意识　价值本位意识　价值实践意识　社会主义核心价值观

---

* 聂品，北京社会心理研究所副所长。研究方向为社会心理学、文化心理学、教育心理学等，研究领域包括北京居民社会心态、幸福感、价值观、社会情绪等。

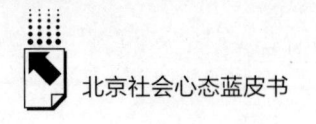

一 价值观的研究背景与方法

（一）价值观研究及其背景

当前中国正处于结构转换、机制转轨、利益调整和观念转变的社会转型时期，不仅造成了社会结构广泛而深刻的变化，而且引起了社会价值系统广泛而深刻的变化。不少人感到，现在国家富强了，人民的生活水平提高了，客观幸福度提高了，但主观幸福感并未同步提升；哲学、社会科学繁荣和发展了，各种社会思潮竞相登场，不同群体的意识多元多变，不解和迷惘也增加了。怎样在思想领域日趋复杂的同时，让社会有更多的共识？在物质更加富裕的同时，让精神世界更加富有？从国家到社会，各方都在努力，也需要研究者对当前社会的价值系统进行深入研究。

自20世纪30年代美国心理学家G. W. Allport和P. E. Vernon对价值观进行开创性研究以来，价值观就成为社会学、社会心理学、政治学等相关学科的重要研究内容。具体而言，价值观是人们对某类事物的价值的基本看法、总的观念，是人们对该类事物的价值取舍模式和指导主体行为的价值追求模式。价值观的内容，一方面表现为价值取向、价值追求，凝结为一定的价值目标；另一方面表现为价值尺度、评价标准，成为主体判断客体有无价值及价值大小的观念模式和框架，是主体进行价值判断、价值选择的思想根据以及决策的思想动机和出发点。

从微观角度来说，价值观是人心中的一个深层的信念系统，在人们的价值活动中发挥着行为导向、情感激发和评价标准的作用，构成个人人生观的重要内容，制约着人生活动的方方面面，是一个无形而有力的世界。从宏观角度来说，价值观念是社会文化体系的内核和灵魂，代表着社会对应该提倡什么、应该反对什么的规范性判断。社会通过各种手段把这些观念灌输和传递给个人，内化为个人的行为规范。

在价值观的具体结构方面，学者们有以下几种看法：第一种观点认为，价值观主要是由义利观、理欲观和德力观构成。这几个范畴都是中国传统哲学的范畴，但融入了现时代的内涵，如此规定价值观的内容，可以较好地实现与传统的对接。第二种观点认为,价值观主要是由主体个人的历史方位感、社会规范意识、社会秩序信念、价值本位意识、价值实践意识构成,这五个方面相互之间有机地联系在一起,构成人们心目中的"价值坐标系统"①。还有一种观点认为,价值观念包括目标系统、手段系统、规则系统和制约系统,这四个方面相互规定,各自又由多种因素构成。上述观点之间并无原则上的分歧,区别只在于侧重的角度以及概括的深度和广度不尽相同。相对而言,第二种观点比较深入、全面,具有较强理论解释力、说服力和应用潜力。②

本研究采纳第二种观点,通过对北京居民的历史方位意识、社会规范意识、社会秩序信念、价值实践意识、价值本位意识五个方面的分析,从社会心理学角度探讨价值观体系,分析北京居民价值观的结构和特点,并对北京居民价值观与现实行为及在不同生活空间和社会背景中的真实自我的本质联系进行了大胆而有益的探讨。

(二)研究方法

1. 研究对象

本研究以18~70岁的北京居民(含在京居住半年以上的常住人口)为主要研究对象,于2014年10月下旬至11月初以大规模的问卷调查方法收集资料,并采用多变量统计分析技术对数据资料进行综合处理。

样本从全市16个区县142个街道办事处所辖的2772个社区居民委员会范围内选取(不包括军营、学生公寓等非传统住宅区)。为了兼顾各区所有的街道办事处以及每一街道办事处下辖的社区数量,根据分层随机抽样原理选取了城六区的64个社区和10个远郊区县的36个社区,共计100个社区。每个社区选取44份样本,样本总量为4400份。最终回收问卷4126份,剔除无效问卷后获得有效样本3807份。

---

① 马俊峰、孙伟平、杨学功:《变革中的精神追求——国内价值观研究述评》,湖北大学哲学研究所国际价值研究学会编《价值论与伦理学论丛》(1),湖北人民出版社,2002。

② 参见 http://zhidao.baidu.com/link?url=LaXGmeHBddOGgX60TdxYctpgG9nRV5ch2MZR1P3-PioF2VihZ4_PSmlVlWrpjOLtqDQRnaOhmN5BBokVcqX3rLx_2zgLrG45yWlBvDDXgyq。

表1 样本分布

区县名称	街道数量（个）	社区数量（个）	抽选社区数量（个）	调查样本量（份）	有效样本量（份）
东城区	17	205	7	308	262
西城区	15	255	9	396	321
朝阳区	24	375	13	572	473
海淀区	23	593	20	880	781
丰台区	16	291	10	440	396
石景山区	9	140	5	220	208
门头沟区	4	103	4	176	149
房山区	8	122	4	176	146
通州区	4	105	4	176	153
顺义区	6	81	3	132	119
昌平区	2	181	7	308	271
大兴区	5	144	5	220	187
平谷区	2	29	2	88	74
怀柔区	2	32	2	88	83
密云县	2	83	3	132	103
延庆县	3	33	2	88	81
总计	142	2772	100	4400	3807

2. 研究工具

调查问卷分为七个部分：第一部分为个人资料；第二部分为社会主义核心价值观相关内容；第三至第六部分为家庭、学校、工作单位、社区等不同生活空间[①]中，居民日常处理各种社会关系，诸如婚姻家庭关系、师生关系、同事关系、邻里关系、医患关系、消费者与商家关系的相关价值观；第七部分为开放题，关注价值观的家庭传承以及居民当前的人生信条。

考虑到问卷篇幅较长，为了降低顺序效应对填答效果的影响，我们对第三至第六部分的题目顺序做了调整，制作了A、B两个版本问卷。A版相应部分的生活空间顺序为家庭、学校、工作单位、其他社会生活场所（含社区、医

---

① 生活空间是指一切与我们日常生活相关的领域，可将其定义为容纳各种日常生活活动发生或进行的场所的总和，其实质是构成人们日常生活的各种活动类型及社会关系在空间上的总投影。姚民义：《当代城市生活空间方式分析》，《艺术空间》2007年第2期。

院、商业场所）。B版为逆序——其他社会生活场所、工作单位、学校、家庭。在发放时，将A版问卷随机发放给50个社区，B版问卷发放给其余50个社区。

3. 测量方法

国外研究者对价值观的研究形成了两种测量取向——直接测量与间接测量。[①] 直接测量是向个体呈现一系列的价值观，让其评价不同价值观的重要程度，适合对意识层面群体价值观结构的研究。间接测量倾向于对个体呈现一系列的行为选择，通过个体的行为选择来推断其价值观结构，更适合对个体潜意识层面内隐价值观结构的测量。根据本次研究的目的和范畴，我们将两种方法结合起来：采用直接测量的排序法来研究居民对社会主义核心价值观的认知以及居民人生价值观的终极性价值选择和工具性价值选择；采用直接测量的比率法、主观偏好法以及间接测量的自编行为情境测验来测量居民在现实生活中为人处世时潜意识里的价值观念。由此我们能够测得样本所代表的北京居民总体以及不同群组较为全面的价值观结构。

4. 计分方法

如无特殊说明，项目均采用5点计分。5分代表"完全赞同或完全符合"，4分代表"比较赞同或比较符合"，3分代表"一般"，2分代表"不太赞同或不太符合"，1分代表"完全不赞同或完全不符合"。

二 北京居民的价值观体系

（一）历史方位意识

社会的发展变化越快，人们越需要及时了解自己所处的历史方位，知道我们从哪里来，要到哪里去。[②] 党的十八大提出"倡导富强、民主、文明、和谐，倡导自由、平等、公正、法治，倡导爱国、敬业、诚信、友善，积极培育

---

① 贺荟中、连福鑫：《价值观测量方法综述》，《东华大学学报》（社会科学版）2004年6月。
② 章百家：《允许探讨，不急于下结论——〈党史〉三卷破题，当代人将如何修当代史》，《钱江晚报》2011年6月26日。

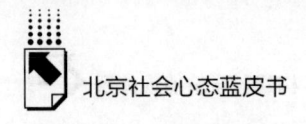

和践行社会主义核心价值观",从国家、社会和公民个人三个层面用24字概括了社会主义核心价值观的价值目标、价值取向和价值准则。十八大以来,中央高度重视培育和践行社会主义核心价值观,引起了全社会的强烈反响。那么,两年来北京居民对社会主义核心价值观的认知状况如何呢?

1. 北京居民对核心价值观知晓度较高,共产党员特别是国家公务员对核心价值观有着深刻的理解

根据认知规律,本研究将居民对核心价值观的知晓程度划分了四个层级:最低层级为"完全不知道,一个词都说不上来",第二层级为"知道一部分,说不全",第三层级为"能叙述出24字,但不清楚内涵",最高层级为"能说出24字,并完全清楚内涵"。结果显示,居民总体对核心价值观的知晓度为2.81级,介于第二层级与第三层级之间,高于理论平均值(2.50级)。进一步分析显示,国家公务员对核心价值观的知晓度最高,达3.63级,共产党员为3.20级,事业单位工作人员为3.07级,离退休人员的知晓度也较高,达3.01级。无业/失业/下岗人员的知晓度较低为2.24级,外地来京务工人员对核心价值观的知晓度最低仅为2.17级。

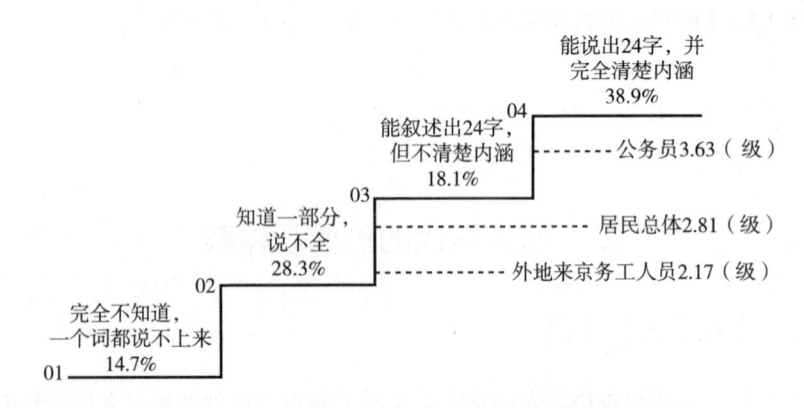

图1　居民对社会主义核心价值观的知晓度

从百分比来看,85.3%的北京居民知道社会主义核心价值观,处于第二个层级及以上。能完整叙述出24字(即第三、第四层级)的人占57.0%。在外地来京务工人员中,只有1/4强的人能将24字说全。38.9%的居民达到了最高的第四层级,他们不仅能够完整表述,而且完全清楚核心价值观的内涵。共

产党员达到第四层级的比例为53.6%；国家公务员达到第四层级的比例为74.0%，超过了其他各类群体。另有近三成（28.3%）居民尽管不能完整表述，但平均能说出6.4个词。值得注意的是，尚有14.7%的居民对核心价值观不甚了了，一个词都说不上来。6.3%的居民称，从来没有听说过社会主义核心价值观。对核心价值观"一个都说不上来"的比例超过两成的群体有普通群众（20.1%）、私企工作人员（20.8%）、临时工（23.4%）、外地来京务工人员（24.7%）、自由职业者（29.9%）以及无业/失业/下岗群体（31.2%），说明这部分居民历史方位意识不明晰，与时代有些脱节。

2. 北京居民对法治的重视程度提升到历史的新高度

不同的民族、不同的人对于哪种价值具有优先性的理解是不一样的。本次调查显示，北京居民认为当前对我们国家、社会及公民而言，12项核心价值按照重要程度从高到低依次为：法治（15.0%）、富强（14.2%）、公正（11.6%）、爱国（10.4%）、民主（9.2%）、平等（9.1%）、诚信（9.0%）、文明（6.4%）、和谐（5.3%）、敬业（3.4%）、自由（3.3%）、友善（3.1%）。

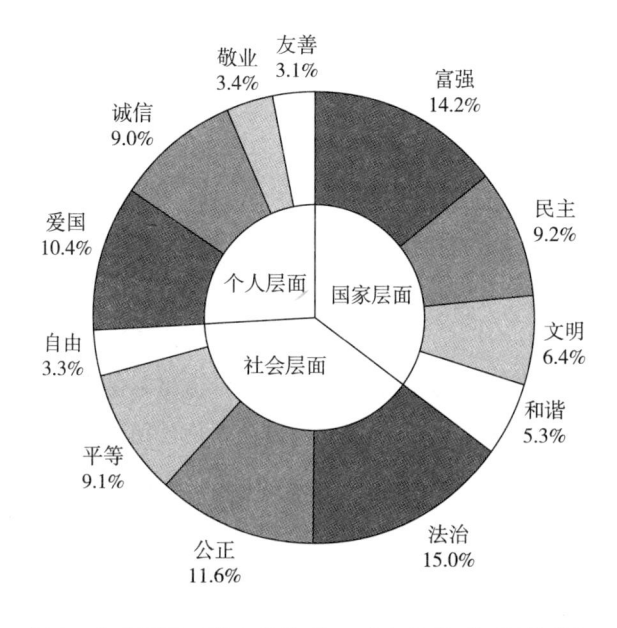

图2 北京居民对核心价值观12个词价值重要性的认知

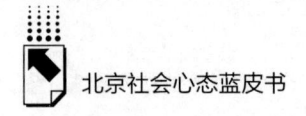

在长达一个半世纪追寻强国梦的进程中，富强始终是中国的最强音。晚清时期，在"落后就要挨打"的亡国灭种危机面前，当务之急乃是尽快实现富国强兵，凭借自己的实力立足于世界。从晚清到民国，从新中国成立到改革开放30余年，富强的目标始终如一。改革开放年代，"让一部分人先富起来""发展是硬道理"使人民富裕、国家强盛成为全社会共同追求的目标。2012年11月召开的中国共产党第十八次全国代表大会对全面推进依法治国做出重大部署，强调把法治作为治国理政的基本方式。2013年11月召开的中国共产党十八届三中全会，通过了《中共中央关于全面深化改革若干重大问题的决定》，对加强社会主义民主政治制度建设和推进法治中国建设提出明确要求。党的十八届四中全会于2014年10月20~23日在北京召开，首次专题讨论依法治国问题，会议通过《中共中央关于全面推进依法治国若干重大问题的决定》。本次调查实施正值十八届四中全会召开之际，共有1599位被访者将"法治"列为最重要的三项核心价值观之一，超过了看重"富强"的被访者的绝对数量（1192人）。对数据进行加权处理后，居民对社会法治的价值重要性评价仍然超越了国家富强，高居榜首。

3. 北京居民对实现国家层面的价值目标充满信心，对社会层面的价值导向作用热切期待，呼唤公民个人诚信

本研究为深入考察北京居民对社会主义核心价值观的认知，除了请被访者用排序法选出其认为核心价值观中"对我们国家、社会及公民而言，最重要的"项目以外，还要求选出"做得最好的"以及"最需努力的"项目，结果发现：北京居民最看好国家层面，最看重社会层面，同时也最期待社会层面价值观的引领作用。

从国家价值目标、社会价值取向以及公民个人价值准则三个层面来看，在北京居民心目中社会主义核心价值观最重要的价值目标是国家富强，最重要的价值取向是社会公正和法治，最重要的价值准则是公民爱国。

北京居民认为，当前国家层面上富强、民主、和谐三方面的实际情况已与核心价值观的目标颇为接近。3/4的居民对"本世纪中叶我国成为富强、民主、文明、和谐的社会主义现代化国家"具有信心。社会层面上，社会主义核心价值观的基本理念还需下大力气才能实现。特别是在公正、法治、平等三方面，现实与理想还相去甚远，居民期待通过全面推进依法治国，依靠法治来

图例: 国家层面　社会层面　公民层面

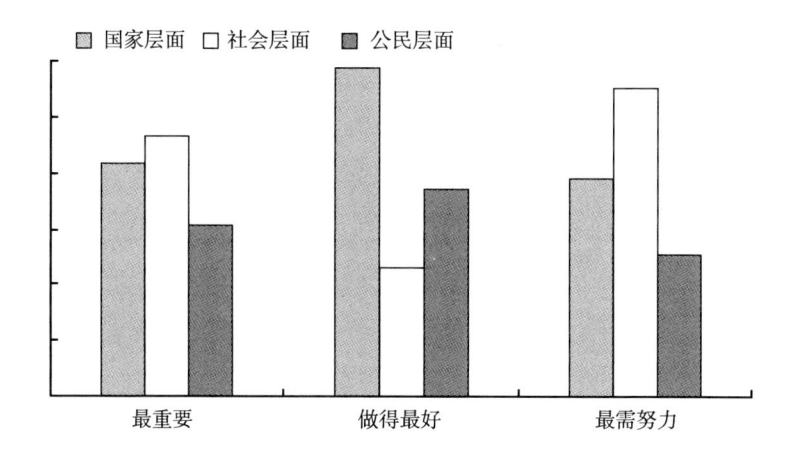

横轴: 最重要　做得最好　最需努力

图3　北京居民对核心价值观三个层面的认知

保障社会公正和实质平等,从而使核心价值观对美好社会的生动表述变为现实。个人层面上,居民认为"爱国"这一点公民做得最好。本次调查显示,83.5%的北京居民对身为中国人感到自豪。3/4的居民表示,当个人利益与国家利益出现冲突时,将以国家利益为重;若有外敌入侵,势必上阵杀敌。同时,被访者认为当前"诚信"方面的道德建设最需加强,从而使诚实守信的道德传统得到大力弘扬。由此,我们可以说,社会主义核心价值观已被北京居民广泛知晓并认同,发挥着价值导向功能。

(二)社会规范意识

风俗、道德、法律、宗教等是社会规范的各种具体形式。这里我们着重考察北京居民的法律意识、道德意识和从众心理。

1. 北京居民的守法意识及依法维权意识较强,对情与法的抉择分歧较大

数据显示,居民法治意识总体平均得分为3.90。九成居民表示,尽管有人通过干违法的事获益,但自己还是会依法行事以求心安理得。如果遭遇侵权,78.9%的居民将依法维权。如果买到劣质商品,65.3%的居民表示一定会选择退货或进行投诉。如果亲友犯罪,六成居民表示法大于情,不能予以包庇;15.0%的居民在亲情与法的权衡中会选择亲情,不去告发。

女性的法治意识(3.92)特别是守法意识显著高于男性(3.87)。女性

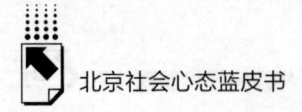

"只有合法行事,我才会心安理得"得分高;而男性在"有人通过干违法的事获益,我也要伺机钻钻法律的空子"以及"出于亲情,亲友犯罪,我不告发"两项上得分高。

表2 不同性别居民的法治观念

性别	只有合法行事,我才会心安理得		有人通过干违法的事获益,我也要伺机钻钻法律的空子		出于亲情,亲友犯罪,我不告发	
	认同度	标准差	认同度	标准差	认同度	标准差
男性	4.39	0.738	1.98	1.108	2.40	1.115
女性	4.44	0.716	1.88	1.032	2.33	1.081
F检验	F=1.701		F=4.841*		F=2.836	
t检验	t=-2.140*		t=2.763**		t=-2.030*	

注:*表示$p<0.05$,**表示$p<0.01$,***表示$p=0.00$;下同。

与1970年以后出生的居民相比,1959年前出生的居民遵法守法的意识(4.01)更强,"只有合法行事,我才会心安理得"。60后的守法意识也显著高于80后。在"情与法"的抉择上,年长者比年轻人更看重法。80后的法治观念(3.79)较为淡漠,持"法治是司法机关的事,与我干系不大"观点的比例比70后高8.5个百分点。

表3 不同代际居民的法治观念

代际	只有合法行事,我才会心安理得		有人通过干违法的事获益,我也要伺机钻钻法律的空子		出于亲情,亲友犯罪,我不告发		法治是司法机关的事,与我干系不大	
	认同度	标准差	认同度	标准差	认同度	标准差	认同度	标准差
90后	4.38	0.707	1.94	1.055	2.50	1.107	2.85	1.148
80后	4.37	0.764	2.09	1.147	2.59	1.120	2.87	1.136
70后	4.38	0.760	1.95	1.040	2.34	1.106	2.66	1.087
60后	4.44	0.699	1.88	1.056	2.26	1.018	2.71	1.098
1959年前	4.50	0.696	1.72	0.982	2.12	1.062	2.75	1.160
合计	4.41	0.730	1.92	1.071	2.37	1.098	2.77	1.129
F检验	F=4.450**		F=14.117***		F=24.295***		F=4.729**	

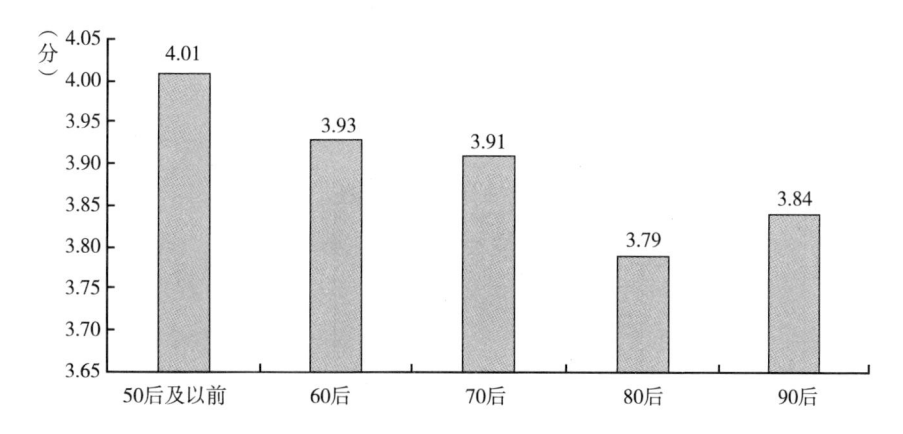

图 4　不同代际居民的法治意识（5 分制）

初中及以下学历居民的法治意识（4.00）高于本科学历居民（3.85）。本科学历居民钻法律空子牟利的念头高于中专以下学历者。学历高的居民包庇犯罪亲友可能性比较大。

表 4　不同学历居民的法治观念

学历	有人通过干违法的事获益，我也要伺机钻钻法律的空子		出于亲情，亲友犯罪，我不告发	
	认同度	标准差	认同度	标准差
初中及以下	1.79	1.065	2.17	1.093
中专或职高	1.75	0.963	2.22	1.030
高中	1.97	1.050	2.31	1.072
大专	1.90	1.062	2.33	1.112
大学本科	2.01	1.111	2.51	1.117
研究生及以上	1.99	1.108	2.59	0.991
合计	1.92	1.072	2.37	1.099
F 检验	F = 4.889 ***		F = 9.735 ***	

中高收入（家庭人均年收入 3 万~4 万元）的居民法治观念最强（3.95）。比较而言，中低收入的居民更希望能伺机钻钻法律的空子；高收入的居民更倾向于包庇犯罪的亲友。

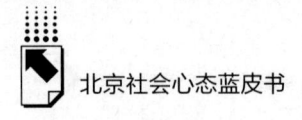

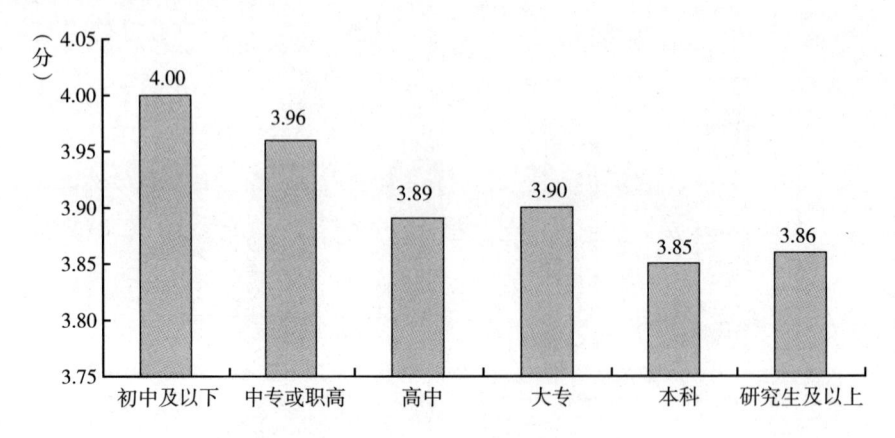

图5 不同学历居民的法治意识（5分制）

表5 不同收入居民的法治观念

家庭人均年收入	有人通过干违法的事获益，我也要伺机钻钻法律的空子		出于亲情，亲友犯罪，我不告发	
	认同度	标准差	认同度	标准差
1.4万元以下	1.94	1.068	2.31	1.116
1.4万~2万元	2.06	1.103	2.37	1.114
2万~3万元	1.93	1.103	2.37	1.114
3万~4万元	1.79	1.023	2.33	1.078
4万元以上	1.95	1.062	2.53	1.077
合计	1.93	1.074	2.38	1.101
F检验	F = 4.214**		F = 4.286**	

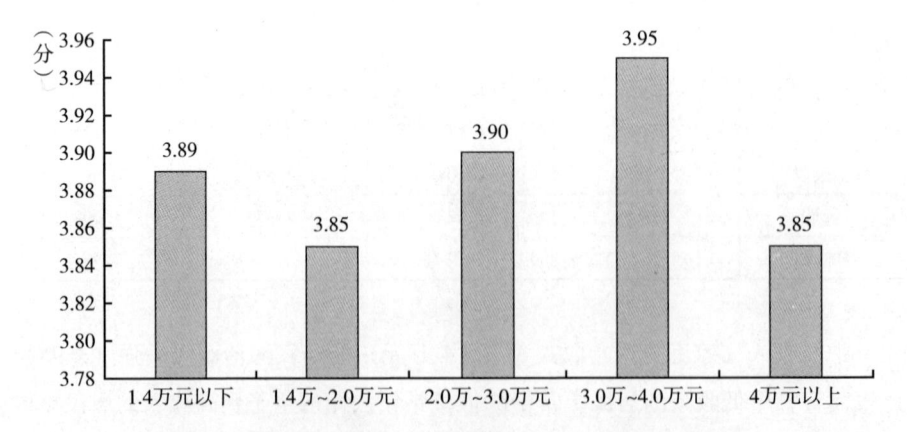

图6 不同家庭人均年收入水平居民的法治意识（5分制）

2. 北京居民的道德感总体较强，80后、90后稍弱

北京居民的道德意识（4.06）强于法治意识（3.90）。73%的居民不仅遵纪守法而且能够在道德的高度严格要求自己。有悖道德的事，即使不违法，他们也不去做。八成居民表示，在公交车上，如果有老人站在自己座位旁边，不让座会感到良心不安。但是有一成（10.1%）居民在法与德的权衡中罔顾道德的约束力，只将法律作为其行为的底线，认为违反道德不算什么，只要不违法即可。

女性的道德感（4.10）强于男性（4.01），出于良心的助人行为多于男性。

表6 不同性别居民的道德观念

性别	违反道德不算什么,只要不违法即可		在公交车上,如果有老人站在自己座位旁边,不让座会感到良心不安	
	认同度	标准差	认同度	标准差
男性	2.14	1.069	4.16	0.986
女性	2.03	0.990	4.22	0.971
F检验	F = 16.975***		F = 0.107	
t检验	t = -3.248**		t = -2.045*	

50后的道德感比80后、90后强；60后的道德感比80后强。90后对"合法可违德"的认同度最高，其次是80后。80后对于不给老人让座感到良心不安的分值最低。

表7 不同代际居民的道德观念

代际	违反道德不算什么,只要不违法即可		在公交车上,如果有老人站在自己座位旁边,不让座会感到良心不安	
	认同度	标准差	认同度	标准差
90后	2.16	1.027	4.13	0.984
80后	2.21	1.090	4.12	0.980
70后	2.06	1.046	4.21	0.980
60后	2.00	0.982	4.20	0.975
1959年前	1.94	0.960	4.29	0.971
合计	2.08	1.031	4.19	0.979
F检验	F = 9.844***		F = 3.968**	

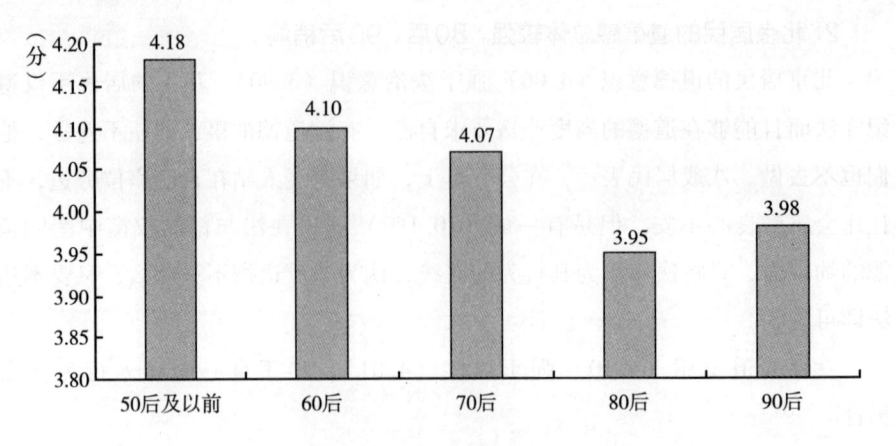

图7 不同代际居民的道德意识（5分制）

不同学历和收入水平的居民在道德感上没有显著差异。

3. 多数北京居民有从众心理，但程度一般

58.6%的被访者赞同为人处世随大流，说明大多数北京居民有从众心理。但是，只有34.3%的居民在与所属群体中的其他人发生意见冲突时会选择躲避、让步；26.3%的居民讨厌与群体中的其他人意见相左；与此相对，也有相同比例的居民表示喜欢跟别人不一样。北京居民总体的从众心理为3.06分，程度一般。

初中及以下学历的居民从众心理较高（3.18），在与所属群体中的其他人发生意见冲突时比有高等学历的居民更易放弃自己的意见。

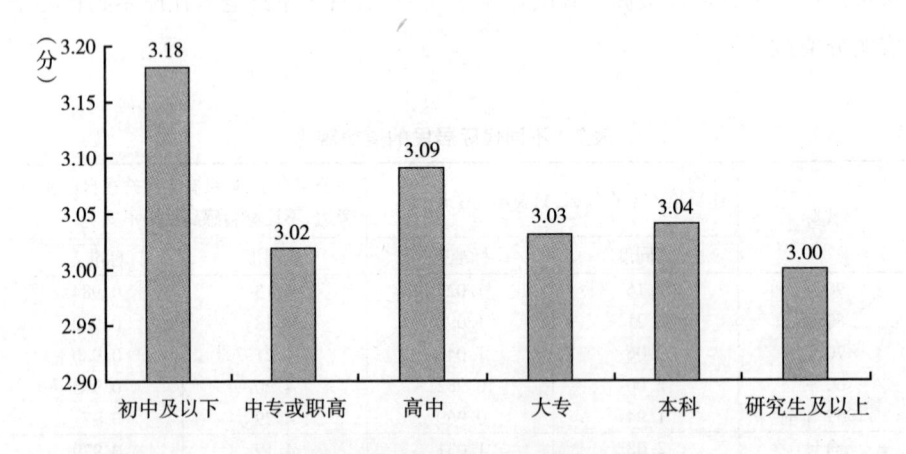

图8 不同学历居民的从众心理（5分制）

50后的从众心理（3.12）显著高于70后和90后，在与所属群体中的其他人发生意见冲突时，50后以及年长者更多地选择躲避、让步。90后、80后崇尚特立独行，在"我喜欢和别人不一样"项目上的得分显著高于70年代及以前出生的居民。

表8　不同代际居民的从众心理

代际	我喜欢和别人不一样		如果与所属群体中的其他人发生意见冲突时，我会选择躲避、让步	
	认同度	标准差	认同度	标准差
90后	3.18	0.995	3.08	1.006
80后	3.05	0.998	3.12	1.016
70后	2.91	0.961	3.01	0.974
60后	2.83	0.959	3.00	1.012
1959年前	2.89	1.004	3.26	1.031
合　计	2.96	0.991	3.10	1.013
F检验	$F = 12.802^{***}$		$F = 7.989^{***}$	

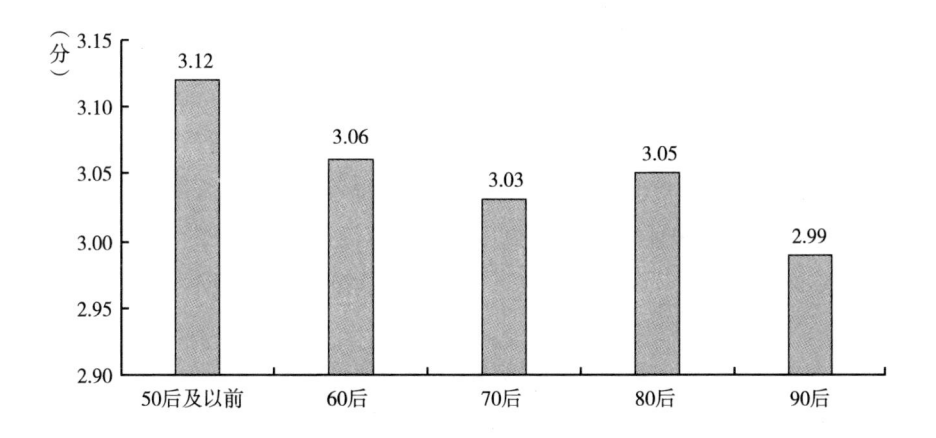

图9　不同代际居民的从众心理（5分制）

调查显示，性别、职业、职级、收入水平对居民的从众心理没有显著影响。

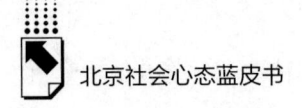

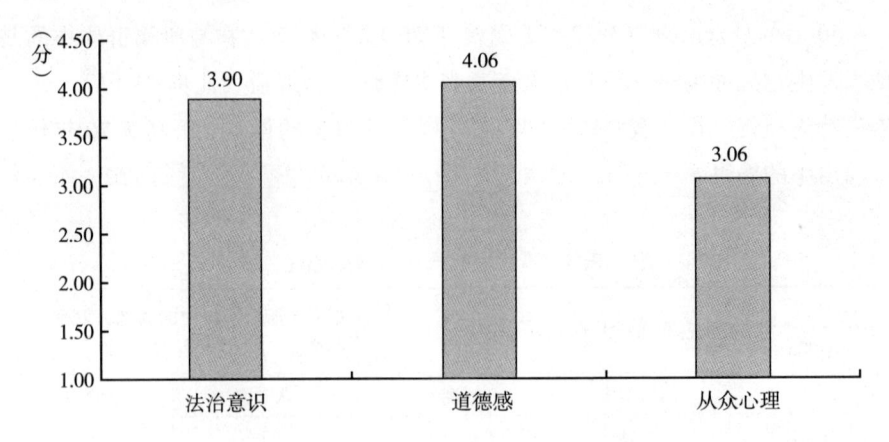

图10 北京居民的社会规范意识（5分制）

（三）社会秩序观念

社会秩序是指动态有序平衡的社会状态，是社会学范畴。社会秩序观念包括对平等、自由、公正等的理解和认识。

1. 平等观念已经深入人心

调查显示，性别平等、家庭成员平等、职业平等、分配平等、干群平等这些观念已经深得北京居民认同。居民对家庭成员应该平等互助的赞同度最高（4.60），其次是"领导干部不应该有特权"（4.51），再次是"性别平等"（4.47）、"同工同酬"（4.40）。95.2%的居民对"三百六十行，行行出状元"这一代表职业平等的价值观念表示赞同。尽管90.6%的居民赞同"多劳多得，少劳少得"。但如果把收入分配命题限定在单位内部时，2/3的居民赞成"一个单位应该尽量平均分配薪酬福利"，希望同事间的收入差距不大。

表9 不同性别居民的性别平等观念

性别	男女应该平等，不应有性别歧视	
	认同度	标准差
男	4.44	0.744
女	4.51	0.653
F检验	$F = 25.094^{***}$	
t检验	$t = -2.921^{**}$	

女性对"男女应该平等,不应有性别歧视"的诉求更强烈。主张性别平等的女性(92.7%)比男性高3.4个百分点。

不同于对性别平等、同工同酬的鲜明态度,居民对"人生来就是平等的"和"政策应该向弱势群体倾斜"这两项不置可否、持保留意见的比例明显增加。各群体对前者认同度无显著差别,对后者的态度则出现了分化——中低收入(家庭人均年收入1.4万~2万元)者对政策应特别关照弱势群体的认同度显著低于低收入群体(家庭人均年收入低于1.4万元)和中等收入群体(家庭人均年收入2万~3万元),这有可能和他们恰好不属于被照顾的对象有关。

表10 不同收入水平的居民的平等观念

家庭人均年收入	人生来就是平等的		政策应该向弱势群体倾斜	
	认同度	标准差	认同度	标准差
1.4万元以下	4.18	1.032	4.20	0.881
1.4万~2万元	4.16	0.979	4.00	0.927
2万~3万元	4.19	1.065	4.19	0.891
3万~4万元	4.13	1.130	4.13	0.930
4万元以上	4.05	1.173	4.11	0.967
合计	4.14	1.087	4.14	0.920
F检验	$F = 2.041$		$F = 3.781**$	

总之,北京居民对平等观念的认同度平均为4.33分,介于"比较认同"和"非常认同"之间,说明北京居民的平等意识强烈,并且对平等概念的理解恰如其分。

2. 北京居民认为自由重要且是有限的,年长者、高学历者、收入较高者对自由的理解更为准确

尽管有68.1%的居民认可自由重于生命,但更多的居民认为自由是受束缚的而且是有限度的。七成居民认识到纪律是自由的第一条件,只有在遵守纪律的前提下才能享受到更多的自由;83.5%的居民认为自己的自由边界在于不侵犯他人的自由。不同代际、不同学历的居民对自由的理解存在显著差异。

80后、90后对"生命诚可贵,自由价更高"的认同度高于1959年以前出生的年长者。80后对于"自由就是毫无束缚,为所欲为"的认同度最高;而

90后对于"纪律是自由的第一条件"的认同度最低。由此可见，80后、90后更注重对自由的追求，但对自由的理解存在一些偏差。

表11 不同代际居民对关于自由说法的认同度

代际	生命诚可贵自由价更高		自由就是毫无束缚，为所欲为		纪律是自由的第一条件		个人的自由以不侵犯他人的自由为自由	
	认同度	标准差	认同度	标准差	认同度	标准差	认同度	标准差
90后	3.94	0.996	2.34	1.242	3.87	0.972	4.26	0.769
80后	3.98	0.977	2.41	1.300	3.96	0.932	4.24	0.793
70后	3.85	0.983	2.30	1.210	3.97	0.988	4.19	0.870
60后	3.83	1.023	2.24	1.167	3.91	1.005	4.16	0.840
1959年前	3.76	1.135	2.18	1.264	4.05	0.956	4.26	0.810
合计	3.87	1.028	2.30	1.246	3.96	0.969	4.23	0.817
F检验	$F = 5.873^{***}$		$F = 4.473^{**}$		$F = 3.436^{**}$		$F = 2.128$	

不同学历的居民对自由的边界理解不同，高中学历者更认同"自由就是毫无束缚，为所欲为"；研究生以上学历者则注重在享有个人自由的同时，不侵犯他人的自由。

表12 不同学历的居民对自由边界认知

学历	自由就是毫无束缚，为所欲为		个人的自由以不侵犯他人的自由为自由	
	认同度	标准差	认同度	标准差
初中及以下	2.31	1.342	4.28	0.833
中专或职高	2.27	1.213	4.23	0.821
高中	2.43	1.244	4.16	0.869
大专	2.24	1.224	4.16	0.823
本科	2.28	1.242	4.28	0.782
研究生及以上	2.08	1.202	4.35	0.752
合计	2.29	1.246	4.22	0.819
F检验	$F = 2.929^{*}$		$F = 4.221^{**}$	

中高收入家庭的居民比中低收入家庭的居民更明晰自由的边界。

表13　不同收入水平的居民对自由边界认知

家庭人均年收入	自由就是毫无束缚，为所欲为		个人的自由以不侵犯他人的自由为自由	
	认同度	标准差	认同度	标准差
1.4万元以下	2.33	1.227	4.17	0.842
1.4万~2万元	2.40	1.198	4.11	0.848
2万~3万元	2.35	1.297	4.26	0.826
3万~4万元	2.15	1.187	4.26	0.755
4万元以上	2.23	1.247	4.26	0.797
合计	2.29	1.241	4.23	0.814
F检验	$F = 3.802^{**}$		$F = 3.885^{**}$	

北京居民对自由观念的认同度平均为3.94分，接近"比较赞同"，说明北京居民追求自由的意识比较强烈，并且对自由概念的理解基本准确。

3. 北京居民对社会公正的信念不高，且事实公正信念低于终极公正信念，个人世界公正信念低于一般世界公正信念

公正信念也是国内外价值观研究的一个热点，公正信念除了对个体的积极和消极心理健康有影响外，有研究还指出如果大学生更多感受到这个世界的不公正性，即认为周围环境因素是不良的，往往会导致反社会行为。[①]

从是否认同"善有善报，恶有恶报"和"遭受不公正待遇的人最终会得到补偿"这类说法，可以考察个体的终极公正信念。对于前者，七成居民表示赞同，两成多居民持保留意见；对于后者，四成居民表示赞同，四成居民持保留意见，两成居民反对。由此可以看出北京居民的终极公正信念（3.60）不足。然而居民对"世界基本上是公正的""许多重大决策是公平的""总的来说，多数人得到的都是其应得的""我坚信在生活的各个领域不公正是偶然的"等事实公正的信念更低（3.26）。只有四成居民感到自己通常受到了公正的对待，三成居民表示对于生活中违反公平正义的事已经见怪不怪、习以为常了，折射出这部分居民的个人世界公正信念（3.15）遭到了破坏。

---

① 石振宇、李志英、赵旭东：《反社会人格障碍的环境危险因素及其生物学作用机制》，《中华行为医学与脑科学杂志》2011年11月第20卷，第1052~1053页。

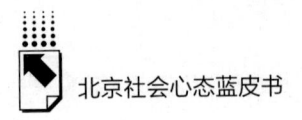

表 14　北京居民的公正信念

维度	题目		认同度
终极公正信念（M=3.60）		善有善报,恶有恶报	3.93
		遭受不公正待遇的人最终会得到补偿	3.26
事实公正信念（M=3.26）	一般世界公正信念（M=3.41）	世界基本上是公正的	3.25
		许多重大决策是公平的	3.35
		总的来说,多数人得到的都是其应得的	3.44
		我坚信在生活的各个领域不公正是偶然的	3.21
	个人世界公正信念（M=3.15）	我通常受到了公正的对待	3.33
		对于违反公平正义的事,我见怪不怪、习以为常	2.97*

注：*该条目已经实行反向计分。

不同代际的居民对"世界基本上是公正的"及"我通常受到了公正的对待"的认同度没有差别。总体而言，60年代及以前出生的居民的世界公正信念强于80年代以后出生的人。越是年长的居民越具有终极公正信念，他们相信"善有善报，恶有恶报"，相信"遭受不公正待遇的人最终会得到补偿"。而80后、90后的终极公正信念比较淡漠。此外，80后还表现出缺乏事实公正信念，对重大决策的公平性、不公正事件发生的偶然性认可度低，称"对于违反公平正义的事，我见怪不怪、习以为常"。

表 15　不同代际北京居民的公正信念

代际	许多重大决策是公平的		善有善报,恶有恶报		遭受不公正待遇的人最终会得到补偿	
	认同度	标准差	认同度	标准差	认同度	标准差
90后	3.36	1.001	3.81	0.999	3.18	0.997
80后	3.26	0.990	3.83	0.988	3.17	0.996
70后	3.34	0.879	3.90	0.923	3.23	0.999
60后	3.41	0.885	4.01	0.868	3.30	0.961
1959年前	3.43	0.954	4.08	0.929	3.39	0.989
合计	3.35	0.946	3.93	0.948	3.26	0.992
F检验	F=3.962**		F=10.896***		F=6.587***	

续表

代际	我坚信在生活的各个领域不公正是偶然的		总的来说,多数人得到的都是其应得的		对于违反公平正义的事,我见怪不怪、习以为常	
	认同度	标准差	认同度	标准差	认同度	标准差
90后	3.18	0.972	3.45	0.918	3.05	0.874
80后	3.10	0.956	3.43	0.886	3.19	0.983
70后	3.17	0.971	3.37	0.882	2.95	0.932
60后	3.33	0.922	3.45	0.820	2.96	0.935
1959年前	3.32	0.922	3.51	0.844	2.94	0.995
合计	3.21	0.952	3.44	0.869	3.03	0.957
F检验	$F = 8.347$***		$F = 2.479$*		$F = 10.284$***	

不同学历的居民在公正信念8个条目的认知上都有显著差异。学历越高,对"善有善报,恶有恶报"及"遭受不公正待遇的人最终会得到补偿"终极公正信念的认同度越低。初中及以下学历的居民在终极公正、事实公正、一般世界公正、个人世界公正4个维度上得分都是最高的,该结果可能与其中2/3是50岁以上的年长者有关。本科学历居民在各维度上的得分较低,他们中1/3的被访者表示,"对于违反公平正义的事,我见怪不怪、习以为常",比居民总体高出4个百分点。

表16 不同学历居民的公正信念

学历	世界基本上是公正的		许多重大决策是公平的		善有善报,恶有恶报		遭受不公正待遇的人最终会得到补偿	
	认同度	标准差	认同度	标准差	认同度	标准差	认同度	标准差
初中及以下	3.45	0.998	3.55	0.950	4.16	0.888	3.55	1.014
中专或职高	3.21	1.065	3.39	0.967	4.05	0.935	3.27	0.986
高中	3.28	0.964	3.33	0.920	3.92	0.954	3.31	0.944
大专	3.25	1.019	3.37	0.947	3.93	0.948	3.21	1.013
本科	3.18	1.010	3.29	0.943	3.83	0.946	3.17	0.972
研究生及以上	3.16	1.080	3.25	0.994	3.80	1.002	3.16	1.019
合计	3.25	1.013	3.35	0.948	3.93	0.948	3.25	0.991
F检验	$F = 4.473$***		$F = 4.723$***		$F = 8.398$***		$F = 9.103$***	

续表

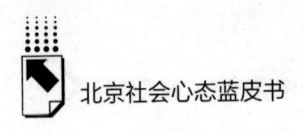

学历	我坚信在生活的各个领域不公正是偶然的		我通常受到了公正的对待		总的来说,多数人得到的都是其应得的		对于违反公平正义的事,我见怪不怪、习以为常	
	认同度	标准差	认同度	标准差	认同度	标准差	认同度	标准差
初中及以下	3.38	0.924	3.45	0.862	3.59	0.844	2.98	1.039
中专或职高	3.28	0.922	3.37	0.867	3.50	0.880	2.84	0.984
高中	3.27	0.902	3.24	0.814	3.38	0.864	3.05	0.923
大专	3.17	0.967	3.33	0.846	3.43	0.877	2.98	0.988
本科	3.16	0.959	3.30	0.820	3.40	0.880	3.13	0.928
研究生及以上	3.07	1.043	3.39	0.879	3.49	0.744	2.98	0.791
合计	3.21	0.950	3.33	0.839	3.44	0.869	3.03	0.959
F 检验	$F=4.910^{***}$		$F=3.426^{**}$		$F=3.525^{**}$		$F=5.807^{***}$	

低收入群体(家庭人均年收入低于 1.4 万元)比高收入群体(家庭人均年收入高于 4 万元)的社会"不公"感强烈,他们对"总的来说,多数人得到的都是其应得的"认可度(3.37)低,对自己"我通常受到了公正的对待"认可度也低(3.24)。

表 17 不同收入水平的居民的公正信念

家庭人均年收入	我通常受到了公正的对待		总的来说,多数人得到的都是其应得的	
	认同度	标准差	认同度	标准差
1.4 万元以下	3.24	0.863	3.37	0.890
1.4 万~2 万元	3.30	0.827	3.40	0.847
2 万~3 万元	3.35	0.828	3.41	0.861
3 万~4 万元	3.32	0.817	3.45	0.854
4 万元以上	3.37	0.814	3.53	0.830
合计	3.32	0.831	3.43	0.859
F 检验	$F=2.552^{*}$		$F=3.573^{**}$	

已婚居民比未婚居民更相信终极公正,离异居民对个人世界公正的信念低,认为自己通常受到了不公正的对待。

表18　不同婚姻状况的居民的公正信念

婚姻状况	终极公正信念		事实公正信念		一般世界公正信念		个人世界公正信念	
	认同度	标准差	认同度	标准差	认同度	标准差	认同度	标准差
未婚	3.48	0.874	3.21	0.654	3.33	0.731	3.10	0.669
已婚	3.63	0.806	3.27	0.598	3.42	0.667	3.16	0.652
离异	3.69	0.816	3.17	0.623	3.42	0.662	2.95	0.713
丧偶	3.94	0.784	3.44	0.637	3.64	0.677	3.33	0.753
合计	3.60	0.824	3.26	0.612	3.41	0.682	3.15	0.659
F检验	F = 9.217***		F = 3.460*		F = 5.084**		F = 4.783**	

北京居民总体的公正信念得分为3.34分，低于自由信念（3.94）和平等信念（4.33）。

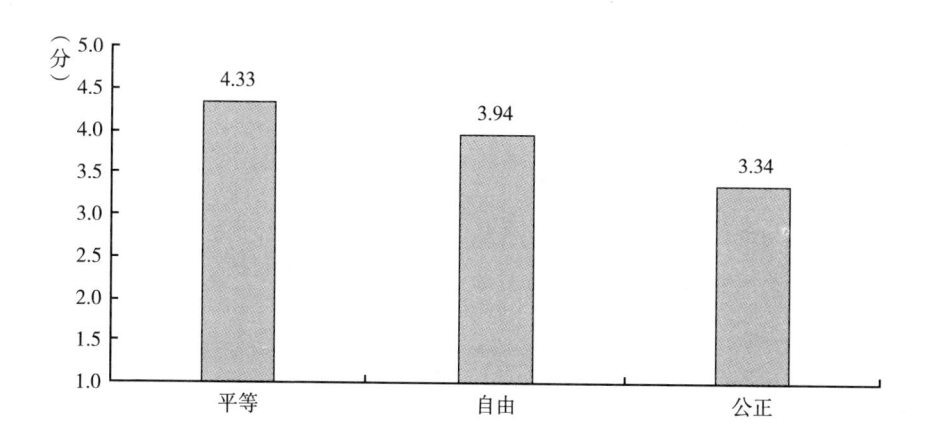

图11　北京居民的社会秩序观念（5分制）

4. 北京居民对商业秩序评价一般，明星做广告对商业秩序产生负面影响

本部分通过居民作为消费者对于商家的市场活动进行评价，从商业市场秩序来侧面反映宏观的社会秩序。数据显示，居民对大部分商家提供商品（或服务）的价格、质量、售后服务、经营宗旨和经营之道评价略高于"一般"，对商业秩序的总体评分仅为3.19分。

表19　北京市民对商业秩序的评价

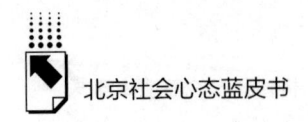

评价项目	认同度	标准差
价格公道	3.28	0.910
质量可靠	3.25	0.881
注重售后服务	3.13	0.945
本着"顾客至上"的宗旨	3.17	0.938
恪守"诚实守信"的经商之道	3.13	0.925
商业秩序总分	3.19	0.772

相对而言，消费者对商品和服务的价格公道性评价稍高，但是也只有不到四成（38.1%）的居民认可商家定价"很公道"。消费者对售后服务和商家的诚信认同更低，不到1/3的居民认为，商家能恪守诚实守信的经商之道。居民认为，即使是承诺了"七天内无条件退货"的商家，在消费者要求退货时，只有四成商家能够爽快退货，有近一成商家拒绝退货，近半数商家（48.8%）会与消费者发生争执，而后不情愿地退货。

80后对价格公道的评价低于50后，对售后服务的评价低于90后。高收入群体（家庭人均年收入高于4万元）比低收入（家庭人均年收入低于1.4万元）群体更能感受到商家"顾客至上"的服务宗旨和"诚实守信"的经营之道，可能与他们日常的购物地点在品牌专卖店抑或商品批发市场有关。但是不同年龄、不同收入水平的消费者对商业秩序的总体评价无显著差异。

老字号有口碑的品牌　4.09
由权威部门认定的品牌　3.63
明星推荐的品牌　2.74

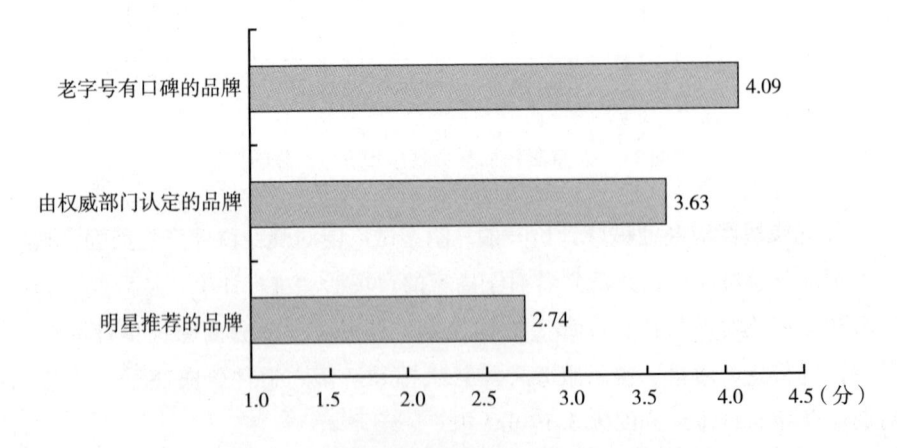

图12　北京居民对商业品牌的评价（5分制）

从消费者对运用不同商业手段进行宣传的品牌的认可度，也可以在一定程度上反映商业秩序的状况。数据显示，北京居民对老字号有口碑的品牌最为认可，其次是由权威部门认定的品牌。对明星推荐的品牌认可度低于3分，介于"一般"和"不太认可"之间。

（四）价值本位意识

1. 保有健康是北京居民的第一追求

在问及"您的人生终极目标或您追求的最理想化结果"时，我们请被调查者对物质富裕、精神富有、身体健康、社会承认、家庭和睦、子女成器6项人生价值依据追求次序进行排列，发现北京居民给出的优先性依次为：身体健康、家庭和睦、物质富裕、精神富有、子女成器、社会承认。这个排序反映了北京居民的"健康本位"思想。

表20 北京居民对人生目标的追求排名

单位：%

人生目标	第一位	第二位	第三位	第四位	第五位	第六位	加权后	排序
身体健康	55.7	22.4	15.6	3.5	1.8	1.0	24.9	1
家庭和睦	13.5	35.9	19.0	16.0	12.9	2.5	19.6	2
物质富裕	17.5	11.1	18.6	22.3	17.0	13.5	16.6	3
精神富有	8.1	19.1	15.2	21.6	26.0	10.0	15.8	4
子女成器	2.5	6.6	21.8	17.8	21.6	27.8	12.4	5
社会承认	3.0	5.1	9.6	18.2	19.6	42.7	10.4	6

随着经济社会的发展和群众体育健身意识显著增强，全国经常参加体育锻炼的人数达到5亿。全民健身早已不只是8月8日"全民健身日"的概念，而是渗透百姓生活的每一天。2014年10月20日国务院印发《关于加快发展体育产业促进体育消费的若干意见》，将全民健身上升为国家战略？本次调查显示，93.7%的被访者把健康排在其人生追求的前三位，55.7%的人更是把健康排在了首位。越来越多的北京居民认识到：健康是1，妻子、孩子、位子、票子、房子、车子等是0，0再多，1没有了，就什么都没了。甚至有7%的居民

将"健康第一""健康是福""做一个身心健康的人"作为座右铭。进一步分析发现,"健康第一"的思想不受性别、年龄、学历、工作状态、户籍、宗教信仰等因素的影响,在不同群组中显示出惊人的一致性,注重健康已成为北京居民人生价值的首要追求。

2. 北京居民重视家庭人伦情感,尤其重视孝道

在北京居民的人生追求中,家庭和睦最靠近核心价值目标。北京居民对"家和万事兴"高度认同(94.1%),非常看重家庭和睦的意义。超过半数的居民认为家庭和睦对个人身心健康(70.6%)、子女茁壮成长(61.2%)乃至社会稳定(52.1%)有重大影响。超过九成居民认为幸福的婚姻对个人的人生非常重要。

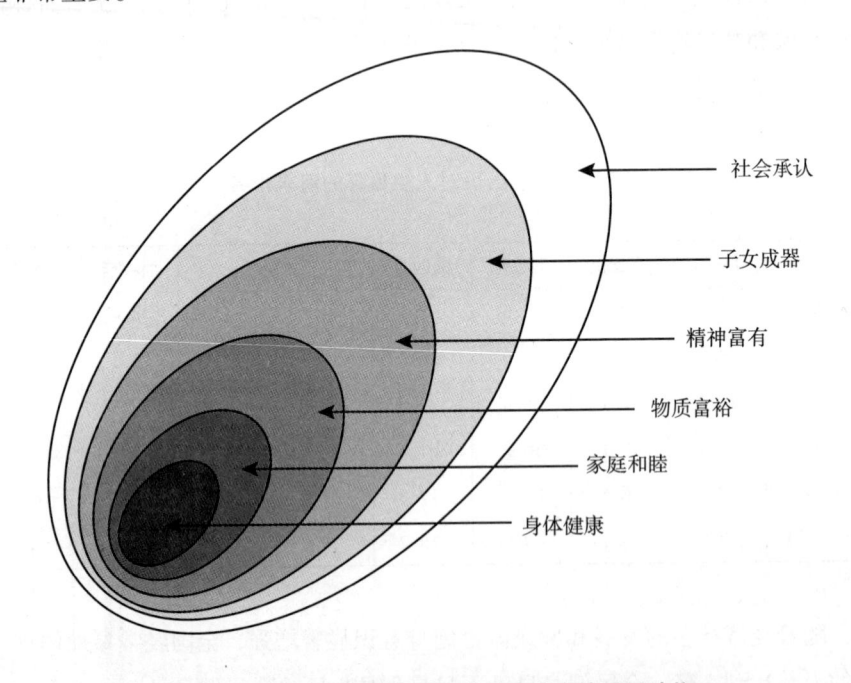

图 13 家庭和睦在北京居民人生追求中的重要地位

在家庭利益和个人利益发生冲突时,八成居民会以家庭利益为重。65.1%的居民认同"家庭中处理事情时,应以长者的意见为重"。为了家人高兴,六成居民会去做他本人很讨厌做的事情。如果家人反对,即使本人很喜欢,37.8%的居民也能够克制自己不去做某件事情。56.2%的居民赞成与

父母同住。92.4%的居民表示,"就算父母有很多不对的地方,也应该孝敬他们"。八成居民赞同"好好孝敬侍奉公婆是媳妇应尽的责任"。七成居民认同"生儿育女是人们应承担的责任"。半数居民认为养育孩子可以完善人生体验,四成左右的居民看重生育子女对维系家庭稳定、增加生活情趣的助益。

居民总体人伦情感得分为4.03分,孝道观念得分为4.52分。两性在人伦情感和孝道观念总分上没有显著差异,但女性对"孝顺赡养父母是子女应尽的义务""就算父母有很多不对的地方,也应该孝敬他们"的认同度高于男性。男性对于"家庭中处理事情时,应以长者的意见为重"认同度高于女性。

表21 不同性别居民的家庭伦理及孝道观念

性别	孝顺赡养父母是子女应尽的义务		家庭中处理事情时,应以长者的意见为重	
	认同度	标准差	认同度	标准差
男性	4.77	0.518	3.79	0.962
女性	4.81	0.444	3.72	0.986
F检验	F = 24.291***		F = 5.424*	
t检验	t = -2.334*		t = 2.153*	

1959年以前出生的居民乐意子女和父母共同生活,他们最看重幸福婚姻对人生的重要意义,也最认同生儿育女是人们应承担的责任。在家庭生活中,他们表现得尤为克制,不会去做自己喜欢但家人反对的事情,人伦情感的得分最高。相对而言,80后不大喜欢和父母住在一起,对于"我们应该让父母和我们住在一起"的赞同度最低。80后、90后对于"孝顺赡养老人是子女应尽的义务""就算父母有很多不对的地方,也应该孝敬他们"以及"好好孝敬侍奉公婆是媳妇应尽的责任"认同度低于70年代及以前出生的居民,孝道观念和人伦情感的得分都相应较低。尽管70后具有比较传统的一面,但是对于生育责任及婚姻对人生的重要性,他们不如60后、50后那么看重,其观点更接近"新新人类"80后和90后。

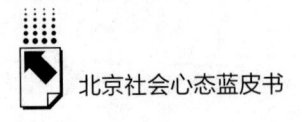

表22 不同代际居民的人伦情感和孝道观念

代际	我们应该让父母和我们住在一起		就算父母有很多不对的地方，也应该孝敬他们		好好孝敬侍奉公婆是媳妇应尽的责任		孝顺赡养老人是子女应尽的义务	
	认同度	标准差	认同度	标准差	认同度	标准差	认同度	标准差
90后	3.65	0.993	4.47	0.705	4.02	1.005	4.70	0.566
80后	3.54	1.024	4.52	0.662	4.16	0.866	4.76	0.486
70后	3.64	0.978	4.53	0.670	4.24	0.873	4.79	0.505
60后	3.63	0.996	4.54	0.676	4.24	0.866	4.81	0.465
1959年前	3.71	0.998	4.63	0.590	4.35	0.789	4.86	0.384
合计	3.63	1.001	4.54	0.659	4.21	0.878	4.79	0.481
F检验	$F=3.218$ *		$F=5.660$ ***		$F=12.618$ ***		$F=10.554$ ***	

代际	生儿育女是人们应承担的责任		幸福的婚姻对人生非常重要		如果家人反对某件事情，即使我非常喜欢，那我也不会去做	
	认同度	标准差	认同度	标准差	认同度	标准差
90后	3.77	1.000	4.46	0.757	3.16	0.996
80后	3.80	1.014	4.51	0.688	3.20	0.972
70后	3.84	1.056	4.47	0.752	3.18	0.908
60后	4.03	0.901	4.52	0.681	3.28	0.991
1959年前	4.13	0.907	4.63	0.610	3.42	0.964
合计	3.92	0.988	4.52	0.696	3.25	0.970
F检验	$F=19.886$ ***		$F=6.808$ ***		$F=8.948$ ***	

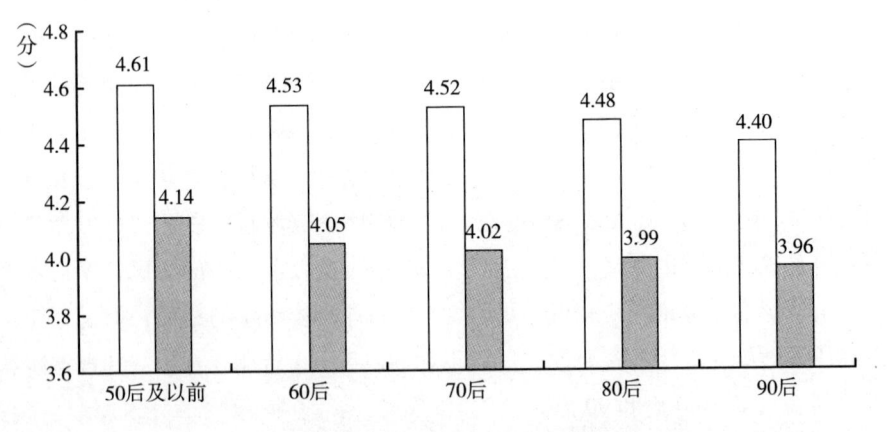

图14 不同代际居民的孝道观念和人伦情感（5分制）

本科以上学历的居民不赞同和父母住在一起，更愿意跟朋友讨论自己的事情，他们对赡养老人、生儿育女的责任和义务的认同度低于初中及以下学历者。高中及大学本科学历的居民对幸福婚姻的重要性认同度较低。初中及以下学历的居民在家庭中更为克己忍让，他们的孝道观念及人伦情感得分较高。

表23　不同学历居民的人伦情感和孝道观念

学历	我们应该让父母和我们住在一起		好好孝敬侍奉公婆是媳妇应尽的责任		孝顺赡养老人是子女应尽的义务		生儿育女是人们应承担的责任	
	认同度	标准差	认同度	标准差	认同度	标准差	认同度	标准差
初中及以下	3.83	1.036	4.35	0.856	4.86	0.377	4.26	0.904
中专或职高	3.69	1.043	4.30	0.831	4.81	0.497	4.05	0.878
高中	3.64	0.988	4.22	0.847	4.80	0.461	3.91	0.986
大专	3.67	0.960	4.20	0.876	4.79	0.479	3.89	0.982
大学本科	3.52	0.995	4.15	0.913	4.76	0.497	3.79	1.027
研究生及以上	3.47	1.097	4.22	0.880	4.71	0.608	3.91	0.935
合计	3.63	1.002	4.21	0.879	4.79	0.480	3.92	0.988
F检验	$F=7.081***$		$F=4.105**$		$F=3.734**$		$F=15.532***$	

学历	幸福的婚姻对人生非常重要		为了家人高兴，我会去做自己很讨厌做的事		如果家人反对某件事情，即使我非常喜欢，那我也不会去做	
	认同度	标准差	认同度	标准差	认同度	标准差
初中及以下	4.63	0.638	3.85	0.985	3.46	0.962
中专或职高	4.55	0.693	3.55	1.004	3.32	0.963
高中	4.49	0.719	3.70	0.974	3.29	1.000
大专	4.53	0.701	3.66	0.973	3.18	0.974
大学本科	4.49	0.694	3.68	0.947	3.21	0.938
研究生及以上	4.53	0.722	3.73	1.042	3.19	0.972
合计	4.52	0.697	3.68	0.974	3.25	0.968
F检验	$F=2.652*$		$F=3.783**$		$F=5.985***$	

不同收入水平的居民在人伦情感和孝道观念总分上没有显著差异。高收入者（家庭人均年收入在4万元以上）更看重幸福婚姻对人生的重要意义，他们对父母的"不是"容忍度较高，认为"就算父母有很多不对的地方，也应该孝敬他们"，但是他们不主张和父母同住。

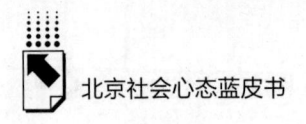

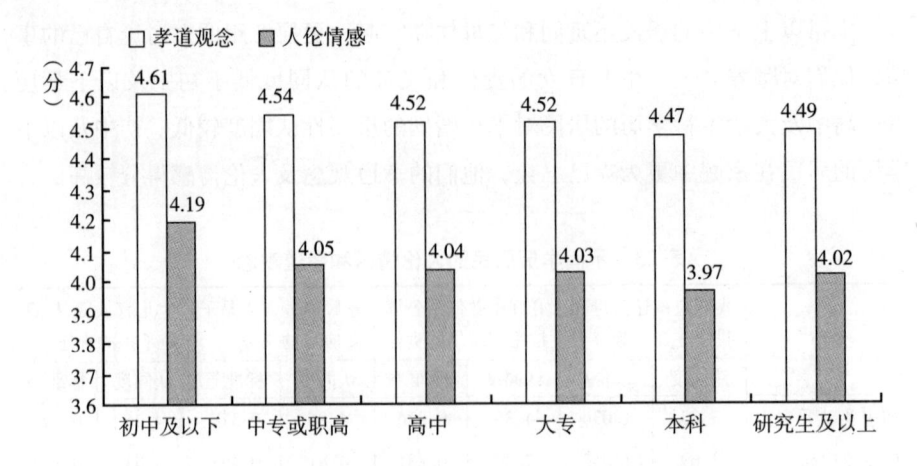

图15　不同学历居民的孝道观念和人伦情感（5分制）

表24　不同收入居民的人伦情感和孝道观念

家庭人均年收入	我们应该让父母和我们住在一起		就算父母有很多不对的地方，也应该孝敬他们		幸福的婚姻对人生非常重要	
	认同度	标准差	认同度	标准差	认同度	标准差
1.4万元以下	3.75	0.980	4.57	0.634	4.46	0.754
1.4万~2万元	3.65	0.968	4.52	0.674	4.46	0.769
2万~3万元	3.61	0.995	4.53	0.634	4.56	0.637
3万~4万元	3.64	0.980	4.48	0.750	4.53	0.724
4万元以上	3.48	1.044	4.59	0.612	4.57	0.632
合计	3.62	1.001	4.54	0.659	4.52	0.696
F检验	F=6.888***		F=2.778*		F=3.596**	

3. 居民总体对"物质富裕"的追求优先于"精神富有"，重视职业的稳定性和薪酬，并以此作为评价职业成功的标准

北京居民将人生中对物质富裕的追求排在继身体健康、家庭和睦之后的第三位，对精神富有的追求则在物质富裕之后，位列第四，说明居民总体更重视物质需要的满足。但深入分析显示，20岁以下的女性、高校学生、高学历（研究生及以上学历）者、离退休人员、有宗教信仰的居民更看重精神生活。

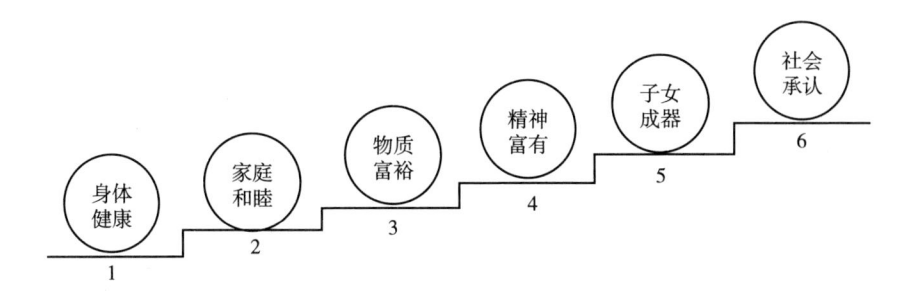

图 16　北京居民的人生追求排名

（阶梯图，从低到高依次为：1 身体健康、2 家庭和睦、3 物质富裕、4 精神富有、5 子女成器、6 社会承认）

择业时，劳动者将工作的稳定性和薪酬福利作为先决条件。被访者认为，有完善的福利保障制度是一项职业最重要的因素（88.3%），而较高的收入对于体现其工作的价值很重要（84.2%）。调查显示，北京居民总体将"工作稳定、有保障"和"收入高"作为评价职业成功最重要的两条标准。

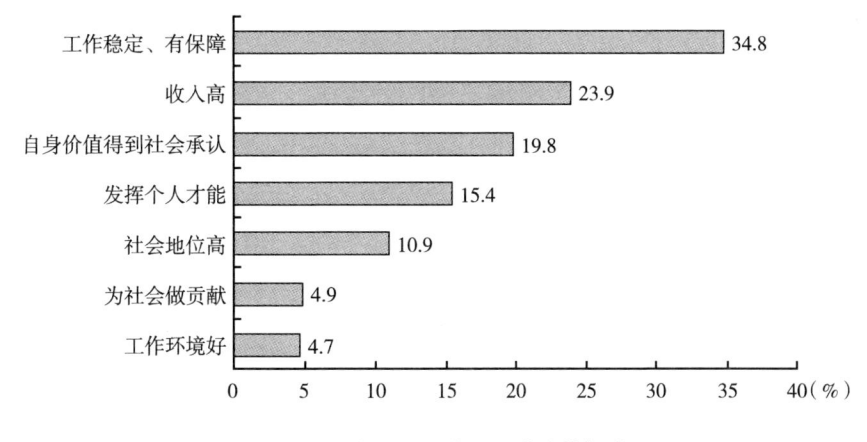

项目	比例（%）
工作稳定、有保障	34.8
收入高	23.9
自身价值得到社会承认	19.8
发挥个人才能	15.4
社会地位高	10.9
为社会做贡献	4.9
工作环境好	4.7

图 17　北京居民评价职业成功的标准

女性比男性、年长者比年轻人、低学历者比高学历者更看重职业的稳定性。

不同性别和学历的居民对收入的看法无显著差异。但是 70 后、80 后、90 后比年长居民更看重高收入对于职业成功的标志性意义。

高学历、高职级的居民比低学历、低职级的居民更重视从自身价值能否得到社会认可的角度去衡量职业成功。

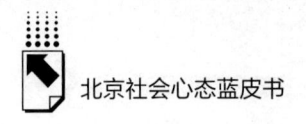

表25　不同群体对职业稳定性的看重程度

单位：%

	群组	百分数		群组	百分数
性别	男	38.1	学历	初中及以下	50.9
	女	41.3		中专或职高	45.7
代际	90后	34.4		高中	45.1
	80后	35.0		大专	37.7
	70后	35.6		大学本科	34.8
	60后	39.7		研究生及以上	20.1
	1959年前出生	52.9			

表26　不同代际居民对将"收入高"作为衡量职业成功标准的看法

单位：%

代际	百分数
90后	24.8
80后	25.8
70后	23.6
60后	21.3
1959年前出生	18.2

表27　不同学历和职级居民对"自身价值得到社会认可"的看重程度

单位：%

	群组	百分数		群组	百分数
学历	初中及以下	13.8	高职级	处级及以上公务员 企业高管 高级职称专业技术人员	27.4
	中专或职高	14.6			
	高中	16.1			
	大专	20.9	中职级	科级公务员 企业中层管理人员 初级职称专业技术人员	22.4
	大学本科	20.0			
	研究生及以上	33.3	低职级	科员或办事员 基层管理人员、普通职员 初级职称专业技术人员	17.7

事业单位和企业单位的工作人员对职业成功的评价标准与总体一致。国家公务员除了看重工作稳定性以外，在其余选项中更看重个人才能的发挥以

及自身价值能否得到社会承认。外企人员也将发挥个人才能作为职业成功的重要指标。各职业群体在衡量职业成功时，都不太看重"为社会做贡献"这项指标，私企人员、外企人员、自由职业者以及外来务工人员将其列在评判标准之末。

表28 不同职业群体评价职业成功的标准

单位：%

	国家公务员	事业单位工作人员	国企人员	私企人员	外企人员	外地来京务工人员	自由职业者
工作稳定、有保障	29.7	37.6	47.5	32.8	33.8	27.3	33.3
收入高	15.5	22.7	21.9	30.8	19.5	28.6	23.7
自身价值得到社会承认	18.9	20.9	17.5	16.9	16.9	19.5	15.9
发挥个人才能	20.9	17.3	11.6	14.4	27.3	14.3	14.1
社会地位高	10.1	11.5	7.0	12.3	15.6	11.7	14.4
为社会做贡献	6.1	6.1	6.1	2.7	9.1	2.6	4.1
工作环境好	2.7	4.6	5.1	5.6	10.4	6.5	4.8

4. 北京居民较为看重人的全面发展，对地位、名望等不太看重

北京居民认为家庭教育应该注重孩子的天性，让其自然快乐地成长（84.7%），而理想的学校教育除了传授知识技能外，还要肩负起思想道德教育（53.7%）、引领身心健康成长（50.9%）、"因材施教、挖掘潜能"（46.4%）、"培养想象力、创造力"（41.3%）的重要职责，将学生培养成品德高尚、人格健全、掌握知识技能、富有创造力的全方位高素质人才。

在职业生涯中，当工作的稳定性和收入得以保障之后，劳动者开始追求个人才能的发挥和工作成就，希望从事个人感兴趣的工作，有成长机会和晋升机会，能够担当一定的责任。但是北京居民并不乐于接受具有挑战性的工作，也不追求个人在工作中的影响力以及在单位中的地位。

男性比女性更看重工作中的晋升机会。

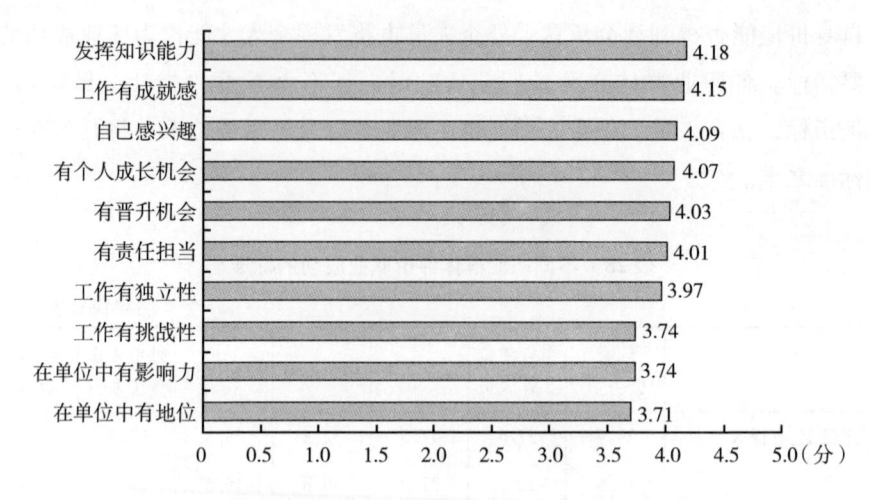

图 18　北京上班族在职业方面的自我发展要求（5分制）

发挥知识能力　4.18
工作有成就感　4.15
自己感兴趣　4.09
有个人成长机会　4.07
有晋升机会　4.03
有责任担当　4.01
工作有独立性　3.97
工作有挑战性　3.74
在单位中有影响力　3.74
在单位中有地位　3.71

表 29　不同性别居民对职业自我发展因素重要程度的认识（5分制）

性别	工作中有晋升机会	
	重视程度	标准差
男性	4.04	0.803
女性	3.97	0.822
F 检验	F = 0.179	
t 检验	t = 2.732**	

学历较高的居民特别是研究生以上学历者对自我发展的各个因素都比低学历的人更为重视。

表 30　不同学历居民对职业自我发展因素重要程度的认识（5分制）

学历	晋升机会		个人成长机会		独立性		挑战性	
	重视度	标准差	重视度	标准差	重视度	标准差	重视度	标准差
初中及以下	3.96	0.859	3.96	0.840	4.04	0.757	3.81	0.945
中专或职高	3.92	0.843	3.95	0.837	4.02	0.819	3.75	0.917
高中	3.93	0.825	3.93	0.829	3.90	0.782	3.68	0.864
大专	3.99	0.825	4.07	0.762	3.99	0.775	3.75	0.867
大学本科	4.07	0.793	4.15	0.728	4.02	0.744	3.74	0.897

续表

学历	晋升机会		个人成长机会		独立性		挑战性	
	重视度	标准差	重视度	标准差	重视度	标准差	重视度	标准差
研究生及以上	4.19	0.675	4.26	0.748	4.06	0.709	3.96	0.872
合计	4.01	0.817	4.06	0.785	3.99	0.768	3.75	0.891
F检验	$F=5.128^{***}$		$F=11.342^{***}$		$F=3.006^{*}$		$F=2.902^{*}$	

学历	符合个人兴趣		有责任担当		工作上有影响力		在单位中有地位	
	重视度	标准差	重视度	标准差	重视度	标准差	重视度	标准差
初中及以下	4.01	0.828	4.10	0.737	3.85	0.861	3.72	0.933
中专或职高	4.03	0.824	4.10	0.761	3.79	0.837	3.71	0.898
高中	3.95	0.800	3.96	0.787	3.75	0.843	3.64	0.885
大专	4.10	0.744	4.05	0.752	3.81	0.829	3.72	0.870
大学本科	4.12	0.750	4.02	0.803	3.85	0.833	3.72	0.894
研究生及以上	4.19	0.817	4.11	0.772	4.00	0.822	3.99	0.830
合计	4.07	0.779	4.04	0.776	3.82	0.838	3.72	0.890
F检验	$F=5.884^{***}$		$F=2.838^{*}$		$F=2.800^{*}$		$F=3.810^{**}$	

相对而言，80后、90后看重个人成长机会和晋升机会，注重工作与个人兴趣的匹配，愿意在工作上产生影响力，在单位中取得地位。50后更看重工作带来的成就感，愿意担当责任，从事对独立性、挑战性要求高的工作，重视个人在单位中的地位。60后、70后对职业自我发展因素的重视程度不如年轻一代，对名望和地位也并不渴求。

表31　不同代际居民对职业自我发展因素重要程度的认识（5分制）

代际	成就感		晋升机会		个人成长机会		独立性		挑战性	
	重视度	标准差	重视度	标准差	重视度	标准差	重视度	标准差	重视度	标准差
90后	4.19	0.790	4.15	0.753	4.20	0.733	4.05	0.778	3.81	0.894
80后	4.14	0.804	4.09	0.818	4.15	0.733	4.02	0.741	3.77	0.894
70后	4.13	0.782	3.94	0.799	3.97	0.796	3.92	0.773	3.66	0.865
60后	4.15	0.755	3.88	0.817	3.95	0.772	3.93	0.779	3.67	0.896
1959年前	4.27	0.744	3.98	0.841	4.02	0.849	4.06	0.769	3.84	0.893
合计	4.17	0.778	4.01	0.816	4.06	0.784	4.00	0.767	3.75	0.891
F检验	$F=4.575^{**}$		$F=12.642^{***}$		$F=14.002^{***}$		$F=5.504^{***}$		$F=5.669^{***}$	

续表

代际	符合个人兴趣		有责任担当		工作上有影响力		在单位中有地位	
	重视度	标准差	重视度	标准差	重视度	标准差	重视度	标准差
90后	4.17	0.750	4.07	0.795	3.92	0.836	3.75	0.857
80后	4.13	0.756	4.04	0.776	3.84	0.843	3.76	0.838
70后	4.02	0.760	3.97	0.817	3.73	0.819	3.69	0.870
60后	4.02	0.754	3.98	0.738	3.78	0.776	3.59	0.929
1959前	4.01	0.843	4.11	0.762	3.84	0.890	3.76	0.948
合计	4.07	0.777	4.03	0.778	3.82	0.838	3.71	0.890
F检验	$F = 5.974$ ***		$F = 4.189$ **		$F = 4.519$ **		$F = 4.663$ **	

（五）价值实践意识

在价值实践意识中，人们对事物的价值性认识有三个层面的内容：一是对价值主体内在尺度的掌握，人们的需要是什么，最紧迫的需要是什么，最合理的需要是什么？这是价值认识的主体性出发点。二是对价值客体的外在尺度的掌握，即人的需要能在何种环境、何种对象事物中实现，被价值观念指向的客体，其对于主体有哪些意义、功用和价值，这是对潜在价值客体的评价性评估。三是对价值实现之可能的掌握，即主体的需要经过哪些途径、运用哪些方法、创造哪些条件才能得到实现。正是这些认识，决定着主体对许多事物的思考、选择、取舍和态度。①

1. 居民认识到，个人人生目标的实现受到社会因素，特别是社会环境的制约

北京居民认为社会因素是影响人生目标实现的最主要因素，个人因素（知识、才干、能力、努力、心理素质等）的影响次之。其余是命运因素，所谓"尽人事，听天命"。

社会因素中，社会环境对达到人生目标的影响最大，其次是家庭背景，再次是关系路子。前面我们已经提到，居民的事实公正信念（3.26分）和个人世界公正信念（3.15分）较低，因此就实现人生目标而言，公平成为北京居民最不看重的社会因素。

---

① 胡潇：《实践意识与技术理性的认识论考察》，《广州大学学报》（社会科学版）第3卷2004年第11期。

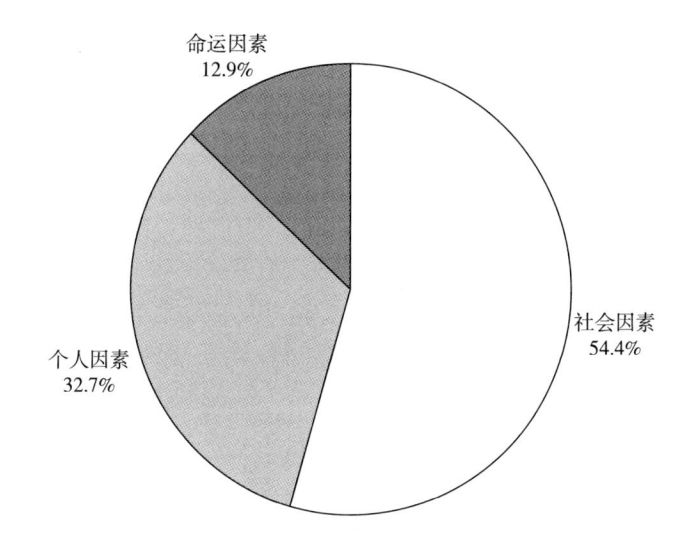

图19 影响人生价值实现的因素

- 社会因素 54.4%
- 个人因素 32.7%
- 命运因素 12.9%

表32 北京居民对实现人生目标手段的价值判断

实现人生目标的工具和手段		加权百分数
社会因素	社会环境	18.5
	家庭背景	8.2
	关系路子	6.5
	公平	6.4
个人因素	知识	11.9
	努力	10.3
	才干	8.2
	心理素质	7.4
	上进心	7.3
	理性思考	3.7
	毅力	3.3
	创新	2.6
	科学精神	2.3
	效率	1.3
超自然因素	命运	2.4

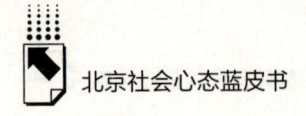

进一步分析发现，年长者比年轻人更意识到宏观社会环境的重要性，年轻人比年长者更强调家庭背景对实现人生目标的影响力。

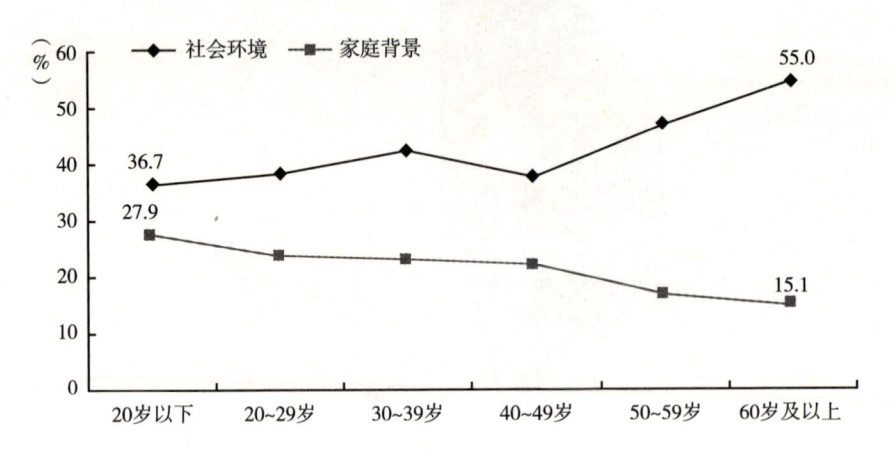

图 20　不同年龄居民对社会环境和家庭背景工具性价值的判断

2. 居民认为，要实现人的自由全面发展，知识和努力是最重要的个人因素

居民对问卷涉及的 10 项个人能够把握的工具价值的重视程度依次为：知识、努力、才干、心理素质、上进心、理性、毅力、创新、科学精神、效率。数据显示，居民认为知识和努力对实现人生目标的重要性超越了家庭背景这个社会因素；才干、心理素质和上进心比关系路子更重要。相对而言，北京居民不太看重创新、科学精神和效率对达到个人人生目标的工具性作用，对效率的看重程度显著低于对超自然因素——命运的敬畏。

北京居民认为拥有知识可以"快乐而充实地生活"（66.8%）、"实现人的自由全面发展"（57.0%）、"体验生活中的美而使生活富有情趣"（51.9%）、"成为品德高尚的人"（39.3%）。85.5% 的居民赞同"知识就是力量"，很多被访者将"知识改变命运"作为自己的座右铭，说明居民极其看重知识对实现人生终极目标的工具价值。

在北京居民看来，努力对于达到人生目标的重要性仅次于知识。被访者表示，目前最能激励自己的名言警句是"有梦想就要努力实现""凡事努力，才有成功的可能""成功源自不懈的努力""今天的努力，明天的实力""少壮不努力，老大徒伤悲""努力了才能问心无愧，就算不成功也不会后悔""失败是成

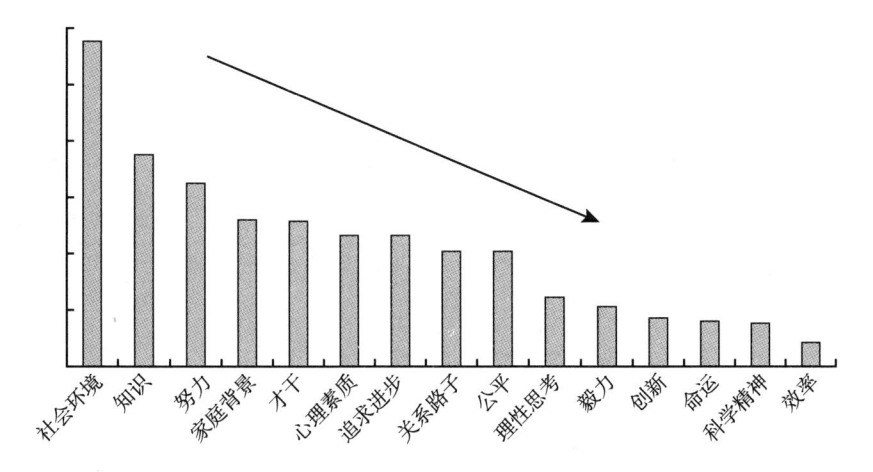

图 21　北京居民对可达到人生目标的手段看重程度排序

功之母"。被访者认为，要想达到人生目标，除了问卷所列的因素之外，决心、勇气、自信、行动、坚持、实力、勤奋、拼搏也是成功不可或缺的要素。

3. 为了追求健康，北京居民重视养生和健身，就医时注重对医院和医生的选择

为了满足第一需求，实现人生的第一目标——健康，北京居民既重视养生又重视健身（65%），并赞同"有病还是得去看医生"（84.3%）。事实上，64%的被访者通常是"小病自己处理，大病才去看医生"。

调查显示，55 岁以上的居民不仅重视养生，而且比年轻人更重视健身，对有病就医也最认真。

表 33　不同代际居民对实现健康目标的实践意识

代际	健康之道在于养生		健身比养生更重要		有病就得看医生	
	认同度	标准差	认同度	标准差	认同度	标准差
90 后	3.69	0.911	3.66	0.948	4.03	0.895
80 后	3.80	0.886	3.77	0.959	4.19	0.816
70 后	3.84	0.927	3.81	0.966	4.24	0.822
60 后	3.78	0.904	3.83	0.921	4.30	0.756
1959 年前	3.89	0.944	3.97	1.016	4.40	0.749
合计	3.81	0.915	3.82	0.969	4.24	0.812
F 检验	$F = 3.928^{**}$		$F = 8.968^{***}$		$F = 18.841^{***}$	

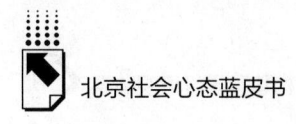

在就医时，北京居民对医院的选择偏好为：能去专科医院就不去综合医院，中医能治的就不去看西医，能去大医院就不去小医院。

男性居民更认可专科医院。

表34　不同性别居民对医院的选择偏好

性别	能去专科医院,就不去综合医院	
	认同度	标准差
男性	3.14	1.095
女性	3.06	1.076
F检验	F = 1.129	
t检验	t = 2.149*	

80后、90后更倾向于去大医院就诊，年长居民更青睐中医。

表35　不同代际居民对医院的选择偏好

代际	无论大病小病,只去大医院就诊		只要中医能治的就不看西医	
	认同度	标准差	认同度	标准差
90后	2.91	1.059	2.97	0.994
80后	2.90	1.154	2.92	1.049
70后	2.85	1.110	2.94	1.054
60后	2.77	1.084	2.97	1.105
1959年前	2.76	1.209	3.08	1.144
合计	2.84	1.133	2.97	1.075
F检验	F = 2.933*		F = 2.590*	

在对医生的选择上，只有22.3%的人表示在就医时，除去常规开药，都尽量挂专家号进行诊治。绝大多数北京居民并不迷信专家，而是看重医生的责任心强（79.1%）、医术高（77.2%）和态度友善（58.5%）。女性注重医生的口碑；80后、90后以及研究生以上学历者在意医生的职称；年长者、低学历者、中等收入及中高收入者最看重医生的责任心。

4. 为了家庭和睦，北京居民择偶时注重品行，家庭生活中情感和责任并重，尊老敬老恪守孝道

选择配偶时，北京居民最看重对方的人品（86.3%），其次是健康状况

(80.3%),第三是性格或兴趣(56.3%)。在婚姻的维系中,强调爱情基础(87.4%)和责任为重(90.8%)。大多数居民维护婚姻的忠诚度(83.9%),摒弃婚外情(75.2%)和婚外性行为(78.9%)。

尽管绝大多数的北京居民推崇平等互助的家庭关系(95.1%),但64.9%的被访者支持家庭中处理事情时应以长者意见为重。父母健在的被访者中,99%的人近一年来都有过陪伴和帮助父母的行为,经常给父母打电话,为父母过生日、在父亲节母亲节时有所表示,照料父母生活等。与父母同住的居民比不住在一起的居民更经常地陪父母聊天、照料父母的日常生活、陪父母旅游或锻炼身体。不住在一起的居民更经常给父母打电话、陪父母看病、给父母经济支持。居民的行为充分反映了他们对孝道的推崇和践行。

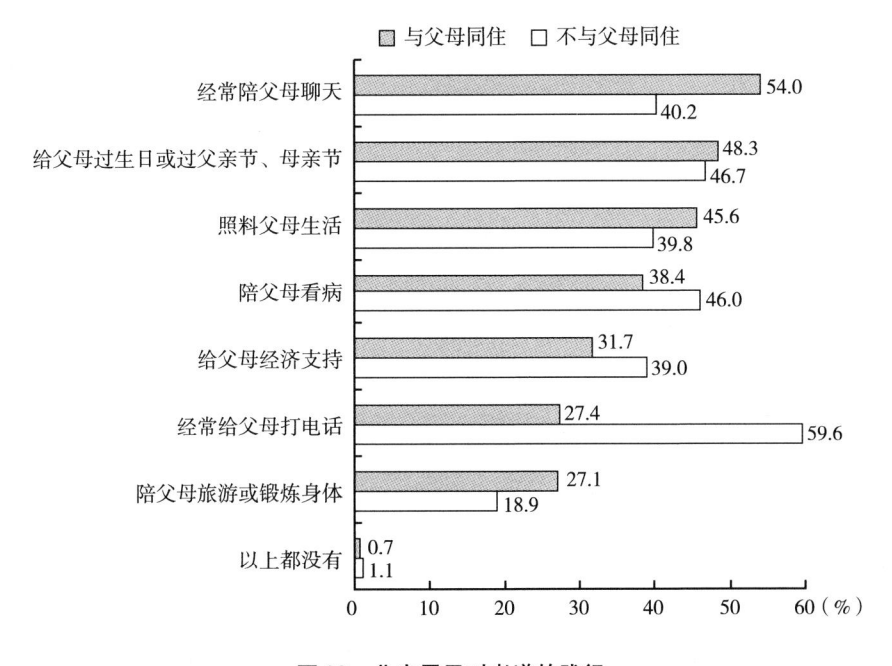

图 22 北京居民对孝道的践行

5. 为了子女成器,北京家长注重对学校和教师的选择,尽力给孩子最好的教育

北京居民提到,父母教育自己时最常说的并且对自己成长最有益的告诫就是"好好学习",紧随其后的半句通常是"长大才有出息""才能出人头地"

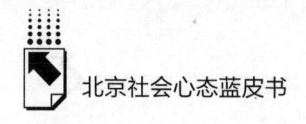

"找个好工作""在社会上立足""做个对社会有用的人""为社会做贡献""有好的生活""实现自己的梦想"等。

居民认为，在家庭教育中增长学识（16.6%）以及在生活实践中积累经验（27.4%）都很重要，但最重要的学习途径还是学校老师的传授（29.25%）。98.1%的居民赞成"遇到好老师对人的一生很重要"。在给孩子选择学校时，84.3%的家长着重考虑的是"教师的教学水平"。同时，居民最希望教师具备"为人师表"（24.8%）、"知识渊博"（21.2%）、"品德高尚"（16.3%）三项优良品质，与孩子建立起相互尊重（76.7%）、互信（52.9%）、平等（37.9%）的师生关系。

为了让子女成器，近六成北京家长赞成"能让孩子上名校，就不上普通学校"，近三成家长主张送孩子出国留学以接受国外更好的教育。家庭社会经济地位高的居民更赞同"上名校"和"出国留学"。

值得注意的是，实践意识作为价值认识的维度，是对社会中的价值和价值观背后的社会的认识。主体需要的提出与满足是一种社会性的活动，总是受到社会关系（如前面提到的婚姻关系、师生关系、医患关系等）的制约。更为深远的是，社会关系是社会实践的产物，社会关系的建构和改造，亦成为实践的一项重要内容。通过价值实践改良各种社会关系意味着宏观社会环境得到改善，而这对个人目标的实现具有重要的意义。

三 影响北京居民价值观的因素

价值观念是后天形成的，是通过社会化培养起来的。家庭、学校、所处工作环境等群体对个人价值观念的形成起着关键的作用，其他社会环境也有重要的影响。

（一）家庭传承

在本次调查中，有2398名被访者对"父母教育您时最常说，并对您的个人成长最有益的一句话"做出了回答，说明六成以上北京居民的价值观受到家庭传承的影响。家训的价值观内容主要关乎好好做人、好好做事、好好生活。好好做人，主要是自强自立、诚实正直、谦虚谨慎、低调本分、懂得感恩、善待他人。好好做事，主要包括三思后行、认真踏实、持之以恒、遵纪守法、不做坏事、多行善举、少说多做、做好自己分内的事。好好生活，主要是身体健康、作风正派、包容豁达、乐观进取、平安幸福。

从价值观的取向上看，积极取向多于消极取向，个人取向多于社会取向，协调取向多于进取取向。根据被访者的自陈，99.5%的居民都用父母传递给自己的积极价值观指引人生道路，只有极个别的居民认为自己从较为消极的价值观（例如"逢人只说三分话，未可全抛一片心""找个好对象，少奋斗十年"等）中获益。超过六成的价值观是出于个人取向——如何做好自己，实现自己的人生理想。37.8%的价值观是出于社会取向——如何待人接物，做有益于国家、有益于社会、有益于他人的人。协调取向的价值观体现了辩证的观点，例如"吃亏是福""忍一时风平浪静，退一步海阔天空""以不变应万变""人敬我一尺，我敬人一丈""己所不欲勿施于人""失意时莫灰心，得意时莫忘形""有得就有失""不卑不亢""稳中求胜""和气生财"等说法占八成以上，说明中国传统的中庸思想仍然作为一种主流的价值取向得以传承。进取取向的价值观更具有现代性和开放性，诸如"海阔凭鱼跃，天高任鸟飞""精诚所至，金石为开""世上无难事，只要肯登攀""奋发图强""做生活的强者"等在家庭传承中仅占一成。

图23　北京居民秉承家庭传承的价值观取向

（二）社会培塑

社会对价值观的培塑作用不容忽视，特别是一个社会的主导价值观，一定是由社会自觉建构，被社会多数成员接受与认同，具有现实社会合理性基础和价值导向功能的社会价值观念体系。社会主义核心价值观作为主导价值观，在建构过程中也需要家庭、学校、工作单位、社区、媒体加以传播和弘扬。

本次调查显示，主流媒体是居民知晓社会主义核心价值观的最主要的渠道，同时新媒体对体制外人员和外来务工人员的宣传作用凸显。2/3的居民是通过广播、电视、报纸等主流媒体知晓社会主义核心价值观的。体制内职工通过主流媒体知晓的比例高达72.4%，体制外职工这一比例为58.5%，外来务工人员则降至45.6%。与此形成鲜明对照的是，38.5%的北京户籍居民通过新媒体知晓社会主义核心价值观，体制外职工的比例为40.1%，外来务工人员的比例为40.5%，说明互联网技术的发展和智能手机的普及也给体制外人员和外来务工人员带来了丰富多彩的在线生活，使得网络、微博、微信等新兴媒体成为他们获取信息的重要渠道。此外，公交、地铁、楼宇的移动电视对外来务工人员的宣传作用也不容小觑。外来务工人员通过移动传媒知晓核心价值观的比例为34.2%，比居民总体高16.1个百分点。由此可知，移动传媒与其他新媒体一起，在对外来务工人员宣传社会主义核心价值观方面发挥的作用大大超过了对本地居民的影响，其势头直逼主流媒体。

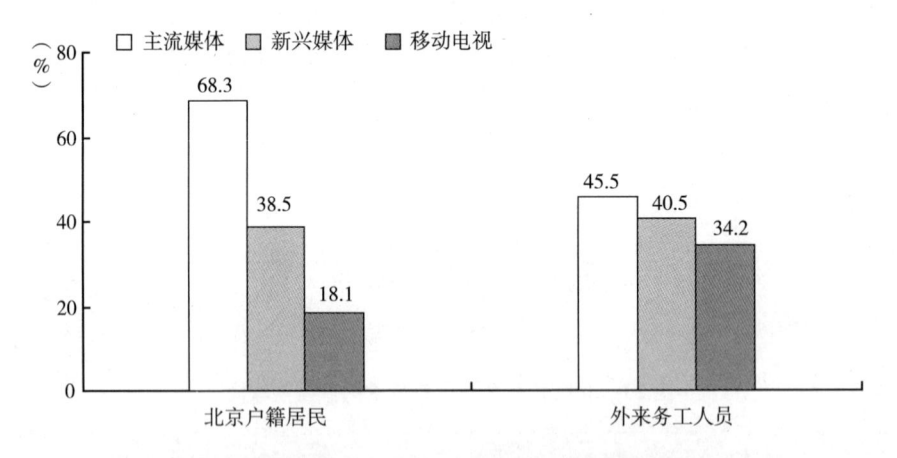

图24 京籍居民与外来务工人员通过媒体获取信息的比较

社区也是宣传核心价值观的重要阵地。44.6%的居民通过社区宣传栏或社区组织的活动知晓社会主义核心价值观，社区的宣传作用仅低于主流媒体。但是外来务工人员从社区获取核心价值观相关信息的比例（16.5%）远远低于京籍居民，说明他们的社区生活融入程度不高。

除了媒体和社区宣传以外，单位和学校组织学习使26.1%的居民得以了解社会主义核心价值观。体制内职工通过单位组织学习知晓的比例（47.2%）比体制外职工高19.2个百分点。

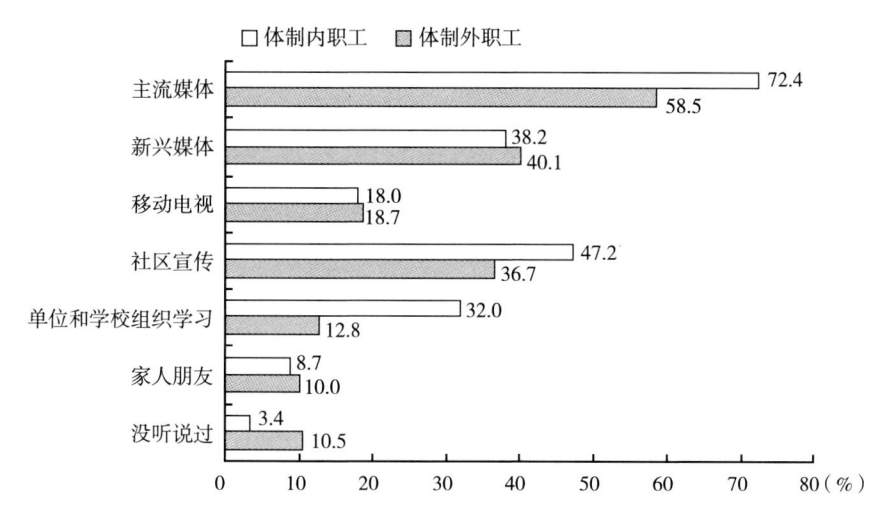

图25　体制内职工与体制外职工通过媒体获取信息的比较

	体制内职工	体制外职工
主流媒体	72.4	58.5
新兴媒体	38.2	40.1
移动电视	18.0	18.7
社区宣传	47.2	36.7
单位和学校组织学习	32.0	12.8
家人朋友	8.7	10.0
没听说过	3.4	10.5

值得注意的是，只有不到一成（9%）的居民是通过家人朋友知晓社会主义核心价值观的，说明社会主义核心价值观在家庭中和朋友圈里较少被谈及。

（三）个人主体定位

价值的主体是谁，他怎样把握自己的地位、利益、使命、自己与他人、自己与社会的关系等，是全部价值观的实质和核心。个体接受什么样的价值观、传承什么样的价值观、摒弃什么样的价值观，与价值观的深层结构（个体的需要、动机、认知、情感、行为倾向）有关。随着环境的改变、知识的增长、经验的积累或者个人生活事件的发生，一个人的观念乃至价值观都会发生改变。调查中，1850位被访者表示摒弃了从前曾经深信的一些观念。进一步分析发现，遭到摒弃的价值观有些本身是不正确的、已经被时代淘汰的价值观，例如，"棍棒底下出孝子""女子无才便是德""外国的月亮比中国的圆"等，约占31.4%；有些是表述不当，将必要条件设成了充分条件或过于绝对的提法，例如，"只要你真心对待别人，别人就会真心对待你""只要付出就会有回报""只要努力就会成功""几分耕耘几分收获"等,约占22.2%。值得注意的是,有14.2%的居民表示不再相信公平、正义和一些公共政策,例如,"上天对每个人都是公平的""社会是公正的""法律面前人人平等""只生一个好,政府来养老"等,因此需要对这部分居民加强核心价值观的宣传和引导。

四 北京居民价值观研究的几点启示

"人民有信仰,民族有希望,国家有力量。实现中华民族伟大复兴的中国梦,物质财富要极大丰富,精神财富也要极大丰富。我们要继续锲而不舍、一以贯之抓好社会主义精神文明建设,为全国各族人民不断前进提供坚强的思想保证、强大的精神力量、丰润的道德滋养。"2015年2月28日习近平总书记在会见第四届全国文明城市、文明村镇、文明单位和未成年人思想道德建设工作先进代表时的讲话在各地引发热烈反响。

习近平指出,要坚持"两手抓、两手都要硬",以辩证的、全面的、平衡的观点正确处理物质文明和精神文明的关系,把精神文明建设贯穿改革开放和现代化全过程、渗透社会生活各方面,紧密结合培育和践行社会主义核心价值观,大力倡导共产党人的世界观、人生观、价值观,坚守共产党人的精神家园;大力加强社会公德、职业道德、家庭美德、个人品德建设,营造全社会崇德向善的浓厚氛围;大力弘扬中华民族优秀传统文化,大力加强党风政风、社风家风建设,特别是要让中华民族文化基因在广大青少年心中生根发芽。要充分发挥榜样的作用,领导干部、公众人物、先进模范都要为全社会做好表率、起好示范作用,引导和推动全体人民树立文明观念、争当文明公民、展示文明形象。

通过本次调查我们认为,要整合全社会的价值观,凝聚中华精神,可针对北京居民的价值坐标系统表现出来的特点,从明晰历史方位意识、强化社会规范意识、增强社会秩序信念、提升价值本位意识、落实价值实践意识五个方面着力。

1. 加强新媒体阵地建设,为社会主义核心价值观宣传营造良好的网络舆论氛围。要认真研究网群受众,尤其是体制外职工、自由职业者、无业/失业/

下岗群体、外来务工人员的特征和需求，不断探索核心价值观网络宣传的新思路和新方法。加强社会思潮动态分析，强化社会热点难点问题的正面引导，在尊重差异中扩大社会认同，在包容多样中形成对历史方位感的思想共识。

2. 深入开展法治宣传教育，引导全社会树立法治意识，使人们，特别是社会经济地位较高的群体发自内心地对宪法和法律信仰与崇敬，把法律规定内化为行为准则，积极主动地遵守宪法和法律，为全面推进依法治国，实现科学立法、严格执法、公正司法、全民守法奠定坚实的思想基础。

3. 坚决维护社会公平正义，逐步建立以权利公平、机会公平、规则公平为主要内容的社会公平保障体系，逐步实现全体公民在社会发展的各方面都享有平等的生存和发展权利。为每一位社会成员提供创业发展、奉献社会、追求幸福、实现人生价值的同等机会。让每一位社会成员平等地享有权利，平等地履行义务，平等地承担责任，平等地受到保护，提升每一位社会成员的世界公正信念。

4. 依托中国灿烂的传统文化和以改革创新为核心的时代精神，回答"什么是人的存在？""人存在的意义是什么？""什么样的生活是'好的'生活？""除了健康地活着以外，人应该有哪些更高的追求？"为人生的意义指出一个规范性的方向，解决当前的心灵秩序危机，提升国家的文明竞争力。

5. 遵循社会主义核心价值观要求，在践行时做到讲社会责任、讲社会效益、讲守法经营、讲公平竞争、讲诚信守约，形成有利于弘扬社会主义核心价值观的良好政策导向、利益机制和社会环境。

价值观专题研究篇

Thematic Research on Values

B.2
北京居民对社会主义核心价值观的认知状况调查

张胸宽*

摘　要：	对北京市居民社会主义核心价值观的认知状况调查结果，呈现出居民对社会主义核心价值观知晓度高、认同度高、了解途径多元、评价中肯与信心满满的总体特征。针对如此特点，笔者提出一些有针对性的、契合居民心理特征的对策建议。
关键词：	社会主义核心价值观　认知　认同

自党的十八大明确将社会主义核心价值观表述为"富强、民主、文明、和谐、自由、平等、公正、法治、爱国、敬业、诚信、友善"国家、社会和个

---

* 张胸宽，助理研究员，法学博士、社会学博士后、律师、国家二级心理咨询师。研究方向为法学、社会学、法律心理学。

人三个层面共12个词24个字以来，已有两年。为了解北京居民对其认知情况，北京社会心理研究所于2014年10月对16区县100个社区的居民进行了抽样调查，调查采取多阶段随机抽样法，共回收有效问卷4126份。

本次调查，北京居民在社会主义核心价值观的认知上呈现出知晓度高，了解途径日趋多元但主流媒体仍占主导；正视现实，对各具体社会主义核心价值观认同度高；评价中肯，对国家层面核心价值观的实现信心满满等特点。

一 居民对社会主义核心价值观的认知

（一）知晓度高，了解途径日趋多元但主流媒体仍占主导

结果显示，对于社会主义核心价值观，85%以上的受访居民表示或多或少知道一些，其中有38.9%的居民表示清楚知道24字的内涵；18.1%的居民能叙述出这24个字但不太清楚其内涵；有28.3%的居民表示只知道几个（平均6.4个），还有14.7%的居民对其一无所知，情况不容忽视。

随着通信工具的日益现代化，居民对社会主义核心价值观的了解途径也日趋多元。特别是以互联网、微博、微信为代表的新兴媒体对社会主义核心价值观传播的贡献较大，有18.2%的居民明确表示是通过这些新兴媒体才对社会主义核心价值观有所了解，但主流媒体与社区、单位所组织的社会主义核心价值观的学习及践行活动仍起主导作用，分别占31.8%、21.2%和12.4%。

调查显示，当前社会主义核心价值观在宣传、培育工作上还存有短板，留有死角，导致日常生活中人们很少谈论社会主义核心价值观（仅有4.3%的居民在与家人、朋友日常交往中会谈论到社会主义核心价值观），甚至还有3%的居民（以外地户籍、外来打工及失业、无业人员为主）根本没有关注过社会主义核心价值观。

（二）正视现实，对各具体社会主义核心价值观认同度高

调查中，居民能正视社会现实，从本心出发给出自我对各具体社会主义核心价值观的认同，总体呈现客观全面、积极进取之特点，现以几个具体社会主义核心价值观为例。

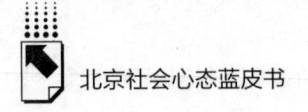

1. 民主

本次调查，居民对民主价值观的认同度平均得3.48分（5分制），处于一般向较好转变的区间，其中居民在对"领导民主选举产生""公众民主参与能力"与"个人民主参与意识"方面的得分低于平均分，分别为2.91分、2.71分和3.28分，而对"人大代表制度""少数服从多数"的民主原则和"社区自治"三个方面的得分显著高于平均分，分别为3.79分、4.07分和4.15分。

进一步分析，有63.4%的居民认为"人大代表制度"能实现绝大多数人的民主，76.5%的居民认可少数服从多数的民主原则，78.9%的居民赞同社区、乡村基层自治的直接选举。并且基于当前中国国情、北京市情，分别有24.6%和48.3%的居民对于公众民主参与的能力和公民自我的民主参与意识的评价并不高，所以不赞同领导直接民主选举的居民比例也就达到了32.8%。

2. 文明

本次受调查居民对文明的认同度总体平均得4.19分，处于较好区间，只有对文明与法的衡量上认知得分低于平均分，仅为4.00分，其他三个方面包括文明的物质基础、文明的重要性和文明的基本规则方面的得分分别为4.19分、4.27分和4.24分。

大家都认同文明的重要性，认同文明的基本规则为"己所不欲，勿施于人"，赞同文明"仓廪实而知礼节，衣食足而知荣辱"需要一定的物质基础，但在当下法治社会中，法制的可预见性、强制性的特点显然更容易被居民所接受。而因社会流动加快，社会从熟人社会向陌生人社会转变，社会舆论他律性的式微（非强制性）和个人自律的不被信赖性使得文明（道德）在与法的较量中砝码渐失。本次调查中，重视法治而轻文明（道德）的居民比例达到了9%，也难怪有10.1%的居民明确表示"只要是不违法，即使违反道德也无所谓"。

3. 和谐

本次受调查居民对和谐的认同度总体平均得3.70分，处于从一般向较好发展的区间。其中在"平和手段解决纠纷"和"包容外地人"上得分低于平均分，各得2.61分和3.49分。这样的数据显示居民在处事方式上都秉承"得饶人处且饶人"的原则，但一旦具体到解决与他人利益矛盾时，就会首选"会闹的孩子有奶吃"的手段而非其他平和的手段，在包容外地人方面得分也相对不理想。

4. 自由——自由重要且是有限的

本次受调查居民对自由价值观的认同度总体平均得3.94分，在"自由重于生命""自由是有束缚"的两维度上得分低于平均分，分别得3.87分和3.70分。

居民认为：（1）自由是很重要，在自由与生命之间选择时，有68.1%的居民认为自由甚至重于生命。（2）自由是受限制的，67.4%的居民认为自由不是为所欲为，而是受限制的，具体体现在对自由的条件和边界的认识上，70.7%的居民认可纪律是自由的第一条件，只有在遵守纪律的前提下才能享受到更多的自由。有83.5%的居民认为自由的边界在于不侵犯他人的自由，给予别人自由才是自己真正的自由。

5. 平等

本次受调查居民对平等的认同度总体平均得分4.33分，处于较好水平，仅在"生而平等"和"照顾弱势"上得分低于平均分，分别为4.15分和4.13分。

数据说明，"性别平等""分配平等""领导不应有特权"的观念已经深入居民的内心，但对"生而平等"与"照顾弱势"两个方面的得分稍微偏低，说明居民对人与人之间家庭背景的差异现实还是较为重视，认为尽管人与人出生后人格之间存在平等，但经济条件与社会阶层及以后的发展还是存在一定差异的，所以对照顾弱势群体的观点也有所忽视。

6. 法治

本次受调查居民对法治价值观的认同度总体平均得3.90分，其中"法大于情"和"法治与己有关"两个方面的得分低于平均分，分别为3.63分与3.23分。

数据表明，绝大多数的居民认为尽管别人通过违法而获益，但自己还是会依法行事以求心安理得，但是如果别人侵犯自己的权益时居民会积极维护自己的利益。另外，又有高达26.3%的居民认为只要守本分即可，法治与自己无关；有15%的居民在亲情与法的权衡中会选择亲情；有10.1%的居民在法律与道德的权衡中不会顾及道德的约束。

（三）评价中肯，对国家层面四个具体核心价值观的实现信心满满

本次调查，居民对国家、社会和个人三个层面12个具体社会主义核心价值观的重视程度及实现程度给出了自己的看法。在居民看来，当前国家、社会和个人做的最好的前三个具体社会主义核心价值观分别为"富强""爱国"与

"和谐";当前国家、社会和个人最需努力的前三个具体社会主义核心价值观分别为"公正""法治"与"平等";对居民而言,公民最为重视的三个具体社会主义核心价值观分别为"法治""富强"与"公正"。

这些评价与我国经济改革取得巨大成就、政治与社会改革迟迟不前的现状相吻合,反映出居民的真实想法。改革开放以来,我国所取得的巨大经济成就,居民因社会和谐、人民生活水平切实得到了改善而更加热爱自己的祖国,所以绝大部分居民毫不犹豫地认为"富强""和谐"与"爱国"这三个具体社会主义核心价值观是当前实现最好的。前些年国家与地方发展以"GDP"为中心,忽略了相应的政治与社会配套改革,总认为经济上去了,所有的困难都会迎刃而解,导致贫富差距过大、社会公正程度下降、官员腐败屡禁不止,所以居民认为社会层面的"法治"与"公正"这两个具体社会主义核心价值观的实现程度不尽如人意,给出了差评。

也正因如此,在本次调查中,居民对国家层面"富强""民主""文明""和谐"四个社会主义核心价值观实现的信心指数达到4.03分(5分制),高达75%的居民对此有信心,而仅有6.6%的居民对上述四个社会主义核心价值观的实现信心有所欠缺。

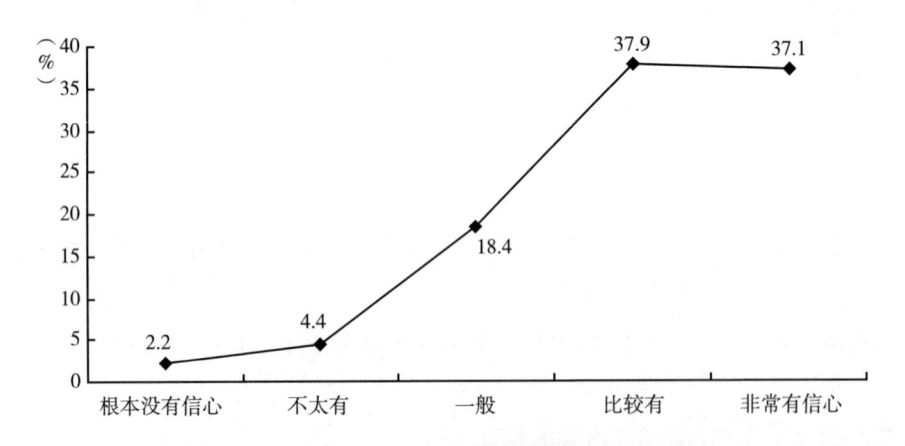

图1 居民对国家层面社会主义核心价值观实现的信心

二 深入分析

经数据深入挖掘,北京居民对社会主义核心价值观的认知又呈现出以下一些群体特征。

1. 高学历者对社会主义核心价值观的知晓度高，但对其认同度不一定高

高学历者（本科学历及以上），能熟练利用互联网等新媒体且能更多参与单位组织的学习活动，通过各种途径了解社会主义核心价值观，知晓度也相对高于低学历者（本科学历以下）。但是，在对具体社会主义核心价值观的认同上，除了"文明"这一具体社会主义核心价值观得分显著高于低学历者外，对"平等""和谐""爱国"三个具体社会主义核心价值观的认同度显著低于低学历者。这与近年来西方价值观的侵袭有关，它们打着所谓普世价值观的旗号大力鼓吹人的生物属性、贬低人的社会属性，到处宣扬"人不为己，天诛地灭"的个人主义而忽略对集体主义的传承，高学历者接触这些价值观的机会明显多于低学历者，从而在一定程度上导致高学历者在对社会主义核心价值观的认同上出现了一定的偏差。

表1　不同文化程度的居民知晓社会主义核心价值观的途径

单位：%

文化程度	广播主流媒体	楼宇、公交电视	互联网、微信新媒体	单位组织	社区宣传、活动	听家人朋友说
初中及以下	71.9	13.8	20.2	8.9	51.0	11.7
中专或职高	64.8	17.5	32.1	15.2	39.0	11.2
高中	69.1	18.0	30.1	20.4	45.7	10.0
大专	69.7	18.5	40.8	30.2	46.9	7.0
本科	62.2	19.5	47.6	35.1	41.6	8.4
研究生及以上	65.5	18.2	46.6	26.4	39.9	8.8

表2　不同文化程度的居民对社会主义核心价值观的知晓程度

单位：%

知晓情况	初中及以下	中专或职高	高中	大专	本科	研究生及以上
知道24字清楚内涵	32.0	38.9	37.3	39.3	40.7	48.6
知道24字不清楚内涵	14.1	19.5	16.4	19.4	19.6	13.7
知道一部分	37.5	26.9	29.9	28.5	24.6	25.3
完全不知道	16.4	14.7	16.4	12.9	15.1	12.3

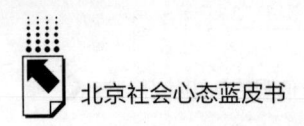

表3 不同文化程度的居民对各具体社会主义核心价值观的认同情况

文化程度	法治		平等		自由		和谐	
	认同度	标准差	认同度	标准差	认同度	标准差	认同度	标准差
初中及以下	3.98	0.70	4.42	0.57	3.98	0.60	3.80	0.54
中专	3.98	0.65	4.35	0.60	3.94	0.62	3.71	0.56
高中	3.88	0.67	4.35	0.62	3.89	0.58	3.66	0.53
大专	3.91	0.66	4.33	0.61	3.91	0.56	3.69	0.54
本科	3.86	0.67	4.31	0.60	3.97	0.56	3.68	0.53
研究生	3.89	0.63	4.20	0.68	4.03	0.60	3.77	0.56
合计	3.90	0.67	4.33	0.61	3.94	0.57	3.70	0.54
F检验	$F=3.125**$		$F=3.539**$		$F=2.936*$		$F=4.669***$	

文化程度	文明		爱国		民主	
	认同度	标准差	认同度	标准差	认同度	标准差
初中及以下	4.20	0.69	4.43	0.64	3.50	0.50
中专	4.16	0.66	4.34	0.71	3.52	0.50
高中	4.11	0.70	4.27	0.69	3.47	0.48
大专	4.18	0.65	4.28	0.72	3.50	0.50
本科	4.24	0.65	4.22	0.73	3.45	0.50
研究生	4.23	0.71	4.17	0.72	3.49	0.46
合计	4.19	0.67	4.27	0.71	3.48	0.49
F检验	$F=3.520**$		$F=6.455***$		$F=1.736$	

低学历者容易通过"家人朋友当面交流""社区宣传或社区组织的活动""广播主流媒体"等途径来接受社会主义核心价值观,在社会主义核心价值观认同方面的得分相对高于高学历者。

2. 40岁以下者对社会主义核心价值观的知晓度低,认同度也低

40岁以下的居民更偏好网络、微信、微博等新媒体,但对社会主义核心价值观的知晓度要显著低于40岁及以上者,在对社会主义核心价值观的认同方面,特别是20~39岁的居民在"法治""平等""爱国"与"民主"四个社会主义核心价值观的认同度要显著低于40岁及以上者,尤其低于60岁以上的居民。

表4　不同年龄阶段的居民知晓社会主义核心价值观的途径

单位：%

年龄	广播主流媒体	楼宇、公交电视	互联网、微信新媒体	单位组织	社区宣传、活动	听家人朋友说
20岁及以下	56.6	28.0	51.7	45.5	29.4	7.7
20~29岁	59.8	19.0	50.1	28.8	40.7	7.9
30~39岁	61.4	20.9	43.9	29.4	40.7	10.1
40~49岁	68.0	17.7	38.2	30.4	44.0	8.0
50~59岁	72.5	15.5	25.8	21.9	50.1	9.5
60~69岁	80.4	14.1	24.4	11.1	54.4	10.9

表5　不同年龄阶段的居民对社会主义核心价值观的知晓程度

单位：%

知晓情况	20岁及以下	20~29岁	30~39岁	40~49岁	50~59岁	60~69岁
知道24字清楚内涵	35.2	31.3	34.1	42.7	44.1	47.5
知道24字不清楚内涵	20.4	23.0	18.9	14.8	16.9	15.2
知道一部分	28.9	29.2	28.7	27.6	27.8	27.6
完全不知道	15.5	16.5	18.4	14.9	11.2	9.7
具体知道几个（个）	6.5	6.4	6.3	6.7	7.2	7.4

40岁及以上者，特别是60岁以上的居民更偏好电视、报纸等主流媒体，对社会主义核心价值观的知晓度高，对社会主义核心价值观的认同度也高。

表6　不同年龄阶段的居民对各具体社会主义核心价值观的认同情况

年龄	法治		平等		自由		和谐	
	认同度	标准差	认同度	标准差	认同度	标准差	认同度	标准差
20岁及以下	3.90	0.63	4.39	0.59	3.99	0.55	3.75	0.53
20~29岁	3.82	0.67	4.30	0.60	3.93	0.55	3.68	0.55
30~39岁	3.81	0.69	4.29	0.62	3.94	0.56	3.70	0.54
40~49岁	3.91	0.67	4.32	0.62	3.91	0.60	3.66	0.51
50~59岁	3.97	0.65	4.37	0.61	3.93	0.59	3.66	0.53
60~69岁	4.06	0.62	4.41	0.57	3.99	0.57	3.79	0.56
合计	3.90	0.67	4.33	0.61	3.94	0.57	3.69	0.54
F检验	$F=13.135^{***}$		$F=3.959^{**}$		$F=1.558$		$F=4.914^{***}$	

续表

年龄	文明		爱国		民主	
	认同度	标准差	认同度	标准差	认同度	标准差
20岁及以下	4.34	0.64	4.25	0.80	3.46	0.47
20~29岁	4.21	0.66	4.19	0.72	3.42	0.49
30~39岁	4.20	0.67	4.18	0.76	3.45	0.47
40~49岁	4.17	0.67	4.23	0.69	3.45	0.49
50~59岁	4.15	0.69	4.40	0.66	3.49	0.48
60~69岁	4.17	0.67	4.47	0.61	3.66	0.51
合计	4.19	0.67	4.27	0.71	3.48	0.49
F检验	F = 2.286 *		F = 17.743 ***		F = 17.635 ***	

3. 低收入者对社会主义核心价值观知晓度低，认同度一般

总体而言，处于最低工资水平的居民不擅长利用互联网、微信等新媒体，对社会主义核心价值观的知晓度低，在对各具体社会主义核心价值观的认同上，对"平等"的认同度最高，对"文明""民主"的认同度最低，其他几项居中。

表7 不同收入水平的居民知晓社会主义核心价值观的途径

单位：%

收入	广播主流媒体	楼宇、公交电视	互联网、微信新媒体	单位组织	社区宣传、活动	听家人朋友说
1560元以下	64.2	12.5	12.5	30.6	12.5	38.5
1561~5793元	69.1	17.6	17.6	36.4	25.6	48.5
5794~10000元	61.3	26.2	26.2	46.1	34.0	36.3
10001~15000元	54.2	20.3	20.3	59.3	20.3	32.2
15001元以上	54.3	15.2	15.2	43.5	13.0	39.1

表8 不同收入水平的居民对社会主义核心价值观的知晓程度

单位：%

知晓情况	1560元以下	1561~5793元	5794~10000元	10001~15000元	150001元以上
知道24字清楚内涵	32.0	39.4	41.1	36.2	43.5
知道24字不清楚内涵	14.7	18.5	19.3	22.4	8.7
知道一部分	32.8	28.9	21.6	25.9	28.3
完全不知道	20.5	13.3	17.9	15.5	19.6

表9 不同收入水平的居民对各具体社会主义核心价值观的认同情况

收入	法治		平等		自由		和谐	
	认同度	标准差	认同度	标准差	认同度	标准差	认同度	标准差
1560元以下	3.88	0.67	4.35	0.67	3.92	0.63	3.66	0.56
1561~5793元	3.92	0.67	4.35	0.59	3.93	0.57	3.70	0.55
5794~10000元	3.85	0.67	4.25	0.61	3.97	0.60	3.72	0.50
10001~15000元	3.68	0.76	4.20	0.71	4.04	0.56	3.67	0.56
15001元以上	3.74	0.65	4.06	0.74	3.97	0.57	3.58	0.49
合计	3.90	0.67	4.33	0.61	3.94	0.58	3.69	0.54
F检验	$F = 3.084^*$		$F = 5.499^{***}$		$F = 1.065$		$F = 0.939$	

收入	文明		爱国		民主	
	认同度	标准差	认同度	标准差	认同度	标准差
1560元以下	4.05	0.81	4.20	0.83	3.40	0.45
1561~5793元	4.18	0.66	4.31	0.69	3.49	0.50
5794~10000元	4.29	0.60	4.21	0.73	3.44	0.46
10001~15000元	4.21	0.71	4.07	0.76	3.43	0.43
15001元以上	4.16	0.73	3.90	0.89	3.53	0.53
合计	4.18	0.67	4.28	0.71	3.48	0.49
F检验	$F = 5.031^{***}$		$F = 7.419^{***}$		$F = 2.935^*$	

高收入者更能熟练地通过互联网、微信等新媒体，更多地通过单位组织等途径获取有关社会主义核心价值观的信息，对社会主义核心价值观的知晓度也高，但在对各具体社会主义核心价值观的认同上，除了对"民主"的认同度比低收入者高以外，对"平等""法治""和谐"及"文明"几个具体社会主义核心价值观的认同度都较低。

4. 外地户籍居民对社会主义核心价值观知晓度低，认同度也低

外地户籍居民特别是外地农业户籍居民对社会主义核心价值观的各种了解途径都掌握不够，知晓度也显著低于本地城镇户籍居民。认同上，外地户籍居民对"平等"与"爱国"两个社会主义核心价值观的认同度显著低于本地户籍居民，而对"和谐"的认同度要高于本地户籍居民。

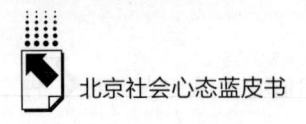

表10 不同户籍的居民知晓社会主义核心价值观的途径

单位：%

	广播主流媒体	楼宇、公交电视	互联网、微信新媒体	单位组织	社区宣传、活动	听家人朋友说
北京城镇	68.6	18.2	38.7	27.1	46.3	9.1
北京农业	56.6	10.8	27.7	18.1	32.5	16.9
外地城镇	55.7	22.9	37.5	19.3	31.8	6.2
外地农业	39.6	13.9	38.6	8.9	30.7	4.0

表11 不同户籍的居民对社会主义核心价值观的知晓程度

单位：%

知晓情况	北京城镇	北京农业	外地城镇	外地农业
知道24字清楚内涵	40.9	20.2	22.9	21.2
知道24字不清楚内涵	18.4	29.8	11.2	14.1
知道一部分	27.2	23.8	45.2	40.4
完全不知道	13.5	26.2	20.7	24.2

表12 不同户籍的居民对各具体社会主义核心价值观的认同情况

户籍	法治		平等		自由		和谐	
	认同度	标准差	认同度	标准差	认同度	标准差	认同度	标准差
北京城镇	3.90	0.67	4.35	0.60	3.94	0.57	3.68	0.54
北京农业	3.78	0.67	4.30	0.62	3.95	0.61	3.76	0.46
外地城镇	3.87	0.66	4.23	0.62	4.02	0.55	3.88	0.53
外地农业	3.88	0.69	4.18	0.70	3.93	0.62	3.91	0.59
合计	3.90	0.67	4.33	0.61	3.94	0.57	3.70	0.54
F检验	$F=1.049$		$F=4.744^*$		$F=1.235$		$F=14.883^{***}$	

户籍	文明		爱国		民主	
	认同度	标准差	认同度	标准差	认同度	标准差
北京城镇	4.19	0.67	4.29	0.71	3.49	0.50
北京农业	4.22	0.69	4.28	0.67	3.39	0.43
外地城镇	4.21	0.66	4.17	0.71	3.44	0.45
外地农业	4.10	0.63	4.11	0.82	3.51	0.51
合计	4.19	0.67	4.27	0.71	3.48	0.49
F检验	$F=0.650$		$F=3.281^*$		$F=1.572$	

本地城镇居民能相对熟练地掌握各种途径来了解社会主义核心价值观，知晓度也高。认同上，除了对"和谐"社会主义核心价值观认同度最低之外，对其他具体社会主义核心价值观（平等、爱国）的认同度都高。

三 对策建议

社会主义核心价值观的宣传与培育是一个庞大的系统工程，着力点很多，就本次研究而言，课题组认为下述几个方面工作亟待加强。

1. 主流媒体应继续发挥社会主义核心价值观教育的统领作用，加大社会主义核心价值观的宣传力度，借助互联网、微信等新兴媒体吸引更多的年轻人，努力拓展受众规模；在坚持新闻自由的前提下，进一步加强社会主义核心价值观对新兴媒体的引导和规范，弘扬先进的、大众的文化而摒弃糟粕和腐朽思想。

2. 针对不同群体的不同需求、有的放矢、提高社会主义核心价值观宣传工作的有效性。如对高文化程度者加强"平等""和谐""爱国"的教育，对20~39岁的居民加强"法治""平等""爱国""民主"教育，对高收入者加强"诚信"教育，对本地户籍居民加强"和谐"教育等。

3. 运用心理学知识，契合群众的认知习惯，做到对社会主义核心价值观的科学普及。一方面，心理学认为人的记忆力一般在5+2个词，12个词共24个字的社会主义核心价值观已经超出人们的记忆范畴，所以在社会主义核心价值观的宣传普及时，一定要严格按照国家、社会与公民三个层面各四个词的方式进行普及。同时，心理学强调说服时的出发点应坚持受众的立场，从对有利于居民自身发展的角度加以宣传。另一方面，对各具体社会主义核心价值观的宣传力度应差别对待，抓住群众最关心的、认为最重要的几个，利用心理学的破窗理论，以点带面促进社会主义核心价值观宣传培育工作的开展。

4. 完善社会主义核心价值观的践行机制，完善社会主义核心价值观的实施细则。完善扬善惩恶的机制，用机制保障鼓励善行而摒弃恶行。心理学实验告诉我们，如群体中有一个坚持真理、坚持正确观点，则群体从众的概率会显著下降。一旦坚持真理的个体逐渐增多，则会慢慢形成一种社会风气，给社会主义核心价值观的践行奠定一个良好的社会情感基础，给社会模仿树立一个好的榜样。故强调用机制来弘扬善行、惩罚恶行，让居民敢于、勇于和善于坚持真理、坚持良心、坚持与不良行为做斗争。

B.3 北京居民家庭婚姻价值观调查报告

陈 珊[*]

摘 要： 对北京居民开展的家庭婚姻价值观念的抽样调查结果显示，家庭和谐幸福是居民普遍的追求，大多数居民重视家庭利益，推崇平等互助的家庭关系，重孝道并积极践行。北京居民高度认同幸福婚姻的重要性，强调责任和情感在婚姻中的重要意义，赞成维护婚姻的忠诚度，认同婚姻应保持稳定。报告分析了家庭婚姻价值观念的总体特征及影响因素。

关键词： 家庭价值观　婚姻价值观　北京居民

婚姻家庭价值观指人们对婚姻家庭领域各种问题的看法和态度，包括婚姻观、家庭观、生育观、性观念、邻里观等，婚姻家庭价值观对家庭生活起着重要的指导作用。

相关文献对家庭价值变化的研究有以下视角。一是家庭衰退论。此理论认为家庭在现代社会丧失了经济、性和养育等重要功能。家庭主义价值观在衰退。二是家庭价值功利化。此观点认为家庭价值观日趋商品化、物质化与功利化，家庭个体缺乏奉献精神和社会责任感，功利家庭价值观破坏了家庭稳定性。三是家庭伦理失范。该视角认为，传统的家庭道德规范的社会控制和行为引导作用被极大削弱，新的道德规范尚未建立，价值观

---

[*] 陈珊，北京社会心理研究所副研究员，研究方向为社情民意调查。

念多元化倾向使得人们的道德判断缺乏清晰的引导，家庭生活出现许多非道德现象，婚姻家庭仅成为个体建构自我认同和情感满足的选择之一。四是家庭现代化理论。此理论主要研究社会发展对家庭结构的影响，社会在工业化和城市化导致家庭结构不断核心化，工业化进程使个体摆脱亲戚关系网络的控制，传统家庭对个体的控制能力大幅下降，工业化进程与家庭制度变化相互影响和促进。五是个体化理论。该理论的分析焦点从家庭转移到个体身上。强调个体对浪漫爱情的追求，强调现代家庭中个体的自我满足感和自我发展，认为传统的婚姻制度对个体的约束力大为下降。六是家庭观念趋强论。此理论强调家庭的适应性，认为现代家庭以多元的形态在发展，在经历进化而不是解体。①

  国内的研究大多集中在家庭的功利化和家庭伦理失范等方面，其中定性分析较多，定量研究较少，已有定量研究主要以大学生或年轻一代为研究对象。② 北京作为现代化的大都市，人口复杂，生活压力大，家庭对于大多数居民都有着重要的社会支持意义，不同家庭价值观念对家庭状态和发展、对家庭成员的身心健康和事业发展有着重要意义，对市民和谐理性的家庭价值观念的培养，也是弘扬社会主义核心价值观念的重要环节。本次调查从居民婚姻观念、家庭观念和生育观念等角度，考察居民的不同价值取向，比较不同价值取向的代际差别和群体特点，从家庭价值观的角度考察居民对平等、文明与和善等核心价值观念的认同，最后分析北京居民婚姻家庭价值观的影响因素，对家庭价值观建设、弘扬社会主义核心价值观提出决策建议。本次调查采取科学的多阶段随机抽样调查方法，于2014年在北京16区县100个社区进行了抽样调查，回收4126份问卷，本部分内容的有效样本是4089个，回收有效率为99%，调查所得样本与北京市总人口的分布特点基本一致，符合调查抽样原则。

---

① 徐安琪等：《转型期的中国家庭价值观研究》，上海社会科学院出版社，2013。
② 杨柳：《社会转型与婚姻家庭价值观念变化的研究》，吉林农业大学硕士（学位）论文，2002；邝丽梅等：《在校已婚研究生家庭价值趋向研究》，《南京人口管理干部学院学报》2008年10月第24卷第4期；刘汶蓉：《中国家庭价值观的变迁与趋势——以80后年龄组为参照的经验研究》，《2008年度上海市社会科学界第六届学术年会文集（年度主题卷）》。

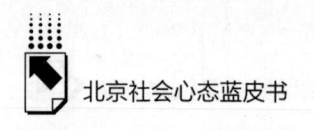

一 北京居民家庭价值观念

（一）北京居民关于个人与家庭、家族关系的价值观念

1. 总体状况：居民认同家庭利益重于个人利益的价值观念

在家庭利益、个人利益的关系上，北京居民表现出以家庭利益为重、个人利益为辅的家庭价值取向。

对于各种观点，我们让居民在五点量尺上做评价，1表示很不重要，5表示非常重要，我们把居民对某观点评价的平均数作为认同度，认同度由低到高为1~5，5代表认同度最高。

从平均数看，个人对"家和万事兴"的认同度最高，为4.6，在家庭利益和个人利益发生冲突时，以家庭利益为重的认同度为4.2，居民对个人事业的成功是家庭幸福的基础的认同度为4.1，居民对个人应光宗耀祖等家族观念的认同度较低，得分为3.3~3.6。

从选择百分比看，居民最为认同家庭利益，第二是个人利益，最后才是家族利益。94.1%的居民认同家和万事兴；80.8%的居民认同家庭利益重于个人利益；78%的居民认同个人事业的成功是家庭幸福的基础。其中，67.1%的居民同时认同家庭利益和个人事业的重要性。认同个人与家族的荣辱相关的比例为60%，对于光宗耀祖的观念，居民的认同比例为57.2%，20.8%的居民不认同此观点，42.7%的居民认同个人要多提携家族成员的观点，24.4%的居民不认同这个观点。

2. 情景选择题：验证居民个人与家族关系的价值观念

调查通过两个情景选择题的测量，进一步验证居民个人与家族关系的价值观念。

情景之一：假设一家有个叔叔或别的近亲升官了，询问居民认为其侄儿或其他亲戚最强烈的感觉可能是什么，其中，55.3%的居民对亲戚高升表现为肯定的态度，37.1%的居民感觉"每个人有自己的志向，和家族、家庭其他人没太大关系"，6.7%的居民感觉和自己没有任何关系。

情景之二：假设一家有个叔叔或别的近亲犯事被抓了，询问居民认为侄儿或其他亲戚最强烈的感觉可能是什么，其中，55.8%的居民回答个人对自己的行为负责，和家族、家庭其他人没太大关系。

从居民对情境二、情境三的选择看，大部分居民没有把个人荣辱与家族荣辱必然联系起来，更强调个人行为的独立性，尤其强调对于消极事件当事人的自我责任。

3. 个人价值取向、家庭价值取向的代际差别

北京居民对家庭利益的重要性有相当一致的认同，认同度平均得分的统计结果显示（见表1），对于"家庭利益和个人利益发生冲突时，应以家庭利益为重"的观点，不同年龄居民的认同程度无显著差别；年纪越大的居民对"个人事业的成功是家庭幸福的基础"的认同程度越高，随着年纪的增长，人们也越来越意识到个人事业对家庭幸福的重要性，说明老年人对个人与家庭的利益关系有了更理性的思考。

个人价值与家族价值取向的结果显示（见表1）：家族观念表现出一定的代际差别，35~64岁居民最不看重个人与家族关系。

表1 不同年龄居民对个人—家庭价值观念的认同度 *

年龄	个人事业的成功是家庭幸福的基础		家庭利益和个人利益发生冲突时，应以家庭利益为重		个人的荣辱和家族的荣辱息息相关	
	认同度	标准差	认同度	标准差	认同度	标准差
65岁及以上	4.37	0.83	4.18	0.97	3.79	1.12
55~64岁	4.24	0.90	4.21	0.86	3.55	1.17
45~54岁	4.16	0.91	4.24	0.80	3.63	1.17
35~44岁	4.05	0.93	4.16	0.87	3.59	1.12
25~34岁	4.07	0.91	4.21	0.81	3.72	1.05
25岁以下	4.07	0.91	4.12	0.85	3.64	1.13
合计	4.13	0.91	4.19	0.84	3.65	1.12
F检验	$F = 8.001^{***}$		$F = 1.533$		$F = 3.392^{**}$	

注：本表中F检验的结果，显示了不同群体居民对某个观点的认同度是否有差别，若F值带 * 号，如本表中的 $F = 8.001^{***}$，$F = 3.392^{**}$，说明对此观点的居民认同度有显著差别，若F值不带 * 号，如本表中的 $F = 1.533$，说明对此观点的居民认同度没有显著差别。以下各表相同。

其他群组差别结果显示：高中学历以下即较低学历居民更强调家庭利益重于个人利益（认同度得分为4.22~4.34）；不同受教育水平的居民，都一致地认为个人与家族荣辱无太大关系。

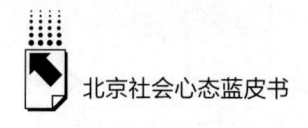

不同家庭结构的居民，对于个人价值、家庭价值和家族价值的不同取向，没有显著差别。

（二）北京居民关于家庭平等的价值观念

1. 总体状况：居民推崇家庭成员平等互助的价值观念

从观念认同度看，北京居民最为认同家庭成员间应平等互助、家庭生活中应各尽所能的观点，认同度分别为4.60和4.4，对"家庭中处理事情时，应以长者的意见为重"的认同度为3.77，对"男主外，女主内"认同度较低为3.05，而对"谁对家庭的经济贡献大，就应该以谁的意见为重"的认同度为2.75，在平均线以下。

从选择百分数看，95.1%的居民认同家庭成员间应平等互助，91.8%的居民认同家庭生活中各尽所能，65.1%的居民认同"家庭中处理事情时，应以长者的意见为重"，48.6%的居民不同意以经济贡献最大的家庭成员意见为主，同时，35.7%的居民不同意"男主外，女主内"的传统家庭分工模式。

当询问居民家里如何讨论家庭的重要事情时，60.0%的居民表示家庭成员都能自由平等地发表意见，37.7%的居民表示要视不同情况而定，有时家庭都能平等表达意见，有时不是；2.3%的居民表示不能平等地表达意见。说明在实际生活中，对于家庭事务，大部分北京家庭成员能自由平等地交流，这与居民强调平等关系的价值取向是相当一致的。

2. 家庭平等价值观念的代际差别

年纪越大的居民，对家庭应该建立平等互助的成员关系的认同程度越高，55岁以上居民最不同意家庭中应以长者意见为重，同时，35岁以下的居民更认同家庭经济支柱成员意见的重要性，也较认同长者在家庭中的重要作用。65岁及以上和25岁以下居民，对"男主外，女主内"的认同度较低（见表2）。

从家庭关系的评价看（见表2），年纪大的居民没有表现出倚老卖老、以老为重的观念倾向，相对其他居民而言，35岁以下居民对家庭成员的关系，表现出一定的以年龄或经济地位为主的权威关系的认同倾向，这可能是因为他们年龄尚小，大都属于家中的小字辈，尚未成为家中经济支柱，此年龄段的居民中很多人的经济收入处于不稳定状态，生活经验也不充分，多种原因造成了他们更认同家庭事务仍以长者或家庭主要收入成员意见为重。

表 2　不同年龄居民对家庭平等价值观念的认同度

年龄	家庭成员间应平等互助		家庭中处理事情时,应以长者的意见为重		谁对家庭的经济贡献大,就应该以谁的意见为重		男主外,女主内	
	认同度	标准差	认同度	标准差	认同度	标准差	认同度	标准差
65 岁及以上	4.73	0.49	3.60	1.08	2.64	1.13	2.92	1.26
55~64 岁	4.64	0.58	3.81	0.98	2.71	1.15	3.07	1.23
45~54 岁	4.63	0.56	3.79	0.94	2.71	1.12	3.01	1.15
35~44 岁	4.60	0.60	3.71	0.98	2.71	1.11	3.01	1.16
25~34 岁	4.55	0.63	3.80	0.96	2.89	1.15	3.17	1.17
25 岁以下	4.55	0.65	3.76	0.93	2.69	1.11	2.90	1.16
合计	4.60	0.60	3.77	0.97	2.75	1.13	3.05	1.18
F 检验	$F = 5.037^{***}$		$F = 2.572^{**}$		$F = 4.577^{***}$		$F = 4.673^{***}$	

3. 教育和收入水平对居民家庭平等价值观念的影响

低学历（指初中以下、中专和职高学历，下同）居民的平等互助观念更强，认同度为 4.66~4.72，其他学历居民的认同度为 4.55~4.62。对于家庭事情处理中以长者或以经济主要贡献者为重的观点，不同学历居民的认同程度没有显著差别。对于"男主外，女主内"的观点，中等学历（指高中、大专学历，下同）居民的认同度较低，低等和高等学历（指本科以上学历，下同）居民的认同度都较高（见表 3）。受教育水平较高的居民，仍保留着传统男女家庭分工的刻板概念。

表 3　不同学历居民对家庭平等价值观念的认同度

学历	家庭成员间应平等互助		家庭中处理事情时,应以长者的意见为重		谁对家庭的经济贡献大,就应该以谁的意见为重		男主外,女主内	
	认同度	标准差	认同度	标准差	认同度	标准差	认同度	标准差
初中及以下	4.72	0.49	3.87	1.02	2.81	1.26	3.17	1.29
中专或职高	4.66	0.55	3.84	0.95	2.75	1.22	3.06	1.24
高中	4.55	0.61	3.79	0.94	2.75	1.11	3.03	1.17
大专	4.61	0.62	3.75	1.00	2.68	1.10	2.95	1.16
本科	4.56	0.62	3.72	0.94	2.77	1.10	3.07	1.13
研究生及以上	4.62	0.58	3.77	0.97	2.92	1.18	3.20	1.26
合计	4.60	0.60	3.77	0.97	2.75	1.13	3.05	1.18
F 检验	$F = .6.833^{***}$		$F = 2.095$		$F = 1.885$		$F = 2.945^{*}$	

不同收入水平居民都赞同平等互助的家庭关系，但他们也表现出一定的权威关系认同倾向。高收入（月收入10000元以上）居民最不认同家庭中以长者意见为重的观点，收入越高的居民，越认同家庭中经济贡献最大者的地位，也更认同"男主外，女主内"的观点（见表4）。

表4　不同个人收入水平居民对家庭平等价值观念的认同度

收入	家庭成员间应平等互助		家庭中处理事情时,应以长者的意见为重		谁对家庭的经济贡献大,就应该以谁的意见为重		男主外,女主内	
	认同度	标准差	认同度	标准差	认同度	标准差	认同度	标准差
1560元以下	4.60	0.64	3.81	0.96	2.64	1.20	3.07	1.28
1561~5793元	4.61	0.59	3.78	0.96	2.73	1.12	3.01	1.16
5794~10000元	4.58	0.58	3.77	0.99	2.89	1.17	3.18	1.17
10000元以上	4.47	0.71	3.49	0.93	2.92	1.16	3.15	1.25
合计	4.60	0.60	3.77	0.96	2.75	1.13	3.04	1.18
F检验	$F=2.079$		$F=3.324^*$		$F=4.209^{**}$		$F=3.118^*$	

注：个人收入水平指的是个人平均税前月收入。

传统男女分工观念的认同有显著的性别差异。统计结果显示：男性居民更认同"男主外，女主内"的观点，他们的认同度为3.11，女性居民认同度为2.97（$t=3.886$，$P<.001$）。这与男女在家庭中的性别角色密切相关。

居民的户籍因素对其家庭平等观念没有显著影响。北京本身就是个现代化都市，城镇化水平在不断提高，随着社会的发展，传统农业社会中的性别和年龄优势已不复存在，人与人的平等观念已日益为大部分居民所接受，因而，不管是北京本地城乡居民，还是外来城乡居民，都一致认同家庭平等观念。

（三）北京居民对孝顺父母的看法

1. 孝顺观念：居民高度认同孝顺赡养父母是子女应尽的义务

北京居民高度认同孝顺赡养老人是子女应尽的义务。

从认同度平均数看，北京居民高度认同孝敬老人是子女应尽的义务，认同度高达4.79，对"就算父母有很多不对的地方，也应该孝敬他们"的认同度也达到4.55，居民对啃老行为的谴责态度也相当一致，认同度为4.34，对媳妇应孝顺公婆的认同度为4.22分，对"不孝有三，无后为大"的传统观点，居民的认同度略高于平均数3分。

从选择比例看，97.2%的居民都认为孝顺赡养父母是人们的义务，82.1%的居民认为媳妇应对公婆尽责任，对于啃老行为，83.2%的居民持批评态度，但也有13.1%的居民认为，对啃老现象，要视不同情况，综合各方面的因素来评价。33.9%的居民不认同"不孝有三，无后为大"的观点。

从孝顺价值判断的代际差别看（见表5），年纪越大居民（特别是55岁以上居民），越认同孝顺行为的义务性，35岁以下居民，对"啃老是不光彩的"的认同度低于其他居民，他们认为对这种现象的评价要视不同的情况而定。

表5 不同年龄居民对孝顺观念的认同度

年龄	孝顺赡养父母是子女应尽的义务		就算父母有很多不对的地方，也应该孝敬他们		不孝有三，无后为大		好好孝敬侍奉公婆是媳妇应尽的责任		啃老是不光彩的	
	认同度	标准差	认同度	标准差	认同度	标准差	认同度	标准差	认同度	标准差
65岁及以上	4.90	0.35	4.62	0.65	3.12	1.40	4.41	0.76	4.38	0.91
55~64岁	4.84	0.41	4.62	0.59	3.15	1.34	4.34	0.79	4.42	0.93
45~54岁	4.81	0.46	4.57	0.66	3.05	1.28	4.25	0.87	4.38	0.91
35~44岁	4.80	0.50	4.54	0.67	3.03	1.25	4.25	0.87	4.35	0.89
25~34岁	4.74	0.50	4.49	0.70	3.27	1.27	4.13	0.89	4.29	0.87
25岁以下	4.74	0.53	4.51	0.69	3.00	1.26	4.05	0.99	4.27	0.94
合计	4.79	0.48	4.55	0.67	3.12	1.29	4.22	0.87	4.34	0.90
F检验	$F=7.505^{***}$		$F=4.145^{***}$		$F=4.883^{***}$		$F=10.741^{***}$		$F=2.792^{*}$	

2. 从孝顺行为看北京居民的孝道践行

从孝顺行为的实践看，北京居民推崇孝顺父母的价值观念并积极践行。

95%的居民，近一年来都有过陪伴和帮助父母的行为。居民最常见的孝顺行为，是经常给父母打电话，给父母过生日，过父亲节、母亲节，照料父母生活等。三成多居民给过父母经济支持。其中，在最近一年都没有陪伴或帮助过父母的居民中，有141人占71.9%其父母已经去世。

从各种照料行为的选择看，有七成以上居民以各种形式陪伴或帮助父母。北京居民的行为充分反映了他们对孝道的推崇和践行（见表6）。

"百善孝为先",从孝顺老人角度看,北京居民对核心价值观中的和善有高度的认同和践行。

表6 北京居民在过去一年里孝敬父母的行为频率及百分比

	人数(名)	百分比(%)
1种孝顺行为	996	25.8
2种孝顺行为	688	17.8
3种孝顺行为	878	22.7
4种孝顺行为	527	13.6
5种孝顺行为	275	7.1
6种孝顺行为	163	4.2
7种孝顺行为	126	3.3
8种孝顺行为	16	0.4
都没有	196	5.1
合计	3865	100

(四)北京居民对家庭和睦美满及其意义的评价

1. 对家庭生活的评价:九成居民觉得家庭生活美满

九成以上北京居民反映家庭成员关系良好。其中,92%的北京居民反映自家家庭成员关系良好,只有0.8%的居民反映家庭关系不好,反映略差的是婆媳关系和夫妻关系,2.2%的居民反映家里婆媳关系不好,1.4%的居民反映父母和夫妻关系不好,其他各种家庭关系不好的评价比例都在1%以下。

近九成的北京居民觉得自己家庭生活美满。87.9%的居民认为家庭生活幸福美满,只有1.1%的居民觉得家庭生活不幸福。

2. 居民对家庭生活的影响因素和意义的评价

居民认为影响家庭生活是否美满的因素首先在精神层面(见表7):一是夫妻感情好;二是家庭成员相互理解、体谅和支持;三是家庭成员都有较强的家庭责任感。其次是物质层面的因素,包括家庭经济状况、家人的健康、稳定的收入和工作等。

居民认为家庭和睦对于个人、孩子成长和社会和谐稳定具有积极意义。七成居民认为家庭和睦对于个人身心健康有重要意义,六成多居民认为对子女健康成长非常重要,五成多居民认为家庭和睦对社会和谐稳定很重要(见表8)。

评价家庭生活一般或不幸福和不清楚的共有480名居民,他们对家庭生活因素评价的总体顺序与居民整体的顺序基本一致(见表7),主要的差别在于,他们认为家庭经济状况好、家庭成员具有稳定的职业和收入,这些物质因素对家庭生活的影响更大。这反映了一种客观情况,因为经济状况差或存在经济纠纷,影响了部分居民的家庭生活。

表7 北京居民对影响家庭生活美满的主要因素的评价

	居民总体		评价家庭生活"一般"或"不幸福"的居民(480人)	
	人数(名)	百分比(%)	人数	百分比(%)
夫妻感情好	2818	70.2	295	61.5
家庭成员团结和睦,相互理解、体谅和支持	2453	61.2	258	53.8
家庭成员都有较强的家庭责任感	1779	44.4	205	42.7
家庭经济状况好	1130	28.2	169	35.2
大多家庭成员身体健康	1081	27.0	108	22.5
家庭成员大多有稳定的职业或收入	839	20.9	135	28.1
子女有出息	805	20.1	96	20.0
家务事大家共同分担	524	13.1	51	10.6
家庭成员尊重彼此的隐私	264	6.6	29	6.0
其他	24	0.6	5	1.0

表8 北京居民对家庭和睦影响较大方面的评价

	人数(名)	百分比(%)
个人的心身健康	2833	70.6
子女健康成长	2457	61.2
社会稳定	2092	52.1
个人事业发展	1775	44.2
家族兴旺	904	22.5
其他	26	0.6

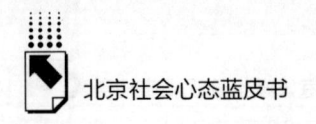

二　北京居民的婚姻价值观念

（一）北京居民的择偶观念

选择配偶时，北京居民最看重个人的内在因素，如人品、性格、兴趣等，对健康状况也相当重视，然后是其他物质层次的因素，包括相貌、经济实力、职业和家庭背景等，少数居民会考虑星座、八字和属相等因素，选择比例为0.9%～3.3%（见表9）。

表9　北京居民选择配偶最看重的因素

	人数（名）	百分比（%）		人数（名）	百分比（%）
人品	3641	86.3	地域	547	13.6
健康状况	3221	80.3	社会地位	328	8.2
性格或兴趣	2258	56.3	民族	293	7.3
相貌	1537	38.3	八字相配	99	2.5
经济实力	1461	36.4	属相相配	133	3.3
职业	1258	31.4	星座相配	38	0.9
家庭背景	1175	29.3	其他	25	0.6

不同性别居民的择偶观有一定的差别。从性别差异看，男性更注重对方的相貌，女性更注重对方的健康状况、经济实力、职业和家庭背景（见表10）。

表10　不同性别北京居民选择配偶最看重的因素

单位：%

	男性	女性		男性	女性
人品	86.0	86.8	地域	12.9	14.6
健康状况	77.9	82.8	社会地位	7.3	8.9
性格或兴趣	55.9	56.9	民族	8.1	6.7
相貌	43.1	33.4	八字相配	3.2	1.7
经济实力	32.4	39.9	属相相配	3.4	3.3
职业	28.7	33.8	星座相配	1.1	0.8
家庭背景	28.9	33.8	其他	0.7	0.5

相关研究显示，青年学生的择偶标准中最主要的品质是正直诚实、感情忠诚，女大学生将男方"个人经济条件优越"放于次要地位，① 这与本调查居民对人品的重视是一致的，人们更关注思想相通、感情默契和情感的交流，但也有研究指出，女大学生普遍认为物质可以帮助获得爱情。② 也有人认，为择偶普遍关注男性工作能力、事业心、发展前途、学识广博，实际关注的是未来经济和物质的潜能，是物质主义倾向的表现。择偶标准显示出多样性的倾向。本调查结果显示，北京居民择偶标准具有以个体品质因素为主、物质因素为辅的特点。

对婚前同居是不道德的观点认同度为3.4，居民对婚前同居的态度总体上较为宽容，也表现出较大的分化，44.7%的居民同意婚前同居是不道德的观点，36.2%的居民认为要视情况而定，19.1%的居民则认为婚前同居与道德无关。

（二）北京居民关于婚姻关系的价值观念

1. 总体状况：居民普遍认同责任和情感对婚姻的重要意义

居民大多认同幸福婚姻对个人人生非常重要，同时认同责任和情感在婚姻维系中的重要意义。

从认同度看，居民最为赞同"幸福的婚姻对个人的人生非常重要"，认同度为4.5。在婚姻关系中的价值评价中，强调"婚姻中应以责任为重"的认同度高达4.4，强调"婚姻应以爱情为基础"的观念的认同度为4.3，对于"门当户对的婚姻才会更加持久和美满"的观点，认同度为3.4，大多数居民不认同"婚姻可以是一种交易"的观点，认同度为2.0。

从选择率看，86.1%的居民认同"婚姻是种缘分"，90.8%的居民认为责任对婚姻很重要，87.4%的居民认同爱情是婚姻的基础，51.6%的居民同意门当户对会让婚姻更加持久美满的传统观念，74.3%的居民反对婚姻可以是交易的观点。83.8%的居民同时认同婚姻要以爱情为基础，以责任为重。

---

① 田岚：《当代女大学生的恋爱观和性价值观》，《妇女研究论丛》1993年第1期。
② 田蕾：《当代女大学生的恋爱观和性价值观》，《内蒙古农业大学学报》（社科版）2006年第2期。

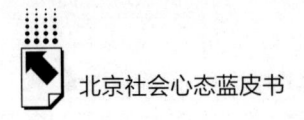

2. 居民关于婚姻关系价值观念的代际差别

对婚姻是种缘分和婚姻应以爱情为基础这两种观点，不同年龄居民的认同程度没有显著差别；年纪越大的居民，越认同幸福婚姻对于个人人生的重要性，也更认同婚姻中应以责任为重，尤其是55岁以上居民的责任感最高，门当户对的观念最弱；35岁以下居民，对责任的重要性认同相对较低，对婚姻可以是种交易的观点认同度最高（见表11）。

年纪较大居民婚姻中的责任意识更强，更为排斥门当户对的观念，而年轻一代居民的责任意识略低于老年居民，婚姻可以是一种交易的观念更强。

表11 不同年龄居民对婚姻价值观念的认同度

年龄	幸福的婚姻对个人的人生非常重要		婚姻中应以责任为重		门当户对的婚姻才会更加持久和美满		婚姻可以是一种交易	
	认同度	标准差	认同度	标准差	认同度	标准差	认同度	标准差
65岁及以上	4.69	0.57	4.50	0.69	3.32	1.23	1.77	1.09
55~64岁	4.59	0.65	4.44	0.69	3.32	1.19	1.83	1.02
45~54岁	4.51	0.72	4.38	0.68	3.47	1.13	1.89	1.03
35~44岁	4.48	0.75	4.39	0.72	3.38	1.13	1.94	1.12
25~34岁	4.51	0.68	4.37	0.70	3.52	1.11	2.17	1.21
25岁以下	4.48	0.75	4.33	0.74	3.38	1.15	2.06	1.14
合计	4.52	0.70	4.39	0.70	3.42	1.23	1.98	1.12
F检验	F=4.936***		F=2.705*		F=3.515**		F=11.789***	

3. 受教育水平、婚姻状况与居民婚姻关系价值观念

不同学历居民都一致认同婚姻应以感情为基础，初中及以下学历居民最为看重幸福婚姻的重要性，高中、大专和本科学历居民对婚姻中责任的重要性的认同，低于其他学历水平居民，本科以上学历居民，更为认同婚姻中的门当户对观念和婚姻的可交易性（见表12）。

表12 不同学历居民对婚姻价值观念的认同度

学历	幸福的婚姻对个人的人生非常重要		婚姻中应以责任为重		门当户对的婚姻才会更加持久和美满		婚姻可以是一种交易	
	认同度	标准差	认同度	标准差	认同度	标准差	认同度	标准差
初中及以下	4.63	0.63	4.51	0.66	3.36	1.27	1.79	1.06
中专或职高	4.56	0.68	4.42	0.71	3.38	1.22	2.03	1.24

续表

学历	幸福的婚姻对个人的人生非常重要		婚姻中应以责任为重		门当户对的婚姻才会更加持久和美满		婚姻可以是一种交易	
	认同度	标准差	认同度	标准差	认同度	标准差	认同度	标准差
高中	4.47	0.75	4.34	0.73	3.34	1.15	1.89	1.05
大专	4.52	0.70	4.39	0.71	3.36	1.12	1.92	1.09
本科	4.50	0.70	4.37	0.69	3.51	1.08	2.10	1.16
研究生及以上	4.55	0.71	4.41	0.72	3.79	1.09	2.17	1.09
合计	4.52	0.70	4.39	0.70	3.42	1.14	1.98	1.12
F检验	$F=3.318^{**}$		$F=3.797^{**}$		$F=6.623^{***}$		$F=8.010^{***}$	

居民都赞同爱情是婚姻关系不可动摇的基石,对于其他因素的评价,低学历与高学历居民表现出一定的分化。高学历居民对门户观念、可交易观念的认同度更高。这可能与高学历居民在婚姻关系中,更多地考虑个人需求与发展有关。

不同婚姻状态的居民表现出不同的婚姻价值观(见表13)。他们都一致认同婚姻以爱情为基础的观点,对幸福婚姻对于个人的重要性,离异居民的认同度明显低于其他居民,已婚居民更为重视婚姻中责任的重要性,未婚居民对责任重要性的认同稍低。这可能与他们尚未踏入婚姻,仍缺乏对婚姻责任的体验有关。未婚和离异居民对婚姻的可交易性认同度更高。

表13 不同婚姻状态居民对婚姻价值观念的认同度

婚姻状况	幸福的婚姻对个人的人生非常重要		婚姻应该以爱情为基础		婚姻中应以责任为重		婚姻可以是一种交易	
	认同度	标准差	认同度	标准差	认同度	标准差	认同度	标准差
未婚	4.45	0.73	4.29	0.75	4.28	0.73	2.12	1.13
已婚	4.57	0.68	4.31	0.75	4.44	0.67	1.90	1.08
离异	4.29	0.87	4.13	0.78	4.33	0.70	2.14	1.13
丧偶	4.59	0.59	4.26	0.74	4.35	0.74	1.81	1.26
合计	4.54	0.69	4.30	0.76	4.41	0.69	1.95	1.10
F检验	$F=8.773^{***}$		$F=1.480$		$F=10.769^{***}$		$F=8.911^{***}$	

婚姻价值观影响个体的婚姻行为和婚姻状态,婚姻经历也会对个体的婚姻价值观产生影响,它们之间的因果关系和作用机制,需要进一步探讨。

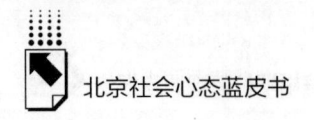

（三）北京居民关于婚姻忠诚的价值观念

1. 总体状况：八成多居民高度认同应维护婚姻的忠诚度

北京居民大多认同维护婚姻的忠诚度，摒弃婚外情、婚外性行为。

83.9%的居民认同"夫妻间应该绝对忠诚"，此观点的认同度为4.3；对于"婚外情是非常可耻的"，75.2%的居民表示认同，18.1%的居民认为应视不同情况而定，对此观点的认同度为4.1；对于"婚外性行为是不道德的"，78.9%的居民表示认同，14.4%的居民认为视不同情况而定，此观点的认同度为4.2；对于"配偶偶尔的出轨是可以谅解的"，51%的居民不认同，26.7%的居民表示视情况而定，此观点的认同度仅为2.5。

2. 婚姻忠诚度认同的群体差别

对"配偶偶尔的出轨是可以谅解的"，不同年龄、不同学历和不同婚姻状态的居民都持一致的否定意见。

55岁以上居民和25岁以下居民，更认同"夫妻间应该绝对忠诚"，55岁以上居民，更认同"婚外情是非常可耻的"，也更认同"婚外性行为是不道德的"。年纪较大居民，更认同婚姻应保持忠诚的观点（见表14）。

表14　不同年龄居民对婚姻忠诚度的认同度

年龄	夫妻间应该绝对忠诚		配偶偶尔的出轨是可以谅解的		婚外情是非常可耻的		婚外性行为是不道德的	
	认同度	标准差	认同度	标准差	认同度	标准差	认同度	标准差
65岁及以上	4.43	0.75	2.61	1.24	4.32	1.02	4.38	1.01
55~64岁	4.38	0.78	2.54	1.25	4.22	1.03	4.23	1.06
45~54岁	4.27	0.80	2.54	1.18	4.03	1.03	4.16	0.99
35~44岁	4.28	0.80	2.52	1.17	3.96	1.09	4.06	1.06
25~34岁	4.29	0.82	2.52	1.25	4.15	0.98	4.19	0.97
25岁以下	4.36	0.75	2.38	1.18	4.18	0.99	4.26	0.96
合计	4.32	0.79	2.52	1.21	4.11	1.03	4.18	1.01
F检验	$F = 3.142$ **		$F = 1.465$		$F = 8.740$ ***		$F = 5.197$ ***	

对"夫妻间应该绝对忠诚""婚外性行为是不道德的"两种观点，初等学历居民的认同度更高，对"婚外情是非常可耻的"，高中、大专和本科学历居

民认同度略低，认同度在4.02~4.11，他们对婚外情的容忍度稍高于其他群体（见表15）。

表15 不同学历居民对婚姻忠诚原则的认同度

学历	夫妻间应该绝对忠诚		配偶偶尔的出轨是可以谅解的		婚外情是非常可耻的		婚外性行为是不道德的	
	认同度	标准差	认同度	标准差	认同度	标准差	认同度	标准差
初中及以下	4.48	0.76	2.56	1.32	4.20	1.09	4.28	1.08
中专或职高	4.38	0.79	2.56	1.23	4.21	0.98	4.32	0.94
高中	4.27	0.82	2.53	1.16	4.02	1.09	4.06	1.08
大专	4.34	0.75	2.49	1.19	4.11	1.03	4.20	1.00
本科	4.25	0.82	2.53	1.21	4.10	0.99	4.17	0.97
研究生及以上	4.29	0.82	2.36	1.26	4.22	0.91	4.16	0.98
合计	4.31	0.80	2.52	1.21	4.11	1.03	4.18	1.01
F检验	$F=6.394^{**D*}$		$F=0.845$		$F=2.699^{*}$		$F=4.236^{**}$	

不同婚姻状态居民对关于婚姻忠诚度各个观点的认同度，没有显著差别。不管婚姻状态如何，大多数居民赞同婚姻应保持忠诚。

（四）北京居民对婚姻稳定性的看法

1. 总体状况：六成居民赞成婚姻应保持稳定性

半数多北京居民赞成婚姻应保持稳定性，大部分居民认为平等、尊重是婚姻稳定的关键因素，同时人们对离婚问题也持较为宽容的态度。

而对于"无论怎样，夫妻都应该从一而终"，60.9%的居民表示同意，31.6%的居民认为要视不同情况而定，对此观点的认同度为3.9；90.2%的居民认为"婚姻的稳定在于夫妻双方平等、相互尊重"，此观点的认同度为4.4。

77.3%的居民认为"如果夫妻双方感情破裂，离婚是可以理解的"，此观点的认同度为4.0。有48.2%的居民，既赞同夫妻应从一而终，也赞同夫妻感情破裂，离婚是可以理解的。

居民婚姻应保持忠诚的认同度为4.3，与之相比，居民对婚姻应从一而终观点的认同度为3.9，人们更注重婚姻的忠诚原则，而没有那么在意婚姻形式的稳定，这反映人们看待婚姻关系的理性态度：认同婚姻应以感情为基础，以责任为重，应维护婚姻的忠诚，但若感情破裂，双方也有重新选择的自由。

对于夫妻关系的一些民间说法，居民的认同度较低。

对"夫妻本是同林鸟，大难临头各自飞"的说法，71.3%的居民不赞同，此观点的认同度相当低，为2.0。48.0%的居民不同意"嫁鸡随鸡，嫁狗随狗"的传统观念，但也有28%的居民表示认同，24.0%的居民认为视不同情况而定，对此观点的认同度为2.7，人们对婚姻的宿命观点有较大的分化。

2. 对婚姻稳定性评价的群体差别

对于"如果夫妻双方感情破裂，离婚是可以理解的"，不同年龄、不同受教育水平、不同婚姻状态和不同性别居民都表现出一致的理解态度。

从代际差别看，老年居民更强调婚姻的稳定性。55岁以上居民更认同"无论怎样，夫妻都应该从一而终"，对"夫妻本是同林鸟，大难临头各自飞"和"嫁鸡随鸡，嫁狗随狗"的认同度都较低；35岁以下居民表现出相反的倾向，他们对夫妻应从一而终的认同度相对较低，但对"夫妻本是同林鸟，大难临头各自飞"和"嫁鸡随鸡，嫁狗随狗"的认同度高于老年居民（见表16）。

表16 不同年龄居民对婚姻稳定性的认同度

年龄	无论怎样，夫妻都应该从一而终		如果夫妻双方感情破裂，离婚是可以理解的		夫妻本是同林鸟，大难临头各自飞		嫁鸡随鸡，嫁狗随狗	
	认同度	标准差	认同度	标准差	认同度	标准差	认同度	标准差
65岁及以上	3.95	1.09	4.08	0.83	1.88	1.10	2.54	1.38
55~64岁	3.93	1.08	4.06	0.74	1.98	1.13	2.52	1.27
45~54岁	3.78	1.02	4.02	0.76	2.02	1.06	2.56	1.24
35~44岁	3.83	1.04	4.02	0.77	2.03	1.10	2.67	1.23
25~34岁	3.94	0.99	4.01	0.81	2.16	1.20	2.89	1.25
25岁以下	3.82	1.02	3.95	0.82	2.03	1.05	2.74	1.24
合计	3.87	1.03	4.02	0.78	2.05	1.12	2.69	1.26
F检验	$F=3.222^{**}$		$F=1.415$		$F=3.884^{**}$		$F=10.788^{***}$	

从居民的不同受教育水平看，低学历水平居民更赞同婚姻关系应保持稳定性。

初等学历水平居民更认同夫妻应从一而终，婚姻的稳定在于双方平等、尊重等观点，对夫妻大难临头各自飞的观念认同度较低。本科以上学历居民，虽然对婚姻应保护稳定的观点认同度相对较低。高学历居民相对不太重视婚姻的稳定性，可能的原因是，他们认为婚姻的质量比婚姻的稳定性更为重要，相对排斥低质量而稳定的婚姻关系（见表17）。

表17 不同学历居民对婚姻稳定性的认同度

学历	无论怎样，夫妻都应该从一而终		如果夫妻双方感情破裂，离婚是可以理解的		夫妻本是同林鸟，大难临头各自飞		婚姻的稳定在于双方平等、相互尊重	
	认同度	标准差	认同度	标准差	认同度	标准差	认同度	标准差
初中及以下	4.11	1.05	3.98	0.85	1.92	1.12	4.58	0.64
中专或职高	3.94	1.05	4.01	0.84	2.00	1.15	4.45	0.78
高中	3.87	1.02	3.96	0.81	2.04	1.09	4.38	0.76
大专	3.85	1.01	4.04	0.76	2.01	1.10	4.46	0.70
本科	3.79	1.03	4.05	0.74	2.13	1.14	4.40	0.75
研究生及以上	3.82	1.08	4.04	0.78	2.04	1.09	4.28	0.90
合计	3.87	1.03	4.02	0.78	2.04	1.12	4.43	0.74
F检验	F = 6.499***		F = 1.722		F = 2.704*		F = 6.164***	

居民关于婚姻稳定性的价值取向与其婚姻状态紧密相关。已婚居民更认同婚姻的稳定性，离异居民更排斥婚姻的稳定性。

"围城"内外的居民对婚姻稳定性的看法大相径庭。走出"围城"的居民，即离异居民最不认同婚姻应从一而终，对婚姻的稳定在于双方平等、尊重的观点认同度也最低，更认同"夫妻本是同林鸟，大难临头各自飞"的观点。"围城"之内，已婚居民表现出完全相反的价值取向，他们更认同婚姻的稳定性和夫妻平等、尊重的观点。丧偶居民的观点与已婚居民较为一致。未婚居民的态度处在已婚与离异居民之间，对各个观点的态度相对中性（见表18）。

对于"如果夫妻双方感情破裂，离婚是可以理解的"，不同性别居民无显著差别。（$t = -1.578$，$P = .115$，无显著差别）

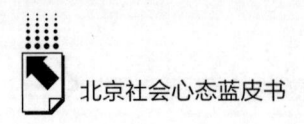

表18　不同婚姻状态居民对婚姻稳定性的认同度

婚姻状态	无论怎样,夫妻都应该从一而终		如果夫妻双方感情破裂,离婚是可以理解的		夫妻本是同林鸟,大难临头各自飞		婚姻的稳定在于双方平等、相互尊重	
	认同度	标准差	认同度	标准差	认同度	标准差	认同度	标准差
未婚	3.75	1.01	3.99	0.80	2.11	1.07	4.35	0.79
已婚	3.91	1.03	4.03	0.78	1.98	1.09	4.48	0.71
离异	3.46	1.10	4.21	0.74	2.36	1.20	4.19	0.94
丧偶	3.75	1.14	3.97	0.74	1.81	1.16	4.45	0.75
合计	3.87	1.04	4.02	0.79	2.01	1.09	4.45	0.73
F检验	$F = 8.619$ ***		$F = 1.855$		$F = 5.53$ **		$F = 9.122$ ***	

三　北京居民的生育价值观念

（一）北京居民对于不同生育意义的选择

在生育意义方面,北京居民更看重的是生育子女所带来的精神层次的体验和满足,其次是维系家庭稳定、传宗接代、经济保障等现实意义。

49.8%的居民认同"养育孩子是人生的重要体验",42.1%的居民同意生育子女能有效地"维系家庭稳定",39.5%的居民认为养育孩子有助于"增加生活情趣"（见表19）。

表19　北京居民对生育意义的评价

选项	人数（名）	百分比（%）
养育孩子是人生的重要体验	1999	49.8
维系家庭稳定	1690	42.1
增加生活情趣	1586	39.5
老年时有精神寄托	1439	35.9
传宗接代	1379	34.4
年老时有保障	965	24.0
孝顺长辈	863	21.5
其他	52	1.3

大多数居民也认同养育孩子是体验父母对己养育之恩的途径,对于"不养儿不知父母恩"的观点,85.2%的居民表示同意,只有5.7%的居民表示不同意,居民认同度为4.30,年纪越大的居民的认同度越大,认同度在4.13~4.51。

(二)北京居民对不同生育行为选择的评价

北京居民认同生育行为的家庭和社会责任意义,同时,也认可人们拥有选择生育与否的权利。

70.6%的居民认为"生儿育女是人们应承担的责任",82.2%的居民认为"生不生育孩子是夫妻两人的选择",59.5%的居民认同"丁克家庭是一种自由、现代的生活方式"。

不同年龄居民都同意"生不生孩子是夫妻两人的选择"的说法,老年居民更认同生育行为的责任性。

45岁以上居民更认同"生儿育女是人们应承担的责任",35岁以下居民更赞同"丁克家庭是一种自由、现代的生活方式"。35岁及以上居民不赞同丁克家庭选择的现代性,尤其是65岁及以上居民最不认同这种观点(见表20)。

表20 不同年龄居民对不同生育行为选择的认同度

年龄	生不生孩子是夫妻两人的选择		丁克家庭是一种自由、现代的生活方式		生儿育女是人们应承担的责任	
	认同度	标准差	认同度	标准差	认同度	标准差
65岁及以上	4.19	1.06	3.36	1.24	4.24	0.83
55~64岁	4.25	0.89	3.58	1.13	4.11	0.93
45~54岁	4.16	0.88	3.54	1.10	4.02	0.91
35~44岁	4.15	0.93	3.55	1.15	3.78	1.07
25~34岁	4.19	0.88	3.74	1.07	3.82	1.00
25岁以下	4.19	0.91	3.79	1.07	3.75	1.03
合计	4.19	0.91	3.62	1.12	3.92	0.99
F检验	$F=.949$		$F=8.757^{***}$		$F=19.497^{***}$	

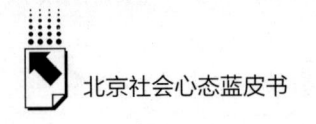

四 北京居民的婚姻家庭价值观念的特征和影响因素

(一)北京居民婚姻家庭价值观念的特点

北京居民的婚姻家庭价值观念的特点表现为以下五个方面。

1. 北京居民家庭价值观念的特征表现为：家庭和谐幸福是居民的追求，大多数居民重视家庭利益，推崇平等互助的家庭关系，重孝道并积极践行。

(1) 家庭和谐幸福是北京居民普遍的追求。大多数北京家庭成员关系良好，幸福美满。居民认同家庭和睦对于个人、孩子成长和社会和谐稳定有积极意义，认同夫妻感情、家庭成员团结互助，家庭责任感对家庭生活美满的重要作用。

(2) 北京居民广泛认同家庭利益高于个人利益。代际、不同家庭结构的居民的认同度无显著差别，人们特别是老年居民也普遍认同个人事业对家庭幸福的重要性。在个人与家族关系上，北京居民表现出较强的个人价值取向，家族观念较为淡薄，不同家庭结构的居民的认同度相似。

(3) 绝大多数北京居民推崇平等互助的家庭关系。老年和低学历居民的家庭平等观念最强，半数多居民认同家庭事务中以长者意见为重。男性、高学历和高收入居民，具有更强的家庭"男主外，女主内"的性别分工观念。

(4) 子女应尊重、孝顺、赡养父母是北京居民坚定的价值信念。居民高度认同孝顺父母是子女的义务，七成多居民以各种形式陪伴或帮助父母，对啃老行为持谴责态度。

2. 北京居民婚姻价值观念的主要特征是：大多数居民表现为以对方人品、志趣为主的择偶观，高度认同幸福婚姻的重要性，强调责任和情感在婚姻中的重要意义，赞成维护婚姻的忠诚度，基本认同婚姻应保持稳定。

(1) 品质、志趣等个人因素仍是北京居民择偶时最为看重的因素。北京居民最看重的个人的人品、志趣等内在因素，其次是物质因素。

(2) 居民高度认同幸福婚姻对个人人生的重要意义，认同责任和情感在婚姻维系中的重要意义。不同人群对婚姻中情感基础的认同相当一致，而对婚姻中责任的认同，在不同人群中确有显著的认同程度的分化，大多数居民也认同婚姻是种缘分，部分居民认同婚姻的门当户对观念，大多数居民对婚姻的可交易性持否定态度。

（3）大多数北京居民赞成维护婚姻的忠诚度，对婚外性行为、婚外情持否定态度。居民大都认为婚外性行为、婚外情是不道德的。

（4）半数多北京居民认同婚姻应保持稳定性，大部分居民认为平等、尊重是婚姻稳定的关键因素，人们对离婚问题也持较为宽容的态度。对于"若夫妻双方感情破裂，离婚是可以理解的"，年龄、受教育水平、婚姻状态不影响居民的理解态度。

3. 北京居民的生育价值观念的主要特征是：大多数居民更看重生育子女所带来的精神体验和满足，认同生育行为的家庭和社会责任性，包容不同的生育行为选择。

4. 北京老年居民的婚姻家庭价值观表现出更强的责任倾向，年轻居民的婚姻家庭价值观表现出更明显的多元化倾向。

从代际和受教育水平的角度看，居民的婚姻价值观念表现出一定的群体特点。

不同年龄居民在以下方面表现为一致的态度：认同家庭利益高于个人利益，认同爱情是婚姻的基础，理解双方感情破裂基础上的离婚选择，否定谅解偶尔的出轨行为。

老年居民（主要指55岁以上居民）更认同个人事业对家庭幸福的重要性，认同家庭成员的平等互助关系、婚姻的责任意识、孝顺行为的义务性，他们更赞同婚姻应保持忠诚度和稳定性，排斥婚外情、婚外性行为，更强调生育行为的责任性。

而年轻一代（主要指35岁以下居民）婚姻责任意识相对较弱，婚姻功利观念和可交换观念更强，他们对啃老现象有不同理解，也更认同丁克家庭是一种现代生活方式，25岁以下居民对夫妻应从一而终的观点认同度也较低。婚姻家庭价值观的代际差别，与他们所受的教育的年代特征、社会价值观、社会经济发展水平有关。

5. 不同受教育水平居民的家庭婚姻价值观表现出一定的分化，初等学历居民表现出更重视家庭整体利益，追求稳定的传统价值取向；高等学历居民表现出更强的个体价值取向。

不同受教育水平居民在家庭婚姻价值观的以下方面观念较为一致：都认同

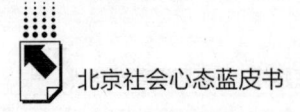

婚姻应以情感为基础；理解感情破裂基础上的离婚选择；否定谅解偶尔的出轨行为；家族观念都较淡薄。

不同受教育水平居民在家庭婚姻价值观的以下方面出现分化：较低学历居民更看重家庭利益，看重幸福婚姻的重要性，更强调夫妻间应绝对忠诚、唾弃婚外性行为，更强调婚姻的稳定性。高等学历居民主要指本科以上学历居民，更认同婚姻中的门当户对观念和婚姻的可交易性，对婚姻应保持稳定的观点认同度相对较低。

初等学历居民的家庭婚姻观念更为传统，高度赞同维护家庭的完整和利益，其中的原因，可能是受到他们所受教育水平的限制，居民的社会支持资源有限，生活压力和风险的承担主要来自家庭成员的相互支持，所以，他们更需要也更认同一个和睦稳定的婚姻家庭关系。高学历居民的婚姻价值观念更为个体化，部分原因可能是，在婚姻家庭关系中，高学历居民更关注个体的自我发展和自我价值的实现，在婚姻关系上他们更注重双方的物质与精神各层面的协调，他们可能更强调婚姻的质量，而不单是追求家庭的稳定性。

（二）北京居民家庭婚姻价值观念的影响因素

1. 传统家庭婚姻价值观念的传承

传统婚姻家庭价值观是家庭本位价值观，以儒家文化为基础的家庭本位价值观，宣扬夫妇和睦、父慈子孝、兄友弟恭，强调义务观和整体观。在个人与家庭家族关系上，强调家族的整体利益和家庭的稳定，强调个人对家庭的服从和贡献。强调家庭生活中个体的自我修行和约束，个人的品质修养的目的是齐家治国平天下，个人的价值始于家庭和他对家庭的贡献。在家庭成员关系上，既强调长者为尊，也倡导成员之间的团结和睦，如《礼记·礼运》中所要求的"父子笃，兄弟睦，夫妇和，家之肥也"；在孝顺观上，强调子女对父母的绝对服从和强制性的义务；在生育观上，传统观念强调为家族兴旺的传宗接代，子嗣延绵，如所谓"不孝有三，无后为大"。传统婚姻家庭价值观中精华与糟粕并存，其中很多思想，通过家庭教育、学校教育和社会教育而传承下来。

从本次调查可以看到，传统的家庭伦理观念，并没有表现出严重没落的趋势，这与有关家庭价值观念的许多调研结果也是一致的。传统婚姻家庭观念中的积极内容，是大多数居民坚守和践行的价值观念。大多数居民强调家庭和睦的重要意义，以家庭利益为重、认同孝顺赡养父母为个人义务、择偶以人品为重、强调婚姻的责任感和忠诚度，相当一部分居民对婚姻稳定性的认同，这些都是传统价值观念文化传承的重要表现。

同时，也能看到某些传统观念在传承过程中产生了一定的分化和变化。如门当户对观念，尽管部分居民也认同门户观念，但应当看到，传统的门户观念强调两人间的经济社会地位等因素，现代人们的门户观念更多考虑生活方式、价值取向的相似性，重视心理与精神的对等和呼应，这反映现代人们对婚姻关系的一种理性的思考。在孝顺观念上，台湾的本土心理学对"孝道"的研究发现，在个体主义文化的现代台湾社会，传统孝道已逐渐转变成一种以个体主义为基调的新孝道，孝道观念已从亲权子责孝道观、固定实践模式孝道观及角色取向孝道观，逐渐向亲子权责并存、权变实践模式和情感取向孝道观转变，践行孝道是自我实现的手段和途径。①

2. 市场转型期对家庭婚姻价值观念的影响

婚姻家庭价值观受社会经济发展的影响。

家庭成员平等关系，源自社会工业化发展。古德的现代化理论认为，在走向工业化和城市化的社会变革过程中，扩大家庭逐步向夫妇式家庭类型和制度变化，社会经济和技术的进步，使得传统和习俗的重要性大为下降，传统家庭的控制制度大为削弱。工业化让人们摆脱了对土地的依赖，个体对家庭长辈的依赖减弱。工业社会里，人们的就业依赖于个人能力，人们的工作机会和晋升，不受个人家庭角色的限制，同时也摆脱了对长辈和亲属的影响。现代化家庭强调家庭中各个成员的独立平等，包括长幼间、两性间的平等。在古德看来，工业化进程使个体摆脱亲戚关系网络的控制，对个体的亲属模式产生影响。

随着计划经济向市场经济的转型，人们在地域、职业等领域流动的畅通和频繁、信息化等因素，对人们的婚姻家庭价值观产生了更大的影响。

在社会发展基础上成长起来的个体价值，表现在婚姻家庭价值观念的各种方面，例如，女性摆脱了对男性的依附，建立起婚姻关系中的双方平等，彼此

---

① 刘汶蓉：《家庭价值的变迁和延续——来自四个维度的经验证据》，《社会科学发展》2011年第10期。

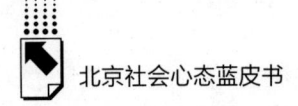

忠诚关系；对传统"男主外，女主内"的性别分工的认同分化；人们不再注重传统的传宗接代，而更注重养育儿女的人生体验和精神满足，对不同的生育选择也有了更大的包容；对人们在婚姻上再选择权利的认可。

随着社会的转型，经济理性、物质主义价值观念的兴起，对婚姻也产生了一定的消极影响，这是不容忽视的。在本次调查中，部分居民认同婚姻可以是种交易的观点，正是经济理性的一种表现，但同时也是物质主义的反映，以物质主义的价值观，来引导以情感和责任为核心的婚姻关系，会导致家庭价值功利化和商品化，会导致家庭伦理的弱化，也是社会出现的"包二奶""钱色交易""权色交易"等现象的重要原因。

3. 西方家庭婚姻价值观念的影响

西方婚姻家庭观念对我国现代婚姻家庭观念也产生着积极和消极的影响，这也是居民婚姻家庭价值观多元化的重要原因。

个人需求和价值的尊重，在西方社会是主流的价值取向，在家庭生活中，重视个体的责任、权利和自我发展。有人认为，个人本位的价值观体现在三个方面：对自我的强调、以爱情为婚姻的基础和契约性原则。婚姻关系应以感情为基础，既来自人性的本身需求，来自社会发展的必然，也深受西方文化的影响，"婚姻基于爱情"的观念在西方18世纪被普遍接受。恩格斯曾指出"古代……夫妇之爱，并不是爱好，而是客观的义务"。本次调查中，可以看到人们摆脱了过去对婚姻家庭价值观念中过于强调个体义务，而忽略个体需求的价值倾向，表现出价值观念的多元性和包容性，也体现出个体对婚姻家庭生活选择的理解和尊重。爱情是婚姻的基础得到居民的一致认同；人们对感情破裂情况下的离婚，表现出相当的理解和认可，这也反映出人们对婚姻中个体重新选择权力的认可和包容；人们在对个人与家族关系的情景题的回答中，也强调个人对自己的行为负责；在生育行为选择上，人们表现出对不同生育选择行为的尊重，对婚前同居行为也表现出一定的容忍度。

五 建设和谐婚姻家庭价值观念，弘扬社会主义核心价值观

社会价值观是社会发展方面的指导，婚姻家庭价值观是个体与家庭行为的

指导，价值观念给人们的行为提供了心理与精神的动力。家庭是个人人生的第一个受教育场所，个体通过家庭走向社会，树立正确的婚姻家庭价值观，是弘扬社会主义核心价值观的重要途径。

（一）坚守重家庭利益、重责任、孝敬父母、夫妻忠诚等传统家庭价值观念

幸福美满的婚姻家庭生活，是人们生活的重要追求。在封建社会，家庭、家族关系是个人社会关系的基础，家庭有完整严密的家庭伦理体系，这些家庭伦理，当时对于家庭的稳定以至社会的稳定，起到了重要作用，随后，不能适应社会发展的观念慢慢被人们所遗弃，那些对人们生活有指导意义的观念则被传承下来。

在我国现阶段，市场经济带来了生活的巨大变化，单位制的变化使相当一部分居民由单位人变为社会人，社会保障发展水平与居民需求还存在较大差距，社会风险在增大，家庭对个人生活起到的物质支持和心理与精神抚慰作用越来越大，家庭起到了社会安全阀的作用，家庭价值再次受到重视。传统文化中的婚姻家庭价值观念中，现阶段仍是我们在家庭生活中的重要指导，以家庭和睦为价值目标，重视家庭利益，家庭成员以家庭责任为重，父慈子孝、夫妻忠诚等观念，是家庭和睦关系的保证，也是现代社会主义核心价值观中的文明、和谐、诚信、友善等价值在家庭生活中的重要体现。

（二）吸收平等、理性、包容等现代家庭价值观念，防止物质主义价值观的泛滥

婚姻家庭价值观是时代精神的重要体现，它也随着社会和时代发展，不断修正、充实和完善。

随着社会的发展，家庭结构也发生了重大的变化，核心家庭成为家庭的主要形式，也出现了越来越多的单亲家庭、重组家庭、丁克家庭等多种家庭形式，同时家庭面临的很多新问题，如夫妻双方的职业与家庭冲突、拆迁离婚等因素引起的财产分配、老人异地养老等，需要新的价值观念来帮助人们建立良好的婚姻家庭秩序，吸收平等、理性、包容等现代家庭价值观念，建立平等互助的家庭成员关系，包容不同个体的婚姻家庭观念，在面对各种家庭纠纷时，

以理性和契约原则解决问题。

值得注意的是，物质主义价值观、极端的个人主义，会导致利己主义，导致家庭责任感的丧失，人们只关注权利，而不尽义务，这是很多家庭矛盾产生的根源，因而，要抵制利己主义对价值观产生的负面影响，通过多种宣传教育手段，如通过网络等现代传媒的宣传，防止物质主义、极端个人主义、享乐主义、消费主义等价值取向在人们特别是青少年中蔓延。

（三）正视婚姻家庭价值观多元化，弘扬社会主义核心价值观

由于文化的多元化和快捷的现代信息传递，现代社会越来越正视个体需求和个体价值，各种因素交织在一起，社会变得丰富多彩，由此产生了多元的社会价值观，以及多元的家庭价值观。传统家庭价值观在传承也在发展，现代价值观也正在经历时代的考验。家庭价值得到人们一致的认可，个人价值也得到越来越多的肯定；家庭中的责任意识被人们代代相传，爱情的地位同样神圣；白首相守是人们对婚姻的憧憬，同时人们又理解感情破裂时可以重新选择；大多数人都赞同养育孩子是人生的重要体验，同时对丁克家庭也相当包容。婚姻家庭观念的多元化，与社会价值多元化的发展是一致的。

在多元的价值取向中，仍要坚持那些主导性的婚姻家庭价值观念，它们在家庭的建立、维系和发展中，起到了准则性的指导作用，这些观念与社会主义核心价值观是紧密相连的。家庭生活中的孝顺、平等，是核心价值观中友善的重要表现，孝顺父母是一个人善念和善行的起点，只有在家庭生活中培养起友善品质，才能在社会生活中保持友善；家庭平等是社会平等的重要组成成分，平等互助的家庭气氛是社会平等风尚的重要体现；随着越来越多文明、和谐家庭的出现，能有效促进社会整体文明的进步、提高社会和谐程度。当个人价值取向、家庭价值取向和社会价值取向中的核心价值观念有着方向的一致，才会加强社会的凝聚力，为和谐社会打下坚实的社会心理基础是社会和谐发展的保证。

总的来看，家庭幸福美满对个人人生有重要意义，婚姻家庭中的责任意识、平等关系、夫妻忠诚、孝顺父母，这些价值观念在不同社会经济的变化阶段，对家庭生活都有着引导意义，对家庭的稳定、对社会的稳定，都起着积极作用。因而，在价值观念多元化的社会环境下，要坚持主导性的婚姻价值观念，以促进社会主义核心价值观的建设。

B.4 北京居民教育领域价值观念调查研究报告

——从价值观角度研究北京居民的教育观念

汤冬玲*

摘　要： 2014年北京居民社会心态调查分析显示，在知识价值观方面，居民普遍认同知识在满足人的更高层次需求中的作用；在理想的学校教育期待方面，看重学校培养学生的思想道德水平和心理健康水平、发挥教师的主导作用；在家庭教育理念方面，家庭社会经济地位高的居民更赞同送孩子上名校、出国留学，家庭社会经济地位低的居民表现出更强的应试教育导向。

关键词： 知识价值观　理想学校教育　家长教育理念

一　前言

改革开放以来，随着公众主体意识与权利意识的觉醒和发展，居民在教育领域的价值观不断凸显和演变，"读书无用论"和"教育崇拜"交替上演，说明了居民价值观的时代性与不稳定性。观念是行动的先导，认知决定行为，居民的教育价值观念对教育资源的优化配置、教育消费与投资、国家人才培养等产生重要影响。因此，从总体上了解居民的教育价值观不仅可以把握当前居民对教育的利益诉求，也可以为我国教育领域的改革提供科学参考依据。

---

* 汤冬玲，北京社会心理研究所助理研究员，主要研究领域为安全感、社会信任、环境心理学等。

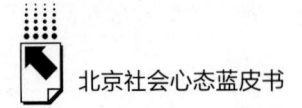

教育是民族振兴和社会进步的基石,教育作为一种实践活动,既能满足个体的发展需要,也能满足社会进步的需要,因此,教育价值就是教育在满足社会和个人发展需要上的功能与效用。由于价值观通常指人们在将外部事物的属性、功能与自身利益、需求联系起来时获得的观念,因此,教育价值观即"从价值的角度看教育",指在一定历史条件下人们对教育价值的认识和评价,以及在此基础上所确立的行为取向和基准,是教育的客体属性与主体需要之间的关系在主体观念上的反映。[1] 以上是当前学术界在教育价值与教育价值观上达成的一致认识。然而,从广义上来说,居民在教育领域的价值观不仅体现在教育价值观上,因此,本文尝试着从知识价值观、接受教育的目的、对理想学校教育的期待、家长的子女教育观四个方面,研究当前北京居民在教育领域的整体价值观念,其中包含的内在研究逻辑是,首先,尊重知识是重视教育价值的前提;其次,认可了知识的价值后便会选择进入学校接受教育;最后,理想教育效果的实现有赖于理想的学校教育和家庭教育。

知识价值观是指个体以自己的需要为尺度所形成的对知识重要性的看法,它的基本成分是知识价值目标、知识价值手段和知识价值评价。[2] 对理想学校教育的期待主要包括学校教育内容、教师的品德、理想的师生关系三个方面。家长的子女教育观包括子女择校观、是否让孩子上名校、是否送孩子出国留学、是否让孩子接受正规学校教育、是否以应试教育为主等方面内容。

为了解当前北京居民在教育领域的总体价值观念,北京社会心理研究所2014年采用自编问卷进行了相关测量,共回收有效样本3774份。

二 整体特征描述

(一)知识价值观

1. 知识价值评价:居民普遍认同知识的价值

居民在"知识就是力量"这一知识价值观念上的平均得分为4.26分(五

---

[1] 李纯:《教育价值观的历史演进与我国新教育价值观的完整体系》,贵州师范大学硕士(学位)论文,2006。
[2] 赵玉芳、张大均、张进辅:《高师生知识价值观研究》,《西南师范大学学报》(自然科学版)2000年第25卷第6期,第718页。

点计分）；85.5%的居民赞成"知识就是力量"，87.3%的居民反对"知识无用"。在达到人生目标的15项要素中，"知识"被排在第二的位置（39.3%的居民将"知识"看作最重要的三要素之一），其重要性仅次于"社会环境"。在"积累金银财富胜于积累知识"这一价值观念上，31.5%的居民持赞成态度，40.9%的居民持反对态度，27.5%的居民回答"不清楚"。

以上调查数据说明，当前居民普遍认同知识的价值，认为知识是实现人生目标的重要途径，但也在某种程度上反映出，当前社会不少居民认同"物质主义"价值观取向，追求财富甚于追求知识。

2. 知识价值目标：居民更倾向于终极价值取向，工具价值取向不明显

当居民被问及"认为拥有知识可以实现哪些目标"时，大多数居民选择"快乐而充实地生活"（66.8%）、"实现人的自由全面发展"（57.0%）、"体验生活中的美而使生活富有情趣"（51.9%）、"成为品德高尚的人"（39.3%），只有少数居民选择"当官""发财""成家成名"。可见，在知识价值目标上，居民更看重知识的终极价值，强调知识在满足人的更高层次需要的作用，而知识的工具价值取向并不明显，"权""贵""名""利"并不是公众经由知识获取所诉求的主要价值目标。

3. 知识价值手段：学校、自身实践和家庭是居民获取有价值的知识的主要途径，并且更信任通过自身实践获取的知识

居民获取知识的途径主要包括从家庭（父母、兄弟姐妹等亲属）中获取、学校教师传授、从讲座、展览、媒体宣传中获取、单位业务培训、从生活实践中积累等，加权处理后［加权处理公式：（第一有效×3＋第二有效×2＋第三有效×1）／（3＋2＋1），下同］结果显示，学校（29.3%）、自身实践（27.4%）和家庭（16.7%）是最主要的三种知识获取途径（见表1）。

此次调查结果显示，除了学校和个人亲身实践以外，家庭也是个体获取知识、传承价值观的重要途径。"家庭是社会的基本细胞，是人生的第一所学校"，因此，在个体传授知识、培育和弘扬社会主义核心价值观的过程中，尤其要重视家庭的作用，重视家庭建设，注重家庭、注重家教、注重家风。

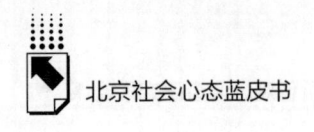

表 1 获取知识的途径

单位：%

	第一有效	第二有效	第三有效	加权处理后
学校教师传授书本	36.2	27.8	11.3	29.25
生活实践积累	25.2	24.9	38.7	27.35
从家庭中获取	20.2	12.4	14.4	16.63
从讲座等宣传中获取	13.7	16.7	17.6	15.35
单位培训	4.4	17.9	14.1	10.52
其他	0.2	0.3	3.9	0.85

另外，单独比较书本知识和实践经验这两种不同形式的知识可以发现，87.3%的居民认同"书籍是知识的源泉"，76.7%的居民赞成"从自身实践获取的知识比书本知识更可靠"，说明当前居民虽然普遍认为书籍是知识的重要来源，但是通过亲身实践获取的知识比书本知识更加可信，再一次验证了大众"实践出真知"的传统价值观念。

（二）接受学校教育的目的：绝大多数居民去学校接受教育是受内因驱动，但也有一成居民属于被动接受型

人们去学校接受正规教育的初衷各不相同，有的是受内因驱动，有的是迫于外在压力，本次调查结果显示，绝大多数居民去学校接受教育的行为是受内因驱动的，其中"为了掌握知识和技能"的人数比例最高，占50.5%，超过了总人数的一半，"为了获得谋生的职业"占20.9%，"为了提高个人修养"占18.0%，这三者均属于内在动机，有利于推动个体积极主动地接受学校教育。另外，还有一成居民属于被动接受型，他们去学校接受教育是"为遵守国家规定"（7.0%）或"为服从父母意愿"（3.0%），缺乏接受教育的内驱力和主动性。从调查中还可以发现，绝大多数居民接受学校教育的目的是为了实现"更好地立足社会"这一近景目标，进而实现"人的自由全面发展"这一远景目标。

（三）理想的学校教育：超过一半的居民认为理想的学校教育应该"注重思想道德教育""引领学生身心健康成长"

教育是民族振兴和社会进步的基石，尊师重教是我国长期坚持的优良传

统。本次调查显示，居民普遍认为理想的学校教育除了应该具备"传授知识技能"这一基本功能外，还要肩负起其他更重要的职责，包括"注重思想道德教育"（53.7%）、"引领身心健康成长"（50.9%）、"因材施教、挖掘潜能"（46.4%）、"培养想象力、创造力"（41.3%）。也有23.9%的居民强调学校教育要契合社会发展对人才的需要，确保人才培养与社会发展需求相匹配。由此不难看出，当前居民普遍期望学校教育能将学生培养成一个品德高尚、人格健全、有创造力、掌握知识技能、符合社会需要的全方面的高素质人才。

（四）理想的教师与师生关系："为人师表"是理想教师最重要的品质，"相互尊重"是建立和谐师生关系最重要的因素

98.1%的居民赞成"遇到好老师对人的一生很重要"；59.3%的居民反对"学习主要靠自己，和老师关系不大"；在给孩子选择学校时，84.3%的家长着重考虑的是"教师教学水平"；以上调查数据充分说明，当前居民普遍赞同，教师作为一个重要主体，在学校教育中处于不可或缺的至关重要的地位。因此，当前社会上存在的"弱化教师在学校教育中的作用、强调学生的自主学习"现象其实是对教育改革"以学生为主体"的曲解，"以学生为主体"的教育改革并不是要降低教师的作用，恰恰相反，对教师提出了更高要求，要求教师改变以往"满堂灌"的教学模式，而应致力于调动学生的积极性、主动性和创造性，启发学生、帮助学生和学生共同学习。

那么，居民对一个"好老师"怀着什么样的期待呢？本次调查向被试居民列出了九项教师优秀品质，要求居民选出最看重的三项品质，加权处理后的结果显示，居民认为一个教师最应该具备的三项优良品质是"为人师表"（24.8%）、"知识渊博"（21.2%）、"品德高尚"（16.3%）。"为人师表"体现的是居民对教师"学为人师，行为世范"的角色期待，"知识渊博"和"品德高尚"体现的是居民对教师在履行"教书"和"育人"这两项重要职能时的能力期待。

教师和学生是学校教育的两大主体，因此师生关系对学校教育质量影响很大。本次调查结果显示，无论是教育工作者还是非教育工作者，都认为和谐的师生关系最重要的特点是"相互尊重"，同时他们也都强调信任、平等、友善、

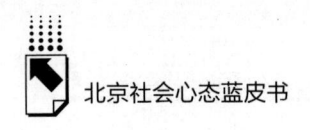

表 2　理想教师的品质

单位：%

	最重要的品质	第二重要	第三重要	加权处理后
为人师表	31.0	22.6	10.5	24.78
知识渊博	28.2	14.9	12.5	21.15
品德高尚	18.0	14.8	14.4	16.33
治学严谨	6.3	13.5	6.4	8.72
有爱心	6.9	9.2	11.9	8.50
因材施教	3.3	9.5	12.3	6.87
一视同仁	2.8	5.5	15.1	5.75
教法灵活	2.3	6.3	12.0	5.25
甘为人梯	1.2	3.5	4.9	2.58
其他	0.0	0.1	0.1	0.05

宽容在和谐师生关系中的重要性。区别之处在于，教育工作者在信任、平等、友善、合作等方面的看重程度要高于非教育工作者，而非教育工作者在尊重、宽容、仁爱等方面的看重程度要高于教育工作者，反映出处于不同角色位置的人对教师所持有的不同期待（见图1）。

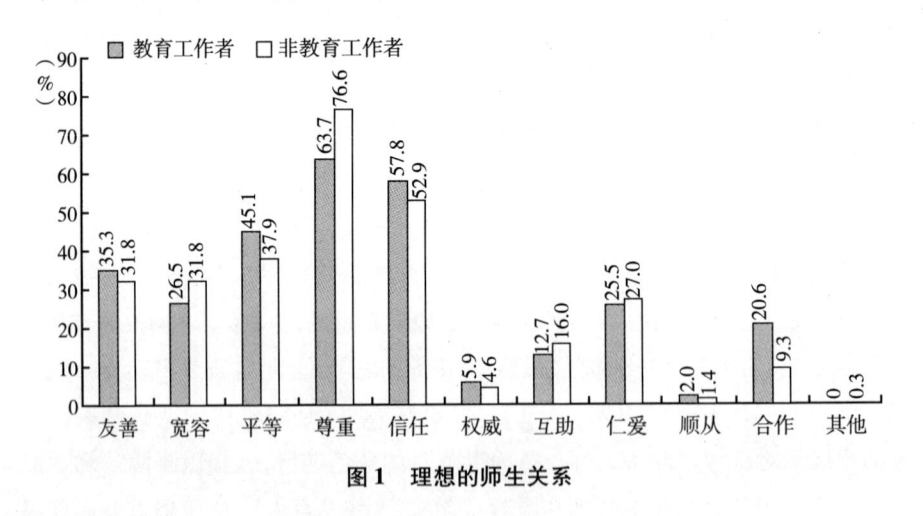

图 1　理想的师生关系

（五）家长的子女教育观

1. 家长择校观：家长择校最看重"教师教学水平"

家长在给孩子选择学校时，会综合考虑多种因素，这种考虑和选择可以反映出家长所持的教育理念。本次调查中,要求居民从八项主要的择校因素中选择最看重的三项,加权处理后的排序结果显示,家长第一考虑的是"教师教学水平"(30.97%),第二是"学校所在地"(19.20%),第三是"学校教育理念与管理方式"(15.02%),排在第四的是"学校名气"(12.95%)。说明家长在择校时优先考虑"教师的教学水平",并且看重"软件"甚于"硬件"。当前社会普遍存在的"择校热"现象某种程度上反映的正是优质资源,尤其是优质教师资源分配不均衡问题。

2. 家长的子女教育理念:六成家长认同名校教育,三成家长认同国外教育,七成家长认同正规学校教育,九成家长认同自然成长观

居民普遍认为名校代表的是高水平的师资和优良的校风,因此近六成家长都赞成设法让孩子上名校;随着居民生活水平的提高,越来越多的家长把孩子送出国接受国外教育,本次调查中有近三成家长赞成国外教育优于国内教育。大多数居民还是认同学历是一个人教育背景的有效证明,所以有近七成家长赞成正规学校教育是孩子获得更大成功的必要条件(见表3)。本次调查结果显示有近三成的家长赞同"国外教育观",反映的正是近年来我国面临的"人才逆差"问题。

表3 家长的子女教育理念

单位:%

	赞成	说不清楚	不赞成
能让孩子上名校,就不上普通学校	59.8	15.8	24.4
出国留学能接受比国内更好的教育	29.7	30.0	40.3
一个人只有接受正规学校教育,才有可能获得更大成功	69.7	16.8	13.5
家长应该尊重孩子的天性,让其自然快乐地成长	88.2	7.7	4.0

另外,值得注意的是,在那些认同"自然成长观"的家长中,有高达58.0%的家长同样赞成"当前环境下,孩子的学习成绩最重要"的"应试教育观"。而且当孩子处于不同教育阶段,其父母的教育观念也存在差异,表现为上初中和高中子女的父母对"自然成长观"的赞同程度普遍低于其他教育阶段;上高中、大学、研究生或已经参加工作子女的父母对"应试教育观"的赞同程度明显高于其他教育阶段,学龄前子女的父母的应试教育目标导向最

不明显（见表4）。这种现象说明，当前制度下多数家长认为考试依然是检验知识掌握效果的有效手段，高考仍然是最公平的人才选拔方式，在培养孩子的过程中仍然要坚持应试教育目标导向。

表4 家长的"自然成长观"与"应试教育观"

单位：%

"家长应该尊重孩子的天性,让其自然快乐成长"（自然成长观）						
	学龄前	上小学	上初中	上高中	上大学或研究生	已经工作
赞成	88.1	88.0	85.2	86.6	90.4	88.7
说不清楚	8.5	7.2	10.4	7.1	5.0	7.9
不赞成	3.5	4.8	4.4	6.2	4.6	3.4
"当前环境下,应试教育仍处于第一位,孩子的学习成绩是最重要的"（应试教育观）						
	学龄前	上小学	上初中	上高中	上大学或研究生	已经工作
赞成	48.4	51.5	55.4	63.0	59.2	60.4
说不清楚	18.4	19.6	23.4	15.3	17.8	17.1
不赞成	33.2	28.9	21.2	21.6	23.1	22.5

为了进一步验证家长的子女教育理念，在此次问卷中还设置了一道情境测试题，题目是"张三是一名普通工薪阶层，家境小康，有一个13岁、上初二的孩子，此孩子在弹钢琴方面很有天赋。如果您是张三，您会如何规划孩子的未来？"问卷调查的结果显示，六成居民选择"尊重孩子意愿，自然成长"，38.2%的居民以应试教育为目标导向，只有1.6%的居民会选择"放弃正规学校教育，倾尽所有，培养音乐天才"。这道情境测试题的结果一定程度上验证了前面的结论，说明当前绝大多数居民坚持"自然成长"的教育理念，坚持"应试教育"的目标导向，坚持让孩子接受正规学校教育，但也有一小部分家长倾向于放弃正规学校教育而专注于培养孩子的特长。

（六）教育效果评价："因材施教、挖掘潜能""培养想象力、创造力""思想道德教育"是当前教育的三个薄弱环节

教育效果评价涉及居民对当前教育制度的满意程度，反映的是居民在教育

领域的价值观念。本次调查结果显示,居民认为当前教育效果最不明显的三个方面是"因材施教、挖掘潜能"(18.10%)、"培养想象力、创造力"(17.07%)、"注重思想道德教育"(13.82%)(见表5)。对"因材施教、挖掘潜能"的教育效果的期待反映的是居民对素质教育的追求,即尊重学生的个体差异,注重学生个性的发展,促使每个学生个性得到充分张扬,最终实现每个学生的"最优发展"。对"培养想象力、创造力"的期待反映了知识经济时代需要创新意识和创新人才的社会共识。对"注重思想道德教育"的期待反映出居民"学校教育,德育为先"的价值观念。此外,居民对当前学校教育在"契合社会需求,注重务实""引领身心健康成长""注重人文情怀的激发"等方面的诉求也比较突出。

表5 教育效果评价

单位:%

	效果最不明显	第二不明显	第三不明显	加权处理后
因材施教、挖掘潜能	22.4	15.1	11.2	18.10
培养想象力、创造力	16.9	14.3	23.1	17.07
注重思想道德教育	18.3	10.5	7.0	13.82
契合社会需求,注重务实	10.3	16.3	13.0	12.75
引领身心健康成长	9.7	15.9	11.0	11.98
注重人文情怀的激发	8.4	14.1	15.7	11.52
注重科学素养的培养	4.5	11.3	13.7	8.30
教授知识技能	9.2	2.1	4.3	6.02
其他	0.2	0.3	1.0	0.37

三 深入分析

(一)知识价值观:女性、低学历、稳定性职业居民对知识价值的评价程度更高

总体而言,居民对知识价值的认同程度很高,但不同类型群体对知识价值

的评价存在差异。从性别看，在"知识就是力量"这一价值观上，女性得分（均值4.29）显著高于男性（均值4.23），在"知识无用"这一价值观上，男性赞成比例显著（6.5%）高于女性（5.6%），因此，女性对知识价值的评价高于男性，这主要是因为相较于男性，女性仍处于相对弱势地位，因此女性希望通过教育改变命运的期待高于男性。

从文化程度看，在"知识就是力量"这一价值观上，高中以下学历居民得分（均值为4.36）显著高于高中或大专（4.29）和本科及以上学历（4.16），呈现出学历越低，越看重知识的价值规律，这种现象的出现一方面是基于低学历者补偿心理的作用，另一方面是因为低学历者更深刻地体会到学历所设置的门槛和知识在社会生存中带来的积极作用。

从年龄看，在"知识就是力量"这一价值观上，表现出随着年龄的增长得分逐渐呈增长趋势，但20世纪80年代出生的居民除外，这个年龄段居民的知识价值评价得分显著低于其他年龄段（见图2）。导致这种现象的主要原因在于80后正赶上高等教育大众化的时代浪潮，从过去的精英教育走向大众教育，大学纷纷扩招，大学生人数骤然增加，毕业后的他们在激烈的就业市场上遭遇了学历贬值，甚至很多人一毕业就失业，高期待与低现实之间的落差使他们对知识价值的评价偏低；另外，正值青年的"80后"们身处"上有老下有小"的夹心层，承受着赡养父母、养育子女、打拼事业等多重压力，而处于高压之下的个体更容易产生负面的价值判断。

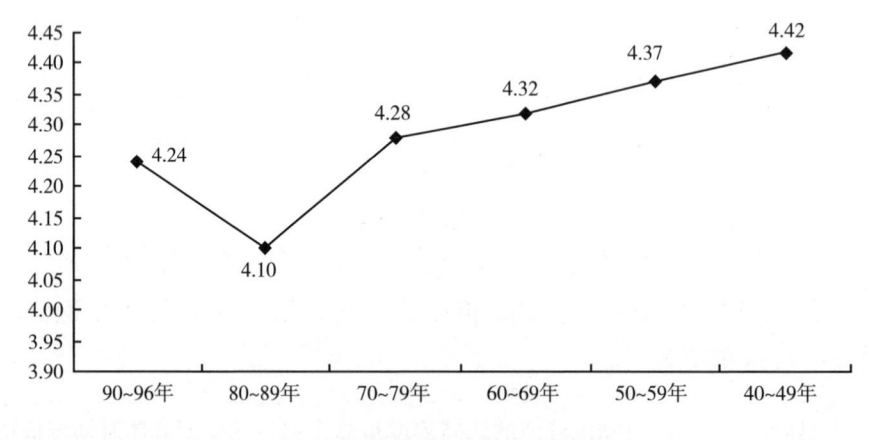

图2 "知识就是力量"年龄差异

从职业类型看，在"知识就是力量"这一价值观上，国家公务员、事业单位、国企工作人员（稳定性高的单位）得分显著高于其他职业，外企、私企、自由职业者得分偏低。外地来京务工人员得分居中。这是因为企业向来是效益至上的，始终追求的是经济利益的最大化，因此，企业在选聘员工时更看重能力，而教育背景只充当了"敲门砖"的作用，处于这种企业文化中的居民也更加看重自身能力、人脉资源等因素在给他们带来经济收入中的积极作用。

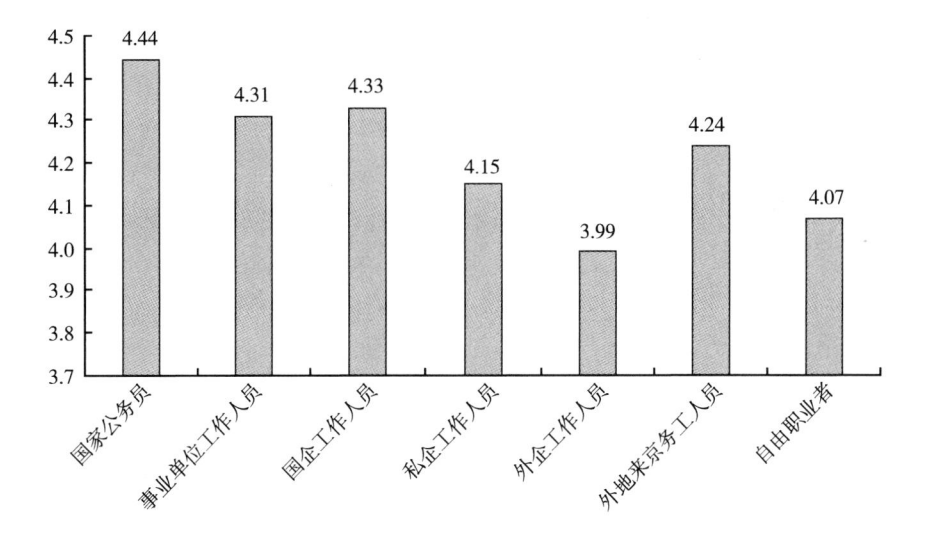

图3 "知识就是力量"职业类型差异

（二）学校教育：20世纪70年代以前出生居民更强调学校教育的传统功能，70年代以后出生居民更强调素质教育和务实教育的现代性观念

从年龄看，不同年代的人在对理想的学校教育内容与责任抱有不同的期待。在"教授知识技能"选项上选择人数比例最多的是20世纪40年代生人；在"注重思想道德教育"选项上选择人数比例最多的是40年代和50年代生人；在"因材施教、挖掘潜能"选项上选择人数比例最多的是70年代生人；在"引领身心健康成长"选项上选择人数比例最多的是80年代生

人；在"契合社会需求，注重实务"选项上选择人数比例最多的是90年代生人，在"注重科学素养的培养"选项上选择人数比例最多的是40年代生人；在"注重人文情怀的激发"选项上选择人数比例最多的是90年代生人；在"培养想象力、创造力"选项上选择人数比例最多的是60年代生人。

另外，不难发现，70年代以后出生的年轻居民普遍更重视学校教育在"引领身心健康成长""因材施教、挖掘潜能""注重人文情怀的激发"这三个方面的责任，这也是素质教育30多年积极探索在他们教育观念形成过程中留下的烙印。其中，身处"没赶上分房只能蜗居""赶上高考扩招毕业即失业""独生子女421家庭模式下扛起养老重担"等生存压力中的"不幸一代"的80后，以及要么即将要么刚刚走出校园步入社会、面临就业压力的90后，则普遍表现出"学校教育应该契合社会需求"的务实主义教育价值倾向。而70年代以前出生的年长居民更看重学校教育在"教授知识技能""注重思想道德教育""注重科学素养的培养"这三个方面的内容，他们是传统型教育价值观念的持有者，他们强调学校教育应该把学生培养成"有道德""有文化"的国家发展需要的人才。

从以上分析可以发现，人们对教育的态度和希冀，对教育价值实现的期待，是一定社会历史阶段的观念映照。不同的时期，不同的社会发展阶段，不同的主体对学校教育持有不同的理想标准。虽然人们的价值观呈多元化发展趋势，但是都免不了被打上时代的印记。学校教育是人类传承文明成果的一种方式和途径，其传统功能是让学生掌握知识和技能、培养起高尚的道德，但是随着时代的发展，学校教育还要承担起帮助学生树立独立健全人格、保持身心健康、培养想象力和创造力等新功能。

（三）家长教育观念：家庭社会经济地位高的居民更赞同"上名校"和"出国留学"，家庭社会地位低的居民更赞同"接受正规学校教育"和"应试教育"

在"能让孩子上名校，就不上普通学校"这一教育观念上，从文化程度看，差异显著（$F=3.97$，$p<0.05$），表现为学历越高的家长越赞成"让孩子上名校"。从家庭收入上看，差异也显著（$F=9.14$，$p<0.05$），表现为家庭

人均收入越高的家庭越赞成"让孩子上名校"。从家长职级上看，差异同样显著（F=5.56，p<0.05），表现为家长职级或专业技术职称越高，越赞成"让孩子上名校"（见表6）。

表6 不同群体在"让孩子上名校"上的得分差异（采用五点计分）

（父/母）文化程度	高中以下	高中或大专	本科及以上
	3.45	3.50	3.60
家庭收入	2万元以下	2万~5万元	5万元以上
	3.44	3.53	3.70
家长职级	初级	中级	高级
	3.48	3.60	3.77

在"出国留学能接受比国内更好的教育"这一观念上，从年龄看，差异显著（F=4.94，p<0.05），表现为随着年龄的增长赞同程度逐渐下降，即年轻家长更赞成"送孩子出国留学"。从文化程度看，差异也显著（F=13.02，p<0.05），表现为学历越高的家长越赞成"送孩子出国留学"。从家庭收入看，差异同样显著（F=10.30，p<0.05），表现为高收入家庭（人均家庭收入高于5万元）倾向于比较赞同态度，中等收入家庭（人均家庭收入2万~5万元）倾向于不太赞成态度，低收入家庭基本倾向于既不赞成也不反对的中立态度（见表7）。

表7 不同群体在"送孩子出国留学"上的得分差异（采用五点计分）

出生年份	1990~1996年	1980~1989年	1970~1979年	1960~1969年	1950~1959年	1940~1949年
	3.33	3.09	2.93	2.84	2.82	2.75
（父/母）文化程度	高中以下		高中或大专		本科及以上	
	2.79		2.91		3.07	
家庭收入	2万元以下		2万~5万元		5万元以上	
	2.99		2.88		3.09	

在"一个人只有接受正规学校教育，才有可能获得更大成功"这一教育观念上，从年龄上看，差异显著（F=8.85，p<0.05），并且呈现出"倒U"

形趋势，其中1970~1979年出生的家长的赞同程度最低。从文化程度看，差异也显著（F=28.17，p<0.05），表现为低学历家长的赞同程度明显高于高学历家长。从家庭收入看，差异同样显著（F=2.81，p<0.05），表现为家庭人均收入越低的家庭赞同程度越高（见表8）。

表8 不同群体在"让孩子接受正规学校教育"上的得分差异（采用五点计分）

出生年份	1990~1996年	1980~1989年	1970~1979年	1960~1969年	1950~1959年	1940~1949年
	4.42	3.71	3.68	3.85	3.86	4.17
家长（父/母）文化程度	高中以下		高中或大专		本科及以上	
	4.01		3.76		3.59	
家庭收入	2万元以下		2万~5万元		5万元以上	
	3.78		3.73		3.61	

在"当前环境下，应试教育仍处于第一位"这一教育观念上：从年龄看，差异显著（F=6.33，p<0.05），表现为随着年龄的增长赞同程度逐渐升高，即年轻家长更不赞成以应试为目标的教育方式。从文化程度看，差异也显著（F=10.92，p<0.05），表现为低学历居民的赞同程度明显高于高学历居民（见表9）。

表9 不同群体在"应试教育"上的得分差异（采用五点计分）

出生年份	1990~1996年	1980~1989年	1970~1979年	1960~1969年	1950~1959年	1940~1949年
	3.25	3.26	3.44	3.46	3.54	3.74
（父/母）文化程度	高中以下		高中或大专		本科及以上	
	3.60		3.41		3.32	

以上分析结果显示，不同家庭社会经济地位（Socioeconomic Status，SES；常以家庭经济收入、父母受教育水平与父母职业作为其客观度量的主要指标）居民所持的教育观存在明显差异，表现为家庭社会经济地位高的居民更赞同"让孩子上名校"，更赞同"送孩子出国留学"，更不赞同以应试为目标的教育方式，而社会经济地位低的居民更赞同"让孩子接受正规学校教育"，更认同应试目标导向的教育方式。根据家庭投资理论，家庭社会经济地位综合反映了

家庭环境中的经济资本、人力资本和社会资本状况，① 因此，家庭社会经济地位不同的居民在将自身拥有的资源与教育子女的需求联系起来时，形成了不同的认识、确立了不同的教育价值观念。社会经济地位较高的家庭拥有更多的资本用于投资子女的教育与发展，比如，"不想让孩子输在起跑线上"，于是就努力送孩子上名校，"希望让孩子接受世界最先进的教育方式"，于是努力送孩子出国留学；社会经济地位较低的家庭在经济资本、人力资本和社会资本上面临更多的压力与不确定性，于是更期望子女通过公平的、统一的正规学校教育途径改变自身甚至整个家庭的命运，实现"鱼跃龙门""寒门出贵子"的反转逆袭，好顺利实现阶层流动和社会地位改变，因此他们在"让孩子接受正规学校教育"和"应试教育目标导向"上的认同程度要明显高于家庭社会经济地位较高的居民。可见，作为子女教育的重要主体的家长，其教育价值观念会直接影响子女的教育效果，而他们的教育价值观念的形成又与自身的家庭社会经济地位紧密相连。

四 对策建议

（一）尊重知识价值，倡导树立正确的知识价值观

从1998年起，"知识经济"的观念逐渐被人们所接受，知识密集型产业迅速崛起，知识在经济上的工具价值越来越受到人们的重视。接受教育的核心目的是为了获得知识、掌握技能，一个人只有尊重知识的价值，树立正确的知识价值观，才能主动选择有利于自身发展、成才的知识武装自己，累积足够的知识数量，形成合理的知识结构，最终帮助自己在知识经济时代更好地实现个人目标和人生价值。本次调查中，有6.1%的居民否认知识的价值，认为"知识无用"，而事实上他们之所以成为新的"读书无用论者"，并非真的认为知识和教育本身无用，而是由于教育成本的上升和收益的下降存在落差而产生的悲观想法，还有31.5%的居民认为"积累金银

---

① 石雷山等：《家庭社会经济地位与学习投入的关系：学业自我效能的中介作用》，《心理发展与教育》2013年第1期，第71页。

财富胜于积累知识",这种浮躁、功利的物质主义价值观倾向是受社会转型期财富成为人们普遍追求的目标这一大环境的影响而出现的。因此,需要在全社会范围内加强宣传教育,正确引导居民摒弃以"成本－收益"的思维看待知识的工具价值,而以长远的眼光看待知识在实现人的全面发展等方面的内在价值,鼓励居民合理调整价值目标,树立起正确的知识价值观。在街道、社区及各类公共场所为居民提供便利的知识获取渠道,广泛开展各类知识普及讲座,为居民搭建多种形式的知识交流平台,加强知识传播和积累,建设"书香"社会。

(二)全面实施素质教育,提高教师素养,构建和谐师生关系

党的十八大报告提出,要以"努力办好人民满意的教育"作为我国教育工作的总体目标,要"把立德树人作为教育的根本任务",要"着力提高教育质量,培养学生创新精神",要"加强教师队伍建设",这就为我国新时期的教育工作指明了方向。在本次调查中,居民否认为"因材施教、挖掘潜能""培养想象力、创造力""思想道德教育"这三个方面的教育效果最不明显,因此,要继续深化体制机制创新,全面实施素质教育,挖掘每个学生的潜能,让每个学生都能成为社会的有用之才;要在全社会积极营造良好的创新环境和氛围,在各个学科领域和各个年龄层学生中积极开展丰富多彩的创新比赛,鼓励学生发挥想象力,勇于创新;要加强学校德育工作,培养学生高尚的品德,带领学生走向社会,关心社会弱势群体,和困难人群结对子组成帮扶小组,让学生在助人的过程中形成良好的道德品质。学校教学质量的提升离不开教师的功劳,遇到好的老师对人的一生很重要,教师不仅要有渊博的知识,还要为人师表、行为世范,既要传道授业解惑,严谨治学,又要甘为人梯,乐于奉献,用自己的高尚人格影响学生、感化学生,帮助学生身心健康地成长发展。另外,也需要倡导学生继承尊师重教的优良传统,尊重老师,信任老师,这样才能构建起互信、互敬、平等、友善的和谐师生关系。

(三)引导居民根据实际情况理性选择子女教育方式

家庭是人类生活的最基本单位,家长作为重要的教育主体之一,其教育价值观决定了子女教育的投资力度与方向,将影响子女的成长与发展乃至整个国

家的人才培养。家长的教育观念受所处时代的经济、政治、文化、环境和家庭社会经济地位的影响，当前社会经济高速发展，教育资源和种类不断丰富，居民的主体意识和权利意识不断觉醒，对教育的需求也在不断增长，表现最突出的是对优质教育资源的追求，比如，上名校、上国际学校，但这种追求中隐含着盲目地跟风和非理性的"横向"比较（即总将"别人"作为比较对象）趋势。有的家庭不考虑自身经济实力，盲目跟风，举全家之力送子女出国留学，不仅影响家庭的整体生活质量，也给子女造成极大的心理负担，甚至影响子女健全人格的塑造和正确价值观的形成。因此，需要积极倡导理性的子女教育观，鼓励家长多进行"纵向"比较，即与自我比较，考虑自身的需求与实际条件选择最适合的子女教育方式。另外，相当多的家长一方面看重分数，认为孩子的学习成绩是最重要的；另一方面又对应试教育体制批评不断，这种矛盾的状态反映了部分家长教育观念上的不成熟，因此，需要家长转变对教育的预期，认识到教育不仅是为了生存，而且是以人的自由全面发展为真正皈依。

B.5
北京居民职业价值观调查报告

王 惠[*]

摘　要：	本文旨在探究北京居民的职业价值观状况。调查结果显示，北京居民择业时秉持的价值观存在看重工作条件和自我发展、追求职业稳定性、择业理想与现实差距大等特点；北京居民工作时秉持的价值观存在最看重人际关系、"集体观"占主流、认为与工作相比家庭更重要等特点。笔者进一步分析了不同群体职业价值观的差异，并提出对策建议。
关键词：	职业价值观　北京居民　工作价值观

职业价值观定义分为两大类：一类是认为职业价值观是个体期望从职业中获得的东西，如 Super（1973）、Lock（1976）、Nord 等（1980）、Elizur（1984）的定义属于此类；另一类是视职业价值观为一种评价标准，如 Dose（1997）、Braham 和 Elizur（1999）的定义。职业价值观不能简单地等同于择业观或工作价值观，根据前人的研究，本文将职业价值观定义成个人的价值观念在选择职业和实际工作中的体现，包括个体择业时和实际工作时认为某些因素或结果的重要性程度。

一　职业价值观的研究意义和研究方法

（一）研究意义

职业生涯是大多数人一生都要经历的重要生涯。从职业生涯规划大师舒伯

---

[*] 王惠，北京社会心理研究所助理研究员，毕业于清华大学科学技术与社会研究所，硕士研究生，主要研究方向为职业心理学。

(Donald E. Super)经典的生涯彩虹图来看(见图1),从一过25岁直至65岁,工作者的角色在一个人的生涯中占据举足轻重的地位,所以对职业价值观的研究也具有重要的现实意义和理论意义。

现实意义,随着国内经济增长速度和产业结构的变化、人口老龄化趋势的日益突出以及国际政治经济形势的日益复杂化,我国的就业形势也越发严峻,职业竞争压力越来越大,职场问题层出不穷,组织管理面临困境,有的甚至已经造成非常负面的社会影响,比如,2010年富士康发生的"13连跳事件"。价值观是个体心理系统中最稳定的因素,前人研究表明,职业价值观对择业态度和行为、工作态度和行为具有引导作用。所以只有明晰居民职业价值观,才能有针对性地提升择业满意度、职业满意度、职业幸福感、工作投入、组织管理绩效等,促进社会经济稳步发展。

理论意义,目前国内外学者们已经针对工作价值观的概念、结构、测量、前因变量、结果变量、文化差异等问题进行了大量研究,获得了丰富的研究成果。北京社会科学院曾在2008年开展了一次关于职业价值观的调查(样本量2029个)。本次调查是截至目前北京市范围内开展的最大规模针对北京居民的职业价值观调查(样本4126个)。

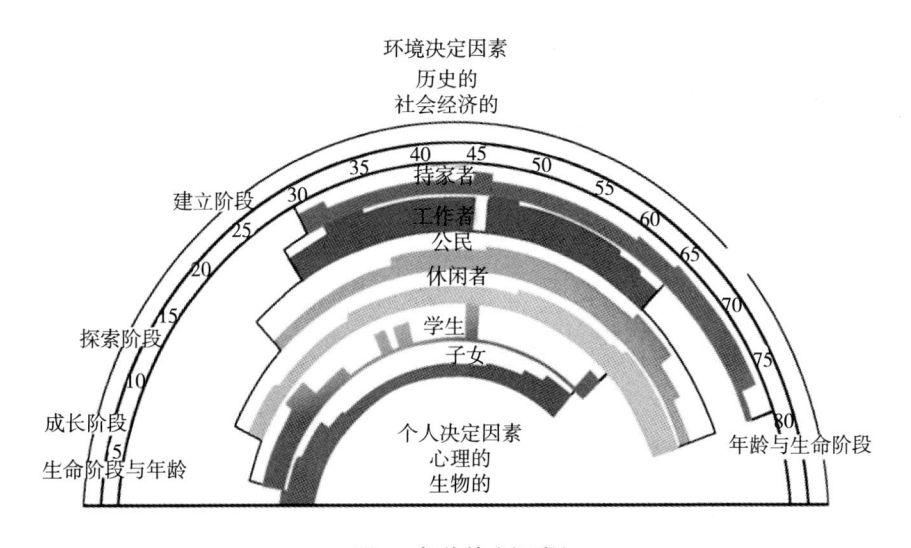

图1 舒伯的生涯彩虹

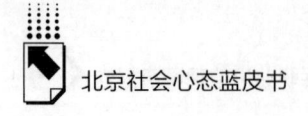

（二）研究方法

本文采用的研究方法主要有文献分析法、问卷调查法、量表法。文献分析法主要是对国内外有关职业价值观的文献进行搜集与整理，在前人研究基础上找寻本文研究的切入点，根据经历的职业生涯阶段将对北京居民职业价值观的研究分为择业时期秉持的价值观和工作时期秉持的价值观。问卷调查法主要是采用结构化问卷针对北京居民进行了问卷发放，共回收有效样本4120个。量表法主要是指为了了解北京居民工作时最看重的因素和工作投入情况采用了两个量表，即工作价值观量表（Elizur，1984）和工作投入量表（Schaufeli，2003），这两个量表都在世界上被广泛使用过，具有很好的信度和效度。

二 北京居民职业价值观基本特点分析

（一）择业时期秉持的价值观特点

择业观是工作价值观的重要组成部分。从渊源来看，工作价值观研究发端于择业观研究，是择业观的深化和发展。择业观是指个体在选择职业时持有的评价标准。我们通过择业看重因素、职业平等观、职业成功观、择业理想与现实差距四个方面来分析得出北京居民的择业价值观具有三个特点。

1. 看重工作条件和自我发展，呈现物质主义和后物质主义价值观并重趋势

罗纳德·英格尔哈特是当代西方政治文化研究的大师级人物，他在《发达工业社会的文化转型》一书中指出，西方发达工业国家在20世纪70年代之后，大众的价值观念已经发生了彻底的变化，公民的价值观由"物质主义"向"后物质主义"转变。所谓"物质主义"价值观，对应的是生理性需求、物质条件和经济安全等方面的要求，而"后物质主义"价值观，则指自我价值实现的需求等。

本次调查结果也显示出北京居民在择业时呈现出"物质主义"价值观和"后物质主义"价值观并重的特点：在回答择业时看重的因素，北京居民在择业时第一看重因素是工作条件（薪酬福利、工作环境、休闲时间等）（4.21分），第二看重因素是自我发展（4.19分）（见表1），表明了北京居民呈现物

表1　北京居民在选择职业时最看重的因素

单位：分

因素	均值	标准差
工作条件(薪酬福利、工作环境、休闲时间等)	4.21	0.75
自我发展	4.19	0.75
职业所在行业发展	4.08	0.77
国家利益	4.08	0.92
企业实力与文化	4.05	0.8
人脉资源	3.97	0.85
对社会的贡献	3.92	0.87
家族利益	3.48	0.95

注：本题按照1~5分打分。

质主义价值观（看重物质条件）的同时，也呈现后物质主义价值观（看重自我价值实现）。

2. 追求职业稳定性，过三分之一的居民认为职业成功最重要的标准是工作稳定有保障

数据显示，在选择职业成功最重要的标准时，工作稳定有保障（32.2%）被选比例远远高于其他选项，排在其后的收入高、自身价值得到社会认可和发挥个人才能被选比例也分别达到10%以上（见表2）。这一结论与北京市社会科学院2008年的研究①相同，可见在当前严峻的就业形势之下，北京居民的择业价值取向最主要是"求稳"。

表2　职业成功最重要的标准

单位：%

因素	比例
工作稳定有保障	32.2
收入高	19.1
自身价值得到社会认可	15.5
发挥个人才能	12.4

---

① 北京市社会科学院课题组：《首都市民职业价值观状况研究报告》，《北京行政学院学报》2009年第6期。

续表

因素	比例
社会地位高	8.5
工作环境好	4.2
为社会做贡献	4.1
完善的人格	1.9
服从国家利益	1.5
其他	0.6

3. 职业平等观深入人心，九成居民赞同"三百六十行，行行出状元"

平等是人类社会进步的基石，是社会主义核心价值的追求之一，拥有职业平等观，实现职业尊严的平等是社会文明的重要标志之一。习近平总书记说过："人生本平等，职业无贵贱。三百六十行，行行都是社会所需要的。不管他们从事的是体力劳动还是脑力劳动，是简单劳动还是复杂劳动，只要有益于人民和社会，他们的劳动同样是光荣的，同样值得尊重。"① 在北京居民选择职业的时候，对职业平等所持的价值观念通过数据可以看到：95.2%的居民对"三百六十行，行行出状元"这一代表职业平等的价值观念表示赞同，远远高于选择"入错行就很难成功"（45.1%）这一代表职业不平等的价值观念的居民所占比例。

4. 择业理想与现实差距大，超过八成居民理想与现实工作单位性质不符

职业理想是人们对职业活动和职业成就的超前反映，与人的价值观、职业期待、职业目标密切相关，与世界观、人生观密切相关。职业理想是形成职业态度的基础，实现职业目标的精神动力。在现实生活中，很多人在择业这一"职业探索期"会发现职业理想与现实往往存在较大的差距，本次调查的数据也印证了这一结论，通过对理想职业与现实职业的交叉分析，笔者发现有18.0%的居民其理想就职单位与现实工作单位相匹配（582/3231 = 18.01%），也就是说，有高达81.9%的居民其理想就职单位与现实工作单位不相匹配，说明北京居民择业理想与现实的差距很大，这也是造成就业难的一个值得深思的原因。

---

① 习近平：《之江新语》，浙江人民出版社，2007。

表3 北京居民理想职业与现实职业

单位：%

现实就职单位 理想就职单位	国家公务员	事业单位工作人员	国企工作人员	私企工作人员	外企工作人员	自由职业者	外地来京务工人员	总计
机关	9.1	18.3	28.6	13.5	1.6	7.2	1.5	100
事业单位	2.7	22.7	24.8	14.2	1.5	6.7	1.1	100
国企	3.0	13.6	35.2	18.1	1.5	6.2	3.5	100
私企	—	17.5	20.0	33.8	1.3	6.3	5.0	100
外企或合资	4.1	12.5	22.3	25.1	8.4	6.0	2.7	100
自由职业	4.4	19.8	14.5	13.8	2.8	15.7	4.4	100
本家族企业	4.3	19.1	10.6	20.2	2.1	11.7	3.2	100

（二）工作时期秉持的价值观特点

工作价值观实质就是工作能够给个体带来的收获。通过让个体对这些工作带来的结果的重要性进行评价，能够看出个体更看重工作带来的何种价值（Elizur，1984）。本文通过分析北京居民工作时最看重因素、个人集体观、收入分配观、工作中心观、工作投入情况，了解到北京居民工作时期秉持的价值观具有五个特点。

1. 工作中最看重人际关系，认为"有公平、善解人意的上司"最重要

本文采用Elizur的工作价值观量表来分析北京居民在工作中最看重的因素。1984年Elizur通过分析工作结果特征将工作价值观分为三个维度，即认知价值维度（13个项目），包括责任、晋升机会、成就感、影响力、兴趣、上司反馈、有意义的工作、能力发挥、成长机会、独立性、令人自豪的单位、单位中地位、为社会做贡献。情感价值维度（5个项目），包括与上司的关系、与同事的关系、认可、尊重、互动机会。工具价值维度（5个项目），包括薪酬、工作时间、稳定、福利、工作条件。1991年Elizur使用该量表在德国、荷兰、以色列、美国、匈牙利、韩国、中国、中国台湾同时进行调查研究，发现该量表具有良好的信度和效度。

从本次调查数据来看，在工作价值观量表的三个维度中，情感价值维度的

平均分最高，达4.15分；工具价值维度平均分次之，为4.10分；认知价值维度平均分最低，为3.99分。说明北京居民最看重工作中的情感交流，也就是我们所谓的人际关系，在所有人际关系中，北京居民认为能"有公平、善解人意的上司"（4.33分）最重要，也就是在工作中的人际关系中最看重与上司之间的情感交流。其后依次看重的因素是尊重（4.24分）、与同事的关系（4.17分）、认可（4.14分）和互动机会（3.89分）。

就工作所追求的目标来说（在认知价值维度中），北京居民最看重凸显自我价值的项目，如能力发挥（4.20分）、成就感（4.17分）、兴趣（4.08分）、成长机会（4.06分），其后依次看重因素为责任（4.04）、晋升机会（4.01分）、有意义的工作（4.01分）、独立性（4.00分）、上司反馈（3.99分）、为社会做贡献（3.97分）、令人自豪的单位（3.87分）、影响力（工作中影响力3.83分、单位中影响力3.78分）、单位中地位（3.73分）。

就为了达到工作目标所采取的手段来说（在工具价值维度中），北京居民最看重的是福利保障（4.31分），其他按照看重程度依次为稳定性（4.22分）、薪酬（4.19分）、工作条件（4.07分）、工作时间（3.70分），这一维度凸显了北京居民工作中的物质主义价值观。

2."集体观"占主流，七成多居民赞同"人人为我，我为人人"

北京居民在工作中处理个人与集体关系时，76.4%的人赞同"人人为我，我为人人"这一代表"集体观"的观点，也有22.3%的居民选择"事不关己，高高挂起"这一代表"个人观"的观点。在问卷中我们用一个情境题来验证的上述观点，领导交给小李一个项目，让小李决定自己做，还是和小张或老刘合作。小李自己做，需要3个月；和小张合作，需要2个月，但要教会小张一些业务知识；和老刘合作，只要1个月，但要费心说服老刘参与。如果您是小李，您如何选择？数据表明有85.3%的北京居民更看重"集体观"，在这道题目中选择"与老刘合作"和"与小张合作"都属于"集体观"＞"个人观"的选项，尤其是为了集体利益用时最短能够完成项目的选项"与老刘合作"被选比例最高（46.3%），仅有14.7%的居民选择"自己做"这一代表"个人观"＞"集体观"的选项。

表4　小李决定与谁合作来完成项目

单位：%

代表观点	选项	利于集体之处	需要个人付出	被选比例
集体观＞个人观	与老刘合作	用时最短	费心说服	46.3
	与小张合作	用时中等	教授小张业务	39.0
个人观＞集体观	自己做	用时最长	更多的精力	14.7

另一个案例也能验证北京居民在工作中的"人人为我，我为人人"，老刘、小李和小张在同一家公司上班，老刘工作了10年，小李工作了5年，小张刚工作1个月，小张上班1个月以来，业务不熟，如果您是老刘，您是否会主动帮助他？北京居民过半数选择积极主动帮助（55.5%），过三成属于半积极帮助（35.1%），被动帮和完全不帮的比例仅为9.4%，有90.6%的居民能够比较积极主动帮助新同事完成工作，能够做到"我为人人"。

3. 在收入分配观上，九成以上居民赞同"多劳多得，少劳少得"

2013年2月，国务院批转了发展改革委、财政部、人力资源和社会保障部制定的《关于深化收入分配制度改革的若干意见》，要求各地区、各部门认真贯彻执行。收入分配问题是社会主义市场经济发展的重要基石，收入分配观是每个人在实际工作中都会面临并思考的问题。

北京居民在收入分配观上有90.6%的居民赞同"多劳多得，少劳少得"，但是如果把收入分配问题发生的环境局限在同一单位的时候，66.5%的居民赞成"一个单位应该尽量平均分配薪酬福利"，也就是说，北京居民在大的经济环境下追求"多劳多得，少劳少得"，但是在小的经济环境，比如单位的背景下，则希望大家的收入差距不要过大。

4. "工作—家庭的天平"倾向于家庭一方，八成以上居民认为"家庭在我生活中最重要"

在工作价值观中还有一个重要的议题就是"工作中心观"，即"工作—家庭的天平"偏向哪一方的问题。本次调查结果显示，北京居民在选择工作和家庭重要性的时候，"工作—家庭的天平"明显倾向于家庭一方，如图2所示，86.4%的居民认为"家庭在我生活中最重要"，远高于占受访者49.7%的选择"工作在我生活中最重要"的居民所占比例，有44.6%的居民对上述两

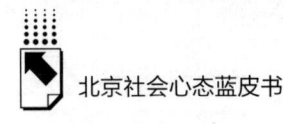

个观点都表示赞成,这些人认为工作和家庭在生活中都是最重要的,仅有5.1%的居民认为"只有工作在我生活中最重要",有8.5%的居民对上述两个观点表示都不赞成,显而易见,北京居民中"工作非中心观"思想是占据主流的。

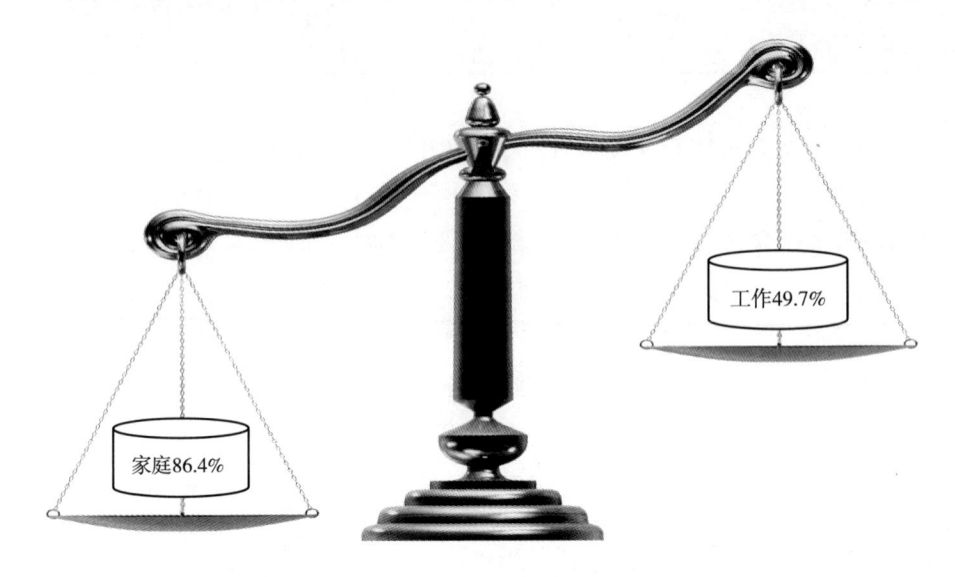

图 2　工作—家庭的天平

5. 八成居民推崇敬业精神,并且实际工作中敬业程度较高

敬业是核心价值观个人层面中完全与实际工作生涯对应的一个价值观念,本次调查中,80.3%的居民认为在工作之中敬业精神重要,其中有31.7%的居民认为非常重要,48.6%的居民认为比较重要。

工作投入(Work Engagement)是积极心理学和积极组织行为学中的重要概念。工作投入概念最早是作为工作倦怠的对立面出现的,Schaufeli(2003)将工作投入定义为:工作投入是敬业,是一种积极完成工作的心理状态,以活力、奉献和专注为主要特征;是一种不针对特定的个体、行为或事件、持久的、深沉的认知情感状态,而不是一种瞬间的、特定的状态。其中,活力是指在工作时精力充沛、情绪愉快,乐于为工作付出努力,即使面对困难也不屈不挠;奉献是指全身心地投入自己的工作中,体验到意义、热情、服务、骄傲和挑战等情绪;专注是指乐于全神贯注于自己的工作,感到时间过得飞快,很难把自己从工作中分离出来。① 其量表也是按照活力、奉献、专注三个维度进行测量的。本次调查中工作投入平均得分3.64分,以总分5分来看,得分较高。

表5 工作投入量表三个维度得分

单位:分

维度名称	平均分
维度一:活力	3.70
维度二:奉献	3.61
维度三:专注	3.61
工作投入平均分	3.64

注:总分5分,分数越高代表工作投入程度越高。

既然有学者明确地把工作投入定义为敬业,我们把对敬业精神的看重度代表居民的敬业价值观,那么工作投入就代表了居民在实际工作中敬业精神的践行程度。通过对本次调查中北京居民对敬业精神的看重度与工作投入总分及三个维度做相关分析,结果变量间均呈显著的正相关,也就是说北京居民对敬业精神的看重度越高,其工作投入得分越高,对敬业精神的践行程度更好。

表6 敬业精神看重度与工作投入及其三个维度的相关系数

	敬业精神看重度	工作投入	工作投入活力	工作投入奉献	工作投入专注
敬业精神看重度	1	—	—	—	—
工作投入	.419**	1	—	—	—
工作投入活力	.381**	.928**	1	—	—
工作投入奉献	.392**	.956**	.843**	1	—
工作投入专注	.410**	.933**	.779**	.844**	1

注:** 表示在 P=0.01 水平(双侧)上显著相关。

---

① Schaufeli, W., Bakker, A. UWES—Utrecht Work Engagement Scale: Preliminary Manual (Version 1, November 2003). Occupational Health Psychology Unit, Utrecht University. http://www.schaufeli.com/downloads/tests/.

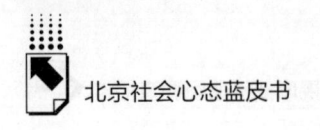

三 北京居民职业价值观差异的深入分析

个人职业价值观的形成是在个体、家庭、职业、社会等因素共同作用下逐步形成的。在对北京居民职业价值基本特点进行分析之后,笔者将通过个人特征、家庭特征和职业特征三个方面对北京居民职业价值观差异进行深入分析。

(一)不同个人特征居民的职业价值观差异

本文从性别和学历两个角度来分析不同个人特征居民的职业价值观差异。

1. 性别:女性居民更注重物质生活(工作条件、工作手段)和人际关系

经过 t 检验,在择业时女性对工作条件(薪酬、福利、工作环境、休闲时间等)的看重程度为4.25分,显著高于男性的4.18分;在工作时女性对人际关系(情感维度)和工作手段(工具维度)看重度都显著高于男性(见表7)。所以,相比于男性,女性居民的职业价值观表现为更注重物质条件(工作条件、工作手段)和人际关系,这一结论与何华敏对我国内地四类企业职工职业价值观比较研究(1998)[①] 和胡坚、莫燕对高校教师工作观与任务绩效关系的实证分析中的结论(2004)[②] 比较一致,上述研究都表明女性职工或女教师在择业或工作中更加注重物质生活和人际关系,因为女性相比于男性更看重生活的稳定性,更加注重情感关系。

表7 不同性别居民职业价值观看重因素具有显著差异项的均分

单位:分

		女性	男性
择业时看重因素	工作条件(薪酬、福利、工作环境、休闲时间等)	4.25	4.18
工作时看重因素	人际关系(情感维度)	4.17	4.13
	工作手段(工具维度)	4.12	4.08

[①] 何华敏:《我国内地四类企业职工职业价值观比较研究》,《西南师范大学学报》1998第10期,第101~106页。

[②] 胡坚、莫燕:《高校教师工作观与任务绩效关系的实证分析》,《科学学与科学技术管理》2004年第12期,第114~118页。

2. 学历水平与职业价值观

择业时初等学历居民更看重国家社会等宏观因素，高等学历居民更看重自我发展等微观因素；工作时学历高的人对工作的目标价值、手段价值和人际关系价值更为看重。

比较不同学历水平居民择业时看重的因素发现（见表8），初等学历居民择业时更看重国家利益、社会贡献、家族利益等国家社会层面的宏观因素，高等学历居民择业时更看重行业发展、自我发展、工作条件和人脉资源等。

在工作时，高等学历居民在三个维度上平均分都显著高于初等学历和中等学历（见表8），说明高等学历居民对自己工作时的工作目标（认知维度）、工作手段（工具维度）和人际关系（情感维度）更明晰，更知道自己看重的是什么。可见，受教育程度高的居民更明了自己的工作价值观。

表8 不同学历居民职业价值观看重因素具有显著差异项的均分

单位：分

		初等学历	中等学历	高等学历
择业时看重因素	国家利益	4.31	4.08	3.97
	社会贡献	4.11	3.89	3.84
	行业发展	4.05	4.04	4.15
	家族利益	3.56	3.43	3.50
	自我发展	4.11	4.14	4.29
	工作条件	4.17	4.18	4.28
	人脉资源	3.95	3.92	4.04
工作时看重因素	工作目标(认知维度)	4.00	3.95	4.02
	工作手段(工具维度)	4.09	4.07	4.13
	人际关系(情感维度)	4.17	4.13	4.18

（二）不同家庭特征居民职业价值观的差异

本文从家庭结构和人均家庭收入两个方面来分析不同家庭特征居民职业价值观的差异。

1. 家庭结构与职业价值观

择业时孩子越多居民越看重国家利益和社会贡献等宏观因素，孩子越少居民越看重自我发展与工作条件等微观因素；工作时子女越少的居民工作的目标价值、手段价值和人际关系价值越明晰。

我国自1979年实行计划生育政策以来，出现了很多独生子女家庭，据人口学专家、《大国空巢》作者易富贤根据人口普查数据推断：中国现有2.18亿独生子女。所以本文从独子家庭、多子家庭和未有子女家庭来分析不同家庭结构居民职业价值观的差异。

择业时，对国家利益和社会贡献的看重度排序均是多子家庭＞独子家庭＞未有子女家庭，对行业发展、企业实力与文化、自我发展、工作条件和人脉资源的看重度排序均是未有子女家庭＞独子家庭＞多子家庭（见表9），从这个数据来看，孩子越多的人在择业时越看重宏观因素，社会责任意识越强，而孩子越少的居民在择业时越看重微观因素，自主意识更强，这一结论与李志关于"非独生子女家庭居民社会责任意识强，独生子女家庭居民自主意识强"[①]的研究结论相似。

工作时，对工作目标、工作手段和人际关系的看重度排序均为未有子女家庭＞独子家庭＞多子家庭（见表9），也就是说子女越少的居民越看重工作的目标价值、手段价值和人际关系价值。

表9 不同家庭结构居民职业价值观看重因素具有显著差异项的均分

单位：分

		独子家庭	多子家庭	未有子女家庭
择业时看重因素	国家利益	4.15	4.21	3.88
	社会贡献	3.95	4.03	3.81
	行业发展	4.08	3.98	4.16
	企业实力与文化	4.06	3.90	4.11
	自我发展	4.18	4.06	4.28
	工作条件	4.21	4.10	4.30
	人脉资源	3.95	3.87	4.09
工作时看重因素	工作目标（认知维度）	3.98	3.94	4.04
	工作手段（工具维度）	4.09	4.01	4.16
	人际关系（情感维度）	4.15	4.10	4.20

① 李志：《独生子女与非独生子女大学生职业价值观的比较研究》，《青年研究》1997年第3期。

2. 人均家庭收入与职业价值观

择业时人均家庭收入居中等者比高、低人均家庭收入者更看重国家利益和社会贡献等宏观因素，高人均家庭收入者比中、低人均家庭收入者更看重自我发展和物质需求等微观因素；工作时高人均家庭收入者的工作目标和手段价值更明确，人均家庭收入中等者更看重人际关系。

择业时，人均家庭年收入在2万~5万元的居民对国家利益和社会贡献等宏观因素的看重度高于其他居民，人均家庭年收入大于等于5万元的居民对行业发展、企业实力与文化、自我发展、工作条件、人脉资源等微观因素的看重度高于其他两个群体（见表10）。人均家庭年收入中等的居民择业时更看重宏观因素，社会责任意识更强，所以处于人均家庭年收入中等的居民越多的话，在择业时以社会责任意识为主的居民也就越多。

工作时，人均家庭年收入在2万~5万元的居民在工作中对人际关系（情感维度）的看重度显著高于其他两个群体；人均家庭年收入高于5万元的居民对工作目标价值（认知维度）和工作手段价值（工具维度）的看重度显著高于其他两个群体（见表10）。

表10 不同人均家庭年收入居民职业价值观看重因素具有显著差异项的均分

单位：分

		小于等于2万元	2万~5万元	大于等于5万元
择业时看重因素	国家利益	4.08	4.12	3.82
	社会贡献	3.91	3.95	3.73
	行业发展	4.03	4.13	4.16
	企业实力与文化	3.99	4.09	4.10
	自我发展	4.13	4.23	4.34
	工作条件	4.18	4.27	4.29
	人脉资源	3.92	4.00	4.01
工作时看重因素	工作目标(认知维度)	3.93	4.03	4.04
	工作手段(工具维度)	4.05	4.14	4.18
	人际关系(情感维度)	4.12	4.20	4.19

（三）不同职业特征居民职业价值观的差异

本文从职业类别和职业生涯阶段两个方面来分析不同职业特征居民职业价

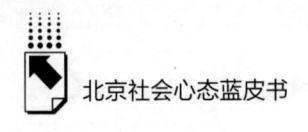

值观的差异。

1. 职业类别与职业价值观

择业时职业稳定性高的居民（公务员、事业单位工作人员、国企工作人员）对国家利益和社会贡献的看重程度显著高于职业稳定性低的居民；工作时职业稳定性越高的居民对工作目标价值越看重。

我们把公务员、事业单位工作人员和国企工作人员划为稳定性高的职业，也就是传统上的所谓"铁饭碗"，把私企工作人员和自由职业者划为稳定性低的职业，比较不同职业类别居民择业时看重的因素得知（见表11），稳定性高的职业者择业时对国家利益与社会贡献的看重度显著高于稳定性低的职业者。主要原因是稳定性高的职业基本都具有"国家背景"，无论是工作环境还是工作内容都比稳定性低的职业更多地涉及国家利益与社会利益，所以职业稳定性高的居民在择业时自然也会更看重国家利益与社会利益。

表11 不同职业类别居民择业时看重因素具有显著差异项的均分

单位：分

		国家公务员	事业单位人员	国企工作人员	私企工作人员	自由职业者
择业时看重因素	国家利益	4.32	4.06	4.21	3.95	3.93
	社会贡献	4.22	3.90	4.00	3.84	3.84
	行业发展	4.31	4.04	4.10	4.11	4.01
	企业实力与文化	4.21	4.00	4.08	4.07	4.00

对不同职业类别群体在工作中看重的因素进行方差分析，只有工作目标（认知维度）存在差异，从图3来看，有一个很明显的趋势：随着职业稳定性的降低，北京居民的工作目标价值越来越低，也就是说职业稳定性越强的居民工作目标性更强、越看重实现工作目标的价值。

2. 职业生涯阶段与职业价值观

择业时，探索期居民更看重自我发展与人脉资源，确立期居民更看重工作条件；工作时探索期与衰退期居民有更明确的工作目标价值，更看重人际关系，而确立期与维持期居民对目标价值更迷惘。

职业生涯理论，无论国外还是国内研究者一直层出不穷，划分职业生涯阶

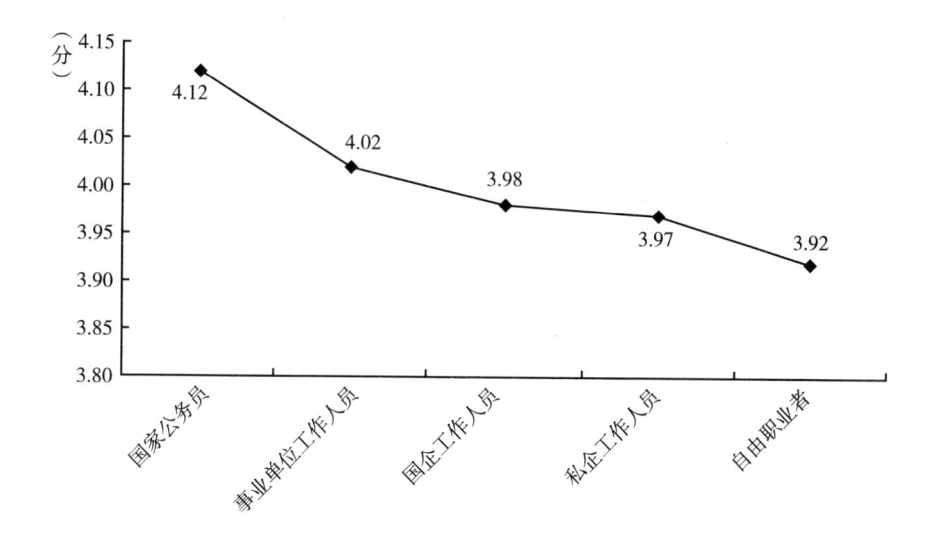

图 3　不同职业类别居民工具目标价值（认知维度）差异

段的方法也有很多种，本文结合前人的研究（休普的四阶段理论、舒伯的生涯彩虹图等）将职业生涯阶段分为四个阶段，即探索期（0～24岁）、确立期（25～44岁）、维持期（45～55岁）和衰退期（56～65岁）。

择业时衰退期居民更看重国家利益和社会贡献，探索期居民更看重自我发展和人脉资源，确立期居民更看重工作条件（见表12）。探索期居民的择业看重因素也有一个演变的过程，改革开放以来，随着政治经济环境的变化，探索期居民的择业价值观经历了政治型—经济型—自我实现型的演变。[1]

工作时，居民价值观只有在工作目标和人际关系两个维度存在显著差异，处于职业生涯初期探索期和后期衰退期居民有更明确的工作目标、更看重人际关系，处在职业生涯中间阶段的确立期和维持期居民相比工作目标更模糊、对人际关系的看重度也略低（见表12）。

---

[1] 杨明：《改革开放以来青年职业价值观变迁研究》，天津商业大学硕士研究生（学位）论文，2011。

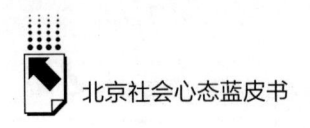

表12 不同人均家庭收入居民职业价值观看重
因素具有显著差异项的均分

单位：分

		探索期 (0~24岁)	确立期 (25~44岁)	维持期 (45~55岁)	衰退期 (56~65岁)
择业时 看重因素	国家利益	3.99	3.97	4.15	4.29
	社会贡献	3.88	3.82	3.95	4.08
	自我发展	4.29	4.23	4.11	4.13
	工作条件	4.22	4.25	4.15	4.21
	人脉资源	4.03	4.02	3.95	3.90
工作时 看重因素	工作目标（认知维度）	4.04	3.98	3.95	4.04
	人际关系（情感维度）	4.20	4.14	4.14	4.20

四 培育并发挥职业价值观正能量的对策建议

（一）企业层面构建职业价值观管理体系，引导居民职业价值观发挥正能量

在企业层面对于个体价值观的引导和提升还可以采取价值观管理（Managment by Values，MBV）方法。价值观管理是继指令管理（MBI）、目标管理（MBO）后出现的一种新的管理方法，也是一种新的管理思想和管理哲学，标志着管理学和管理实践发展到一个新的阶段。许多学者提出了价值观管理的具体操作过程。其中，管理学家Ken Blanchard将其归纳为三个步骤：核心价值观的确立、价值观的传播、价值观的建立。目前我国的核心价值观已经确立，所以要实现企业层面有效的价值观管理，首先，要在我国核心价值观的基础上确立清晰的企业核心价值，明确企业的使命，阐明企业的核心价值观；其次，依据核心价值，建立组织和个人的关键行为准则，培养企业文化的行为养成，同时，构建企业文化的关键驱动要素，依据要素制定企业文化管理标准和操作指标，实施企业及各个部门的目标管理，提升企业文化管理能力；最后，总结企业文化建设经验与成果，发掘企业文化管理的问题和不足，引导居民职业价值观在企业价值管理体系中发挥正能量。

（二）行业层面促进职业道德与素养培养工程常态化，为塑造职业价值观提供良好的环境

职业道德与素养不仅对个人的生存和发展有重要的作用和价值，而且与企业的兴旺发达、行业的秩序稳定、国家的长治久安都密切相关。良好的职业道德与素养不仅有利于社会的秩序化，也有利于诚信社会的建立，同时也有利于企业的创新发展和社会经济发展的良性循环。要想塑造有利于社会稳定与发展的职业价值观，充分发挥职业价值观的正能量，拥有良好的职业道德与素养培养工程是必不可少的，各行各业都有其内在的职业价值体系，相同和类似的职业价值取向是一个行业能够持久健康发展的关键因素。每一个行业也要在核心价值观的基础上构建属于其自身的职业价值体系，形成行业凝聚力，倡导与推进职业道德与素养培养工程常态化，形成独具特色的职业群体文化，为塑造职业价值观提供良好的环境。

（三）政府层面推进职业群体心理援助服务的普及，提供职业价值观发挥正能量的肥沃土壤

在现实生活中，一个人人生价值高，心理就比较健康，反之，一个人的人生没有了价值，这个人的心理障碍就会很严重。患有精神疾病或严重心理障碍的人，他们一般都没有正确的人生价值观，体验不到人生价值。所以从这个角度可以说，拥有良好的心理健康水平是职业价值观能够发挥正能量的肥沃土壤，如果一个人心理不健康，他的职业价值观也不可能发挥正能量。EAP（Employee Assistance Program）即员工帮助计划，是企业组织为员工提供的系统的、长期的援助与福利项目，通过专业人员对组织以及员工进行诊断和建议，提供专业指导、培训和咨询，帮助员工及其家庭成员解决心理和行为问题，提高绩效及改善组织气氛和管理。简而言之，EAP是企业用于管理和解决员工个人问题，从而提高员工与企业绩效的有效机制。为了促进职业群体心理健康水平的提高，应该从国家层面推动不同类型企业开展员工心理援助服务。主要包括两方面：一是不同职业群体心理健康监测服务机制，同时可以在建立心理健康档案的基础上，针对职业群体心理咨询需求的迫切等级，利用网络、社区、心理服务机构等多种渠道，结合个体心理咨询和团体心理咨询等

方式开展不同类型的心理咨询服务，促进北京全体职业人群心理健康水平的提高。二是建立职业问题应对服务机制，引入专业力量解决职业群体中涉及的职业要求、职业适应力、职业公平感、欺负与威吓、人际关系、家庭和职业相平衡、职业压力及其他相关问题，从源头上解决可能造成心理健康问题的诸多原因。

B.6
北京居民健康观及就医观调查报告
——从价值观角度谈和谐医患关系构建

张丽华*

摘　要：	医患关系是指以医生为主体的人群与以患者为主体的人群在诊疗过程中形成的承诺与互惠关系。构建和谐医患关系对增进社会和谐有积极的促进作用。本文从医患价值观角度进行研究，分析其对医患关系和谐度评价及医患紧张归因的影响，并对构建相互尊重、理解、信任、宽容、友善的和谐医患关系提出建议。
关键词：	价值观　医患关系　和谐

医患关系是指以医务人员为中心的包括所有与医疗服务有关的一方，与以患者为中心的包括所有与患者健康利益有直接关系的一方所构成的群体与群体之间的关系。简言之，即以医生为主体的人群与以患者为主体的人群在诊疗过程中形成的承诺与互惠关系。它是在医院这个特定社会空间中围绕求医与问药、救死与扶伤发生并演绎的一种医患间的人际关系。

良好的医患关系是一切医疗活动顺利、有效开展的前提。如果处理不好将会对生命健康、家庭幸福乃至社会稳定与和谐造成不良影响。从这个角度来说，构建和谐医患关系是构建和谐社会的一个组成部分。

但是，近年来医患关系因医疗纠纷、医患冲突频发而日趋紧张，越来越受

---

* 张丽华，北京社会心理研究所助理研究员。研究方向为社会领域突出问题、公共服务、城市宜居等。

到社会各界关注。据国家卫计委统计，2013年全国发生医疗纠纷约7万件，相比2006年10248件、2010年17243件，呈急剧增长态势。北京市医疗纠纷人民调解委员会自成立以来，从2011年5月至2014年3月，共受理4900多件医疗纠纷，结案数为4518起。另据中国医师协会不完全统计，2013年全国影响较大的伤医暴力案件共有16起，其中温岭杀医案、河北馆陶女医生遭患者家属殴打辱骂后坠楼身亡等案件都成为舆论关注的焦点。2014年8月27日《检察日报》刊登的一篇题为《医患相煎渐成全民之痛》的文章发人深思：究竟是什么导致了医患矛盾升级？如何避免冲突发生？医患关系何去何从？

众多专家学者从不同角度对医患关系进行了研究，有从文献综述角度研究的，如陈倩雯、郑红娥的《国内外医患关系研究述评》，王林等的《医患关系内涵及模式：基于交换理论的研究》；有从医患关系成因方面分析的，如康益龙、王杉的《医患关系的博弈分析》；有从医疗纠纷方面分析的，如张妮莉、赵静的《基于2009～2013年相关文献的医疗纠纷案例统计分析》；也有从医患关系认知与文化角度入手研究的，如谭宗梅、刘国秋的《基于社会文化功能的和谐医患关系构建研究》；等等。

以上研究从不同层面对造成医患关系紧张的原因进行了分析概括，总的来说，除医疗体制缺陷、医疗保障体制不完善、法律不健全、医院管理不当、医生医术不精等原因外，很多医患间的矛盾冲突是由于医患间缺乏理解信任、沟通不畅导致误解、积怨所致。这种医患之间如鸿沟一样存在的理念、认知特别是价值观上的差异对医患关系产生决定性的影响，值得深入研究。

国内这方面的研究较少，韩鹏、许树强的《以共同价值观为本建立和谐医患关系》也主要是从理论层面进行了论述，鲜少实证性研究。本课题将从实证角度对医患关系价值观进行研究，考查其对医患关系认知评价的影响，并试图通过分析各类人群对理想医患关系的期待与诉求、医患价值观的特点及其与医患关系和谐度认知之间的关系来说明医患价值观对和谐医患关系构建的重要作用，为构建相互尊重、理解、信任、宽容、友善的和谐医患关系提出笔者的观点。

研究主要以问卷调查方式进行，共回收问卷4126份，本部分内容有效样本3403个。分析发现，价值观之健康观、就医观与医患关系价值认知之间互有影响，因此先对居民健康观与就医观做一简要概述。

一 北京居民健康观

(一)超半数北京居民将健康作为人生首要追求目标

从社会结构论观点来说,健康已被确立为一种社会价值观。[1] 罗克奇提出的价值观系统中,终极性价值系统包括舒适的生活、振奋的生活、成就感、幸福、内心平静、成熟的爱等18项,而身体健康是人民享有舒适振奋的生活的根本保证。许多时候,健康不是第一,而是唯一。著名免疫学专家冯理达在2007年6月首届"健康健美长寿促进会"上,针对"健康"做了一个形象的比喻:"健康是1,事业、财富、婚姻、名利等等都是后面的0,由1和0可以组成10、100等N种不同大小的值,成就人类与社会的和谐旋律。"如果没有了健康这个"1",其他条件再多都将是"0"。健康是人生的第一财富。

调查显示,93.7%的被访者将健康排在其人生追求目标的前三位,更有55.7%的人把健康排在首位,足见人们内心对健康的重视与追求。

(二)北京居民健康观:兼顾躯体健康与心理健康

联合国卫生组织(WHO)对健康的定义是:健康乃是一种身体上、精神上的完满状态,以及良好的社会适应能力。由此引申出"三维健康观",提出构成健康概念的三要素:"以生理机能为特征的躯体健康,以精神情感为特征的心理健康和以社会生活为特征的行为健康。"即健康=躯体健康+心理健康+社会行为健康。

调查显示:北京居民对健康概念的理解完备,基本形成了躯体健康与心理健康并重的健康观。各有八成以上的被访者认为心理健康与躯体健康同为考察个人是否健康的标准,其中有69.3%的人认为一个健康的人不仅应"身体健康无疾病",还应具备"良好的精神状态"。

理论研究与实践证明,人不仅是一个生物体,而是有着复杂的心理活动、生活在一定的社会环境中的完整的人。但显然人们对社会行为健康的认知不

---

[1] 陈倩雯、郑红娥:《国内外医患关系研究述评》,《医学与哲学》2014年第34期。

足，对社会健康的两个指标——"环境适应能力强"和"社会交往能力强"，居民选择率稍低，只有90后对此选择相对较多（环境适应43.7%、社会交往39.8%），表明初入社会的年轻人注重社会适应、迫切需要加强社会交往的心理愿望。

同时发现，将健康排在人生追求前两位的被访者对健康概念理解较总体更为全面，其对各维度的选择率普遍高于总体或持平。

表1 北京居民对健康概念的选择情况

单位：%

三维健康观	具体指标	重视健康的群体	总体
躯体健康	身体健康无疾病	83.0	81.4
心理健康	良好的精神状态	85.7	83.8
	良好的心理控制力	63.7	62.3
	丰富的情感生活	42.8	43.2
社会行为健康	环境适应能力强	40.1	39.3
	社会交往能力强	31.2	31.8
其他	—	0.6	0.9

居民对"心理健康很重要"的认同度更高一些（92.8%），但仍有近60%的人对仅强调身体健康的观点"没病即健康"持认同态度。

（三）重视健身与养生

随着人们对健康的追求与重视，健身与养生已逐渐成为人们保有健康的重要手段。

全民健身蔚然成风。健身一般是指以提高身体基本素质、塑造良好身体形态为目的的各种体育运动的统称，它包含两层意思：其一是健康，其二是健美。

健身兴起的同时，养生保健也渐受人们青睐。养生即护养，意为保养身体，以达到健康长寿的目的。传统养生思想与古人追求长寿密切相关。传统养生观主要有：天人合一观、形神共养观、阴阳协调观和整体养生观。传统养生方法大致有以下几种。

表2 传统养生方法概述

传统养生法	主要内容
情感调谐	认为人的情绪（喜怒忧思悲恐惊）为致病诱因，提倡"养生莫若养性"（道德修养）
起居有常	生活要有节奏有规律，才能永葆健康
饮食调理	从养生角度向人揭示各种营养价值及其疗补作用，主要包括：保养脾胃、饮食有节、因人因时因地制宜、忌口等
劳动运动	强调适度参加体力劳动和运动，与健身观点不谋而合
气功调谐	气功是我国传统文化之瑰宝，不仅可防病治病、增智益寿，还可以涵养道德、陶冶情操，气功调谐包括：吐纳、导引、内养、保健等
经络调理	运用针刺、艾灸、按摩等中医治疗手段进行养生的一种方法
药物调理	以中药保养身体的一种方法，中药大多为天然物质，其中含有丰富的有效成分和人体必需的营养物质，药物调理可分为：有病调补、无病强身两类，通过药物调理达到补气、补血、补阴、补阳的目的

调查显示，养生与健身已普遍为大众所认可，两种保健方式各自有65%的支持者，其中有47.8%的人推崇二者兼修以达到健康的目标，但也有2.1%的被访者对二者都不认同。

世界卫生组织有这样一个推断：健康长寿15%取决于遗传，10%取决于社会条件，8%取决于医疗条件，7%取决于自然环境，60%取决于生活方式。可见，健康的主动权掌握在每个人的手中，当机体还康健的时候，我们以运动、养生促进身体健康的良性循环，而在机体患病时则应及时就医才能保证恢复健康。而就医则会涉及医院医生的选择与评价、对医生是否理解信任等多方面问题。

二 北京居民就医观

（一）有病应及时就医

北京居民更认同"有病就得去看医生"（84.3%），对相反观点"求医不如求己"认同率为22.2%。

虽然对"求医不如求己"观念的认同度不高，但其近1/4的选择比例说明，在北京每4~5个人中就有一个人持有这种观念。它反映出了人们潜意识里对医院、医生的不信任。此观念的形成受医患关系认知影响较大：对医患关系评价越紧张，对医生信任度越低，就会更认同"求医不如求己"。

表3　求医不如求己观念的影响因素

"求医不如求己"观念认同度	北京医患关系和谐度	医患信任量表得分
认　同	2.67	3.15
一　般	2.75	3.36
不认同	2.78	3.64
总　体	2.75	3.46

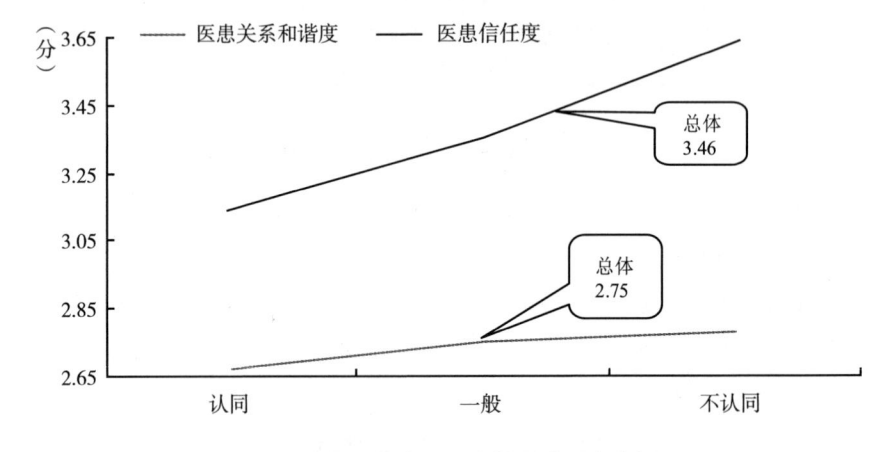

图1　求医不如求己观念的影响因素分析

虽然近85%的被访者观念上认同"生了病就应该去医院找医生诊治"，但实际上却只有不到15%的人这样做，大部分人（63.9%）都是"小病自己处理，大病才去看医生"。就医观念不同导致就医行为差异，认同"有病就得去看医生"者其就医行为与总体差异不大，而认同"求医不如求己"的人中则有更多的人（74.4%）选择"小病自己处理，大病才去看医生"。

（二）医院选择偏好

生病是我们难以预料和避免的，但最终选择到什么医院就医却是可以由自己选择的，受个人主观意愿及价值判断影响。调查结果显示，北京居民在医院选择上最明显的偏好是：专科医院优先，但看病不一定非综合大医院不可，中医的选择率介于专科与综合之间，在价值观上认同权威的人更倾向于选择到大医院和专科医院就诊。

表4 北京居民医院选择偏好

单位：%

	完全符合	比较符合	一般	有些不符	完全不符	符合度
能去专科医院，我就不去综合医院	10.6	27.1	31.0	24.7	6.6	3.11
只要中医能治的病就不看西医	8.9	21.7	33.3	28.5	7.6	2.96
无论大病小病，我都只去大医院就诊	9.4	20.2	26.4	34.1	9.9	2.85

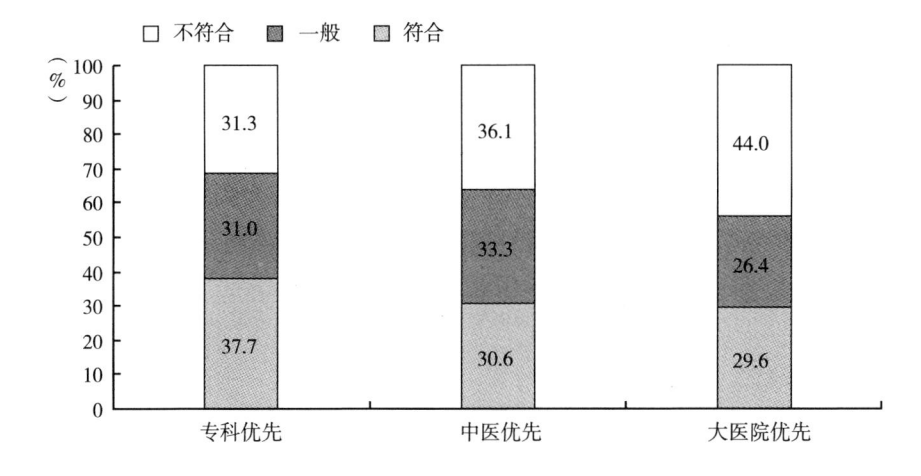

图2 北京居民医院选择偏好

居民在就医医院选择上的差异说明：

1. 专科医院得到了越来越多的人的认可，为今后医疗市场的细分指明了发展方向。只有走专科化发展道路，做到某一医学领域专业领先、一枝独秀，才能使医院保持竞争优势。这一做法得到了社会公众的普遍认可，大家会针对病情选择相应的专科医院进行诊治，如肿瘤医院、阜外医院等。

2. 随着养生健康观念深入人心，人们逐渐意识到一些病症的治疗仅靠西医是不够的，祖国传统医学在疾病的预防、保健、调理、康复方面自成体系，疗效明显，因此选择看中医的人越来越多了。

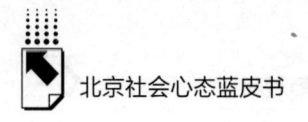

（三）医生选择偏好

1. 不盲目迷信专家

只有22.3%的人表示自己在就医过程中，除去常规开药，都尽量挂专家号进行诊治。

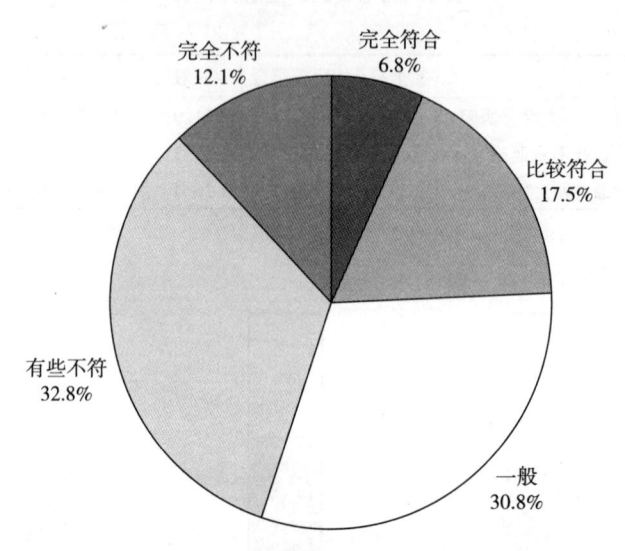

图3 就医时，居民是否会"除去常规开药，都尽量找专家看病"

- 完全符合 6.8%
- 比较符合 17.5%
- 一般 30.8%
- 有些不符 32.8%
- 完全不符 12.1%

2. 普遍看重的医生品质：责任心、医术、态度

超半数被访者认为好医生应具备责任心强、医术高、态度好三种品质，说明人们心目中的好医生标准不只医术高一条，还要附加上一些软指标做参考，如责任心、态度、口碑等，而对医生职称、年龄倒不是特别看重，这与我们的惯常认知稍有不同。

表5 受公众看重的医生品质

单位：%

	受选率		受选率
责任心强	79.1	职称高	9.6
医术高	77.2	年纪大	4.3
态度好	58.5	其他	1.0
口碑好	36.4		

对比"专家优先"与"非专家优先"两种择医观念的人可知，在诸多品质中，看病认专家的人对医生职称更为关注，而无择医偏好的人更看重医生的责任心，但二者都会以医术、态度和口碑作为择医参考。

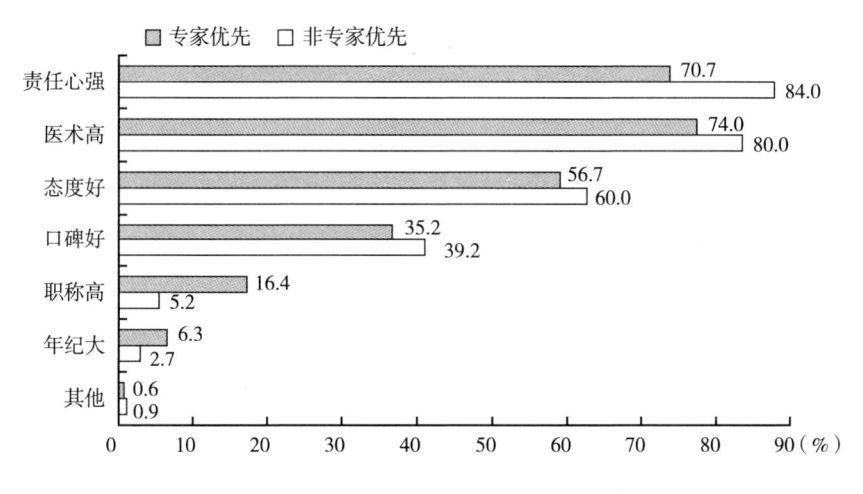

```
              ■ 专家优先    □ 非专家优先
责任心强  ━━━━━━━━━━━━━━━━━━ 70.7
          ━━━━━━━━━━━━━━━━━━━━━ 84.0
医术高    ━━━━━━━━━━━━━━━━━━━ 74.0
          ━━━━━━━━━━━━━━━━━━━━ 80.0
态度好    ━━━━━━━━━━━━━━ 56.7
          ━━━━━━━━━━━━━━━ 60.0
口碑好    ━━━━━━━━ 35.2
          ━━━━━━━━━ 39.2
职称高    ━━━━ 16.4
          ━ 5.2
年纪大    ━ 6.3
          ╴2.7
其他      ╴0.6
          ╴0.9
          0  10  20  30  40  50  60  70  80  90（%）
```

图 4　医生选择偏好差异所致医生认同差异

综上所述，北京居民普遍重视健康，对健康的内涵理解全面，健身与养生观念深入人心；而正是出于对健康的重视与追求，面对疾病多数人会选择主动就医，且更愿意选择专科医院就诊，在医生选择上不强求专家，更认同责任心强、医术高、态度好、口碑好的医生。

从以上分析中可见，人们思维意识中的价值认知与判断对就医观念及行为的影响力，而对于更深层次的医患关系认知评价，价值观念的影响也可谓深远。

三　从价值观角度对医患关系分析

医患关系是医患双方伴随就医行为产生的一种临时契约关系。从根本上说，医生与患者的目标是一致的——治愈疾病，但由于医患双方都是具有独立意识的行为主体，其在思想认识、价值观念、认知水平等方面都存在个体差异，由此可能产生各种矛盾、出现各种碰撞。这种医患双方价值认知上的差异在很大程度上影响着医患关系。

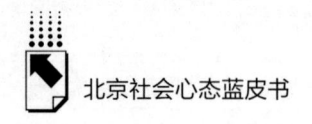

（一）医患关系中的价值观判断

北京居民认为在医患关系中最重要的是尊重，其次为信任和理解。三者的选择比例都超过或接近50%。和谐医患关系最重要的基础是医患双方要相互尊重，医生只有尊重患者、站在与患者平等的位置，才能更好地收集患者相关信息，做出正确的诊治，而患者感受到医护人员对他的尊重，才能消除紧张心理，从而对医护人员产生亲切感和信任感，医患双方增进理解，共同为治愈疾病而努力。

宽容、友善、仁爱、平等四种价值观受选率为15%~20%，表达出公众要求医者仁爱、一视同仁的心声。

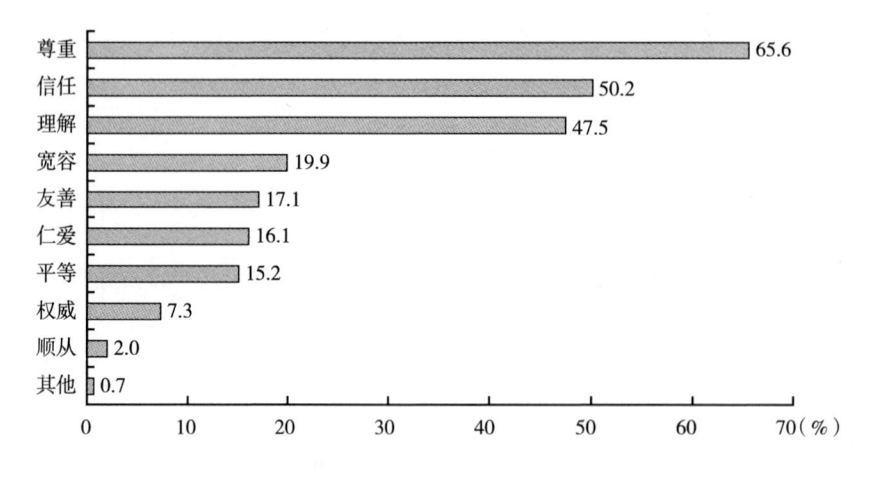

价值观	比例(%)
尊重	65.6
信任	50.2
理解	47.5
宽容	19.9
友善	17.1
仁爱	16.1
平等	15.2
权威	7.3
顺从	2.0
其他	0.7

图5　居民对医患关系价值观的重要性判断

（二）医患双方价值取向偏差

分析发现，医患双方价值取向在大多数项目上都比较一致，如尊重、仁爱、平等、权威。其选择显著差异主要体现在：医生更看重理解、信任、宽容，普通居民更看重友善。

医护人员更期待患者的"理解"与"顺从"，特别是理解（其选择率高于普通居民群体近20个百分点），说明医护人员理解患者同时也渴望被理解的迫切心情，正是出于这份理解与责任，绝大多数医护人员兢兢业业工作在救死扶伤一线，但医生非神，不可能包治百病，他们极渴望患者及家属的理解、支持与配合，他们认为患者应该完全信任医生，"顺从"医生。

在职医护人员职业压力大，更期待患者的"信任"与"宽容"。在职医护人员对信任的选择率为61.5%，对宽容的选择率为33.3%，都高于总体10个百分点以上。

普通居民选择更多的是"尊重"和"友善"，说明大家都希望就医时遇到尊重患者、态度和善、有耐心也愿意花一点时间为患者答疑解惑的医生。如前所述，大家心目中的好医生除了医术高以外，还要有责任心（79.1%）、态度好（58.5%）。

表6 医患双方价值取向同异分析

单位：%

价值观	医护人员	普通居民	总体
尊重	61.1	66.0	65.9
信任	54.2	50.0	50.1
理解	65.3	46.9	47.3
宽容	26.4	19.9	20.1
友善	9.7	17.1	17.0
仁爱	20.8	15.9	16.0
平等	19.4	15.3	15.4
权威	8.3	7.3	7.3
顺从	9.7	1.7	1.9
其他	1.4	0.7	0.7

只有医患双方互相尊重、互相理解，才能拥有医患间的宽容与友善，提升医患间的信任与合作，促进医患间的和谐。

（三）对医患价值观的具体分析

调查选取医患信任、宽容与友善三个维度进行施测。结果显示，北京居民在医患信任、医患宽容两项上得分高于均值，医患友善得分与均值持平。这一结果说明北京市医患关系价值取向较为积极正向，医患友善有待加强。

表7 医患价值观得分

	均值	标准差
医患信任	3.46	0.64
医患宽容	3.46	0.84
医患友善	3.01	0.85

注：采用1~5分计分，1分表示：非常不信任/非常不宽容/非常不友善，5分表示：非常信任/非常宽容/非常友善，3分为均值（下同）。

1. 医患信任——医务工作者的由衷期盼

医患信任不仅是医患价值观的重要组成部分，也是影响医患关系的重要因素，三成被访者认为医患间的不信任导致了医患关系紧张，在职医护人员尤其渴望医患信任（其选择率达61.5%，高于总体11个百分点）。调查显示，七成被调查者表示他们会完全按医嘱服药，但又有两成多的人会就同一种病向不同医生咨询，对医生的话不完全相信的占1/3。

表8 医患信任分析

单位：%

	完全符合	比较符合	一般	有些不符	完全不符
同一种病,我会找多名医生诊断	5.9	15.9	28.0	34.0	16.3
我完全按照医嘱服药	28.2	41.5	21.9	7.2	1.2
我并不完全相信医生的话	5.7	23.5	34.4	25.8	10.5

2. 医患宽容——医患双方需求各不同

医患宽容的考察应包含医患双方相互宽容两个方面：医生包容与患者理解。总的来看，四成被访者反映即使面对坏脾气的患者，大多数医生也会宽容为怀、尽心医治，近六成患者表示能理解医生，不过分苛求。

表9 医患宽容分析

单位：%

	完全符合	比较符合	一般	有些不符	完全不符
对脾气急躁的患者,医生也会耐心沟通、尽心治病	11.6	28.6	38.8	15.5	5.5
医生不是神仙,医疗纠纷中患者对医生应宽容一些	19.0	39.6	32.0	7.1	2.3

但是，医患双方的回答也存在一定分歧。医护人员所见更多的是医生包容患者坏脾气、耐心治病，并希求患者对医生犯错能更多地选择理解与宽容；而普通居民的选择有明显区别，他们对医生的宽容度评价一般，对出现医疗事故的责任人并不都能轻易谅解。

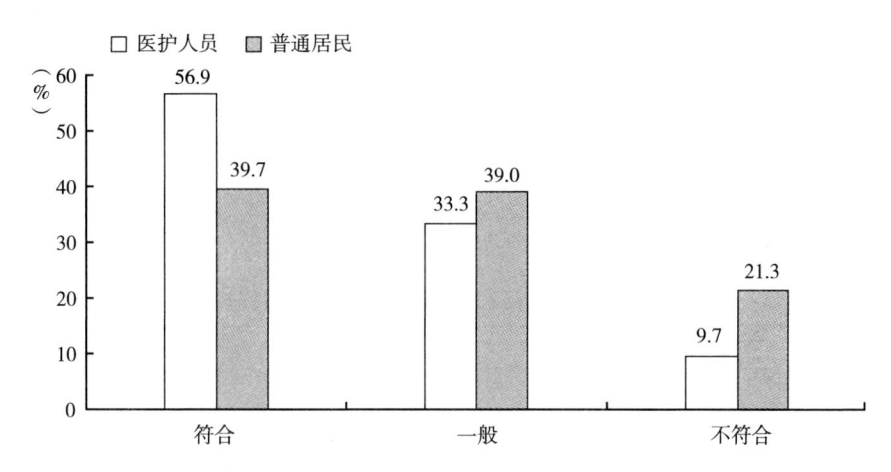

图6 对"医生是否能耐心对待急躁患者"一题医患双方的选择

3. 医患友善——医者仁心的体现

调查结果显示，有近20%的被访者认为医患友善很重要，近六成人将医生服务态度视为评价医生品质的主要因素，但其得分却最低。调查从挂号与问诊两个角度进行。挂号难一直是医患关系紧张的原因之一。在很多大医院，号源稀缺，如果想挂的科室或专家的号挂完了，只有医生同意才能加号，是否会视情况给患者加号从侧面反映了医生对患者的一种友善态度，调查显示这种情

表10 医患友善分析

单位：%

	完全符合	比较符合	一般	有些不符	完全不符
经过请求,医生会为我加号	7.1	22.1	32.8	23.5	14.5
医生总是耐心全面地询问我的病情	9.3	24.9	39.7	18.8	7.3
医生会向我解释几种可能采取的治疗方案之间有何不同	8.9	26.1	37.7	19.8	7.5

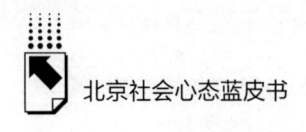

况比较少见，而能得到医生耐心问诊或解释的也仅占35%，甚至有约1/4的人反映就诊中未得到医生的耐心对待。

4. 医患价值观特点分析

为了更准确地描述北京居民在医患关系中表现出来的价值取向特点，以下我们将聚焦非从医群体进行分析。

（1）个人变量中对医患价值观影响最大的是：年龄与学历

分析发现，在诸多个人变量中，仅年龄和学历两个因素对医患信任、宽容、友善皆产生显著影响，其他变量仅政治面貌在医患宽容一项上差异显著，表现为党员最宽容（3.51分）。

表11　医患价值观个人变量特征差异显著性分析

自然变量特征	信任	宽容	友善
性　　别			
年　　龄	＊	＊	＊
户籍状态			
文化程度	＊	＊	＊
政治面貌		＊	
收入水平			

注：＊表示差异显著。

年龄上以40岁为分界点，之前各年龄段在三项上得分稍有差异，之后随年龄增长表现出更加信任、宽容、友善的趋势。

从文化程度上看，医患信任、医患宽容、医患友善随被调查者学历提高而降低。

（2）认同心理健康重要者对医生更信任、宽容、友善

健康观对医患价值观评价的影响表现在：对"心理健康很重要"观点认同度高的被访者，对医生更加信任、宽容，并因为积极心态而感受到更多的医患友善。

（3）存在择医偏好的人：低信任、高宽容、高友善

就医观对医患价值观影响表现在：崇尚专科优先、中医优先、大医院优先者，其医患信任度低，宽容、友善评分高；同理适用于持专家优先观念者。其

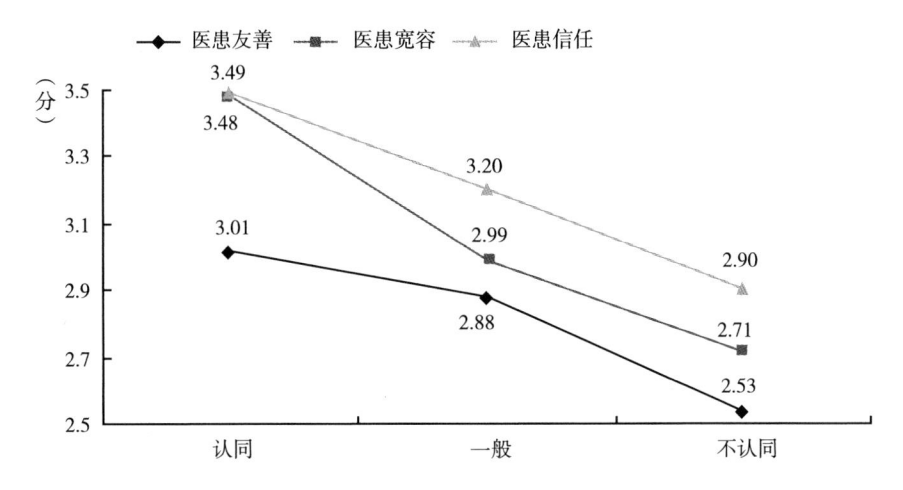

图 7　对"心理健康很重要"认同度不同所致医患信任、宽容、友善评分差异

合理的解释是：正是出于对医生的普遍不信任，才会有许多人在明知好医院、大医院人多、专家号难挂、候诊时间长的情况下，还要去大医院看病，为的就是图个踏实，他们更信任大医院、名专家，而对大医院候诊就医中遇到的困难有充分的思想准备，心态上相对更宽容，对医护人员的要求也就没那么高了。

表 12　就医观念对医患价值观的影响

	信任	宽容	友善
专科优先	*	*	*
中医优先	*	*	*
大医院优先	*	*	*
专家优先	*	*	*

注：*表示差异显著。

综上所述，北京居民医患价值观概貌如下：认为医患关系中应体现出尊重、信任、理解、宽容、友善、仁爱、平等的价值观；医护人员期待患者的"理解"与"顺从"，普通居民期待更多的是医生的"尊重"与"友善"；医患关系价值取向较为积极正向，医患信任、宽容程度较高，医患友善有待进一

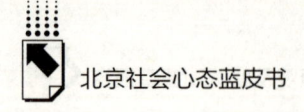

步加强；医患信任、宽容、友善程度因被访者年龄、文化程度、健康观、就医观差异显现出明显不同。

（四）医患价值观对医患关系评价的影响

诚然，能对个体医患关系评价构成影响的因素很多，且往往是结合社会现象、医疗制度、就医期望、就医满意度、医患信任及个体年龄、文化程度、价值观等多种因素交互作用的结果。本文仅以医患价值观为切入点进行分析。

1. 医患价值观对医患关系和谐度评价的影响

调查显示，北京居民对医患关系和谐度的评价不乐观，认为目前医患关系"紧张"的比认为"和谐"的多16.1%，只有不到1%的人认为医患关系"非常和谐"，而近半数人对此持中庸态度，评价多为一般或说不清。按1～5分评分（1为非常紧张～5为非常和谐）得2.75分，处于一种弱紧张状态。

医患之间信任、宽容、友善程度与医患关系和谐度评价呈显著正相关，即医患间越信任、越宽容、越友善，则医患关系评价越趋向和谐。因此，致力于提高医患信任度、宽容度及友善度将有力地改善医患关系，三者中以信任对医患关系和谐度评价影响最明显。

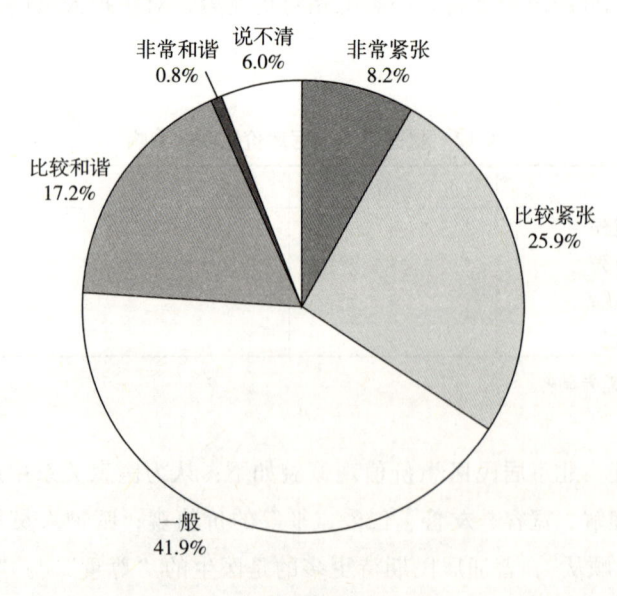

图8　医患关系和谐度评价

2. 医患价值观对医患关系紧张归因的影响

对医患关系紧张原因的分析与归因一般会从主客观两方面追寻，主观归因多从主体行为人思维意识、价值认知方面总结，如医患信任、医患沟通等，而客观归因则主要包括医疗体制、媒体报道、监管不力等方面。

调查显示，北京居民对医患紧张归因主观方面占39.5%，客观方面占60.5%，前三大原因为"看病难"（58.8%）、"看病贵"（54.1%）和"医患交流沟通不到位"（42.3%），其他选择比例超过25%的由高到低依次为"医生开大处方过度检查""患者就医期望过高""医疗腐败，收红包现象严重""医患间不信任""医生服务态度差""优质医疗资源分布不均衡"六项。以上九项占全部归因的80%，而属主观范畴的比重占32%，足以说明医患价值观对医患关系评价的强大影响。

类别	原因	百分比
医患价值观	医患间交流沟通不到位	42.3
	患者就医期望过高	36.0
	医患间不信任	31.6
	医生服务态度差	30.9
	医生医术低	18.3
	患者医疗知识不足	14.5
医疗体制	看病难	58.8
	看病贵	54.1
	医生开大处方，过度检查	38.0
	医疗腐败，收红包现象严重	33.5
	优质医疗资源分布不均衡	28.4
	医院管理不规范	17.4
其他	相关法律不健全	19.8
	存在医闹（黑势力）	8.4
	媒体对医患关系的负面报道	7.7

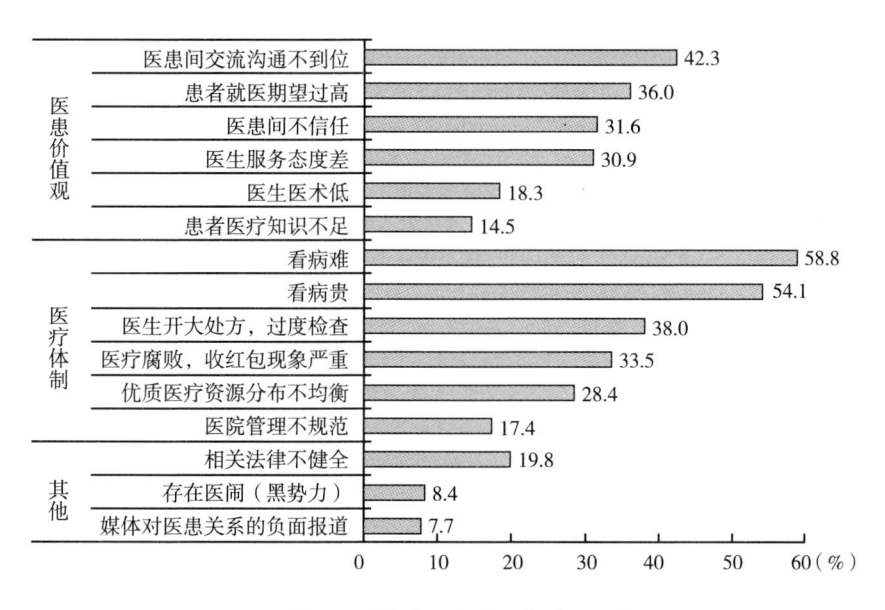

图9 北京居民对造成医患关系紧张原因的分析

为了进一步揭示医患价值观对医患关系紧张归因的影响，我们依据个体医患信任、宽容及友善得分，将总体人群分为三类：个体在医患信任、宽容及友善三个维度得分都高的（以下简称"三高群体"），三个维度得分有高有低或中等的（以下简称"中间群体"）及三个维度得分都低的群体（以下简称"三

低群体")。

分析发现，中间群体其选择归因与总体差异不大，而另两类人群除"看病难""看病贵"两项与总体一致外，在其他项目的选择归因上与总体出现了明显的不同。三低群体表现为主要从外部找原因，如"医生服务态度差""医生开大处方，过度检查""医院管理不规范"等，而对由于"患者就医期望过高"可能会导致医患紧张的说法不太认同。三高群体则更多地将归因聚焦于自身主观因素，如"患者就医期望过高""医患之间不信任""患者医疗知识不足"。

表13　不同群体对医患紧张的原因分析（排序）

医患关系紧张原因分析	三低人群	三高人群	总体
看病难	1	1	1
看病贵	2	2	2
医生与病人交流沟通不到位	3	4	3
医生开大处方，过度检查	5	6	4
患者就医期望过高	11	3	5
医疗腐败，收红包现象严重	6	7	6
医患之间不信任	7	5	7
医生服务态度差	4	10	8
优质医疗资源分布不均衡	8	8	9
相关法律不健全	12	11	10
医生医术低	10	12	11
医院管理不规范	9	13	12
患者医疗知识不足	13	9	13

将两类人群对医患紧张的原因分析制图，发现：二者只在"医患信任""法律不健全"两项上所见一致，不一致表现在：①三低人群更偏向于外部归因，如看病难、看病贵、医院不规范、医疗有腐败、医生在沟通、服务态度、医术等方面有问题，而患者没问题；②三高人群在多数选项上的选择比例都低于三低人群，并且多从患者自身主观方面找原因。价值认知的影响由此可见一斑。

认知影响归因的另一个表现为：医方与患方因其角色差异、立场差异及对医患关系分析角度不同，也导致其紧张归因的差异。

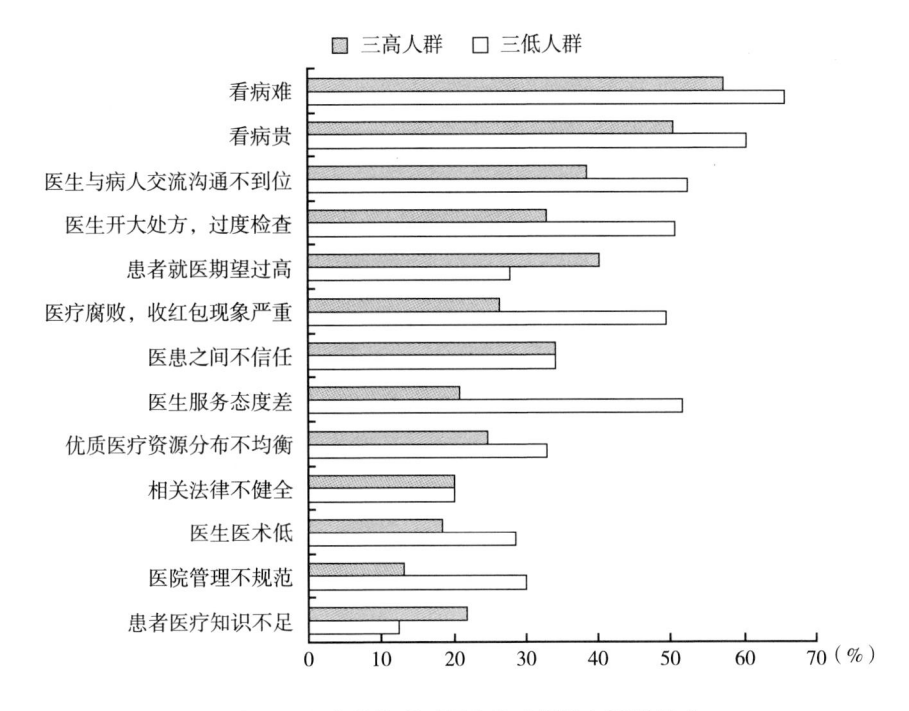

图 10　医患价值观对医患关系紧张归因的影响

患方所做归因与总体一致，而医务工作者的归因却迥然不同："患者就医期望过高"是医生选择最多的，同时对医患不信任、优质医疗资源分布不均、医闹搅局等状况更为忧心，而对患者选择较多的医生开大处方、医生服务态度差则颇不认同。

表 14　医患双方对医患紧张的原因分析（排序）

医患关系紧张原因分析	医方	患方
看病难	3	1
看病贵	2	2
医生与病人交流沟通不到位	4	3
医生开大处方,过度检查	8	4
患者就医期望过高	1	5
医疗腐败,收红包现象严重	7	6
医患之间不信任	5	7
医生服务态度差	14	8
优质医疗资源分布不均衡	6	9
存在医闹(黑势力)	9	14

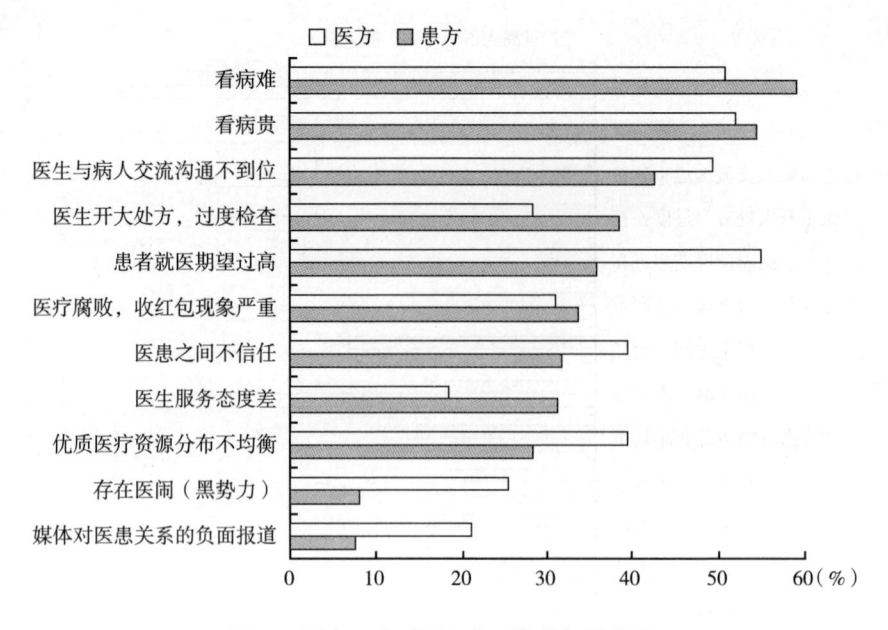

图11 医患双方对医患关系紧张归因差异

可见，医患双方的价值观念和价值取向偏差是影响医患关系的因素之一。医患之间往往因患者就医期望高且医疗知识不足、医患沟通不畅导致医患不信任，从而容易对医生的医术、开具的检查和处方持有怀疑，特别是当检查结果显示为一切正常时，他们就会认为医生小题大做、过度检查。这种认知偏差只有通过主流价值观的积极引导、价值整合才能实现化解，从而缓解医患紧张局面。社会主义核心价值体系在当今中国整体社会价值体系中居于核心地位，发挥着主导作用，决定着整个价值体系的基本特征和基本方向，具有强大的社会整合力和引领力。

此外，还需注意的是，当前医院中普遍存在的托关系看病现象，因其引发的不良情绪有可能使本已脆弱、危机四伏的医患关系更加紧张。

调查显示：托关系看病虽为不正之风，但却普遍存在。凡是有亲友在医院工作的被调查者，大部分（83.1%）在就医时都找亲友帮过忙，每次看病都找的占6.1%，多数情况下会找的占15.0%；在医院候诊过程中，有23.9%的人经常遇到医生带熟人插队看病的情况，偶尔遇到的占大半（58.1%）。

对于遭遇"被插队"，大众最常见的反应为无奈和反感，其次为无所谓和愤怒。而不同人群对此现象的情绪反应有很大的差异。

（1）对于在医院有熟人并且总是托关系看病的人，他们更多地持"无所谓"的态度，他们认为这种现象很正常，因而其"无奈""反感""愤怒"情绪明显低于总体，甚至部分人还会在心里生出些"羡慕"来。

（2）对于那些在医院有熟人却不愿意搞特权的人，他们对这种现象会有更多的无力感，虽然内心反感却并不过多纠结，只是以实际行动抵制这一不良风气。

（3）消极情绪最多的要属"在医院无熟人可托"的这部分人了，他们一旦被插队，会产生更多的消极情绪（反感、愤怒），这在一定程度上会影响其对医患关系和谐度的认知，稍有刺激还有可能引发不必要的医患冲突。

3. 医患价值观对医疗纠纷处理方式的影响

由于医疗事故解决处置不当极易引发医疗纠纷，对此人们普遍采取理性宽容的态度，大部分人选择"与医院协商""体谅医生的难处，理性宽容"，也有近半数被访者选择诉诸法律、追究医生责任。值得注意的是，有2%的人会采取聚众"闹事、暴力解决"的方式，这部分人以男性、40岁以下者、非党团人士居多，人数虽少却隐患重重，足以对医患关系、医疗秩序造成严重不良影响。

医患信任度低、宽容度低、友善度低的群体面对医疗纠纷首选法律问责，对医生也更为严苛，抱怨较多，而三高群体多倾向于选择"与医院协商"，对医生更宽容，他们更相信医院，相信院方会妥善处理矛盾，弥补给他们带来的损失。

表15　不同群体对医疗纠纷处理方式的选择（排序）

医疗纠纷处理方式	三低人群	三高人群
追究医生的法律责任	1	3
与医院协商	2	1
体谅医生的难处，理性宽容	3	2
自认倒霉，向亲友抱怨	4	4
闹事、暴力解决	5	5
其他	6	6

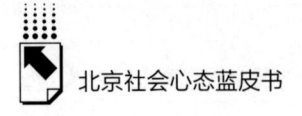

医患双方对此也存在显著差异：医方最希望协商、宽容，反映出医务工作者的心声：他们迫切期待患者的理解与宽容。

表16 医患双方对医疗纠纷处理方式的选择差异

单位：%

医疗纠纷处理方式	医方	患方
与医院协商	65.3	70.2
追究医生的法律责任	34.7	48.7
体谅医生的难处，理性宽容	65.3	43.5

注：其他选项因医方选择人数过少不做统计。

以上分析说明：医患价值观对医患关系和谐度评价、对造成医患关系紧张原因的判断归因及医疗纠纷的处理方式都具有显著影响。相信通过对价值观的积极正向引导，必将提高医患关系的和谐程度。只有医患关系和谐了，人们才能放心就医，不必在身体遭受疾患时还要承受心理上的折磨，医生才能放下思想包袱，不再束手束脚而专注于医学攻坚，为患者创造福音。构建和谐医患关系对增进社会和谐友善、加强人际信任、提升人民幸福感有极大的促进作用。

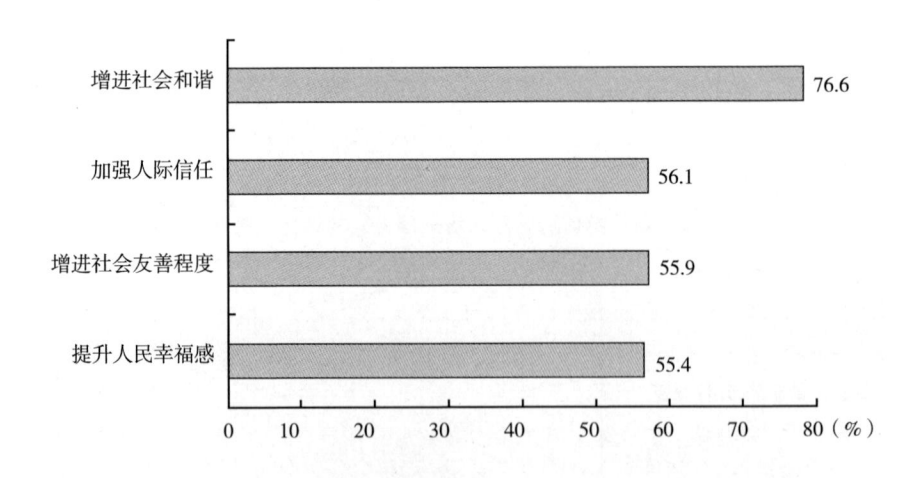

增进社会和谐	76.6
加强人际信任	56.1
增进社会友善程度	55.9
提升人民幸福感	55.4

图12 构建和谐医患关系对社会的促进作用

四 构建和谐医患关系的几点建议

党的十六届四中全会提出了构建社会主义和谐社会的重大理论构想，即人与人、人与社会、人与自然的和谐。其中重点是人与人、人与社会的和谐。

医疗服务是一种特殊性质的社会服务，不同于一般的消费服务，它涉及公民生命安全和健康保障。医患关系正是围绕患者健康利益建立起来的、医生对患者施救过程中产生的人际交往关系，其中充满着人文关怀和利他主义精神，充分体现了人类社会的和谐互助精神。

（一）加强医院建设与民主监督

医院建设包括制度建设、文化建设、科室建设、环境建设、科研建设等许多方面，只有以"患者满意"为原则、以"惠民便民、提升患者就医感受"为目标才能有效提高医院建设水平，使民众满意。同时应加强民主管理、民主监督，指定责任人负责日常工作，由职工代表参与制定各项工作规则和质量标准，完善医院投诉机制建设，拓宽群众投诉渠道，如设立投诉电话、意见簿、院长信箱、院长接待日等。

（二）提升医疗服务水平，加强医患沟通与信任

医院应在提高医疗质量和服务态度上下功夫，狠抓医护人员的业务素质和道德修养，高超的医术与高尚的医德是重建医患互信的重要环节。

加强医患沟通能够促进医患认知趋同、减少误解。这不仅有利于消除信息不对称，促进患者对医生治疗行为的了解和认同，也有利于医生减轻压力、获得理解与信任。调查显示，48.5%的被访者认为医患沟通非常重要。医学之父希波克拉底说过：医生有三大法宝——语言、药物、手术刀。如果医生不愿、不屑或不善于医患沟通，面对患者有关检查、用药等不明情况的询问表现出不耐烦的情绪则容易为医患冲突埋下祸根。这就要求医生尊重患者的知情权、选择权，在诊疗过程中重视与患者的沟通，真正体现出对患者的医学人文关怀——对患者躯体、心理及生命的关怀。

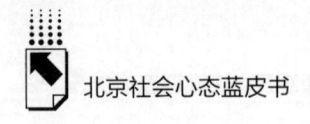

(三)媒体加大对医界优秀事例的宣传报道力度,严厉谴责医闹等不良行径

舆论导向作用是新闻媒体独具一格的特征。新闻媒体应突出报道新闻的积极面,引导人们从正确的方向思考社会问题。正确的舆论导向是促进社会和谐发展的前提。针对当前医患关系的弱紧张状态,媒体应发挥其弘扬正能量的作用,加大对医学界最新科研动态、医生爱岗敬业优秀范例、业界争分夺秒救死扶伤典型事例的宣传报道,同时对医闹、非法袭医等不良行为严加谴责,还医疗一个清正的大环境。

(四)患者及家属理解、信任、体谅医生,在医疗纠纷中尽量做到理性宽容

患者的理解和宽容是近八成医生的期待,患者应尊重、理解并信任医务人员,遇事多进行换位思考,不能只站在自身角度上想问题,也不要认为医生能包治百病。

一旦发生医疗纠纷,患者应尽量采取理性、宽容的处置方法,力争通过协商来解决问题,千万不能选择暴力袭医。世界著名医学杂志《柳叶刀》登载的一篇题为《中国医生:威胁下的生存》的文章称"中国医生经常成为令人惊悚的暴力的受害者"。面对患者和社会的压力,医生容易产生职业倦怠及防御心理,从而导致在医疗活动中为避免误诊宁可多开检查,产生的高费用又将引发患者不满,导致恶性循环。医学本身是一门创造性学科,防御心理易导致医生在治疗中思维受限,不敢有所突破、有所创新,既不利于疾病的治疗,也不利于医学的发展。

(五)建立健全有效的纠纷解决机制是构建和谐医患关系的法制保障

我国目前的医疗纠纷解决体系大致分为三类:和解、调解与诉讼。和解是医患双方通过协商的形式,在平等自愿的基础上,本着互谅互让的精神达成协议,自行解决医疗纠纷的一种手段。虽然目前我国大部分医疗纠纷是通过和解的方式得到解决的,但目前患方主张权益行为的恶俗化使得和解中的自愿和理

性成分大打折扣，结果往往是"解而不和"。

调解是由第三方出面，依据一定的道德和法律规范，对发生纠纷的当事双方进行劝说，或提出方案供双方选择采纳，使其达成谅解和让步，从而消除争端、改善相互关系的一种手段。目前我国医疗纠纷的调解体系包括：行政机关调解、法院调解、人民调解。自2006年10月山西省成立全国首家医疗纠纷人民调解委员会以来，全国各省市相继成立了调解委员会，特别是推进"平安医院"建设以来，呈现出"两升两降一延伸"的良好局面：人民调解比例提升、医患双方满意度提升；涉医案件下降、医疗纠纷数量下降；医疗风险分担覆盖面向基层医疗机构延伸。而这种良好局面的保持和发扬对调解员队伍提出了更高的要求，亟须把懂政策、懂法律、懂医学、热心人民调解工作的人员充实到调解员队伍中来。

诉讼是最为权威的一种解决方式，本应最为医患双方所认可，但事实却并非如此。究其原因，一是诉讼成本过高，金钱、时间、精力的大量投入与医疗纠纷的胜诉率低存在差距；二是诉讼中的激烈对抗使当事人的隐私公之于众而令人难以接受。

医患关系的复杂性决定了医疗纠纷解决起来会更加错综复杂，往往会牵扯到人情、人性、人心及利益得失等种种因素。由于法制的不健全，许多时候出现了"大闹大赔，小闹小赔，不闹不赔"、同命不同价等不合理现象，这种做法不仅牺牲了公平正义，而且助长了"医闹"行为，应尽快完善纠纷解决机制，积极探索治理新模式，运用法制思维解决医患矛盾，使医疗纠纷处理走上法制轨道。

构建和谐医患关系是一项长期艰巨的任务。只有坚持常抓不懈才能稳步推进医患关系向和谐积极的方向发展，医患双方都应做和谐医患关系的推动者，共同为构建相互尊重、理解、信任、宽容、友善的和谐医患关系而努力，为创建社会主义和谐社会贡献自己的力量！

B.7
北京居民消费价值观调查报告

石孟磊*

摘　要： 本文通过自编的《消费价值观问卷》和《消费诚信问卷》了解北京居民的消费价值观，同时考察不同消费观群体对商家诚信的看法。结果发现北京居民以传统价值观为主：女性比男性的消费观更传统；年长者比年轻者的消费观更传统。消费者对商家注重售后服务方面的评价显著低于对产品价格与质量的评价。

关键词： 消费价值观　诚信

消费是基于人类生存与发展的需要，是现代社会经济活动中不可或缺的组成部分。随着消费领域研究的不断推进，从20世纪70年代末期以来，关于消费价值观的研究就成为活跃的领域，① 成为经济学、市场营销学、社会学、心理学等不同学科的研究对象。综合各方观点，延续心理学对价值观的定义，消费价值观就是人们针对消费问题的根本看法，是人们在处理消费领域的问题时所持的立场，是连接产品与消费者行为的重要媒介，对消费行为有较强的指导意义。从中国的传统文化来看，由于古代生产力水平低下、近代战争频发、现代社会变动等各个时期不同的历史因素，一度造成商品的严重匮乏，人们的购买力低下，消费价值观主要以"克制购买欲望、减少不必要开支"为主导，形成勤俭节约的习惯。而随着当今经济发展与社会进步，人们产生许多不同的

---

* 石孟磊，北京社会心理研究所助理研究员，主要研究方向为幸福感、社会支持。
① 王国猛、黎建新、廖水香：《消费价值观研究述评》，《消费经济》2009年第10期，第88～91页。

消费倾向，出现"品牌消费""超前消费""预付消费"等多种新的消费方式，消费价值观也呈现出多元化的态势。

中国人历来信奉诚信，"人无信不立，业无信不兴"，消费领域尤其强调商家的诚信问题。在本文中，商家泛指从事商业活动（制造或提供产品或服务）的个人或组织。顾名思义，商家诚信是指商家在生产与销售的过程中做到诚实守信。近年来，"福喜公司过期肉事件""三鹿奶粉三聚氰胺事件""肯德基苏丹红事件"等不诚信的行为频发，使消费者对商家的诚信问题产生了怀疑。消费者—商家之间的交换关系是消费领域中最基本、最核心的关系，消费者—商家交换关系的形成分为三个阶段：[①] 第一阶段是探索期，消费者评估商家的优势是否符合自己的期望，决定是否进行消费；第二阶段是发展期，消费者通过对商家服务的肯定进一步建立起互惠交换；第三阶段是形成期，消费者对彼此交换资源的满意度来确定交换关系质量，不断稳固双方的关系。

无论处于哪个阶段，诚信都是商家的立足之本，都是确保消费者—商家关系顺利建立的基础。商家秉承诚信经营的宗旨是不同群体消费者对商家交换资源的共同需求。[②] 商家诚信是社会诚信体系的重要组成部分，是建立和谐社会的重要内容。因此，本次调查通过自编的《消费价值观问卷》与《消费诚信问卷》，在了解北京居民消费价值观的同时，了解考察不同消费观群体对商家诚信的看法。本次调查共发放问卷4200份，回收4126份，回收率为98.2%。

一 北京居民消费价值观的特征

消费价值观可分为传统消费观与现代消费观。传统消费观包括谨慎型、满足需要型、实用型、节约型、过程型。现代消费观包括冲动型、追求品质型、品牌型、超前型、结果型。在本次调查中，传统消费观的得分是3.60分，现代消费观的得分是3.03分（$t=46.3$，$p<0.01$），北京居民在传统消费观上的得分高于现代消费观的得分。

---

① 张志荣：《社会交换理论视角下的消费者与商家关系研究》，《大江周刊（论坛）》2011年第2期，第84~86页。
② 张志荣：《大学生消费者与商家交换关系的问卷编制及其现状研究》，江西师范大学硕士（学位）论文，2011。

进一步把消费价值观分为相对应的五组类型（见图1）："谨慎型—冲动型""满足需要型—追求品质型""品牌型—实用型""节约型—超前型"和"过程型—结果型"。结果发现，消费观排在前三位的是满足需要型（4.02分）、实用型（4.00分）和谨慎型（3.87分）；排在后三位的是超前型（2.45分）、品牌型（2.80分）和结果型（2.81分）。

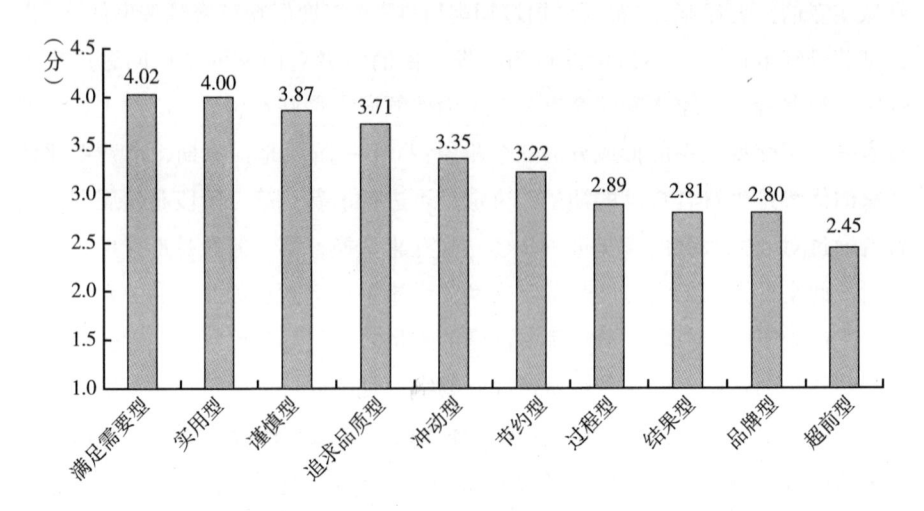

图1 北京居民不同消费观的平均数

综合以上数据，我们可以发现，虽然受到超前消费、品牌消费等现代消费观的冲击，但是，从历史的角度来讲，"崇俭黜奢"一直是我国社会的主导消费观，[①] 居民仍秉持"攒钱养老、攒钱防病"的思想，大部分人需要为子女教育与退休养老攒钱。一方面，我国居民的高储蓄现象仍然突出——截至2013年的统计数据，我国居民储蓄率早已突破50%，远远高于世界20%左右的平均水平；[②] 另一方面，我国居民的低消费倾向逐渐增加——英国路透社的调查数据显示，2014年底销售增速从2013年初的近30%降至7%左右。[③] 因此，无论

---

① 李秀丽：《崇奢黜俭：对传统消费观的几点分析》，《广西社会科学》2002年第4期，第116~117页。
② 《探讨：我国居民储蓄规模为什么增长如此迅速？》，中国行业研究网，http://www.chinairn.com/news/20130923/144406671.html。
③ 《美媒称中国消费者愈发不愿花钱：怕还不上信用卡》，http://news.163.com/15/0127/00/AGU6MKIF00014AEE.html。

从本次调查的数据还是相关报道来看,消费价值观仍呈现保守理性的态势。

就五组消费观来看(见表1),居民在传统消费观上的得分分别高于相对应的现代消费观得分。具体分析发现,北京居民的传统消费观主要表现在:消费决策比较谨慎,"喜欢货比三家";挑选商品看重性价比,"更多选择实惠的商品";消费目标比较实际,"目的是为了满足日常的需要";消费理念相对保守,"存钱比消费更重要";消费更加重视过程,而较少看重结果。

表1 北京居民的五组消费价值观比较

传统消费观—现代消费观	均值	标准差	t	df	Sig.(双侧)
谨慎型-冲动型	0.52	1.46	22.54	4065	.000
满足需要型-追求品质型	0.31	1.01	19.29	4043	.000
实用型-品牌型	1.20	1.42	53.33	4014	.000
节约型-超前型	0.77	1.56	31.39	4030	.000
过程型-结果型	0.08	1.15	4.15	4048	.000

这一方面是由于受到"规避不确定性"和"风险厌恶倾向"的作用,以及"勤俭持家"的道德生活规范的长期影响,大部分人过度自我控制,对消费持有负罪感与不安感;[1]另一方面是由于受到现阶段社会经济发展水平的限制,社会保障系统尚不完备,居民对未来生活的担忧加重,个人储蓄成为居民建立经济保障、提高抗风险能力与心理安全感的重要途径。

1. 女性比男性的消费观更传统,男性比女性倾向于冲动型与节约型消费观

传统消费观总体上存在性别差异,女性的得分(3.64分)显著高于男性(3.55分),具体表现在"谨慎型""满足需要型""实用型"和"过程型"四个维度上的得分都显著高于男性,男性仅在"节约型"上高于女性,说明女性比男性持有更强烈的传统消费观意向。

现代消费观不存在性别差异,进一步分析发现,(1)"品牌型"和"超前型"不存在性别差异;(2)男性在冲动型上的得分显著高于女性;(3)女性在追求品质型上的得分高于男性。值得一提的是,男性一方面更倾向于持有冲动型消费观,"喜欢就买,没必要挑来挑去";另一方面更赞同节约型消费观,

---

[1] 陆卫平、晁钢令:《国内居民"阶段性消费"特征的微观行为分析——中国传统文化价值观的视角》,《浙江教育学院学报》2010年第3期,第81~84页。

"存钱比消费更重要"。

杰梅茵·格里尔在《完整的女人》一书中提到,"如今80%的商品被女人购买,现代经济至少在很大程度上依赖于女人对产品和服务的消费。"[1] 女性已成为现代社会中的消费主力军,特别是多数家庭消费决策都由女性决定。而女性在过程型和结果型上都显著高于男性,说明女性不仅要享受购物时挑选的过程,而且要买到东西——"只逛不买,很难心满意足"。

表2　北京居民消费价值观的性别差异

消费价值观	类别	男		女		P值
		均值	人数	均值	人数	
传统价值观	谨慎型	3.80	1965	3.94	2049	p = 0.000 ***
	满足需要型	3.98	1962	4.05	2041	p = 0.009 **
	实用型	3.95	1936	4.05	2028	p = 0.000 ***
	节约型	3.25	1954	3.18	2030	p = 0.048 *
	过程型	2.75	1951	3.01	2032	p = 0.000 ***
现代价值观	冲动型	3.39	1963	3.31	2034	p = 0.021 **
	追求品质型	3.66	1954	3.75	2030	p = 0.003 **
	品牌型	2.82	1940	2.78	2020	p = 0.216
	超前型	2.44	1950	2.44	2028	p = 0.907
	结果型	2.74	1958	2.88	2033	p = 0.000 **

2. 年长者的消费观更传统,年轻者的消费观更现代

传统价值观总体上呈现出随着年龄增长而增加的趋势,现代价值观总体呈现随着年龄增长而下降的趋势(见图2),这说明年长者的消费观更传统,年轻者的消费观更现代。50后与60后的消费观更接近,而80后和90后的消费观更接近,70后的消费观处于两者的中间地带。

消费观的差异也体现在消费场所的选择上(见图3):80后与90后更多选择的购物地点是大商场、国际与国内专卖店、网上购物,50后与60后更多选择的购物地点是批发市场、超市与实惠小店。50后与60后崇尚勤俭节约,"喜欢货比三家",追求物美价廉;80后与90后追求时尚品质,选择品牌消

---

[1] 蒋晓丽、刘路:《传媒"她世纪"的女性消费与消费女性》,《社会科学研究》2008年第1期,第182~186页。

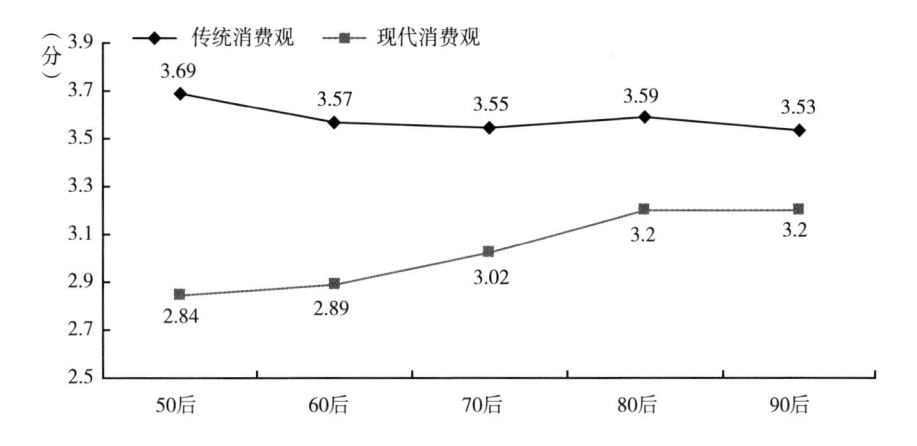

图 2　不同年龄组的消费观比较

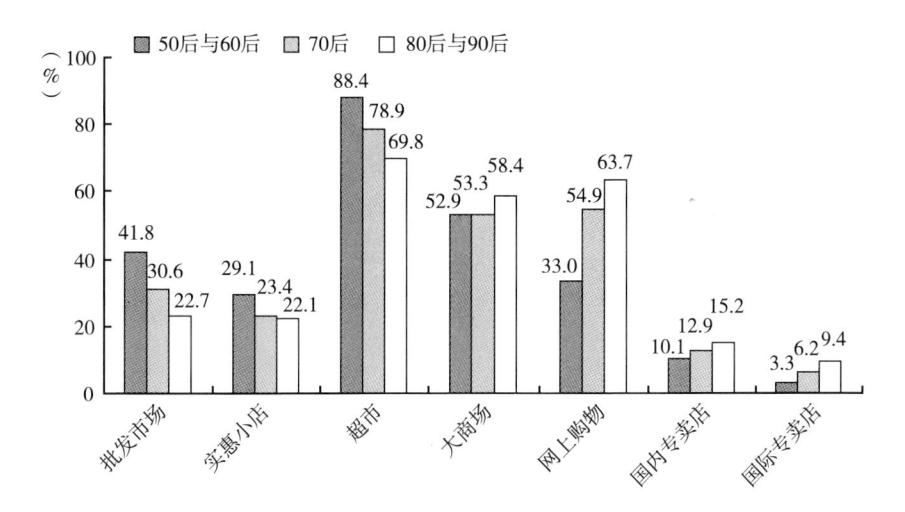

图 3　不同消费场所的提及率比较

费，喜欢张扬个性。不同的消费观导致不同的生活方式，多元化的消费市场满足着不同年龄、不同层次的差异性需求。

值得一提的是，"80 后与 90 后"、70 后以及"50 后与 60 后"网上购物的比率分别是 63.7%、54.9% 与 33.0%，反映出明显的年龄差异。80 后从初中开始接触网络，而 90 后基本上诞生于网络时代，这两代人对网络购物的接受度远远高于其他年代出生的人群。

3. 高等学历者①更趋向于现代消费观，初等学历者更趋向于传统价值观

北京居民的消费价值观存在明显的学历差异（见图4），具体表现在：高等学历者更趋向于现代消费观，初等学历者更趋向于传统价值观，中等学历者介于两者之间。

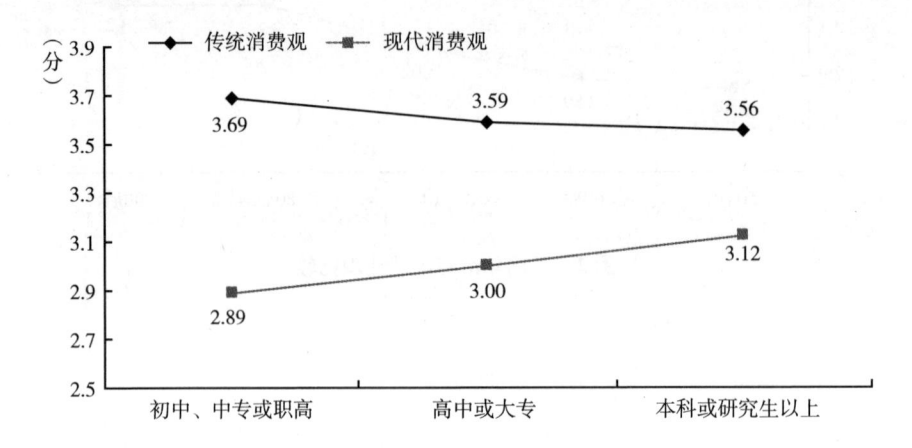

图4 不同学历居民的消费观比较

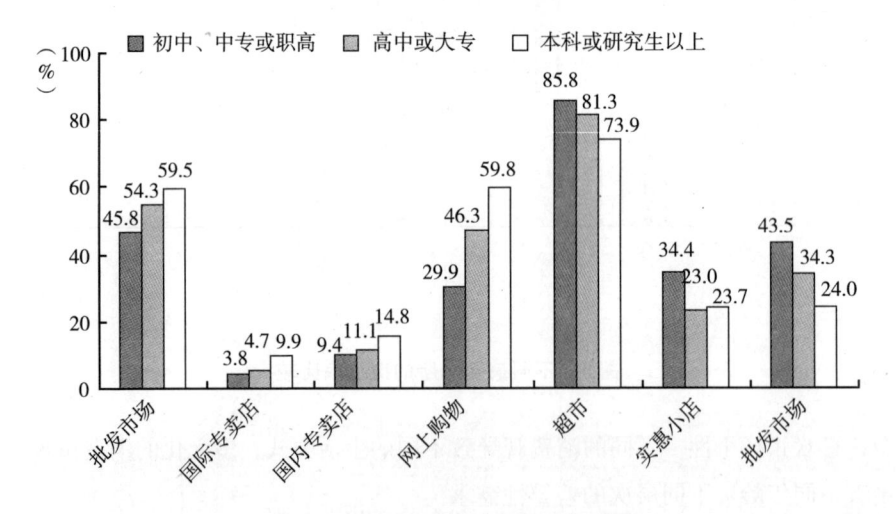

图5 不同学历居民的购物地点比较

---

① 高等学历是指本科或研究生以上，中等学历是指高中或大专，初等学历是指初中、中专或职高。

具体来看，高等学历者多选择国内外专卖店、大商场、网络购物，初等学历者多选择超市、实惠小店、批发市场。进一步考察发现，初等学历者主要集中在50后与60后，高等学历者主要集中在70后、80后与90后。因此，学历上的消费观差异在一定程度上源于年龄差异。

二 不同消费观群体对商家诚信的评价

消费决策的影响因素从高到低依次是价格因素（60.1%）、产品质量性能（56.5%）、实际需要（52.4%）、个人喜好（43.3%）、品牌效应（30.8%）、广告媒体效应（22.0%）、亲友推荐（22.0%）、时髦风尚（9.2%）。可见，产品因素（价格因素与质量性能）占据第一位。由此可见，商品（或服务）是消费者对商家诚信诉求的第一载体，主要反映在商品的价格与质量上，没有质量可靠、价格合理的商品，"商家诚信"只能是空谈。消费者对商家诚信的诉求还体现在售后上，当商品出现问题时，商家要及时处理，消除消费者对商品的误解。另外，品牌是商家诚信发展到一定阶段的产物，只有建立在商品基础上的诚信，才能让消费者感受到品牌力量，发挥出不可忽视的口碑效应。

考虑到以上两方面内容，本次调查分成三个步骤，考察居民对商家诚信的评价：①总体上考察居民对商家诚信的总感受——"商家大都能恪守诚实守信的经商之道"；②具体围绕商品的基本属性进一步考察——价格公道、质量可靠、注重售后；③考察居民对不同品牌来源的感受——广告宣传多的品牌、老字号有口碑的品牌、由权威部门认定的品牌、明星推荐的品牌、国外的品牌、国内的品牌。

结果发现，消费者对商家诚信的总评价是3.13分，高于中数3分（$t=8.95$，$p<0.01$），具体到三个维度，价格公道（$t=19.27$，$p<0.01$）、质量可靠（$t=17.99$，$p<0.01$）与注重售后（$t=9.04$，$p<0.01$）上的评价也均显著高于中数3分。这反映出消费者对商家诚信的评价处于中等偏上的水平。

值得注意的是，消费者在商家注重售后上的评价（3.13分）显著低于商家价格公道（3.28分）和质量可靠（3.25分）的评价。这说明相对于商品本身，消费者对商品售后更不满意，这与广州的一项调查研究有些不

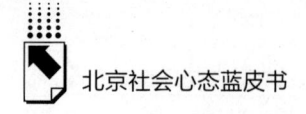

谋而合，① 反映出商家的售后意识亟待提升，在处理消费者投诉上有待完善。

品牌认可度由高到低依次是老字号品牌（4.09分）、权威部门认定的品牌（3.63分）、国内品牌（3.32分）、广告宣传多的品牌（3.18分）、国外品牌（2.96分）、明星推荐的品牌（2.74分）。品牌认可度是消费者对商家诚信的认可，可见，最受推崇的还是经营多年的老字号品牌。

1. 谨慎型消费者在商家注重售后上的评价显著高于冲动型消费者；谨慎型消费者更倾向于老字号品牌、权威部门认定品牌，而冲动型消费者更倾向于明星推荐品牌、广告宣传多的品牌

谨慎型—冲动型消费观的划分方式是："差值＝谨慎型消费观得分－冲动型消费观得分"，当差值大于0时，归为谨慎型消费者；当差值小于0时，归为冲动型消费者。谨慎型消费者的特点是"购物时喜欢货比三家"，冲动型消费者的特点是"喜欢就买，没必要挑来挑去"。

经统计分析发现，谨慎型消费者与冲动型消费者在总体评价、价格公道、质量可靠上没有明显差异，而谨慎型消费者在注重售后的评价上显著高于冲动型消费者（见图6）。这可能是由于冲动型消费者的购买过程较为仓促，缺乏对商品的理性分析，更多从喜好出发，更容易出现后悔的情况，产生退货或换货的要求。

进一步分析发现（见图7），谨慎型消费者更倾向于老字号品牌、权威部门认定品牌，而冲动型消费者更倾向于明星推荐品牌、广告宣传多的品牌。近年来，明星推荐的品牌存在虚假夸大产品性能的现象，屡屡遭到媒体曝光，"明星推荐"并不代表着质量过关；而且，冲动型消费者的购买决策依托于明星效应，容易对产品产生过高的期望，比如期待"快速瘦身、抹平大肚子"的明星宣传，在使用后，当达不到宣传的效果时，就会对商品产生怀疑，与商家产生更多的摩擦。

2. 满足需要型消费者与追求品质型消费者在商家诚信各维度上的评价没有显著差异；追求品质型消费者更倾向于广告宣传多的品牌、明星推荐的品牌、国外的品牌

满足需要型－追求品质型消费观的划分方式是："差值＝满足需要型消费

---

① 李敏等：《广州市民对商家诚信经营社会满意度调查》，《亚太经济时报》2007年10月28日第A10版。

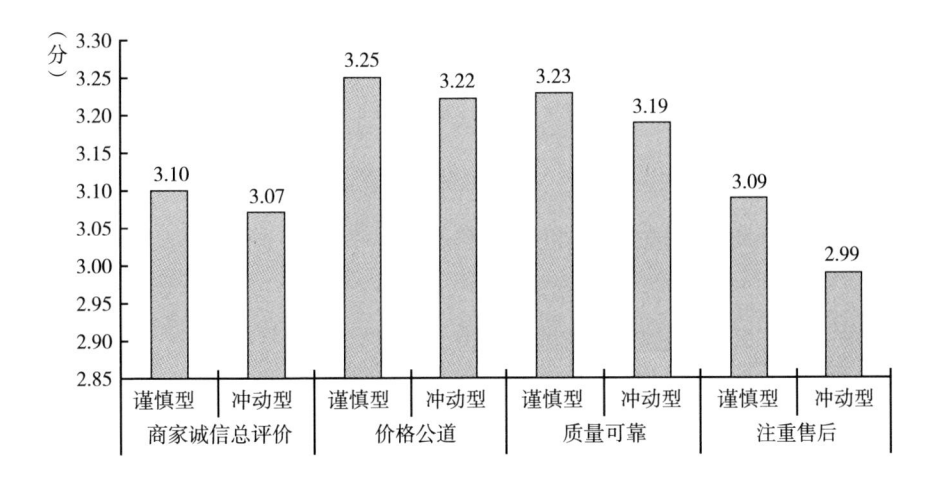

图6 谨慎型与冲动型在商家诚信上的比较

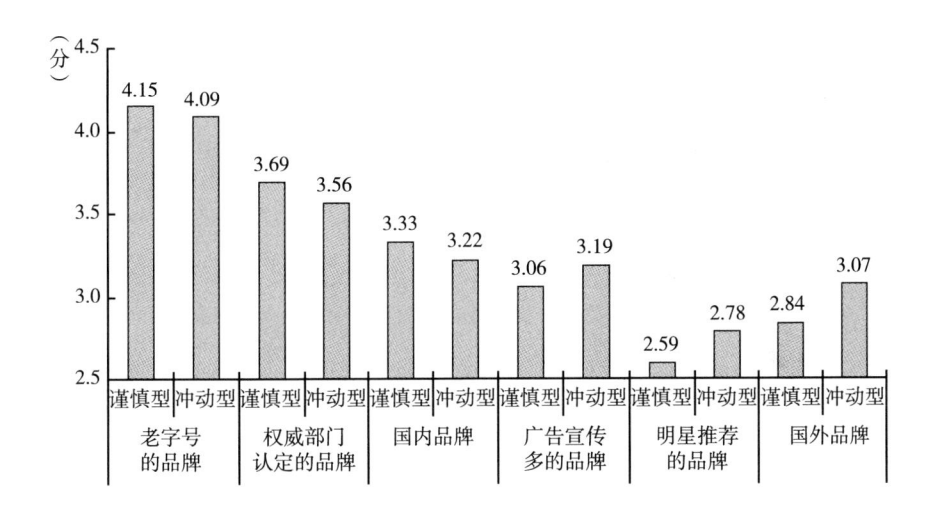

图7 谨慎型与冲动型在不同品牌上的比较

观得分－追求品质型消费观得分",当差值大于0时,归为满足需要型消费者;当差值小于0时,归为追求品质型消费者。满足需要型消费者认为"消费是为了满足自己的日常需要",追求品质型消费者认为"消费是为了提高自己的生活品质"。

经统计分析发现,满足需要型消费者和追求品质型消费者在商家诚信总评

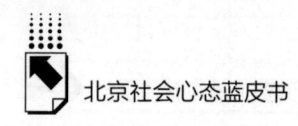

价、价格公道、质量可靠、注重售后上的评价没有显著的差异（见图8）。进一步分析发现（见图9），追求品质型消费者更倾向于广告宣传多的品牌、明星推荐的品牌、国外的品牌。这可能是由于追求品质型消费者认为这三类品牌能在一定程度上反映出生活品质。

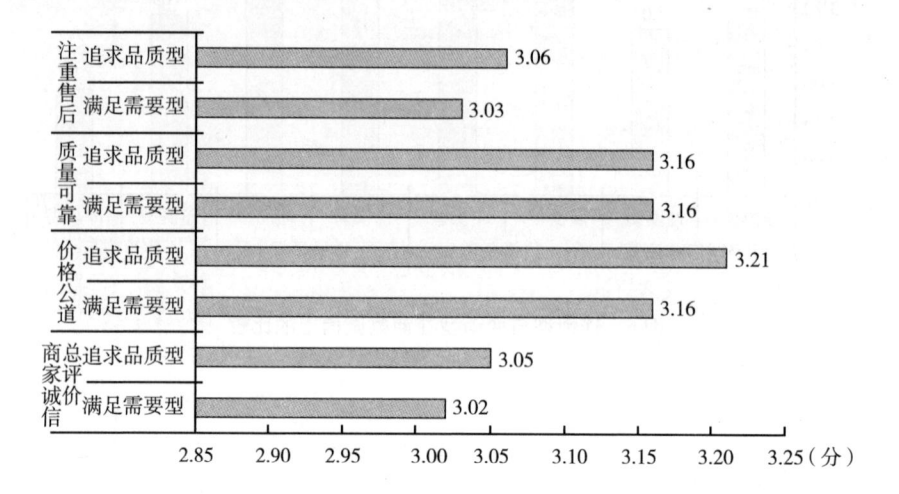

图8 追求品质型消费者与满足需要型消费者在商家诚信评价上的比较

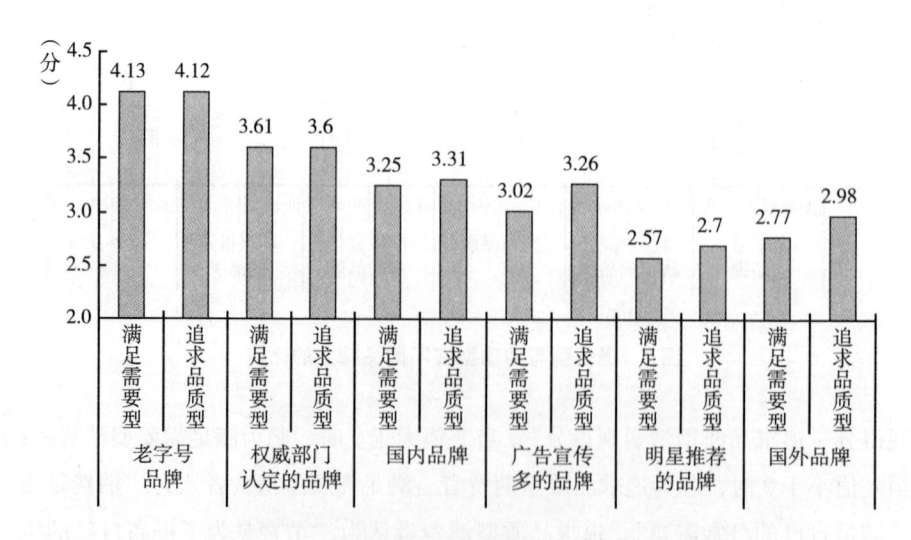

图9 追求品质型消费者与满足需要型消费者在不同品牌上的比较

3. 品牌型消费者在价格公道、质量可靠、注重售后上的评价显著高于实用型消费者；品牌型消费者更多选择专卖店，实用型消费者更多选择超市、小店与批发市场

实用型—品牌型消费观的划分方式是："差值＝实用型消费观得分－品牌型消费观得分"，当差值大于0时，归为实用型消费者；当差值小于0时，归为品牌型消费者。实用型消费者认为"我在购物时更多选择实惠的商品"，品牌型消费者认为"选择名牌，让我觉得很有面子"。

经统计分析发现，品牌型消费者在价格公道、质量可靠、注重售后上的评价显著高于实用型消费者（见图10）。具体分析两者的购物地点，结果发现，实用型消费者选择超市、不出名但实惠的小店以及商品批发市场的比率（分别是84.6%、31.1%和37.2%）显著高于品牌型消费者（分别是61.9%、13.9%和22.1%），而品牌型消费者选择国际名品专卖店、国内名品专卖店（分别是16.7%、24.1%）显著高于实用型消费者（分别是3.0%、9.4%）。这表示实用型消费者的购物地点一般集中在超市、小店和商品批发市场，而品牌型消费者在专卖店购物的比率高。一般而言，专卖店在质量以及售后方面优于小店或批发市场，而专卖店在价格上本着一分价钱一分货的原则，而批发市场一般是以质次价廉取胜。品牌型消费者的产品体验优于实用型消费者，因此，品牌型消费者对商家的诚信评价要高于实用型消费者。

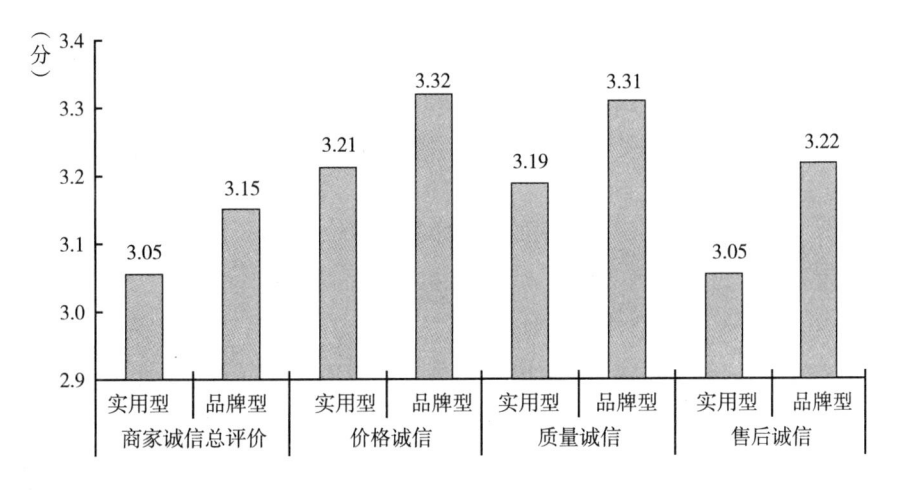

图10 实用型消费者与品牌型消费者在商家诚信评价上的比较

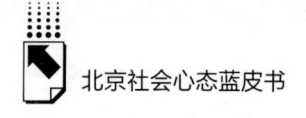

4. 节约型消费者在商家诚信总体评价、价格公道、注重售后上的评价显著高于超前型消费者；超前型消费者更认可广告宣传多的品牌与明星推荐的品牌

节约型—超前型消费观的划分方式是："差值 = 节约型消费观得分 – 超前型消费观得分"，当差值大于 0 时，归为节约型消费者；当差值小于 0 时，归为超前型消费者。节约型消费者认为"能省则省，存钱比消费更重要"，超前型消费者认为自己是月光族。

经统计分析发现，节约型消费者在商家诚信总体评价、价格公道、注重售后上的评价显著高于超前型消费者（见图 11）。进一步分析发现，节约型消费者对广告宣传多的品牌与明星推荐品牌的认可度显著低于超前型消费者，反映出超前型消费者的从众购买倾向，在消费上缺乏自身的理性判断。

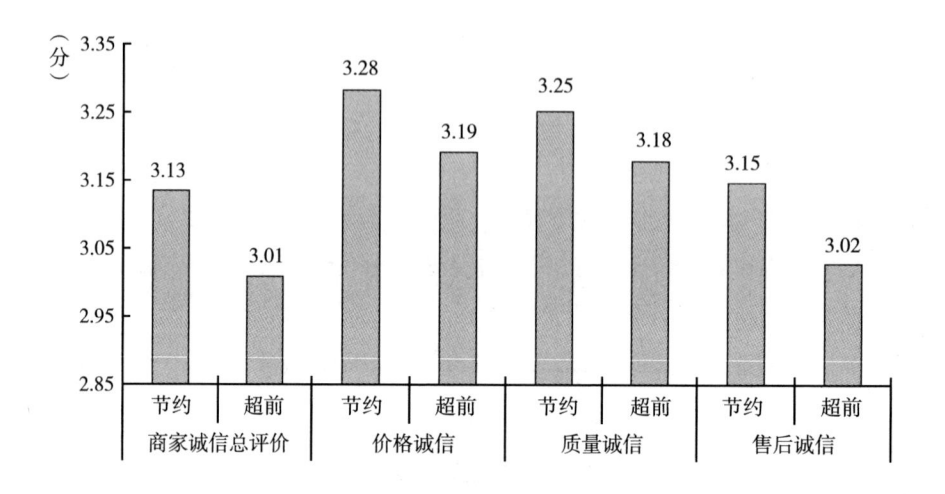

图 11　节约型消费者与超前型消费者在商家诚信评价上的比较

5. 过程型消费者在商家诚信总评价上的得分显著高于结果型消费者；结果型消费者比过程型消费者更认可明星推荐的品牌

过程型—结果型消费观的划分方式是："差值 = 过程型消费观得分 – 结果型消费观得分"，当差值大于 0 时，归为过程型消费者；当差值小于 0 时，归为结果型消费者。过程型消费者认为"我享受购物时挑选的过程"，结果型消费者认为"逛街只逛不买，我很难心满意足"。

经统计分析发现，过程型消费者在商家诚信总评价上的得分显著高于结果型消费者（见图12），而在价格诚信、质量可靠、注重售后上两者没有明显的差异。进一步考察，结果型消费者比过程型消费者更认可明星推荐的品牌。

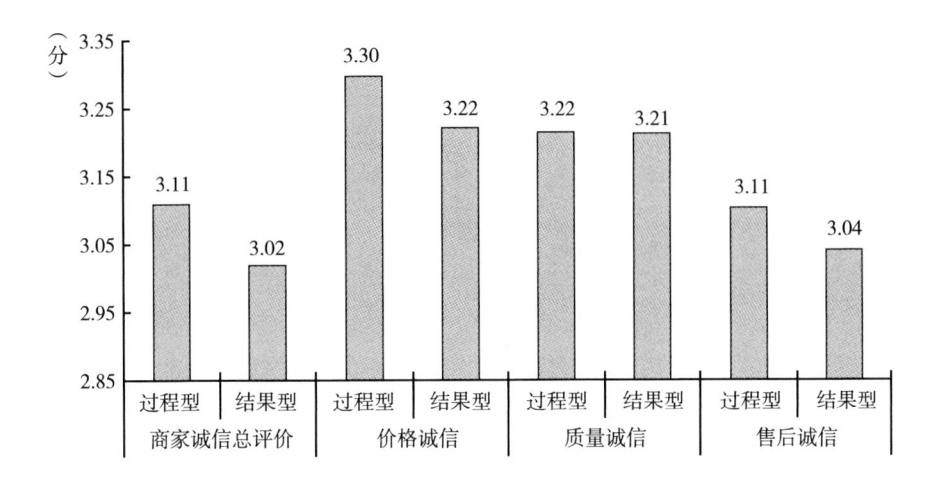

图12　过程型消费者与结果型消费者在商家诚信评价上的比较

三　关于不同消费观群体对商家诚信评价的情境验证

针对"商家诚信的三个维度"（价格公道、质量可靠、注重售后），本次调查问卷设置了两个情境——"售前服务与售后服务"。售前服务主要集中在消费者对商家产品的价格与质量判断上，售后服务主要集中在消费者对售后服务的评价上。

总体来看，在售前价格的判断上，54.9%的人认为价格虚高——"店家关于材质的标识是真实的，但5000元有点不值"，31.3%的人认为商家会在材质标识上弄虚作假——"店家关于材质的标识是虚假的，根本不值5000元"，只有13.7%的人认为商家的商品是物有所值的——"店家关于材质的标识是真实的，5000元物有所值"。在售后服务的判断上，48.8%的人认为"店家会在争执后，不情愿退货"，41.4%的人认为店家会爽快地退货，9.8%的人认为商家会拒绝退货。

虽然消费者在质量可靠、价格公道与注重售后上的得分处于中上水平，但

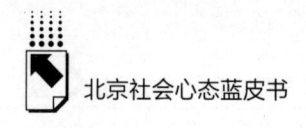

具体到实际情境，消费者对商家诚信的评价不容乐观。在售前服务上，只有13.7%的人认为商家不会在质量和价格上弄虚作假；在售后服务上，虽然九成以上的人认为商家最终会退货，但其中一半以上的人认为商家退货不会很痛快。商家退货态度也是影响消费者对商家评价的重要因素之一。

1. 谨慎型消费者认为物有所值的比率略高于冲动型消费者

调查结果显示，两者对售前服务（质量与价格）的评价差异并不显著。通过情境设置题发现，结果略有不同：谨慎型消费者认为物有所值的比率（12.3%）略高于冲动型消费者（11.9%），认为价格虚高的比率（57.8%）略高于冲动型消费者（53.8%）；而冲动型消费者认为材质造假的比率（34.3%）略高于谨慎型消费者（30.4%）。

调查结果显示，谨慎型消费者对售后服务的评价略高于冲动型消费者。但从情境题中反映出两者总体上不存在明显的差异（分别是91.3%与91.5%），具体分析发现：谨慎型消费者（50.1%）认为"店家会不情愿地退货"，比率略高于冲动型消费者对同一问题的选择（48.4%）。

2. 追求品质型消费者认为物有所值的比率略高，而满足需要型消费者认为商家会退货的比率略高

调查结果显示，两者在售前服务（质量与价格）与售后服务上的差异均不显著。分析情境题发现，在售前服务上，追求品质型消费者认为物有所值的比率（13.6%）高于满足需要型消费者（11.2%），认为价格虚高的比率（58.4%）高于满足需要型消费者（55.4%）；满足需要型消费者认为材质作假的比率（33.5%）高于追求品质型消费者。

在售后服务上，满足需要型消费者认为商家会退货的比率（90.2%）略高于追求品质型消费者（89.2%）。

3. 品牌型消费者认为"物有所值"的比率高于实用型消费者，实用型消费者认为"店家会退货"的比率高于品牌型消费者

与前面的调查结果一致，品牌型消费者在售前服务上的评价均高于实用型消费者，具体表现在：品牌型消费者（16.9%）比实用型消费者（11.8%）认为物有所值的人更多；无论是认为"价格虚高"还是"材质作假"的比率，品牌型消费者都要少于实用型消费者。

与前面调查结果不一致的是，实用型消费者在售后服务上的评价比品牌型

消费者略高,具体表现在:品牌型消费者认为"店家会退货"的比率(91.6%)略高于实用型消费者(89.6%)。

4. 超前型消费者认为"物有所值"的比率高于节约型消费者,节约型消费者认为"店家会退货"的比率高于超前型消费者

与前面的调查结果不一致的是,节约型消费者与超前型消费者在售前服务上的评价比较复杂,具体表现在:超前型消费者认为"物有所值"的比率(15.6%)高于节约型消费者(12.3%),同时认为"材质造假"的比率(33.0%)高于节约型消费者(30.9%);节约型消费者认为"价格虚高"的比率(56.8%)高于超前型消费者(51.4%)。

与前面的调查结果相一致的是,节约型消费者在售前服务上的评价均高于实用型消费者,具体表现在:节约型消费者认为"店家会退货"的比率(90.8%)高于超前型消费者(88.2%)。

5. 过程型消费者认为"物有所值"的比率高于结果型消费者,过程型消费者在售后服务上的评价与结果型消费者没有明显的差异

与前面结论不一致的是,过程型消费者在售前服务上的评价略好于结果型消费者,具体表现在:过程型消费者认为"物有所值"的比率(15.5%)高于结果型消费者(13.1%),认为"材质造假"的比率(28.2%)低于结果型消费者(32.5%);结果型消费者认为"价格虚高"的比率(54.4%)低于过程型消费者(56.3%)。而过程型消费者在售后服务上的评价与结果型消费者没有明显的差异。

四 相关建议

现代经济催生出消费观的多元化,人们从生存型必需品消费逐步扩大到发展型品质服务消费。针对本次调查得出的结论,提出以下三方面建议。

1. 消费者要建立正确消费观,理性判断商家诚信

在消费过程中,消费者要把握量入为出、适度消费的原则,消费支出应该与收入相符,在自己所能承受的经济条件下合理消费,避免盲目消费与冲动消费。消费者在判断商家是否诚信时要保持理性,不要被不实的宣传语所迷惑,选择商品时不要贪便宜,明白"一分价钱一分货"的道理。

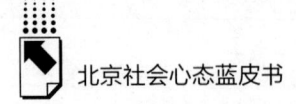

2. 商家要加强诚信意识，形成自己的品牌效应

一个企业缺乏诚信，只为眼前利益，会毁掉自己苦心经营的品牌；一个行业缺乏诚信，目光短浅，会使消费者对整个行业失去信任。诚信是看不见的强大力量，是企业生存的基本准则。在市场经济条件下，商家必须加强自律经营，坚守诚信意识，遵循互惠互利的基本规则，才能形成自己的品牌，才能赢得大众的口碑，以质量可靠的商品与售后服务形成优质的客户资源，实现企业的长久发展。

3. 监管部门加大监管力度，构建和谐的购物环境

现代经济的飞速发展，使生产模式合作化，使商品流通的范围更加广泛，从原料、生产到运输、销售等诸多环节都存在合作关系，任何一个环节出现问题，都会影响产品的质量，从而使消费者对生产者、销售商产生怀疑。这不仅是商家选择合作者的责任，也是监管部门加大监管力度的责任。一方面，监管部门应在各行各业中树立诚信企业标杆，给予诚信企业一定的优惠政策，号召其他企业向诚信企业看齐，建立起良性竞争的经营氛围。另一方面，监管部门应对缺乏诚信、不能履行服务承诺的企业加大惩戒力度，淘汰失信违法的企业，扶植诚信可靠的企业，使整个行业实现有序发展。

社会心态研究篇
Social Mentality Research

B.8 信仰危机下的社会心态研究

谭日辉*

摘　要： 诚信信仰危机是当前社会中的一种普遍现象。实证资料表明，当前的诚信问题影响了公众良好社会心态的形成，需进一步关注和重视。引导公众形成良好社会心态，必须加强诚信对社会心态引导的机制建设、鼓励社会参与、大力弘扬传统美德以及创新网络社会管理方式等。

关键词： 诚信　诚信信仰危机　社会心态

一　问题的提出及其研究意义

信仰危机是指原本具有良好的固定观念，经过困惑和痛苦后，对原有的信

---

* 谭日辉，北京市社会科学院副研究员，社会学博士、博士后。主要研究方向为城市社会学、社区、社会心态等。

仰产生怀疑，直至完全放弃，此时尚未建立或形成新的精神意识和信念的现状。① 随着市场经济的进一步发展，信仰危机已成为一种普遍现象。当前，商业诚信问题、金融诚信问题、产品诚信问题、学术诚信问题、官员诚信问题乃至政府诚信问题等不一而足，这些不诚实的行为严重毒害人们的思想，扰乱了人们正常的思想观念和思维方式，损害了企业的声誉，威胁着企业的生存，败坏了社会风气，腐蚀和破坏了市场经济体制的建立和市场经济秩序，严重影响了我国经济、政治、文化协调发展和社会的全面进步。

诚信，是中华民族的优良传统美德，也是维持社会良性运转和协调发展的重要条件。随着社会主义市场经济的发展，随着人民生活水平的不断提高，广大干部群众对社会诚信的认识不断深化，希望加强社会诚信建设的呼声不断增多。与社会诚信相关的各类事件，越来越容易成为媒体和公众议论的热点问题。社会诚信已经成为上至中央、下至普通百姓、广至社会各界普遍关注的重要问题。改革开放特别是党的十六大以来，我们党高度重视社会诚信建设，出台了一系列政策措施。在中央颁发的《公民道德建设实施纲要》中，诚实守信便作为基本的道德规范之一。在建设社会主义和谐社会进程中，明确将诚信友爱列为建设社会主义和谐社会的六个基本方面之一。党的十七届六中全会《决定》、十八大报告以及十八届三中全会的《决定》均对诚信建设做出了明确规定，加大了对社会诚信的治理。可以说，随着社会主义市场经济的建立和完善，信仰的内容也越加丰富，特别是与市场经济紧密相随的社会诚信引起了学界、政界乃至社会各界的广泛关注，尤其是诚信信仰危机的出现，给我国社会发展敲响了警钟。

本研究所指的信仰危机，主要是因诚信缺失而导致的信仰问题，亦即诚信信仰危机。社会心态也是指诚信信仰危机下的社会心态。

社会心态是社会的"晴雨表"和"风向标"，良好的社会心态在任何时候对国家民族都具有重要意义。近年来，人们情绪波动、心态失衡的现象普遍存在，安全感较低、压力感增强、成就感不高，特别是"全民弱势心理"已成为转型期社会心态的独特现象和显著特征。在继续深化改革的背景下，与社会诚信相关的各类事件，越来越成为媒体和公众议论的焦点问题，严重影响了良

---

① 孟天财、朱丹丹：《风险社会背景下大学生的信仰危机》，《江苏社会科学》2008年第1期。

好社会心态的形成。把握和调适社会心态，理所应当成为一种执政挑战。客观地讲，社会心态与社会诚信密切相关，社会心态的相对独立性，也不能离开社会诚信这一客观领域而存在。因此，站在同心共筑中国梦的立场，对社会心态与社会诚信展开系统的研究，从中归纳总结诚信危机与社会心态的内在关系，探寻在深化改革的背景下，如何加大社会诚信建设的力度，积极培育人们自尊自信、理性平和、积极向上的良好社会心态，使全社会形成比较健康的心理预期，努力在一些重大问题上形成基本共识，形成诚实守信的社会风尚，最终促进中国梦的早日实现就具有重要的理论意义和现实意义。

二　诚信危机下社区居民社会心态情况调查

为了探究当前北京社会成员的整体社会心态，课题组在西城、海淀的部分街道兼顾性别、年龄段、文化程度、收入分布、婚姻状况、政治面貌、居住区域、职业分布，进行2014年北京社会心态调查，涉及公众的个人层面、人际层面和社会层面三个维度，共发放问卷650份，回收有效问卷621份，有效回收率为95.5%。

（一）公众个人层面社会心态分析

1. 人生价值观：50.7%的公众看重实现个人理想

调查显示，关于人生价值观的主要实现，50.7%的公众认为体现在"实现个人理想"，46.2%的公众认为体现在"享受生活的快乐"，39.8%的公众认为体现在"获得丰厚的经济收入"，39.0%的公众认为体现在"自己从事的领域内有所建树"，36.4%的公众认为体现在"为社会发展做出贡献"，27.9%的公众认为体现在"获取较高的社会地位"，20.5%的公众认为体现在"服务人民服务社会"。

2. 从事职业对社会发展的作用：81.3%的公众认为发挥积极作用

调查显示，关于所从事职业在当前社会发展进程中所发挥的作用，22.4%的公众认为发挥"非常积极"的作用，58.9%的公众认为发挥"比较积极"的作用，15.5%的公众认为发挥"一般"的作用，2.7%的公众认为发挥"比较消极"的作用，0.5%的公众认为发挥"非常消极"的作用。

表1 被调查者的基本情况

	个案数	所占百分比		个案数	所占百分比
性别			居住区域		
男	320	51.5	城市	497	80.0
女	301	48.5	农村	124	20.0
年龄段			职业		
18岁及以下	11	1.8	政府机关工作人员	29	4.7
19~24岁	76	12.2	企业管理人员	132	21.3
25~34岁	305	49.1	公司职员	148	23.8
35~44岁	160	25.8	专业技术人员	103	16.6
45~54岁	44	7.1	服务人员/售货员	26	4.2
55~64岁	18	2.9	工人	25	4.0
64岁以上	7	1.1	农民	18	2.9
文化程度			军人	11	1.8
初中及以下	12	1.9	教师	35	5.6
高中/中专/职高	63	10.1	离退休人员	9	1.4
专科/高职	130	20.9	学生	33	5.3
本科	351	56.5	个体经营者	25	4.0
硕士及以上	65	10.5	失业及下岗人员	9	1.4
婚姻状况			其他	10	1.6
单身	189	30.4	月收入水平		
已婚	431	69.4	1000元及以下	53	8.5
其他	1	0.2	1001~3000元	117	18.8
政治面貌			3001~5000元	155	25.0
中共党员	150	24.2	5001~8000元	161	25.9
共青团员	143	23.0	8001~10000元	85	13.7
民主党派	16	2.6	10000元以上	50	8.1
群众	312	50.2			

3. 生活满意度：58.0%的公众对现在生活持满意态度

调查显示，关于对现在生活满意度评价，12.4%的公众表示"非常满意"，45.6%的公众表示"比较满意"，24.5%的公众表示"一般"，17.6%的表示不满意（"不太满意"和"非常不满意"合并为"不满意"）。

4. 生活安全感：54.4%的公众表示生活有安全感

调查显示，关于在生活中的安全感，14.3%的公众表示"非常有安全感"，40.1%的公众表示"比较有安全感"，32.0%的公众表示"一般"，11.0%的公众表示"不太有安全感"，2.6%的公众表示"非常没有安全感"。

5. 学习/工作成就感：45.1%的公众有成就感

调查显示，关于在学习或工作过程中的成就感，13.2%的公众表示"有很强的成就感"，31.9%的公众表示"有比较强的成就感"，43.3%的公众表示"成就感一般"，10.0%的公众表示"没什么成就感，比较沮丧"，1.6%的公众表示"一点成就感都没有，很沮丧"。

6. 对未来发展的信心：68.1%的公众对未来发展有信心

调查显示，对自己未来的发展，20.8%的公众表示"非常有信心"，47.3%的公众表示"更自信"，19.3%的公众表示"一般"，11.4%的公众表示"不太有信心"，1.1%的公众表示"非常没有信心"。

7. 权益受侵害时的行为：44.0%的公众首选协商解决

调查显示，当自身的正当权益受到侵害时，44.0%的公众表示会"协商解决"，43.5%的公众表示会"诉诸法律"，38.2%的公众表示会"向报纸、电视、网络等媒体反映"，15.9%的公众表示会"找人民调解组织"，15.6%的公众表示会"找基层政府"，12.2%的公众表示会"找上级政府"，11.9%的公众表示会"忍气吞声"，9.7%的公众表示"不好说/不知道"，9.0%的公众表示会"向人大代表和政协委员反映"，6.8%的公众表示会"采取武力手段"，6.0%的公众会"找工、青、妇等群众组织"。

8. 集体维权参与：45.6%的公众会参加集体维权行为

调查显示，关于如果自己和周围人的正当利益受到损害而又得不到很好解决时，是否会参加集体维权行动，45.6%的公众表示"会参加"，6.8%的公众表示"不会参加"，39.3%的公众表示"看情况而定"，8.4%的公众表示"不好说/不知道"。

9. 思想精神的认同度：70.5%的公众认同"爱国主义是全国各族人民共同的精神支柱"

调查显示，关于对不同思想精神的认同程度，62.0%的公众认同"中国共产党的领导对中华民族的繁荣富强非常重要"，57.5%的民众认可"中国特色社会主义道路最适合目前中国国情"，58.3%的公众认同"我们应该把根据中国现实不断发展着的马克思主义作为国家发展的指导思想"，70.5%的民众认

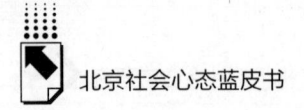

可"爱国主义是全国各族人民共同的精神支柱，必须大力弘扬以爱国主义为核心的民族精神"，66.4%的公众认同"改革开放使中国取得巨大发展成就，我们应当大力弘扬以改革开放为核心的时代精神"，70.7%的民众认可"要用社会主义荣辱观引领社会风尚，不断提高人民群众的思想道德水平"。

10. 对"中国梦"的理解：42.0%的公众理解为实现国家富强、民族复兴和个人成功、家庭幸福

数据显示，关于对"中国梦"的理解，28.8%的民众选择"实现国家强盛、民族复兴"，18.2%的民众选择"追求个人成功、家庭幸福"，42.0%的民众选择"以上两者的结合"，9.5%的民众选择"梦是虚的，不如脚踏实地"，1.4%的民众选择"说不清"。

11. 对新中国改革开放前与后两个历史时期关系的认知：59.4%的公众认为改革开放前为改革开放后的实践和成就奠定了坚实基础

调查显示，对新中国改革开放前与后两个历史时期关系的认知，20.1%的公众认为"改革开放前充满错误和失败，改革开放后才使中国迅速发展"，12.6%的公众认为"改革开放后的实践是对改革开放前的否定，是"另起炉灶"，59.4%的公众认为"改革开放前为改革开放后的实践和成就奠定了坚实基础，不能互相否定"，7.9%的公众认为"说不清"。

（二）公众人际层面社会心态分析

1. 与他人交流意愿：83.2%的公众愿意与家庭成员交流

调查显示，关于与不同人群的交流意愿，83.2%的公众表示愿意与"家庭成员"交流，78.6%的公众表示愿意与"朋友同事"交流，52.0%的公众表示愿意与"网友"交流。

2. 助人为乐行为意愿：59.3%的公众会为他人伸出援助之手

调查显示，对于遇到类似他人急需帮助的情况，是否会伸出援助之手，59.3%的公众表示"会，助人为乐是中华民族传统美德"，16.9%的公众表示"不会，怕惹祸上身，遭人讹诈"，23.8%的公众表示"不好说"。

3. 有苦恼/困难时得到的支持：77.9%的公众能得到亲人和朋友支持

调查显示，在有苦恼/困难时，77.9%的公众表示能得到"亲人和朋友"支持，41.5%的公众表示能得到"单位或学校"支持，29.3%的公众表示能得到"社会"支持。

4. 社会人际关系和谐程度：21.4%的公众认为人际关系不和谐

调查显示，关于对当前社会人际关系的和谐程度的评价，5.0%的公众表示"非常和谐"，41.1%的公众表示"比较和谐"，32.5%的公众表示"一般"，14.0%的公众表示"不太和谐"，7.4%的公众表示"非常不和谐"。

（三）公众社会层面社会心态分析

1. 社会事务参与意愿：61.5%的公众愿意参与社会公益活动

调查显示，关于各种社会事务的参与意愿，58.9%的公众表示愿意"通过微博、论坛BBS发表自己对于社会问题的观点"，49.4%的公众表示愿意"参与政府组织的各种建言献策公众参与活动"，52.5%的公众表示愿意"主动传播国家提倡的理念、思想等"，58.2%的公众表示愿意"深入了解民意，洞察社会发展现状"，61.5%的公众表示愿意"参与社会公益活动"。

调查显示，关于公众了解社会热点信息的渠道，68.3%的公众选择"社会化网络媒体（如微博、论坛、社交网站）"，67.8%的公众选择"电视"，66.7%的公众选择"官方互联网媒体（如门户网站）"，46.7%的公众选择"报纸/杂志"，38.2%的公众选择"手机"，18.2%的公众选择"同事"，17.7%的公众选择"广播"，17.1%的公众选择"户外媒体"，12.9%的公众选择"亲友"。

2. 微博对社会价值观的影响：63.1%的公众认同微博的积极影响

调查显示，关于微博上的信息传播对社会价值观的影响，14.5%的公众表示"非常积极"，48.6%的公众表示"比较积极"，18.2%的公众表示"一般"，7.6%的公众表示"比较消极"，3.5%的公众表示"非常消极"，7.6%的公众表示"不好说"。

3. 对网络"大V"因涉嫌违法被公安机关处理的态度：50.2%的公众认同一些"大V"确实有问题

一段时间以来，一些网络"大V"因为涉嫌违法被公安机关处理。调查显示，28.7%的公众表示"坚决支持处理这些人，他们事实上在利用自己的影响谋取不正当利益"，50.2%的公众表示"网络'大V'什么人都有，一些'大V'确实有问题"，15.9%的公众表示"这是利用法律手段进行政治上的

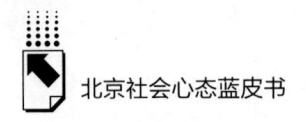

打击，真相到底怎么样很难说"，3.2%的公众表示"不赞成处理这些人，不应该因言治罪"，1.9%的公众表示"以上观点我都不赞同"。

4. 社会公平评价：39.5%的公众认为当前社会不公平

调查显示，关于对当前我国社会公平状况的评价，7.2%的公众表示"非常公平"，28.0%的公众表示"比较公平"，25.3%的公众表示"一般"，27.7%的公众表示"不太公平"，11.8%的公众表示"非常不公平"。

5. 社会和谐评价：43.0%的公众认为当前社会是和谐的

调查显示，关于对当前我国社会和谐状况的评价，4.8%的公众表示"非常和谐"，38.2%的公众表示"比较和谐"，28.5%的公众表示"一般"，22.1%的公众表示"不太和谐"，6.4%的公众表示"非常不和谐"。

6. 社会诚信评价：36.4%的公众认为当前社会诚信状况不好

调查显示，关于对当前我国社会整体诚信状况的评价，6.0%的公众表示"非常好"，28.2%的公众表示"比较好"，29.5%的公众表示"一般"，21.6%的公众表示"不太好"，14.8%的公众表示"非常不好"。

7. 中国发展现状评价：66.7%的公众认可我国整体发展现状

调查显示，关于对中国当前发展现状的评价，66.7%的公众认可"国家整体发展"，48.7%的公众认可"政治发展"，63.1%的公众认可"经济发展"，58.5%的公众认可"科技发展"，46.5%的公众认可"社会发展"，43.0%的公众认可"教育发展"，42.2%的公众认可"文化发展"。

8. 公众担忧的社会问题：48.1%的公众担忧腐败问题

调查显示，关于公众担忧的社会问题，48.1%的公众选择"腐败问题"，46.9%的公众选择"贫富差距问题"，38.8%的公众选择"住房问题"，29.8%的公众选择"环境问题"，27.2%的公众选择"医疗问题"，25.4%的公众选择"就业问题"，19.3%的公众选择"教育问题"，18.0%的公众选择"养老问题"，16.6%的公众选择"道德问题"，11.3%的公众选择"经济发展问题"。

9. 公众对社会问题的感受：42.8%的公众对民生问题整体不满意

调查显示，关于公众对社会问题的感受，46.8%的公众对"住有所居"不满意，41.1%的公众对"学有所教"不满意，51.2%的公众对"病有所医"不满意，41.7%的公众对"劳有所得"不满意，45.6%的公众对"老有所养"不满意，56.4%的公众对"当前交通状况"不满意，71.8%的公众对"雾霾天气"不满意,73.1%的公众对"当前环境污染"不满意,55.1%的公众对"转基因食品"不满意。

10. 中国社会应提倡的价值:56.5%的公众认为应提倡诚信

调查显示,关于中国社会应提倡的价值,56.5%的公众选择"诚信",56.2%的公众选择"公正",51.4%的公众选择"平等",41.1%的公众选择"和谐",37.8%的公众选择"文明",36.6%的公众选择"法制",32.9%的公众选择"民主",30.0%的公众选择"以人为本",29.6%的公众选择"自由",24.3%的公众选择"爱国",23.3%的公众选择"科学",23.0%的公众选择"仁义礼智信",22.7%的公众选择"富强",20.9%的公众选择"互助",19.8%的公众选择"人权",15.8%的公众选择"博爱",15.1%的公众选择"发展"。

(四)小结

此次调查从公众的个人层面、人际层面和社会层面三大维度对北京市西城区、海淀区的社会心态进行调查。

公众在个人层面思想动态方面整体表现积极向上。多数人将实现个人理想视为实现人生价值的主要体现,认为自己所从事的职业对社会发展发挥积极作用,占半数以上的受访者满意自己的生活且对自己的未来发展有信心。七成以上受访者认同应该用社会主义荣辱观引领社会风尚,不断提高人民群众的思想道德水平。公众维权意识较强,在权益受到损害时大都能通过协商解决、诉诸法律等手段理性处理对待。但同时也应注意,公众的学习与工作成就感方面的评价仍有待提升。

在人际层面思想动态方面,亲人朋友依然是公众日常交流与寻求支持帮助的最主要对象。五成以上的受访者表示会在他人急需之时给予帮助。同时还应注意到,不到三成的受访者认为人际关系不和谐。由此可见,如何增强人与人之间的信任,提升社会人际关系的和谐程度是值得思考的问题。

在社会层面思想动态方面,社会民生问题的公众关注度最高且三成以上的受访者对民生问题不满意,社会公平、社会诚信、贫富差距、腐败问题、住房问题是公众关注的主要问题。公众参与社会事务的意愿较高,六成以上的受访者愿意参与社会公益活动。社会化网络媒体是公众了解社会热点信息的最主要渠道。同时，六成以上的受访者认为微博对社会价值观发挥着积极的影响，体现了公众对社会化媒体的认同。关于中国发展现状的评价，经济发展最被公众认可，近五成的受访者认为我国当前社会是和谐的，七成以上的受访者对中国社会未来的发展有信心。对于中国社会当前应提倡的价值，诚信、公正、平等位列前三，这与公众目前关注的社会民生热点问题相吻合。

总之，关于对当前我国社会整体诚信状况的评价，36.4%的受访者认为当前社会诚信状况不好。数据显示，中国社会应提倡的价值，排在第一位的是社会诚信。总体来看，当前的诚信问题确实给公众带来了方方面面的影响，一定程度上影响了公众良好社会心态的形成，从调查数据来看，当前公众的一些社会心态趋势不容忽视，社会心态与多种因素有关，但社会信用的缺乏是一个重大的社会问题，值得进一步关注和重视。在当前社会诚信危机的基础上，积极的心态包括社会稳定感和信念、积极的生活目标与预期和社会安全感；相对消极的心态包括社会信任感、社会公平感、社会支持感、生活压力感、政府工作满意感和消极问题的解决策略。

三 加强社会诚信建设，引导社区居民形成良好社会心态

社会信任建设是一项系统工程，构建社会信任体系，从而走出社会信任困境，促进经济社会的良性运行与协调发展。社会信任的建设既需要国家和政府发挥主要责任，更需要广泛的社会参与，既需要宏观或微观层面的制度变革与制度建设，更需要价值观等方面的文化建设。只有这样，公民与政府、个人与社会、个人与个人之间才能相互信任，从而形成和谐稳定的社会关系。

（一）加强制度建设，为社会信任奠定坚实的基础

改革开放30多年来，中国已逐步构建起了经济、政治、文化、社会和生态文明建设"五位一体"的现代化建设新格局，改革开放过程中各项制度建设也初步形成了一些适应新时代的现代信任机制。例如，市场经济制度建设培育了国人的契约精神；社会主义法律体系的建设保障了社会信任的制度基础；执政党和政府的日益开放扩展了民众的言论空间；互联网和媒体的发展增强了

舆论监督的力量；民间组织的增加深化了公共领域的社会参与；公务员制度的建设提高了社会管理水平；人民生活水平的提高、社会财富的积累增强了民众的政务信任度。坚定不移地继续推进经济、政治、文化、社会体制的改革创新，加强相关制度建设，培育社区居民的制度信任，才能最终建立起与中国特色社会主义相适应的社会信任机制。

（二）鼓励社会参与，发挥社会组织在社会建设和社会管理中的作用

加强诚信建设，要鼓励民众参与，形成自下而上的民众监督机制，形成对不诚信行为"人人喊打"的社会氛围。因此要积极发挥各类社会组织、企业事业单位和"工青妇"各类人民团体的共同推进作用，特别是要积极培育和扶持各类社区社会组织，以达到广泛动员和依法组织群众有序参与社会管理，培养社会正气的目的。因为当前社会利益和价值观念高度分化，已成为当前社会征信系统建设的主要挑战。要协调利益关系和达成共识，在决策等各个环节扩大民主、推动社会参与的意义日益凸显。一方面，社会参与有助于集思广益，有效化解社会建设和社会管理中的困境与挑战；另一方面，通过社会参与，有助于民众全面了解我们所面临的主要挑战与应对困境，从而在对话与沟通中达成共识，这也是促进社会信任的重要途径。否则，社会参与缺乏透明度，信息不公开，将形成一个"塔西佗陷阱"，即当公共权力遭遇信任危机，无论是真或假，做得好的或坏的，都将被视为谎言和做坏事。

社会参与也是培养现代社会公益精神和社会责任感的重要途径，是社会组织发育的重要社会基础，也是普遍信任得以产生的重要机制。从近年来在灾后救援重建等一些公共事务领域中公民个体或社会组织的出色表现来看，社会参与在社会建设和社会管理方面有着巨大的能量。鼓励和支持公民个人和社会组织积极参与社会公共事务，既有助于减轻政府负担，提高社会管理效率和水平，更有助于提升整体社会信任度。

（三）大力弘扬传统美德，加强诚实守信的社会主义核心价值观建设

讲信用、重诚信是中华民族的传统美德。以儒学为核心的中国传统价值观

讲求"民无信不立",个人要"敬事而信",也就是个人交往要以诚待人,言行一致;商业活动的公平交易、"市不二价""货真价实"是行业规范的经营方式;执政兴国要谨守"信,国之宝也""道千乘之国,敬事而信"等治国之道。因此,在诚信价值观建设中,要以高度的文化自觉,结合社会转型期社会关系变迁的实际,积极挖掘和弘扬诚信等传统美德在当前社会信任建设中的作用。

诚信是社会主义核心价值体系建设的重要组成部分,是一个长期的建设过程,不可能毕其功于一役。在诚信价值观建设理念上,要有"百年树人"的长远战略眼光和规划,推进诚信文化和诚信社会建设,而不能将诚信教育仅限于开展形式化、口号化、表面化、肤浅化的短期活动;在诚信价值观教育的对象上,要包括全社会所有成员,而不能仅限于学龄青少年和儿童;诚信教育的载体,不应只限于中小学课本的范文或弘扬主旋律的影片等,而是要广泛延伸到各类社会化主体(如家庭、社区、学校、组织、媒体等)中;在诚信教育的形式上,要改变强硬灌输,注重在日常生活领域中"润物细无声"的潜移默化。只有这样,诚信才能逐渐变成全体国民的潜在意识和自觉行为,在全社会形成人人讲诚信的良好氛围。

(四)创新网络社会管理方式,增强网络时代媒体社会责任

在网络、微博等新传播方式的影响日益广泛和深远的今天,主动化解网络戾气、缓和社会矛盾、增加社会信任感,是主流媒体义不容辞的社会责任。传统主流媒体要直面网络媒体的冲击与挑战,要主动占领舆论引导的阵地。在这方面,《人民日报》已经走在时代的前列,2012年7月22日,《人民日报》正式推出了官方微博,它以清新、友好、亲民的表达方式迅速赢得广大网民的积极响应。北京"7·21"暴雨之后的一条微博,[①] 没有说教、没有抱怨,有的是感动和激励,获得了15000多条评论与7.3万次以上的转发,取得了良好的社会传播效果,无疑也增进了社会团结和信任。

[①] 这条微博的内容是"过去7天,一场暴雨让我们感到生命的无常与重量,也看到周遭的种种不足与缺陷,同样铭记于心的,是灾难中爱的赠予和传递,是对责任的坚守和护卫。想起最近很流行的一段话:你所站立的地方,正是你的中国。你怎么样,中国便怎么样。你是什么,中国便是什么。你有光明,中国便不黑暗。"

由于报道新奇事件或现象，尤其是负面现象，往往是一些媒体的基本属性，因此，加强对各类媒体的管理与引导、增强媒体从业者的社会责任，是提升社会诚信和信任水平的重要方面。传媒行业从业者需要有高度的社会责任意识，对负面事件或社会现象，要防止因为过度报道带来的社会负面影响，在报道的方式上，要秉承客观、公正、准确的新闻理念，将社会舆论引向批判社会阴暗面，呼唤民众觉醒，让"负面报道"发挥正面能量。

B.9
2014年北京"微博"态势报告

朱廷劭*

摘　要： 态势是行为的动因，它反映了个人的社会存在，同时主导个人的社会行为。当前社会态势的感知手段多通过大范围的问卷测评，能够准确获知被试者的心理要素。但是受时效性、社会赞许性等因素影响，以及测评周期长、成本高，无法及时大规模采集。近些年，我国信息科技事业得到了迅猛发展，为社会态势感知研究的发展提供了新的契机，能够很好地弥补传统研究方法的局限，使通过网络数据实现对用户社会态势要素的计算预测成为可能。本报告在新浪"微博"平台，通过大规模获取北京用户社交网络的网上数据，提取了用户网上行为、文本内容等特征。针对北京地区，开展了马航事件、昆明事件和公交地铁调价听证会期间的公众社会态势研究。结果表明，本系统可对事件前后的公众社会态势进行及时感知，为公共政策的制定提供数据支持。

关键词： 新浪微博　社会态势　北京社会事件

一　北京"微博"用户人口统计信息

我们的调查于2014年10月底正式开展。通过调用新浪微博的开放API,[⑥]

---

* 朱廷劭，中国科学院心理研究所研究员，博士生导师。研究方向为数据挖掘、网络行为分析、计算网络心理等。

我们针对北京地区的活跃"微博"用户开展调查。"活跃用户"的概念[13]是我们科研团队在多年的研究中选用的被试筛选准则：第一，该用户在实验时间点最近的三个月内有微博状态发表记录；第二，该用户的微博总数大于532条。"活跃用户"标准的评定，遵循了统计的基本规则，在很多先前工作中得到了验证。

在本次北京"微博"用户调查中，经过"活跃用户"条件筛选后，截至2014年10月31日，共计76779名合格的北京"微博"用户成为调查对象。其中，女性用户为45592人，占59.38%；男性用户为31187人，占40.62%。平均微博年龄（注册"微博"账号视为该"微博"出生，从其出生至今即为微博年龄）为3.54岁。

（一）样本的各区分布情况

北京市包含了18个区县单位（16个区、2个县），按照名称发音字母排序分别为：昌平区、朝阳区、崇文区、大兴区、东城区、房山区、丰台区、海淀区、怀柔区、门头沟区、密云县、平谷区、石景山区、顺义区、通州区、西城区、宣武区和延庆县。统计结果显示，在用户性别属性上，无论是哪个区，微博群体整体女性用户明显多于男性用户。各区县女性用户比例保持在55%~71%，除怀柔区女性用户比例明显高于平均性别比例外，其他各区县用户性别比例与平均值基本持平。

由于北京地域广阔，城区和郊区的社会状况有很大不同，接下来进一步探讨城区和郊区微博用户分布的不同。如表1所示，城区（朝阳区、崇文区、东城区、丰台区、海淀区、石景山区、西城区和宣武区）人口数多于郊区人口数，面积却远小于郊区。在"微博"群体中，城区微博用户数、女性微博用户数都远远多于郊区用户数（10倍左右），而城区和郊区的女性用户比例则近似相等。

表1 城区与郊区的对比情况

地区	人口（万人）	面积（平方公里）	样本（份）	其中:女性	女性所占比例(%)
城区	682	1378	70751	41978	59.33
郊区	450	15214	6028	3614	59.95

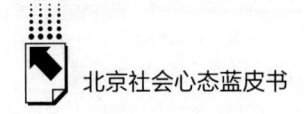

各区县微博用户数与其人口数呈现显著正相关。即人口基数大的地区微博用户也相对更多。同时，城区平均微博用户数远多于郊区平均微博用户数，地区微博用户数与经济发达程度呈现正相关。

（二）小结

在抽取的样本中，可判断得出北京"微博"用户众多，尤其是女性用户的比重更是高于男性用户近20个百分点。

各区人口稠密程度不同，城区地域面积有限但人口众多，郊区土地虽广却人口稀少。反映到社交平台上，"微博"人口的分布也有较大的偏差。其中城区微博用户数量远大于郊区微博用户数量，但其性别比与均值保持一致，差别不大。

二 北京"微博"使用情况分析

新浪把微博理解为"微型博客"或者"一句话博客"[①]。用户可以将看到的、听到的、想到的事情写成一句话，或发一张图片，通过电脑或者手机随时随地分享给朋友，一起分享、讨论；还可以关注朋友，即时看到朋友们发布的信息。

（一）新浪"微博"使用指标

新浪"微博"提供了多种社交功能。[③]就发表"微博"的角度而言，用户可以发表微博、转载微博、评论微博；就用户间关系而言，用户可以单向关注他人、被他人关注以及互相关注成为互粉。根据以上的"微博"基本功能，本研究定义如下若干"微博"使用指标。

(1) 微博数："微博"用户自注册之日起所发"微博"条数之和。

(2) 粉丝数："微博"用户粉丝总数。

(3) 关注数："微博"用户关注其他"微博"总数。

(4) 互粉数：既是某用户的粉丝又是其关注者的微博用户数。

(5) 个性域名设置：用户是否设置了个性域名。

(6) 认证及其类型：用户是否进行了微博认证。

(7) 地理位置共享：用户是否共享了地理位置信息。

(8) 交互隐私设置：用户是否接受他人评论和发私信。

这些客观指标描述了"微博"用户使用新浪微博的统计量，④对研究用户"微博"使用倾向、目的、偏好有着重要的意义。

（二）北京用户"微博"使用特点

微博状态（status）就是指用户所发表可包含多媒体信息的"微型博客"。北京"微博"用户每人平均总微博数为3832.30条，每个用户日均发微博数为2.97条。其中城区用户平均总微博数3833.39条，略高于郊区用户平均总微博数的3819.71条。

"微博"用户无须他人接受即可任意关注其他"微博"用户，反过来也可被其他"微博"用户任意关注。关注他人，即成为他人的粉丝（follower）。当某两个"微博"用户互相关注时，此二者即互相成为粉丝，也就是人们通常说的"互粉"关系。

在对样本集的关注数、粉丝数和互粉数进行统计后发现，北京"微博"用户在信息发布方面极其活跃，这体现在北京微博用户的平均粉丝数（18584.06）远大于平均关注数（494.24），其中平均互粉数为194.82。这表

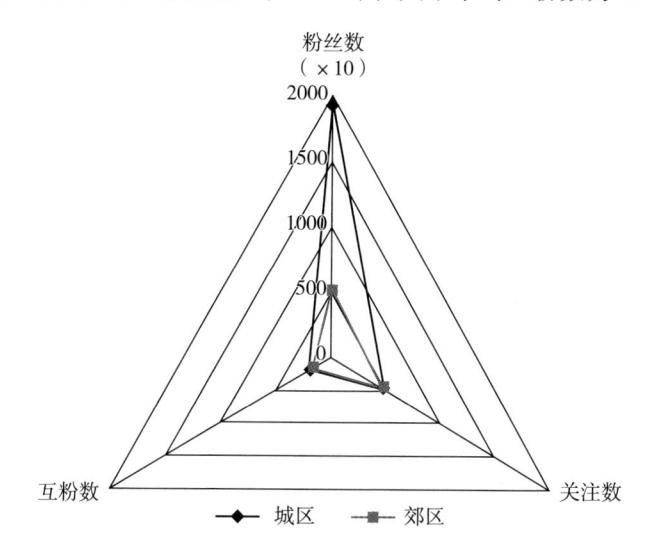

图1 城区郊区粉丝数、关注数和互粉数对比

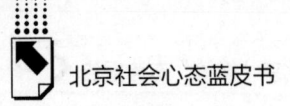

明北京"微博"用户更倾向于在网上发表言论,而其言论也受到网民的认可。在这其中,城区"微博"用户微博所获关注(平均为1971)更是大于郊区"微博"用户(平均只有541)。可见,北京城区"微博"用户的影响力要明显大于郊区"微博"用户。

其他指标(指标5~8)描述了"微博"用户个人表现方面的偏好,即社交表达方式。其中样本集中的北京用户有38263人未设置个性域名,占总人数的49.83%。未进行微博认证的用户仅有66391人,占总人数的86.47%。只有13489人未共享地理位置信息,占总人数的17.57%。有18442人不允许他人评论微博,占总人数的24.02%。不允许陌生人给自己发私信的用户有68846人,占总人数的89.67%。总的来说,北京"微博"用户比较注重隐私的保护,在微博社交方面并不会过度盲目。

(三)小结

北京"微博"用户属于发微博大户,平均每个用户一天可发近3条微博。同时可预见其微博内容受到大众青睐,导致其人均粉丝数远大于人均关注数。北京"微博"用户在网上并不会特别奔放,对于个人隐私有较强的保护意识。

三 "文心"简体中文分析工具

心理学家针对英文语言建立的心理学分类词库 LIWC(Linguistic Inquiry Word Count),可对英文文本进行基于词项的分析统计,得出文本中蕴含的词项类别信息。LIWC 词典结构词语类别的层次可划分:社会历程词、情感历程词、认知历程词、感知历程词、生理历程词、个人关切词和口语类别。基于 LIWC 的自然语言计算分析方法,无法直接应用于新浪微博环境中中文内容文本的处理。这主要由于:

(1)缺少简体中文版本的词典。
(2)LIWC 更适用于正规文本,缺乏对网络环境中词汇的兼顾。
(3)中文文本存在分词问题,而英文的处理不存在分词过程。
(4)分析程序适用于英文语境,对中文标点符号识别困难。

面对如上需求，中国科学院心理研究所计算网络心理实验室，在国内首次建立基于中文语境下的简体中文文本分析工具"文心"。该工具首先针对中文分词进行有效处理，再根据长期研究构建的、具有网络特色的心理学类别词库进行匹配计算，最终可分析出用户使用词项的类别偏好与其情绪状态。

"文心"的两个重要组成部分，分别为中文分词工具和心理分析词典，如图2所示。

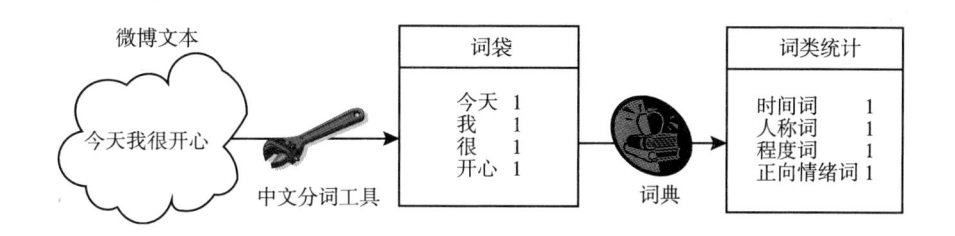

图2 "文心"的处理流程

"文心"系统集成的分词工具，采用双向匹配法，可将一个汉字序列切分成一个一个单独的词。这样用户的语料库就被转化为用户微博文本包含的一个个词汇，也就是其个人词袋。其次，"文心"系统会调用其心理分析程序，按照自身集成的90个心理分析词典，对词袋进行词类统计分析，最终得到用户使用词语类别的不同分布。

多次研究证明"文心"系统信度效度可靠，已经成功运用到人格预测、心理健康预测、自杀意念早期识别和社会舆情管控等多方面重要研究中。

四 北京"微博"文本词汇特征

经"文心"系统分析，北京"微博"用户月均发表词汇数为520.92个，其中六个字及以上的长词汇数为29.94个。对于人称词的使用，第一人称代词，如"我""在下"等的使用为4.38个；第二人称单数代词为2.35个；第三人称代词为1.32个。对于中文常见词类使用情况如表2所示。

表2 中文常见词类使用情况

词类	代号	人月均频次	词类	代号	人月均频次
动词	verb	32.83	连词	conj.	13.60
助动词	auxverb	5.09	否定词	negate	12.18
副词	adverb	21.83	量词	quant	6.24
介词	prep	15.99	数词	number	3.73

北京"微博"用户的正向情绪词使用要大于负向情绪词近一倍。其中用户负向情绪词使用的月频次为14.99个，而正向情绪词为26.92个。可见，北京"微博"用户在网上的情绪状态更偏向于正向情绪。

"文心"系统所覆盖的词类中，人月均频次在30以上（平均每天使用一次）的词类分别为：社会历程词（31.13次，如家人、接纳、打招呼等）；情感历程词（46.60次，如气氛、感恩、失望等）；认知历程词（62.88次，如理解、选择、质疑等）和相对词（56.56次，如以前、相比、达到等）。

字、词、标点的使用频次：通过对2014年9月北京各区县"微博"用户文本中关于字、词、标点使用月平均频次的统计，怀柔、平谷两区县的词频较高于其他区县，"网络话痨"更多归属于该二区县。关于数字的使用，东城区用户明显频繁于其他区县。人称词语，包含全部第一、第二和第三人称的单数和复数，应属怀柔区用户使用最频。平谷县用户的动词和标点符号使用明显高于其他区县。副词的使用各区县变化不大，基本持平。而介词和连词的使用中，密云县用户要明显少于其他区县。

情绪词使用频次：表3即为2014年9月情绪词北京各区县用户月平均使用频次表。由表中可得，各区县的正向情绪词均高于负向情绪词的使用频次。平均下来，每个用户一天使用一次正向情绪词，两天使用一次负向情绪词。由于北京是首都，微博用户以受教育较高的年轻人为主，可见，微博用户在网上的非面对面交互模式中，依旧可以遵守现实中的约束。说明了北京"微博"用户的"正能量"要高于"负能量"，为创建和谐的互联网环境贡献了自己的力量。

进一步，我们再探索城区和郊区对于情绪词使用的不同情况。图3显示，在遵循前述结论,即"正向情绪词使用频繁于负向情绪词"的同时,北京郊区的微博用户情绪词使用频繁于城区用户。其中郊区用户人均正向情绪词使用比城区高4次/月,负向情绪词高2次/月。

表3 2014年9月北京各区县用户月平均使用情绪词频次

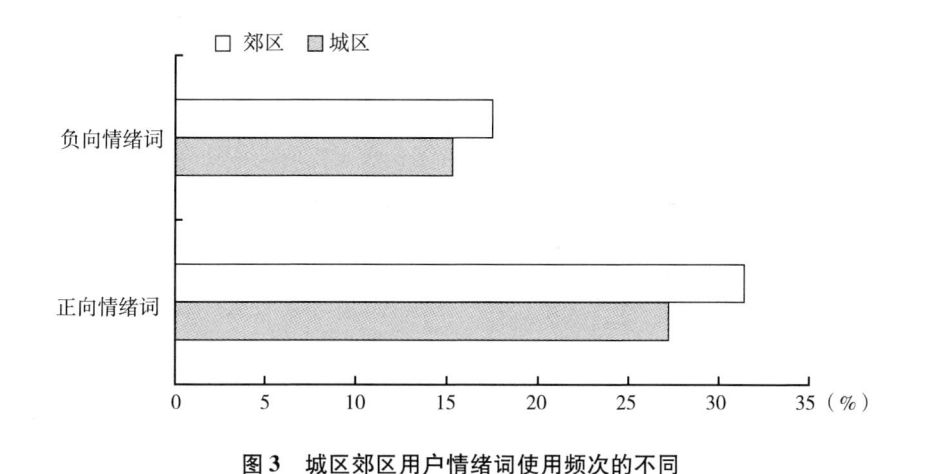

区县	正向情绪词	负向情绪词	区县	正向情绪词	负向情绪词
昌 平	26.30	14.79	门头沟	32.56	15.78
朝 阳	24.57	13.39	密 云	25.84	15.43
崇 文	26.97	13.59	平 谷	49.89	16.08
大 兴	29.99	15.80	石景山	27.38	15.22
东 城	29.49	16.76	顺 义	28.29	14.72
房 山	30.74	17.51	通 州	25.74	15.06
丰 台	27.49	15.57	西 城	26.73	14.75
海 淀	28.06	15.84	宣 武	28.66	17.05
怀 柔	36.66	28.36	延 庆	28.91	18.79

图3 城区郊区用户情绪词使用频次的不同

五 北京"微博"用户情绪演变

在前人研究的基础上,本研究将"文心"系统运用于北京社会情绪发展趋势的研究中,我们将情绪划分定义为正向情绪和负向情绪;对于中性情绪,本研究不作过多分析处理。我们将情绪映射为微博文本中情绪词使用的频率，并尝试建立"微博"虚拟社会情绪动态变化曲线。

本研究方法如下：在2013年10月至2014年9月的一年时间内，将样本集中的北京"微博"用户数据按月划分为12个子集。对于每个子集，运用分析归纳方法，可以得到12个时间点上的北京社会情绪情况。将这12个"情绪点"按时间排序融合，最终可以得到一个动态的社会情绪发展轨迹。

本文的附录为北京各区县单位在2013年10月至2014年9月的社会情绪变化趋势走势图。该系列图包含20个子图，其中18个为北京18个区县级地区单位的社会情绪变化趋势图，最后两个分别为城区和郊区的社会情绪均值变化趋势图。

由图中可看出，各个区县正向情绪和负向情绪呈现较强的正向相关，即二者同增同减。总体而言，北京各区县市民社会情绪平和，并无特别巨大的跳变，这与社会心理研究所的《北京社会态势分析报告》中的结论不谋而合。虽是如此，可着重对比城区和郊区的社会情绪可以发现，郊区居民正向情绪高于城区居民，尤其是在2014年8月。8月正是北京最热的时节，城市上班族顶着炎炎夏日作业，而郊区市民则可更自由享受生活。所谓"天高皇帝远"，郊区居民远离城市的快节奏生活，乐得清闲，故而正向情绪较高。也因此，相比而言，郊区市民负向情绪平稳，不如城区市民变化激烈。

附录：北京各区县社会情绪变化趋势图（图4～图23）。

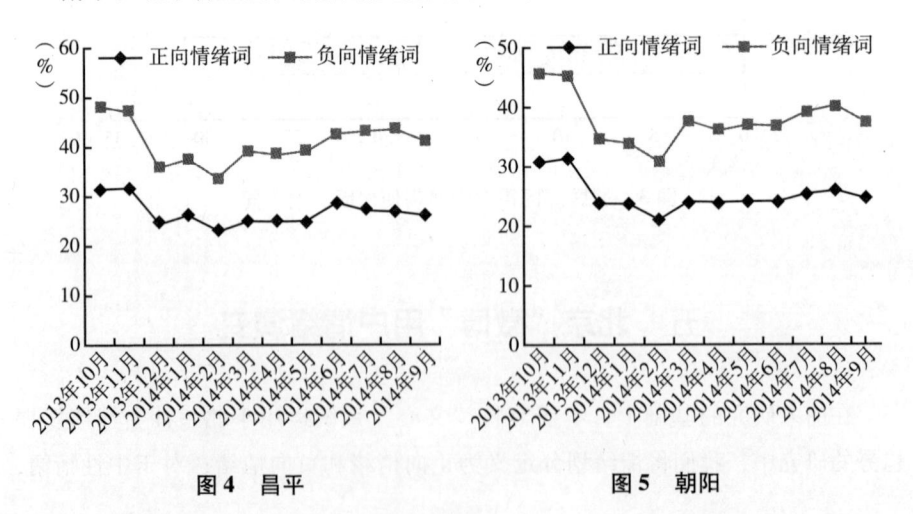

图4 昌平

图5 朝阳

图6 崇文

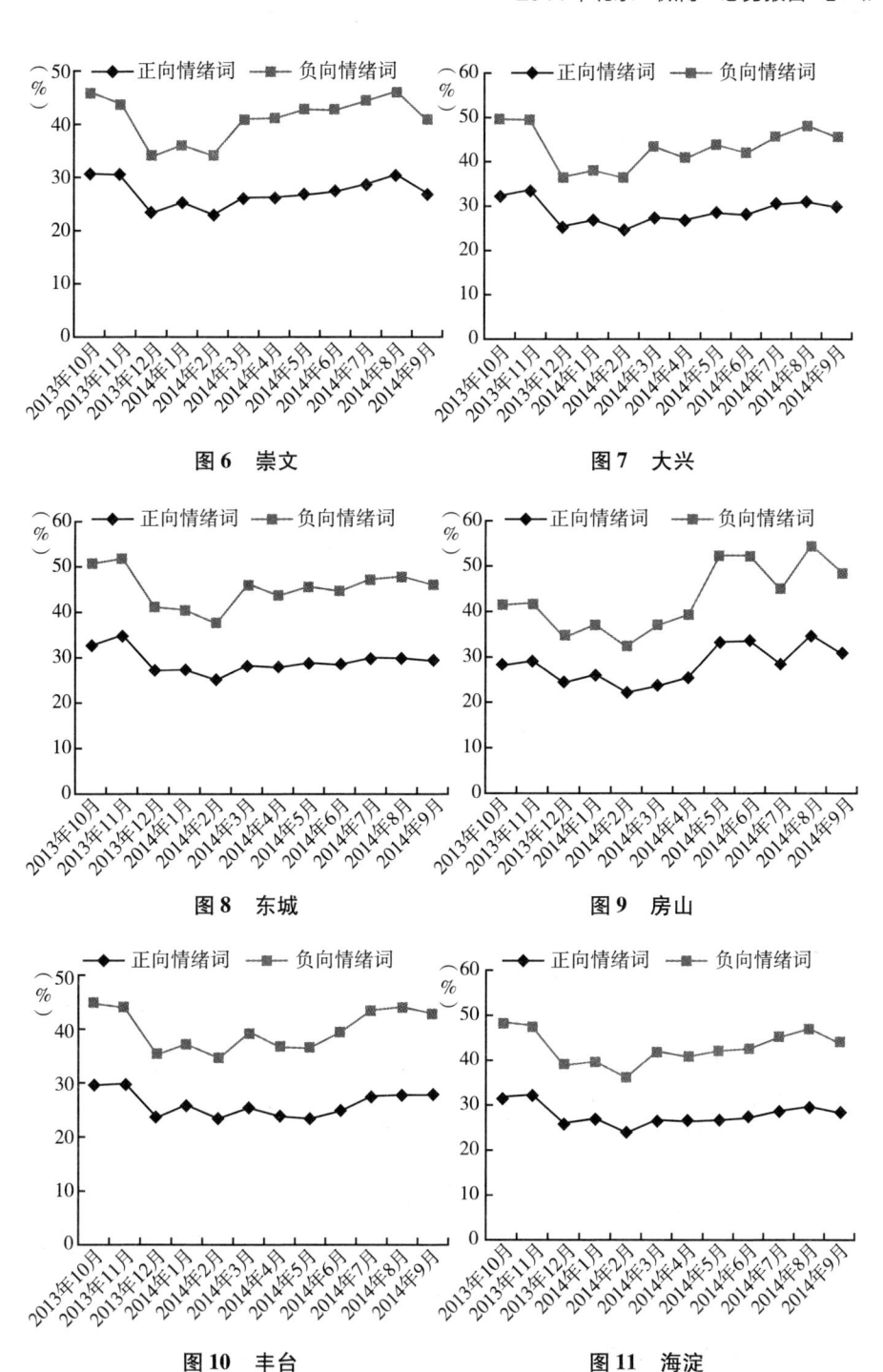

图7 大兴

图8 东城

图9 房山

图10 丰台

图11 海淀

图 12　怀柔

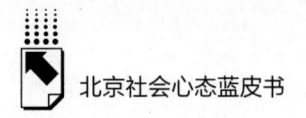

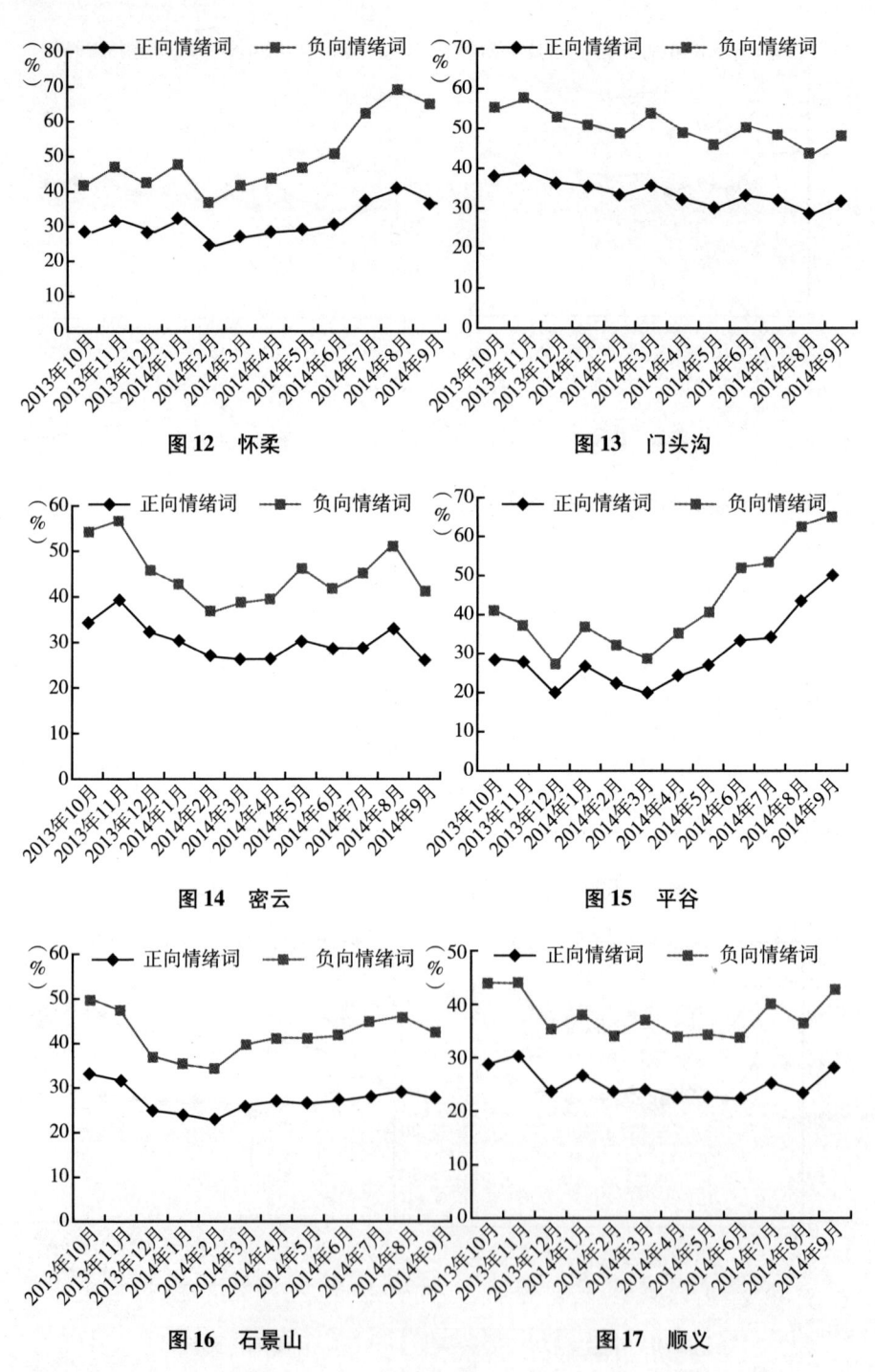

图 13　门头沟

图 14　密云

图 15　平谷

图 16　石景山

图 17　顺义

图 18　通州

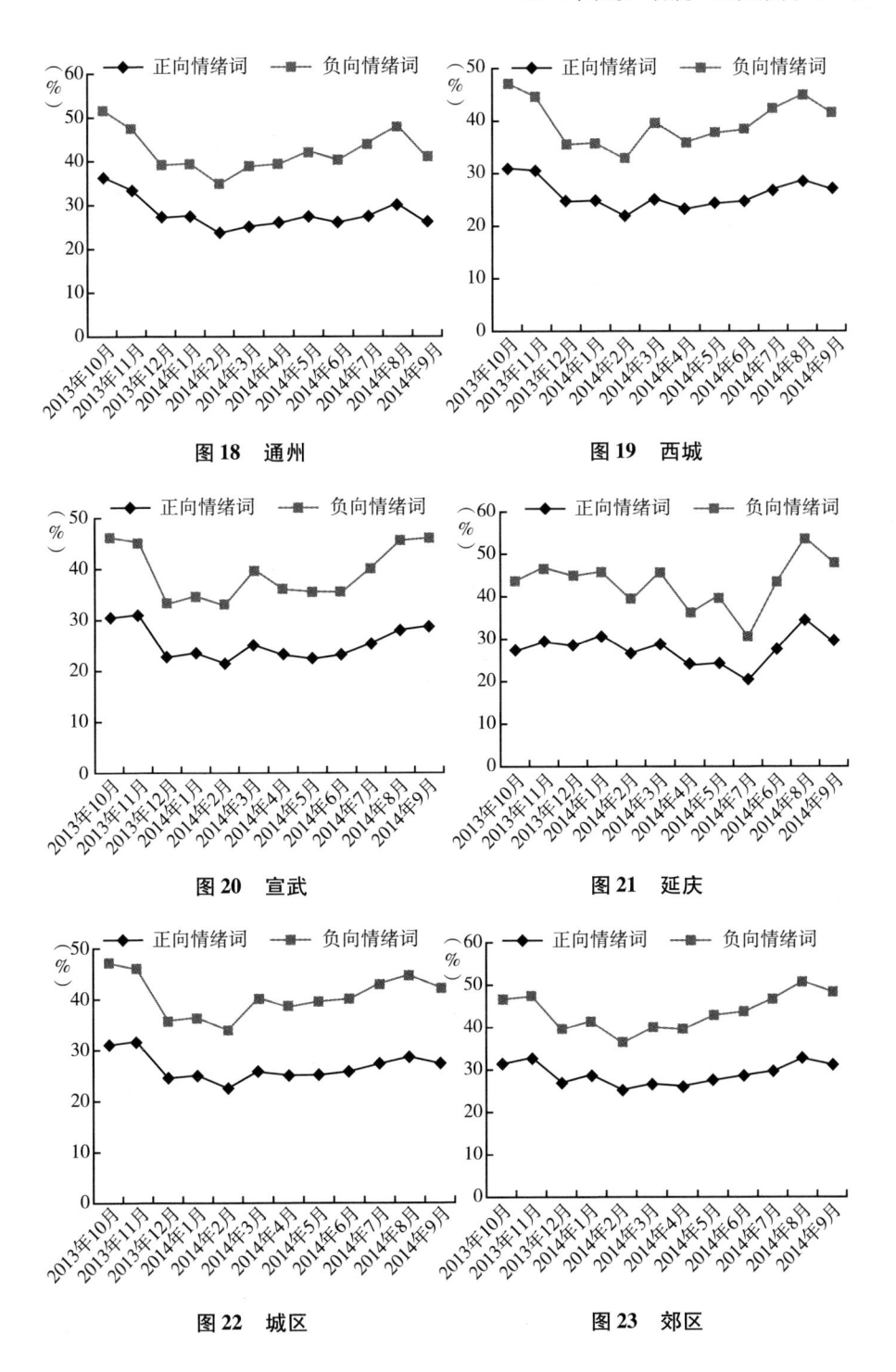

图 19　西城

图 20　宣武

图 21　延庆

图 22　城区

图 23　郊区

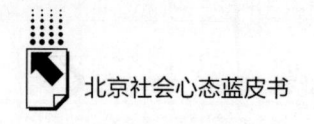

六 预测器的基本概念

预测器（Predictor）是人工智能中的重要概念。它可以生产出与人类智能相似的智能机器。预测器可对人的意识、思维的信息过程进行模拟，它不仅仅是人的智能，更能像人那样思考，也可能超过人的智能。[②]

预测器需要进行训练，这恰如人需要学习一般。机器通过对样本集的学习，也可逐渐具备判断、辨别的能力。成熟的预测器可被理解为是个黑盒子，给它输入一个问题，它会输出我们想要的结果。

在人工智能中，建立一个预测器就是指对数据样本学习的过程。如图24所示，一般的学习过程包括以下几个步骤：数据采集、特征提取、模型训练、测试验证。

数据采集 ▶ 特征提取 ▶ 模型训练 ▶ 测试验证 ▶

图24　预测器工作流程

七 北京"微博"社会态势的预测计算

在上文所述预测器建立基本方法的基础上，笔者将其中的理论意义和北京"微博"社会态势感知的需求相结合，尝试建立可长期跟踪监测北京社会态势的通用系统。[⑨⑩]

图25即为北京"微博"社会态势感知系统的层次化结构模型图。[⑪]系统遵循自下向上的逻辑关系，各层次相对独立，彼此保持松度耦合。该系统主要包括四个逻辑层，依次为：数据层、特征层、建模层和应用层。

最底层的数据层实现对"微博"数据的批量化下载和规范化存储。特征层以云平台为载体，是一套"微博"用户网上记录分析的体系。建模层将依据预测器的建立准则和方法，采用多任务学习的算法，建立用户社会状况评价、社会风险判断、经济发展信心和对政府执政的满意程度的多维度计算模型。应用层将合理利用特征集的时空分割概念，对用户特征进行有效分块。再采用预测器对不同分块进行预测，最终得到社会态势的动态变化趋势。

```
特征集的时空分割      社会态势感知可视化     应用层
特征选择    交叉验证   多任务学习建模        建模层
操作行为    文本内容   相关性检验           特征层
微博用户网上数据       社会态势指标         数据层
```

图25 北京"微博"社会态势感知系统的层次化结构模型

在样本集上，本研究运用上文所述分析方法，对14个维度的社会态度[14][15]进行建模计算。下面，本报告将对系统的评价指标和计算结果进行详细讨论。

（一）社会态度指标

本报告建立预测模型，可计算用户以下14个社会态度指标，即模型因变量。[5][20]

（1）生活满意度。

（2）收入满意度。

（3）社会地位满意度。

（4）中央政府满意度。

（5）地方政府满意度。

（6）中央政府信任度。

（7）地方政府信任度。

（8）国家经济满意度。

（9）地方经济满意度。

（10）社会风险判断。

（11）社会公平满意度。

（12）愤怒情绪。

（13）集群效能。

（14）集群行为意向。

这14个社会态度指标，得到中国科学院心理研究所相关课题组多年的反复验证，[14][15][17][18]上述14个指标涵盖了个人对自身状况、家乡状况以及国家状况的满意度和信任度，可以很准确地反映一个人最基本的社会态度。

（二）北京各区县社会态度

利用计算模型，采用前述特征分块策略，笔者计算了北京各区县上述14个社会态度指标的变化趋势。

下面将所选时间段按季度划分为四个子时段，并着重考察城区郊区用户之间社会状况满意度的不同。本研究中，社会状况满意度包括生活满意度、收入满意度和社会地位满意度三个指标。下表即为城郊用户季度社会状况满意度的详细数据。其中，均值为该季度三个月的平均值；同比增长为该季度较上一个季度社会状况指标得分均值的增长比例，正为上升，负为下降。

表4 2013年第四季度北京城郊居民社会状况满意度

指标	城郊	2013年10月	2013年11月	2013年12月	均值	同比增长
生活满意度	郊区	2.95	2.92	2.93	2.93	—
	城区	3.00	2.98	2.98	2.99	—
收入满意度	郊区	1.62	1.56	1.59	1.59	—
	城区	1.73	1.71	1.71	1.71	—
社会地位满意度	郊区	1.81	1.74	1.78	1.78	—
	城区	1.83	1.80	1.79	1.81	—

表5 2014年第一季度北京城郊居民社会状况满意度

指标	城郊	2014年1月	2014年2月	2014年3月	均值	同比增长(%)
生活满意度	郊区	2.84	2.89	2.87	2.87	-2.05
	城区	2.91	2.94	2.90	2.91	-2.68
收入满意度	郊区	1.45	1.57	1.63	1.55	-2.52
	城区	1.58	1.70	1.70	1.66	-2.92
社会地位满意度	郊区	1.51	1.63	1.71	1.62	-8.99
	城区	1.58	1.69	1.69	1.65	-8.84

表6　2014年第二季度北京城郊居民社会状况满意度

指标	城郊	2014年4月	2014年5月	2014年6月	均值	同比增长（%）
生活满意度	郊区	2.87	2.83	2.78	2.83	-1.39
	城区	2.89	2.86	2.83	2.86	-1.72
收入满意度	郊区	1.62	1.59	1.59	1.60	3.23
	城区	1.68	1.67	1.69	1.68	1.20
社会地位满意度	郊区	1.67	1.64	1.60	1.63	0.62
	城区	1.64	1.64	1.61	1.63	-1.21

表7　2014年第三季度北京城郊居民社会状况满意度

指标	城郊	2014年7月	2014年8月	2014年9月	均值	同比增长（%）
生活满意度	郊区	2.73	2.68	2.73	2.72	-3.89
	城区	2.80	2.80	2.84	2.81	-1.75
收入满意度	郊区	1.46	1.36	1.42	1.41	-11.88
	城区	1.61	1.57	1.59	1.59	-5.36
社会地位满意度	郊区	1.55	1.47	1.51	1.51	-7.36
	城区	1.58	1.56	1.54	1.56	-4.29

由表4~表7可见，被测时间段内的居民社会状况满意度基本处于下跌走势，除了2014年2月和9月，其他月份持续下跌，个别季度的负增长率甚至超过了10%。除了社会地位满意度在2014年3月和4月的指标外，其他指标的各个时段得分均为城区高于郊区。可见，在对于自我社会状况的态度上，城区用户比郊区用户更满意。

八　社会事件与北京舆情态势分析

世界上每天都发生或正性或负性的大事，这些事件会直接影响人民的情绪和思潮。如何准确判断事件与思潮之间的关系，对于负性事件妥善解决，对于正性事件合力推进，将是未来社会心理学和网络心理学共同面对的重要科研问题。[7][8][11]

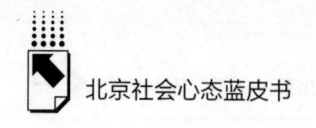

（一）昆明事件和马航失联事件

针对 2014 年社会热点话题"昆明事件"和"马航失联"事件，我们研究和分析了此类负面事件对群众积极情绪和消极情绪的影响。

"昆明事件"是指，2014 年 3 月 1 日 21 时 20 分左右，在中华人民共和国云南省昆明市昆明火车站发生的一起由新疆分裂势力组织策划的无差别砍杀事件。事件发生初期媒体称为"昆明火车站砍杀"，截至 3 月 2 日 18 时 0 分，已造成 29 死 143 伤，已有 10 名遇难者和多名受伤者名单被公布。

"马航失联"事件是指，2014 年 3 月 8 日凌晨 2 点 40 分，马来西亚航空公司称一架载有 239 人的波音 777~200 飞机与管制中心失去联系，该飞机航班号为 MH370，原定由吉隆坡飞往北京。该飞机应于北京时间 2014 年 3 月 8 日 6 时 30 分抵达北京，马来西亚当地时间 2014 年 3 月 8 日凌晨 2 点 40 分与管制中心失去联系。马航已经启动救援和联络机制寻找该飞机。

这两个事件虽然并不发生在北京，却均与中国有着紧密联系。作为首都北京，这类负性事件对民众情绪产生了深远的影响。通过对事件发生后最近时间点进行按"日"计算，得到图 29 的北京样本人群的积极情绪和消极情绪变化趋势图。

可以观察到"昆明事件"当天群众的积极情绪并没有特别明显下降。但是在"昆明事件"发生后的第二天，北京群众的积极情绪显著下降。我们推测在当今社会，因为有了新闻媒体和在线社交媒体等传播工具，社会热点事件信息的传播以及事件所伴随的集体情绪的传播时间周期约为一天。从事件发生，到事件被群众广泛了解，再到群众开始在社会媒体上发表自己的观点，表达自己的情绪，这一过程仅仅需要一天的时间。

在"马航失联"事件中，可以观察发现事件所带来的情绪持续性低落，直到事件后第三天达到最低谷。因为"马航失联"事件不同于"昆明事件"，在马来西亚航空公司的 MH370 航班失去联系的前两天群众的积极情绪有所下降，但并没有达到低谷，不少观点众说纷纭，让群众处于相对迷惑的状态。所以这段时间内，群众并没有将所有的情绪关注点集中聚焦在悼念和缅怀 MH370 航班乘客失事上。但是随着时间的推移，许多之前的推测被逐个辟谣，群众不得不面对 MH370 航班最有可能是在海洋上坠毁的情况。搜救工作也没有为 MH370 航班上乘客的生还带来好消息，经过三天左右的调查和分析，群众的情绪关注点已逐步转向悼念和缅怀遇难者，因此在事件第三天后群众的积极情绪到达波谷。并且在紧接着的十余天内，积极情绪均明显低于"昆明事件"发生前的正常水平。

通过对"昆明事件"和"马航失联"事件的群众情绪变化规律的分析和研究，发现通过新浪微博等在线社会媒体，我们可以在很大程度上有效地观察大规模用户的情绪变化。这为将来针对大规模民众情绪变化规律的深入探索和研究提供了一条行之有效的研究方案，在未来的研究中可以通过多次类似事件发生前后的群众情绪的变化趋势，逐步探究出大规模民众的情绪变化影响因素，以及因素间的相互协同作用关系。

（二）北京公交地铁调价听证会

针对公交、地铁票价调整一事，2014 年 7 月，北京市发展改革委联合交通委完成了公交票价改革公开征集意见活动。听证会共设听证参加人席位 25 个，委托市消费者协会、市人大、市政协以及有关单位推荐产生。设旁听席位 10 个，设新闻媒体席位 20 个，公民和媒体可在规定时间内报名参加。

据介绍，根据北京市委、市政府开门订方案的指示和要求，从 2013 年 12 月，北京市发展改革委、北京市交通委会同有关单位开展了广泛深入的调查研究，2014 年 7 月，完成了公交票价改革公开征集意见活动。收到 2.4 万人提出的 4 万多条意见建议。

对应于"北京全市社会态度指标趋势"表，2014 年 7 月，全市生活满意度、收入满意度、社会地位满意度和经济满意度出现了下降。地方政府满意度、社会风险判断、社会公平满意度以及集群效能出现了上升（见图 26）。

可见，听证会作为吸取民众意见而制定国家或地区政策的方式可以有效提高政府工作的透明度，增加老百姓对政府工作的满意度。但多数群众对地铁公交价格上升持有偏负向的情绪，会降低对生活、收入、经济和社会地位的满意度，进而提高了对社会风险的判断，对社会公平度持有不满的看法。

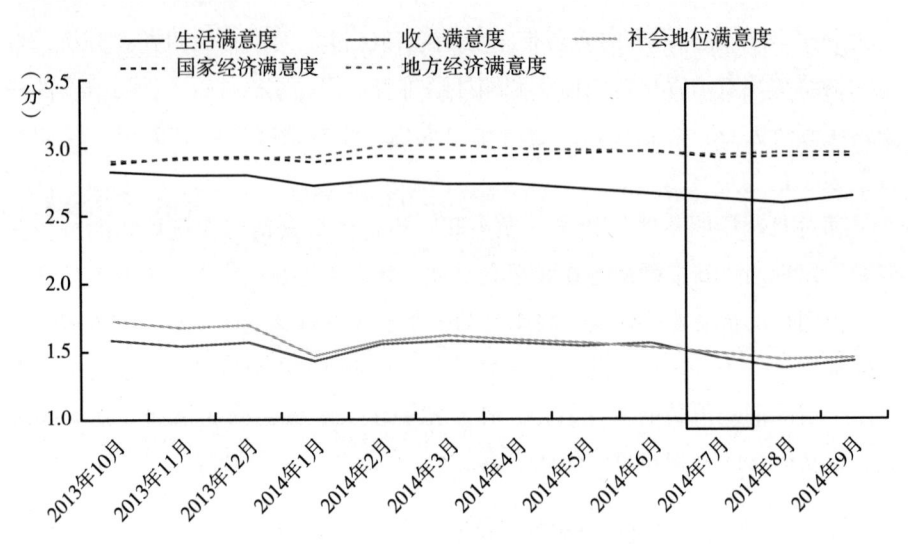

图 26 听证会期间北京社会态度指标变化情况（1）

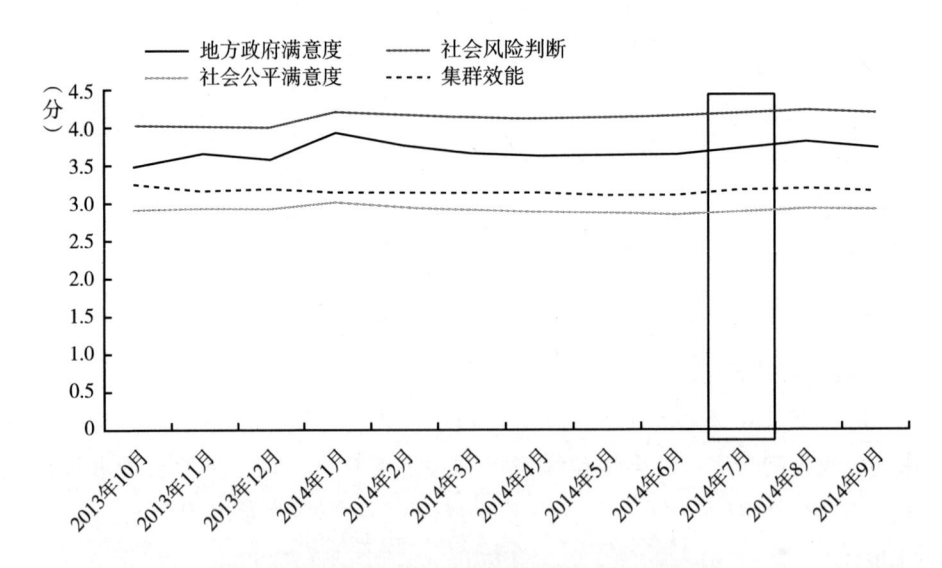

图 27 听证会期间北京社会态度指标变化情况（2）

（三）小结

笔者以前述方法为技术手段、以北京"微博"人口为研究对象，重点考查了不同性质的热点事件对民众社会满意度的影响原理和模式。我们希望该领域的研究在今后可以更加完善，并引起政府、媒体、市民等社会各阶层的关注。[12][13][19] 相信网络媒体下的舆情管理和社会态势感知，在今后将成为补充甚至替代传统调查研究的手段。

参考文献

① Agarwal, S. (2009). An Exploratory Study of Indian University Students' use of social Networking Web sites: Implications for the workplace. *Business Communication Quarterly*, 72, 1.

② Argyriou, A., Evgeniou, T., Pontil, M., Argyriou, A., Evgeniou, T., & Pontil, M. (2007). Convex Multi-task Feature Learning. *Machine Learning*, 73, 3, 243 – 272.

③ Bessière, K., Kiesler, S., & Boneva, R. (2008). Effects of Internet Use and Social Resources on Changes in Depression. *Information Communication & Society*, volume 11, 1.

④ Boyd, D. M., & Ellison, N. B. (2007). Social Network Sites: Definition, History, and Scholarship. *Journal of Computer Mediated Communication*, volume 13, 3, 210 – 230 (21).

⑤ Clark, A. E., Westergård-Nielsen, N., & Kristensen, N. (2009). Economic Satisfaction and Income Rank in Small Neighbourhoods. *Journal of the European Economic Association*, 7, 2 – 3, 519 – 527.

⑥ Felt, A., & Evans, D. (2008). Privacy Protection for Social Networking APIs. *Web Security & Privacy*.

⑦ Gaffney, D. (2010). Iran Election: Quantifying Online Activism. *Proceedings of the Web Science Conference*.

⑧ Ifukor, P. (2010). "Elections" or "Selections"? Blogging and Twittering the Nigerian 2007 General Elections. *Bulletin of Science Technology & Society*, 30, 6, 398 – 414.

⑨ Kosinski, M., Stillwell, D., & Graepel, T. (2013). Private Traits and Attributes are Predictable from Digital records of Human Behavior. *Proceedings of the National Academy of Sciences*, 110, 15, 5802 – 5805.

⑩ Li, L., Li, A., Hao, B., Guan, Z., Zhu, T. (2014). Predicting active users' Personality Based on Micro-blogging Behaviors. *Plos One*, 9, e84997.

⑪ Shamma, D. A., & Churchill, E. F. (2010). Tweetgeist: Can the Twitter Timeline Reveal the Structure of Broadcast Events? *Cscw Horizons*.

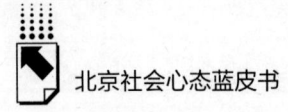

⑫ Veltri, G. A. (2013). Microblogging and Nanotweets: Nanotechnology on Twitter. *Public Understanding of Science*, 22, 832–849.
⑬ 花蓉、付春江：《社会转型期群体性事件产生的心理原因探析》，《江西师范大学学报》（哲学社会科学版）2005 年第 2 期。
⑭ 王二平、张本波、陈毅文、史伟：《社会预警系统与心理学》，《心理科学进展》2003 年第 4 期。
⑮ 王二平：《基于公众态度调查的社会预警系统》，《中国科学院院刊》2006 年第 2 期。
⑯ 王林、时勘、赵杨、张跃先：《基于突发事件的微博集群行为舆情感知实验》，《情报杂志》2013 年第 5 期。
⑰ 徐乃龙：《群体性事件中网络媒体的负面影响及其对策》，《中国犯罪学研究会学术研讨会》。
⑱ 张书维、王二平、周洁：《跨情境下集群行为的动因机制》，《心理学报》2012 年第 4 期。
⑲ 张兆端：《国外境外关于集群行为和群体性事件之研究》，《山东公安专科学校学报》2002 年第 1 期。
⑳ 郑昱、赵娜、王二平：《家庭收入与生活满意感的动态关系检验：基于某省 21 县市 2004~2010 年的面板研究》，《心理科学进展》2010 年第 7 期。

微时代的宏需求：
微信的人际交往模式研究

余佳 胡静[*]

摘　要：	微信作为具有高度的人为性和不确定性的微时代的映射工具，是另一个向度的社会场景和个人生活的展现。本文利用个人为基础的人际关系网络的传播，通过"微信时代的人际互动"的问卷调查，以微信的人际互动、交往的呈现方式，思考工具变革下现代人群的需求和行为。
关键词：	微信　微时代　人际交往

"微时代"到来，让现代性、社会形态结构、现代人的心理危机、网络传播、风险社会等问题的讨论在理论界遍地开花。互联网渗透各个领域和行业，塑造行业、人、物、组织等的新边界并成为融合互动的重要工具。智能手机的拥有数量也在加速度增长，人手一机的景象就要到来，智能手机的迅速普及同时推动移动流量（流量意味着信息的传递与互动的量与频率）继续快速上升。与此同时，智能手机已不再被独宠，全智能设备热点频出。从微博到微信，微时代的映射工具层出不穷，这是另一个向度的社会场景和个人生活的展现。移动互联时代具有高度的人为性和不确定性，在影响力如此巨大的工具变革下使得深入思考现代人群的需求和行为显得尤为迫切。"微时代"的人际互动和人群心理及行为模式如何，是为当前中国社会改革和发展所需的理念转变和思想

---

[*] 余佳，博士，北京师范大学中国社会管理研究院/社会学院《社会治理》多媒体部主任；胡静，硕士，北京师范大学中国社会管理研究院/社会学院社会服务办公室副主任。

解放提供持久动力的重要关节点。笔者专注"微信的人际交往模式研究",试图通过微信这个微时代的代表性特殊平台上人际互动、交往的呈现方式,获得我们进一步研究和实践的若干视角。

为了对微信的人际交往模式有一个更加明晰的、定量化的了解,2014年11月17~23日,笔者利用个人为基础的人际关系网络的传播,进行了一个"微信时代的人际互动"的问卷调查(23~26道题目),总共收集到1000份有效答卷。

调查样本除了宁夏、云南和港澳台地区,全国范围内的其他省份地区都有涉及(见图6)。样本的性别比例相对均衡(见图1),涉及不同受教育程度(见图2)和职业类型(见图3)。

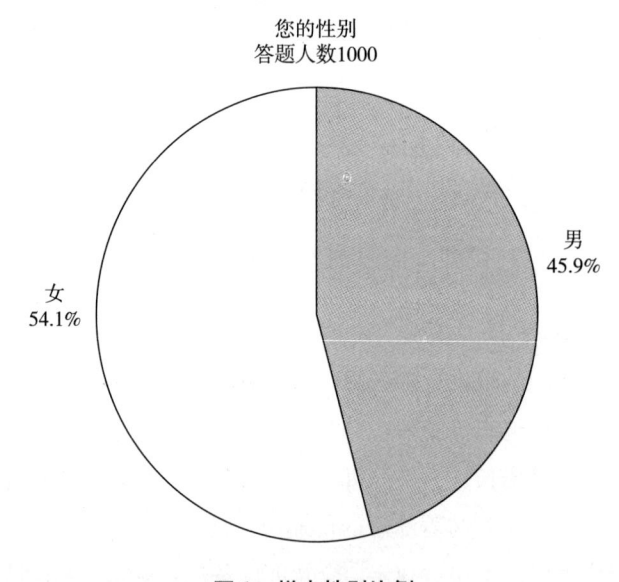

您的性别
答题人数1000

男 45.9%
女 54.1%

图1 样本性别比例

1. 传播途径的影响:我们的问卷调查通过微信的"朋友圈""聊天工具"以及电子邮件、QQ、直接访问填表等,采用滚雪球的方式,利用个人为基础的人际关系网络进行传播。使用这几种传播途径,主要是考虑本调研的研究对象主要是微信的使用人群,所以直接通过调查者经常使用的途径来调研。其中用手机(移动设备)终端完成的答卷占79.7%(见图4)。但与此同时,传播途径和人群的选择上也会直接影响研究边界和一定程度上影响调研结果。具体

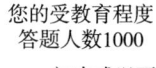

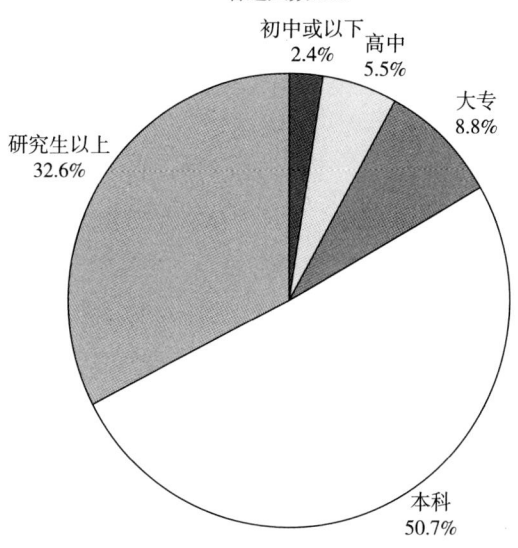

图 2　样本受教育程度

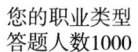

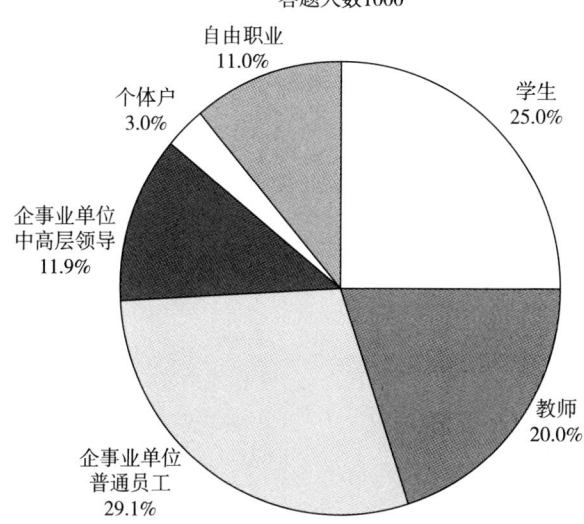

图 3　样本职业类型

来说，我们发现，某些问题的选项就明显受这种传播途径和人群选择的影响，如在通信和社交软件使用上列举微信的比率极高，对微信的各项功能的了解程度和使用频率显著高于广泛人群，使用微信的时间场合更宽泛等。

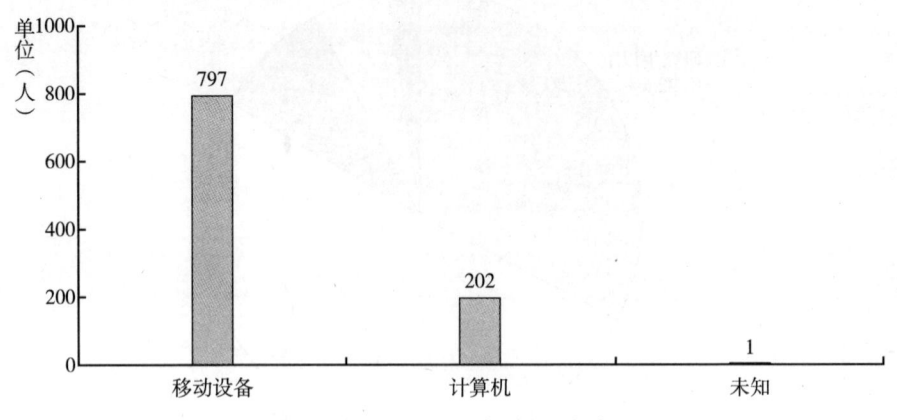

图4 答卷完成的系统环境设备类型

2. 一个调查者的样本：为了便于整理和统计，调研前，我们设定了答卷搜集数量限制：有效答卷1000份时，调查结束。实际回收过程中，大部分问卷提交于17～19日，尤其在18日达到高峰，19日晚实际已回收900份以上问卷，也就是说，绝大部分的答卷是在两天内完成的（见图5），这也基本符合以调查者个人为基础的人际关系网络传播速度和数量。就以调查者个人为原点扩散的人际圈而言，48小时的传播速度和1000的大概饱和数量，这个数值本身就是一个调查者的个人样本，也是以后研究的一个重要参考。

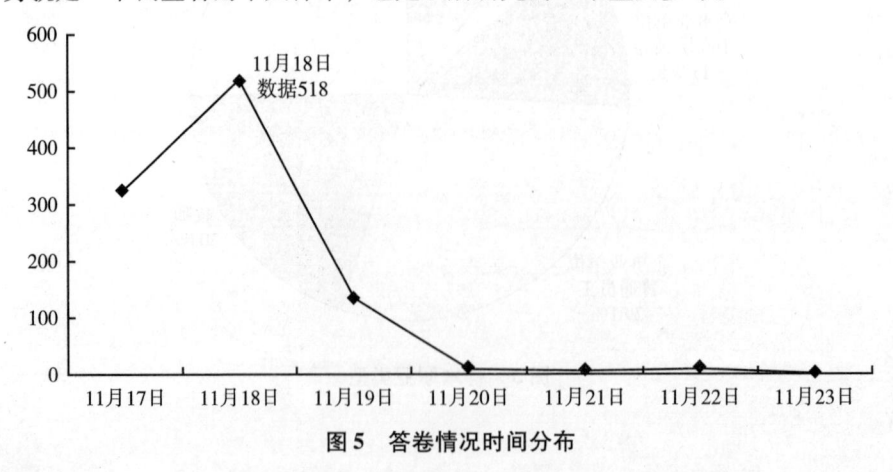

图5 答卷情况时间分布

3. 调查者局限和倾向：尽管该调查没有局限特定人群，同时笔者在发送问卷时也尽量兼顾到不同性别、地区、年龄、工作性质、学历的人群，希望样本来源相对各方平衡。但实际调研结果还是反映了笔者（笔者生活圈集中于北京、武汉，高学历且在高校工作等）人际圈的一些偏向特征，也使得本次调查在人群分布上不可避免地出现了一些局限，如个别省份城市，如湖北（36%）、北京（25%）、广东（12%）等地人群比例偏高（见图6）；研究生以上人群比例相对过高（32.6%）；企事业单位（41%）、教师（20%）、学生（25%）比例较高等。当然，这些不可避免的局限基本上没有对调查问卷的结果产生大的影响。从另一个角度来说，也可能侧面反映了微信人际圈人群比例的一些特征，如：个别省份城市、学历更高人群、某些职业类型的微信使用更高普及率等。当然，由于样本量1000份的限制，这些特征并没有准确数据的支持，只属于可能性较大的推测。

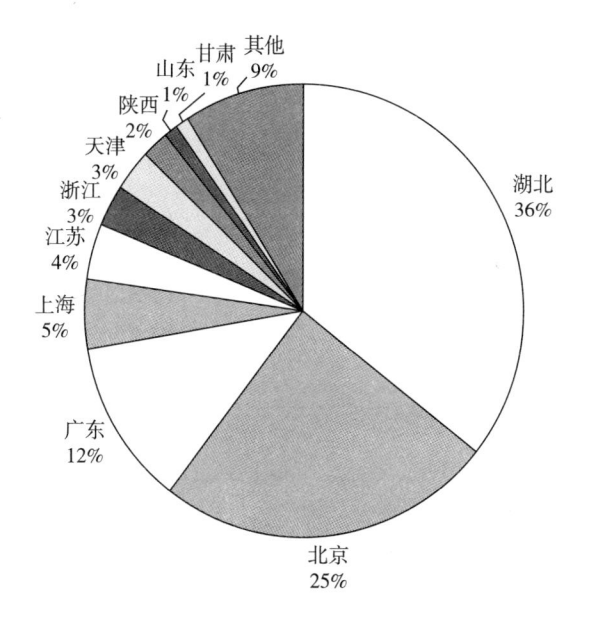

图6 样本来源地域分布

前期调研准备过程中，我们发现，以下四个方面的内容集中反映了微信平台上人际交往的重要特性：①微信的使用频率和功能。②朋友圈互动行为。

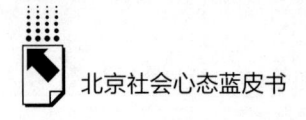

③订阅号和公众号选择行为。④微信群使用行为。同时，这几个方面的内容，不同程度地收到受访者性别、职业类型、受教育程度等因素的影响。

一 微信的使用频率和功能

（一）手机上频繁使用的通信和社交软件

当询问到，"您手机上频繁使用的通信和社交软件有哪些"时，最多被提及的通信和社交软件是微信（90.4%）和移动QQ（68.6%）、微博（28.9%）与电子邮件（28.1%）差不多（见图7）。手机（移动终端）上，腾讯的微博和移动QQ普及率占了绝对优势。另外，几年前异常火爆的微博，还有早期主要依赖非移动互联网终端的博客、空间、论坛、BBS等，与微信等后起之秀相比明显大势已去。

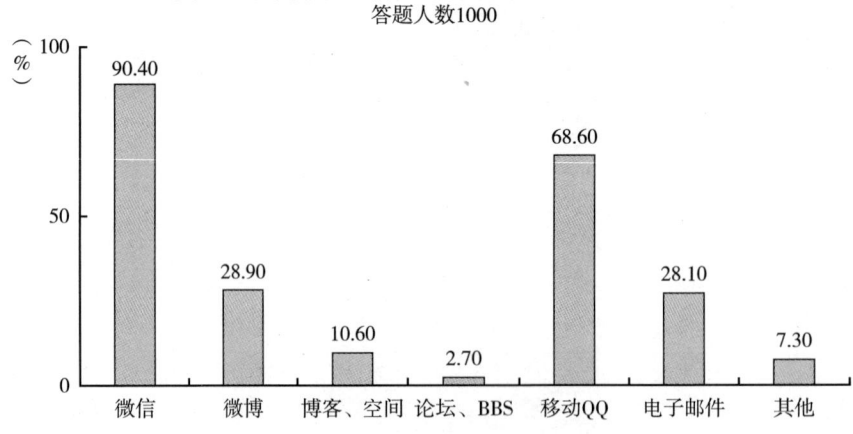

您手机上频繁使用的通信和社交软件有哪些？（最多三项）
答题人数1000

微信	微博	博客、空间	论坛、BBS	移动QQ	电子邮件	其他
90.40	28.90	10.60	2.70	68.60	28.10	7.30

图7 手机上频繁使用的通信和社交软件

手机上使用软件的情况与职业类型存在一定相关性。使用微信的学生比例（70.0%）显著低于其他职业类型使用微信的比例（平均97.0%）。与此同时，使用移动QQ的学生比例（88.8%）大大高于其他职业类型人群使用移动QQ的比例（平均57.3%）。而教师可能因为要一定程度上迎合学生的软件使用习惯，使用移动 QQ 的比例也很高（71.0%）。此外，教师和企事业单位中高层领导可能因为工作需要的关系，使用电子邮件的比例很高（35.5% 和 44.54%）（见表 1）。

表 1 "职业类型"与"手机上频繁使用的通信和社交软件"

	微信	微博	博客、空间	论坛、BBS	移动 QQ	电子邮件	其他	受访人数
学生	70.0% 175	31.2% 78	20.4% 51	2.4% 6	88.8% 222	16.8% 42	6.4% 16	250
教师	97.0% 194	25.0% 50	8.0% 16	2.0% 4	71.0% 142	35.5% 71	7.0% 14	200
企事业单位普通员工	97.59% 284	34.36% 100	9.28% 27	2.75% 8	63.57% 185	27.49% 80	6.53% 19	291
企事业单位中高层领导	99.16% 118	18.49% 22	4.2% 5	4.2% 5	50.42% 60	44.54% 53	7.56% 9	119
自由职业	94.55% 104	29.09% 32	5.45% 6	2.73% 3	58.18% 64	25.45% 28	10.0% 11	110
个体户	96.67% 29	23.33% 7	3.33% 1	3.33% 1	43.33% 13	23.33% 7	13.33% 4	30
受访总人数	904	289	106	27	686	281	73	

（二）微信不同功能的普及度和受欢迎程度

当询问到使用微信哪些功能时，最多被提及的微信功能依次是：朋友圈（88.9%）、即时语音或文字通信（81.4%），服务号、订阅号（57.9%），群讨论（51.8%），还有游戏（15.2%），支付等其他（27.7%）。

当询问到，"您觉得微信最值得点赞的功能是"时，最多被提及的微信功能依次是：朋友圈（73.1%）、即时语音或文字通信（68.3%），服务号、订阅号（37.4%），群讨论（27.6%），还有游戏（2.0%），支付等其他（12.9%）。这个排列顺序与调查对象对微信功能使用的选择排序完全一致。也就是真的大家觉得"赞"的微信功能大家才真的会用。

微信本来是以一款即时语音通信功能的社交软件出现的，但相较之下，调查对象对"朋友圈"功能使用更多、更加推崇，微信朋友圈已经毋庸置疑是移动互联网上活跃度最高的平台之一，这一点值得关注。另外，"服务号、订阅号"功能的普及度和追捧程度也不低,成为微信的第三号焦点平台,也是和近一年来服务号、订阅号的蓬勃发展趋势相一致的。调查对象很少有人对微信游戏功能"感冒"(使用的有15.2%,点赞的只有2.0%),一方面可能基于大家对微信软件的功能定位主要无游戏无关,另一方面微信的游戏设计者需要反思。

(三)对使用微信账号登录其他购物网站或微信支付的态度

2014年春节期间,微信红包一经推出,一下子绑定了大量用户银行卡,微信群里抢红包如火如荼,2015年的春节再次爆发全民抢红包。但是用户对微信支付的态度是不是也如此火爆呢?此外由于微信市场的扩大,不少其他的网上平台和App(智能手机的第三方应用程序)都建立了与微信之间的关联,包括扫二维码、微信朋友圈分享、发送好友,甚至使用微信账号登录其他购物网站等。但是是否存在用户对安全性的担忧呢?调查结果显示,尽管有26.3%的被访者认为微信账号登录其他购物网站或微信支付"很方便快捷,最记不住那么多账号了",有13.5%的被访者也提到"节日期间微信抢红包、抽奖什么的蛮有意思的"。但是与此同时,有超过三成(32.0%)的受访者表示,微信账号登录其他购物网站或微信支付"容易造成个人隐私泄露,有点担忧"。另外还有近一半(46.8%)的受访者说他们"无所谓,反正我不用"(见表2)。可见,大量用户对微信的定义还是一个交往的平台和工具,对于购买支付的功能,可能承认有好玩的成分,但不太"感冒"。

表2 对使用微信账号登录其他购物网站或微信支付的态度

答案选项	回复情况(人数)	回复情况(百分比)
很方便快捷,最记不住那么多账号了	263	26.3
节日期间微信抢红包、抽奖什么的蛮有意思的	135	13.5
这样容易造成个人隐私泄露,有点担忧	320	32.0
无所谓,反正我不用	468	46.8
受访人数:1000		

(四)微信聊天工具的使用频率

调查结果显示,22.6%的人还是习惯传统通话和短信,偶尔使用微信聊天

1~2次；48.2%的人每天上线，需要沟通和发布消息就使用微信；29.2%的人表示自己的微信使用很频繁，甚至不上去看看就心痒痒（见表3）。

表3 微信聊天工具的使用频率

单位：%

答案选项	回复情况
偶尔1~2次，还是习惯传统通话和短信	22.6
每天，需要沟通和发布消息就使用	48.2
很频繁，甚至不上去看看就心痒痒	29.2
受访人数：1000	100.0

性别是影响微信聊天工具的使用频率的重要因素。女性在"微信聊天工具的使用频率"上超男性，体现出相当强的活跃度。选择"很频繁，甚至不上去看看就心痒痒"的女性高达65.1%，远超男性的34.9%差不多20个百分点。而选择"偶尔1~2次，还是习惯传统通话和短信"的居然有近六成（59.3%）的是男性，远超女性的40.7%。

（五）微信朋友圈使用频率

调查结果显示，就朋友圈的使用频率而言，有近半数（43.1%）的受访者是"随机，时多时少"，有三成（30.5%）的受访者"基本只看不发"，另有11.6%的人"每二三天更新一篇"，9.8%的人"基本上天天更新一两篇"，"天天更新好几篇或几十篇"是极少数（5.0%）（见表4）。

表4 朋友圈使用频率

单位：%

答案选项	回复情况
基本只看不发	30.5
每二三天更新一篇	11.6
基本上天天更新一两篇	9.8
天天更新好几篇或几十篇	5.0
随机，时多时少	43.1
受访人数：1000	100.0

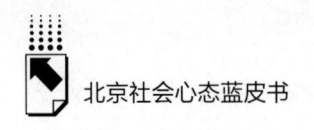

（六）微信使用的时间和场合

关于微信使用的时间和场合，有两个选项被认可程度最高，一个是"随时随地"，54%的受访者选择，另一个是"一个人的碎片时间，如等车、等餐、等人、等天上掉馅饼……"有53.8%的受访者选择。实际上，这两个选项都说明了微信不仅超越了时间和场合的限制嵌入了广泛用户的生活，而且它也以无孔不入的方式填补了广泛用户的碎片时间。实际上18.9%选择"与人聚会时，如不想说话、避免尴尬什么的"，以及20.9%选择"其他非私人场合，如开会无聊时……"也是类似的情况和理由。存在差异的是选择"固定时间，如早晨或睡前"这个选项的人群，大概相对比较具有计划和规律性，但是所占份额很少，只有16.3%（见表5）。

表5 微信使用的时间和场合

单位：%

答案选项	回复情况
随时随地	54.0
固定时间，如早晨或睡前	16.3
一个人的碎片时间，如等车、等餐、等人、等天上掉馅饼……	53.8
与人聚会时，如不想说话、避免尴尬什么的	18.9
其他非私人场合，如开会无聊时……	20.9
受访人数：1000	

（七）微信的功能和效用

当询问到，"微信对您而言的功能和效用"时，75.4%的人把微信当做"一般性的社交工具"，32.2%的人把微信当做"重要的资讯和学习平台"。另外，21.3%的人将微信作为"组织内部沟通和管理的媒介"，有8.4%的用户使用微信的主要目的之一是"营销公司品牌、产品和服务"，还有9.9%的用户利用微信进行"个人形象塑造和维护"。特别是，还有38.3%的调查对象认可微信在个人生活和交往互动中有重要意义，"不只是工具，还是生活方式"（见表6）。这里比较突出的是三个方面：一是被调查者基本有对微信作为"一般性的社交工具"的共识；二是微信作为"重要的资讯和学习平台"，这与微信功能里朋友圈和订阅号、公众号的普及度和受欢迎程度是相对应的；三是微信"不只是工具，还是生活方式"，这里不仅体现了人与人在交往工具上的交互性，而且也体现了人对交往工具的依赖甚至人与工具之间的重要交互性。

表6 微信的功能与效用

单位：%

答案选项	回复情况
一般性的社交工具	75.4
重要的资讯和学习平台	32.2
组织内部沟通和管理的媒介	21.3
营销公司品牌、产品和服务	8.4
个人形象塑造和维护	9.9
不只是工具，还是生活方式	38.3
受访人数：1000	

二 朋友圈互动行为

微信朋友圈已经毋庸置疑是移动互联网上活跃度最高的平台之一。微信朋友圈中的互动行为也从多个侧面展现了微信的人际交往模式。

（一）添加好友的谨慎度

当问到"您是否有选择地添加微信好友，或者为他人搜索您设置权限限制"时，有90.8%认为"必须验证，谨慎选择"（见表7）。由此看来，微信的确是一个建立在熟人关系强联结上的人际交往工具。

表7 添加好友的谨慎度

单位：%

答案选项	回复情况
来者不拒，惧者不来	9.2
必须验证，谨慎选择	90.8
受访人数：1000	100.0

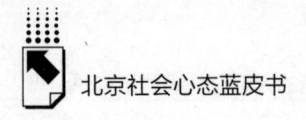

添加好友的谨慎度,女性(97.04%)高于男性(83.44%)(见表8)。

表8 性别与"添加好友的谨慎度"的关系

	来者不拒,惧者不来	必须验证,谨慎选择	受访人数
男	16.56% 76	83.44% 383	459
女	2.96% 16	97.04% 525	541
受访总人数	92	908	1000

在添加好友的权限问题上,选择"来者不拒,惧者不来"选项,不设防的学生人群比例高达22.0%,远远高过常值的9.2%。与此同时,"教师"这个特定的职业类型与学生相反,选择"必须验证"选项的比例达97%,高于常值的90.8%。

(二)朋友圈分组情况

朋友圈分组功能本来可以有效协调一个微信号中的微信中社会关系的,可以说是有利于塑造和保存几个"自我"身份的利器。但调查结果显示,有接近半数(43.7%)的被调查者"不知道有这个功能",还有大量的被调查者(39.3%)"知道,但不使用分组"。也就说83.0%的被调查者根本没有使用这个功能。有6.1%的人群使用分组功能并分为两类,而这种类型其实比较近似于"不让他(看)我的朋友圈"。真正实现了分组功能效用,即选择"分组,分多类组别"这个选项的只有10.9%(见表9)。分组功能成为鸡肋,这实际上也从侧面验证了微信作为熟人强联结工具的定位,因为是熟人圈,所以不需要那么多分组:如果不想和少数人互动,那就不加好友就行了;万一不得已加了好友,还可以列入"不让他(看)我的朋友圈"黑名单;如果不想让对方发现自己将其列入黑名单,才再分组来实现。

表9 朋友圈分组情况

单位：%

答案选项	回复情况
不知道有这个功能	43.7
知道，但不使用分组	39.3
分组，分为两类	6.1
分组，分多类组别	10.9
受访人数:1000	100.0

（三）朋友圈黑名单功能使用情况

在朋友圈黑名单功能使用上，有35.5%的调查对象知道并使用，有54.0%的人不列黑名单，还有10.5%的人表示"不知道怎么用"朋友圈黑名单。

朋友圈黑名单功能使用情况与性别差异有明显相关。女性使用朋友圈黑名单的比例（41.2%）大大高于男性（28.8%），这与在"添加好友的谨慎度"问题上女性明显高于男性的倾向一致（见图8）。

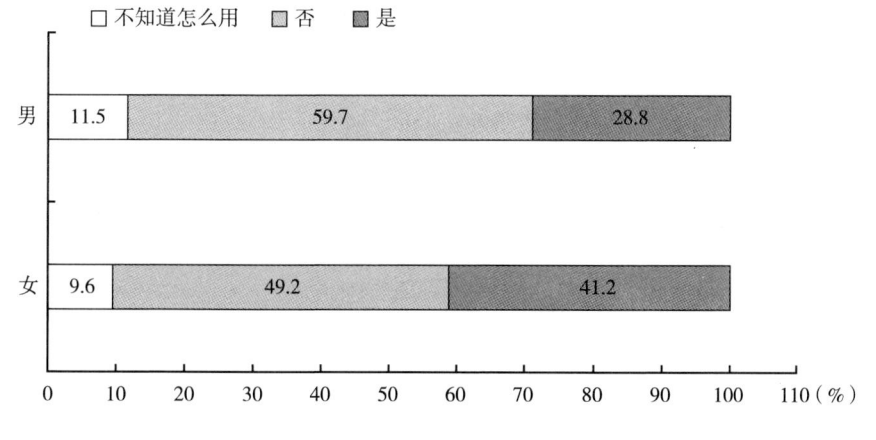

图8 性别与"朋友圈黑名单功能使用"的关系

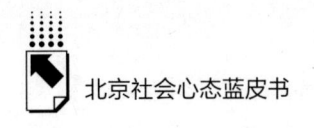

（四）朋友圈"黑名单"人群类型

在被问到"您将哪些人列入了'不让他（她）看我的朋友圈'名单"时，最多的选择是"实际生活少交集的，如网友、俱乐部成员等"，有61.02%的调查对象选了这个选项。而选择"父母、家中长辈、亲戚"（15.82%），"单位领导、老板、老师"（23.75%），"某些朋友、同学、老乡"（24.86%），"某些同事、合作伙伴"（29.38%）的比例相差不算太大，且数值依次递增，再次验证了微信作为熟人社会强联结工具的特性（见表10）。

表10 朋友圈"黑名单"人群类型

答案选项	回复情况（人数）	回复情况（百分比）
父母、家中长辈、亲戚	56	15.82
单位领导、老板、老师	84	23.73
某些朋友、同学、老乡	88	24.86
某些同事、合作伙伴	104	29.38
实际生活少交集的，如网友、俱乐部成员等	216	61.02
受访人数：354		

（五）朋友圈屏蔽对方信息的人群类型

在被问到"您将哪些人列入了'不看他（她）的朋友圈'名单"时，"实际生活少交集的，如网友、俱乐部成员等"这个选项也有较多人选择（36.16%），远高于选择"父母、家中长辈、亲戚"（3.67%），"单位领导、老板、老师"（4.24%），"某些朋友、同学、老乡"（12.15%），"某些同事、合作伙伴"（10.17%）的人数比例，同理验证微信作为熟人社会强联结工具的特性。此外，有高达72.88%的受访者认为"可能都有，取决于他（她）们常常发布的内容"（见表11）。这实际验证了我们调查之初的一个推测，微信人际圈的交往根基除了熟人社会，而且尤其在意交往内容，个人趣味的内在驱动可能高于其他实际关系因素。

（六）朋友圈发布内容

调查显示，在朋友圈发布内容上，选择发布"个人照片、美食、新奇见

表11 朋友圈屏蔽对方信息的人群类型

答案选项	回复情况(人数)	回复情况(百分比)
父母、家中长辈、亲戚	13	3.67
单位领导、老板、老师	15	4.24
某些朋友、同学、老乡	43	12.15
某些同事、合作伙伴	36	10.17
实际生活少交集的,如网友、俱乐部成员等	128	36.16
可能都有,取决于他(她)们常常发布的内容	258	72.88
受访人数:354		

闻等"的比例最高,为71.1%,其他如"转发新闻类、知识类资讯""与工作业务相关的资讯和推广""转发养生常识、人生哲理""转发音乐、笑话、段子等"依次为47.83%、41.76%、38.29%和31.21%,基本势均(见表12)。可见,朋友圈的个人"原创"私人生活趣味展示还是重点,这也是符合微信熟人圈的交往规则特性的。

表12 朋友圈发布内容

答案选项	回复情况(人数)	回复情况(百分比)
个人照片、美食、新奇见闻等	492	71.1
与工作业务相关的资讯和推广	265	38.29
转发新闻类、知识类资讯	331	47.83
转发养生常识、人生哲理	289	41.76
转发音乐、笑话、段子等	216	31.21
受访人数:692		

有关朋友圈发布内容,性别不同有明显差异。选择发布"个人照片、美食、新奇见闻等"的女性比例高达57.5%,比男性的39.4%高出了18.1个百分点。而其他如"转发新闻类、知识类资讯""与工作业务相关的资讯和推广""转发养生常识、人生哲理""转发音乐、笑话、段子等"数值男女相差不大(见表13)。很明显,朋友圈的个人"原创"私人生活趣味展示是重点,更是女性的重点。这与女性在维持微信熟人圈强联结上的热度高于男性是相一致的。

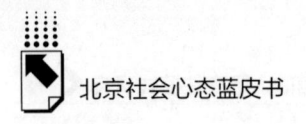

表13　性别与"朋友圈发布内容"的关系

	个人照片、美食、新奇见闻等	与工作业务相关的资讯和推广	转发新闻类、知识类资讯	转发养生常识、人生哲理	转发音乐、笑话、段子等	受访人数
男	39.43% 181	26.14% 120	33.77% 155	23.31% 107	20.48% 94	459
女	57.49% 311	26.8% 145	32.53% 176	33.64% 182	22.55% 122	541
受访总人数	492	265	331	289	216	

（七）不受欢迎的朋友圈内容

在被问到"您比较不爽对方发布什么样的内容,甚至会将其'拉黑'"时,受访者显示出某种"同仇敌忾"的气势,有高达72.1%的人选择了"发广告、搞传销",以及72.0%的人选择了"危言耸听帖,如'不转发会×××'",此外还有24.5%的人选择了"求点赞以换取优惠券等"。这些令人"不爽"的朋友圈内容显然都不是维持一个相对稳定和信任的熟人人际圈能够喜欢的发言内容。值得注意的事,还有三成以上（34.5%）的受访者选择了"主要不是他（她）发什么,只是发的太多刷屏了"这个选项,过多的信息量转发而完全不能让人适度摄取,这会直接影响刷屏的发布者的人际交往和互动活动,这应该是一个朋友圈交往应该注意的一条重要规则（见表14）。

表14　不受欢迎的朋友圈内容

答案选项	回复情况（人数）	回复情况（百分比）
发布个人照片、分享美食、新奇见闻等	53	5.3
转发新闻类、知识类资讯	32	3.2
转发养生常识、人生哲理	69	6.9
转发音乐、笑话、段子等	31	3.1
发广告、搞传销	721	72.1
危言耸听帖,如"不转发会×××"	720	72.0
求点赞以换取优惠券等	245	24.5
主要不是他（她）发什么,只是发的太多刷屏了	345	34.5
受访人数:1000		

（八）朋友圈评论情况

朋友圈评论大体上有两种形式，一是点♥（赞），二是有内容的评论。二者的不同在于，♥（赞）一方面不能显示发布时间，同时也不可回复。但是有内容的评论则既可以显示发布时间，又可以被回复。所以，也可以将点赞理解为一种较弱的人际互动模式，而评论则相对是较强的人际互动模式。调查显示，有13.2%的人"一般只看不评论"，有8.5%的人"专注点♥（赞），一般不评论"，有62.5%的人"偶尔评论，也点赞"，还有15.8%的人"经常评论互动"。总的来说，在朋友圈还是有不少人在维持或者经营一个保持互动频率的交往状况的，除了13.2%回答"一般只看不评论"之外，其他86.8%的人群都不同程度上体现了这一特征。选择"偶尔评论，也点赞"的人数比例最高，为62.5%，也就是说，大部分人选择了一种不强不弱或者时强时弱的人际互动状态来保持相对稳定的微信人际圈（见表15）。

表15 朋友圈评论情况

单位：%

答案选项	回复情况
一般只看不评论	13.2
专注点♥（赞），一般不评论	8.5
偶尔评论，也点赞	62.5
经常评论互动	15.8
受访人数:1000	100.0

朋友圈评论情况在男女性别上的差异也是明显的，女性在朋友圈评论的活跃度普遍高于男性。"偶尔评论，也点赞"女性有66.7%，明显高于男性的57.5%。"经常评论互动"的女性有18.5%，也略高于男性的12.6%。而与此相对应，"一般只看不评论"的男性有20.9%，远高于女性的6.7%。"专注点♥（赞），一般不评论"的男性有8.9%，也略高于女性的8.1%。这与女性对熟人强联结的维护热度上高于男性的基本特征相一致（见表16）。

表16 性别与"朋友圈评论情况"的关系

	一般只看不评论	专注点♥(赞),一般不评论	偶尔评论,也点赞	经常评论互动	受访人数
男	20.92% 96	8.93% 41	57.52% 264	12.64% 58	459
女	6.65% 36	8.13% 44	66.73% 361	18.48% 100	541
受访总人数	132	85	625	158	1000

三 订阅号和公众号选择行为

(一)关注并阅读使用的订阅号、公众号数量

调查显示,调查对象关注并阅读"10个以内"订阅号、公众号的占了半数以上(50.9%)。关注或阅读"10~50个"订阅号、公众号的占27.1%。表示"没有注意"自己有多少公众号、订阅号,并且"都不看"的人群有18.7%。少量人群关注并阅读使用的订阅号、公众号达到"50~100个"(2.1%)。极少数人(1.2)关注"100个以上"的订阅号、公众号(见表17)。也就是说,10个以内的订阅号、公众号的关注量和阅读量对人群而言是较为适宜的,10~50个也可以接受,但超过这个数值的信息量可能就无法取得良好的传播效果了。在实际了解中我们也发现,订阅号、公众号数量超过50个,基本上就处于无力阅读或者懒于阅读的状态了。"没有注意,都不看""50~100个""100个以上"这几个非常值的选项实际意味着对订阅号、公众号功能的关注度、使用度相对较弱。

表17 关注并阅读使用的订阅号、公众号数量

单位:%

答案选项	回复情况
没有注意,都不看	18.7
10个以内	50.9
10~50个	27.1
50~100个	2.1
100个以上	1.2
受访人数:1000	100.0

数据显示，受教育程度与订阅号、公众号的关注和使用有一定相关性。特别在"没有主要，都不看"这个选项上，人群比例从"初中或以下"的45.83%，"高中"的25.45%，"大专"的23.86%，"本科"的17.55%，"研究生以上"的15.95%，受教育程度与不关注订阅号、公众号的人群比例呈负相关，也就是说，受教育程度越高，不关注订阅号、公众号的人群比例越低，这同时也意味着受教育程度越高，对信息的获取需求更高，运用微信作为学习平台的动力也越强（见表18）。

表18 受教育程度与"关注并阅读使用的订阅号、公众号数量"的关系

	没有注意，都不看	10个以内	10~50个	50~100个	100个以上	受访总人数
初中或以下	45.83% 11	33.33% 8	16.67% 4	0.0% 0	4.17% 1	24
高中	25.45% 14	56.36% 31	18.18% 10	0.0% 0	0.0% 0	55
本科	17.55% 89	52.66% 267	25.64% 130	2.37% 12	1.78% 9	507
研究生以上	15.95% 52	49.08% 160	31.9% 104	2.45% 8	0.61% 2	326
大专	23.86% 21	48.86% 43	26.14% 23	1.14% 1	0.0% 0	88
受访总人数	187	509	271	21	12	1000

（二）关注特定的订阅号、公众号的理由

在"关注特定订阅号、公众号的理由"问题上，头号理由是"个人爱好"，有82.49%的受访者选择了这个选项。其次是为了获得"生活资讯"（51.66%）和处于"工作需要"（49.57%）。同时还有9.12%的人没有特定理由，选择了"随机"（见表19）。这个问题上的男女性别差异、受教育程度差异、职业类型差异都不大。

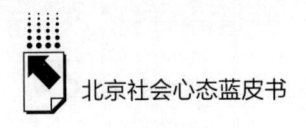

表19 关注特定订阅号、公众号的理由

答案选项	回复情况(人数)	回复情况(百分比)
工作需求	402	49.57
个人爱好	669	82.49
生活资讯	419	51.66
随机	74	9.12
受访人数:811		

四 微信群使用行为

(一)微信固定群数量

使用固定群的数量也是微信人际交往互动活跃性和范围的重要量度。在被询问到"您平时使用的微信固定群有多少"时,有15.6%的人表示"不太清楚,都是被拉进去的,也不看",19.4%的人"没有固定的群,临时需要再拉人组群",58.9%的受访者表示有"10个以下"的固定群,还有6.1%的人表示有"10个以上"的固定群(见表20)。也就是说,对于大多数人来说,10个以下的固定群是使用度较高的。

表20 微信固定群数量

单位:%

答案选项	回复情况
不太清楚,都是被拉进去的,也不看	15.6
没有固定的群,临时需要再拉人组群	19.4
10个以下	58.9
10个以上	6.1
受访人数:1000	

(二)微信固定群类型

在"微信固定群类型"的选择上,选择"同学校友会"的比例最高,达

62.0%。其次是"知心好友"的54.3%、"工作伙伴"的51.3%、"家人亲戚"的43.0%（见表21）。这种选择倾向基本上也是体现了微信的熟人强联结交往互动的关系的。

表21 微信固定群类型

答案选项	回复情况（人数）	回复情况（百分比）
家人亲戚	430	43.0
知心好友	543	54.3
同学校友会	620	62.0
工作伙伴	513	51.3
俱乐部	134	13.4
其他	132	13.2
受访人数：1000		

男女性别不同，在"微信固定群类型"的选择上也存在差异。女性选择"知心好友"（60.4%）、"工作伙伴"（54.7%）、"家人亲戚"（47.3%）等性质的固定群比例明显高于男性选择的人数比例。而男性在"同学校友会"（男64.9% VS 女59.5%）、"俱乐部"（男17.4% VS 女10.0%）性质的固定群上现在的比例明显高于女性（见表22）。女性在熟人强联结关系的经营的热度和强度上显然高于男性。女性比男性更依赖熟人强联结关系。

表22 性别与"微信固定群类型"的关系

	家人亲戚	知心好友	工作伙伴	俱乐部	同学校友会	其他	受访人数
男	37.91% 174	47.06% 216	47.28% 217	17.43% 80	64.92% 298	14.81% 68	459
女	47.32% 256	60.44% 327	54.71% 296	9.98% 54	59.52% 322	11.83% 64	541
受访总人数	430	543	513	134	620	132	

（三）取消微信群"新消息通知"功能使用情况

当问到"您是否取消了哪些微信群的'新消息通知'"时，竟然有近三分之一（32.8%）的受访者表示"不知道有这个功能"，更有三分之一

(34.6%)的受访者说"觉得某些群干扰麻烦,会直接退群"。在不同类型的群方面,只有9.0%的人表示去掉了一些亲友群的"新消息通知",对其他性质固定群的态度差别不大(见表23)。显而易见,亲友群是关系联结最强的。

表23 取消微信群"新消息通知"功能使用情况

答案选项	回复情况(人数)	回复情况(百分比)
不知道有这个功能	328	32.8
去掉了一些工作群的"新消息通知"	211	21.1
去掉了一些亲友群的"新消息通知"	90	9.0
去掉了一些同学校友会群的"新消息通知"	268	26.8
去掉了一些俱乐部群的"新消息通知"	227	22.7
觉得某些群干扰麻烦,会直接退群	346	34.6
受访人数:1000		

五 几个值得关注的结论

(一)微信成为熟人强联结的人际交往和互动工具

微信与微博的传播形态和用户体验有明显区别,二者差异在于不同的定位:微博更像是"大众化"的"媒体",而微信尚不具备媒体形态,更像是私人化的沟通通信工具,因而微信具有熟人社会强联结的特性。在"微信固定群类型"的选择倾向上,在朋友圈"黑名单"人群类型、朋友圈屏蔽对方信息的人群类型、分组功能成为鸡肋等诸多相关问题的回答中,都明显验证了微信作为熟人社会强联结的人际交往和互动工具的特性。

(二)微信平台上人际互动的诸方面有其特定数值

特定数值表现在微信平台上人际互动的诸方面。比如,以调查者个人为基础的人际关系网络传播速度和数量会有其限度,本调查的样本限度是48小时的传播速度和1000的大概饱和数量。换一个角度来说,就是以个人为核心的人际关系网铺开来,大概有类似1000这么个阈值。又如,"关注并阅读使用的订阅号、公众号数量",10个、50个就是特定数值,10个以内的订阅号、公众号的关注量和阅读量对人群而言是较为适宜的,10~50个也可以接受,但超过这个数值基本上就处于无力阅读的状态了。再如,"微信固定群的数量",对于大多数人来说,10个以下的固定群是使用度较高的,这里10也是一个特定数值。

(三)影响微信的使用行为和人际互动的诸多因素

性别差异是影响微信使用行为和人际互动的重要因素,职业类型、受教育程度等因素也会影响微信的使用行为和人际互动,特别是受教育水平较低的学生,在开放度和选择上与其他人群存在明显差异。此外,年龄、地域等其他因素也可能极大地影响微信使用行为和人际互动,但囿于本次调研的样本数量、相关复杂情况还未及整理,此处不做精细研究。

B.11
北京失独老人心理健康状况及对策研究

李林英*

摘　要： 本研究运用文献研究和实地调查的方法对失独老人的生活需求及心理健康状况进行调研，旨在探索失独老人哀伤经验及其对策，以此为今后有效开展失独老人哀伤辅导及心理健康咨询服务提供科学依据。研究发现失独老人精神关怀需求普遍高于日常生活照料需求。因此，建议政府从个人及家庭、社区和社会三个层面积极寻求对策。

关键词： 失独　哀伤辅导　精神关怀　北京

一　背景及意义

党的十八大指出，正确认识和把握保障改善民生的要求，使全体人民病有所医、老有所依。自1982年将"实行计划生育"作为基本国策被党的十二大报告正式确定以来，我国取得了举世瞩目的成绩，在经济尚不发达的情况下，有效地控制了人口增长，越来越多的家庭成为独生子女家庭。2014年5月14日，国家卫生计生委发布首个《中国家庭发展报告》。[①] 该报告指出，我国现约有4.3亿

---

* 李林英，北京理工大学马克思主义学院副院长，教授。主要研究方向为心理健康教育、大学德育心理咨询与心理治疗、个性社会性发展。本课题组主要成员有：郑佳然，北京理工大学人文与社会科学学院讲师，博士，主要研究方向为性别社会学、社会保障、社会工作；杨波，中国心理卫生协会妇女健康与发展专业委员会办公室主任兼副秘书长，讲师，主要研究方向为心理健康教育、志愿服务管理、职业指导；何丽，北京师范大学博士研究生，主要研究方向为临床与咨询心理学，丧亲、临终及哀伤。

① 《中国家庭发展报告2014》，中国人口出版社，2015。

户家庭，计划生育家庭为3亿户左右，约占全国家庭户总数的70%。然而，伴随着第一代独生子女进入成年期，他们的父母也已步入老年。因家庭中唯一子女意外死亡，成为失独家庭，失去子女的老人们将面对养老以及医疗等诸多困境。

（一）研究背景及问题提出

目前，我国没有对失独家庭数量的普查性研究成果，宏观数量研究主要通过人口学方法和现有人口资料进行间接测算。中国科学院人口学者王广州在2013年3月1日北京大学举行的中国人口政策改革研讨会上指出，我国失独家庭在2010年已达百万，而且在现行计划生育政策不变的情况下，预计到2050年累计死亡10岁及以上独生子女总人数将过千万。人口学专家易富贤认为"即便不计算2010年后新增独生子女家庭和死亡孩子数量，到2035年也会有1000万'失独家庭'"[1]。主流观点认为"我国至少有100万个失独家庭，每年新增失独家庭7.6万个"[2]。这样的发展态势，使得失独已不再是个体和家庭的事情，而成为亟待解决的重大民生和社会问题。

2008年，北京市开始实施失独家庭特扶政策。仅以昌平区为例，独生子女家庭共计12.3万户，约占全区户籍人口家庭总数的66%。其中符合特扶政策的失独老人为175人。2009～2013年，全区新增符合特扶政策的失独老人234人，年均增长47人，年均增长率18.4%。[3]

北京市民政局发布的《北京市2011年老年人口信息和老龄事业发展状况报告》显示，截至2011年年底，北京市享受特扶政策的失独老人共计6962人，扶助金标准每人每月200元。[4] 自2014年1月1日起，特别扶助金提高至每人每月500元。[5]

---

[1] 王惊涛：《易富贤："失独"之痛须格外重视》，环球网，http：//opinion.huanqiu.com/1152/2012-05/2716503.html，2012年10月20日。

[2] 卢美惠、尹亚：《专家称我国失独家庭至少100万个 每年新增7.6万个》，人民网，http：//gongyi.people.com.cn/n/2012/0730/e152509-18625840.html，2012年10月21日。

[3] 石彩红：《北京市昌平区计生特殊家庭现状及对策建议》，《人口与计划经济》2013年第11期，第26～28页。

[4] 《北京市2011年老年人口信息和老龄事业发展状况报告》，2012年10月。

[5] 北京市卫生计生委、北京市财政局：《关于提高本市计划生育奖励扶助金和特别扶助金标准的通知》，第26～28页，http：//www.chinairn.com/news/20141118/081917808.shtml。

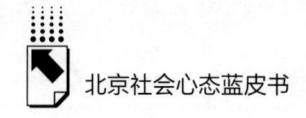

鉴于失独群体的特殊性以及老年人口问题的复杂性，失独老人的社会心理需求有何特点？如何满足失独老人需求与服务供给的匹配？应对失独老人心理健康与养老问题的内在途径如何入手？外在途径与内在途径怎样才能相互关联、彼此渗透？这些问题是本研究重点讨论的问题。

（二）核心概念与基本观点

1. 核心概念

"失独老人"：指"失去独生子女，且年龄超过60岁以上的"失独者。[①]

失独老人的社会心理需求直接关系到失独老人的心理健康状况。包括：（1）社会需求，即失独老人的日常生活需求、医疗照顾需求、物质支持需求和人际交往需求等。（2）心理需求，即失独老人主观生活愿望与精神关怀需求。

2. 基本观点

探究失独老人的社会心理需求，是创新社会管理的基础，是确保服务与需求匹配的切入点，是解决失独老人心理健康与养老问题的着眼点，是实现"积极老龄化"的重要着力点，是失独老人与社会之间关系状况的集中体现。

（三）研究目的和意义

通过调查失独老人的生活现状及其需求，了解心理健康状况，探索哀伤经验及其对策建议，旨在为今后有效开展失独老人哀伤辅导及心理健康咨询服务提供科学依据。

二 理论依据及方法

（一）理论依据

积极老龄化成为全球应对人口老龄化问题的一致建议，在生态系统的理论架构下探索失独老人的个体、家庭和社会将具有特殊的视角和价值。

---

① 俞美娟：《我国社区思想教育的特殊对象——失独老人》，《长春理工大学学报》（社会科学版）2013年第6期。

1. 积极老龄化理论

积极老龄化的目的在于使所有进入老年的人，包括那些虚弱、残疾和需要照料的人，都能提高健康的预期寿命和生活质量。[1] 积极老龄化的目的并不是确定"老龄化"的"真理"，而是要展现更多的"可能世界"[2]。老有所养、老有所医、老有所教、老有所学、老有所为、老有所乐。这些目标的实现，离不开老年人自身的努力，更离不开国家和社会的必要支持。

从个人层面来说，只有主张自身的社会适应能力，主动适应社会变革，才有可能改善生活水平，提高生活质量。从国家和社会层面来说，只有积极地引导老年人展现"可能世界"，才有可能让老年人不断发挥自身的潜能，完善自己的生活自理和适应能力，这也是老年人社会化的可行途径。[3]

2. 生态系统理论

美国著名心理学家尤里·布朗芬布伦纳（Urie Bronfenbrenner，1979）提出的社会生态系统理论（ecological system theory）认为，个人的行为不仅受社会环境中的生活事件的直接影响，而且也受发生在更大范围内的社区、国家、世界中的事件的间接影响。理论认为一个人会受到四个系统的影响，由主到次分别是：微观系统（microsystem）指个人在面对情境中，所经历的一种关于活动、角色及人际关系的模式；中观系统（mesosystem）指个体所处的两个或两个以上的情境间所发生的连接历程；外系统（exosystem）指两个或更多情境的连接和历程，但其中至少有个情境没有包含发展中的个体；宏观系统（macrosystem）包含了某个文化、次文化及其他广泛社会脉络在前述的系统中所形成的模式。因此，要研究个体的发展就必须考察个体不同社会生态系统的特征，诸如家庭、经济、政治等环境，它们应被视做一个人的生命进程的一部分。

（二）研究方法

现有文献中针对失独老人的社会心理需求的研究较欠缺。因此，本研究综

---

[1] 世界卫生组织：《积极老龄化——政策框架》，中国老龄协会译，华龄出版社，2002。
[2] 郭爱妹、石盈盈：《"积极老龄化"：一种社会建构论的观点》，《江海学刊》2006年第5期。
[3] 陈勃：《对"老龄化是问题"说不——老年人社会适应的现状与对策》，北京师范大学出版社，2010。

合运用了文献调查、定量研究、质性研究、个案研究和对比研究相结合的方法进行探索论证。

1. 研究设计及工具

本研究主要以定量调研与质性研究同时开展的方式进行。课题组在通过文献查阅、理论构建、课题讨论、专家访谈、问卷试测等环节后，进一步修改完善了调查问卷及访谈提纲，并对重点研究内容和方法创新进行了多次讨论。

（1）定量研究部分主要通过调查问卷收集数据。调查问卷由两部分组成：第一部分为失独老人的基本信息；第二部分为失独老人的日常生活及对社区养老服务现状的满意程度和期望。

（2）质性研究部分主要通过以下两种方法收集数据。

①半结构访谈法：半结构访谈是研究者根据事先拟定的访谈提纲进行访谈，访谈提纲只是作为一种提示，在访谈过程中，始终充分跟随着受访者的情绪和意识流，适时地追问与互动，以求更多地了解受访者的内心体验。访谈目的是为具体了解失独老人对社区提供的养老服务的态度及期望；深入了解失独老人的哀伤经验及其应对策略。

②实物搜集法："实物"包括所有与研究问题有关的文字、图片、音像、物品等，可以是人工制作的东西，也可以是自然物。① 任何实物都是一定文化的产物，都是在一定情境下某些人对一定事物的看法的体现。本研究所收集的实物有：与研究有关的研究对象的新浪博文。

2. 抽样方法与步骤

本研究主要采用方便抽样和滚雪球抽样的方法选取研究对象。抽样过程主要分为以下几个步骤。

（1）问卷调查与访谈：通过方便抽样方法。由基层计生部门推介失独老人，进行入户问卷调查，随后对有意愿接受访谈的研究对象进行访谈。这一阶段工作由一名具有社会学专业背景的高校研究者主持，在项目执行初期招募了20名来自北京理工大学的学生调研员并对其进行培训。为了丰富样本多样性，并与北京市的样本做对比分析，学生调研员分别被派往不同省市的社区街道进行抽样。

（2）深度访谈：通过滚雪球抽样方法确定访谈对象。这一阶段工作由一

---

① 陈向明：《社会科学中的定性研究方法》，《中国社会科学》1996年第6期。

名临床心理学专业的博士研究生在北京地区单独开展。研究者网络寻访符合条件并有意愿参与的失独老人进行深度访谈。充分考虑量化研究的抽样原则兼顾被试的多样性。深度访谈主要围绕失独老人在丧子前后心理变化与哀伤反应的内容进行展开。这种质性研究的方法可以深度挖掘失独者的情感经历和心理需求。

3. 研究对象

（1）问卷调查对象。针对失独家庭共发放38份调查问卷，回收有效问卷34份，有效回收率为89.47%，如表1所示。

表1 被访者性别、地域分布

	京	豫	冀	川	湘	鄂	鲁	晋	粤	沪	皖	苏	滇	合计
男	2	2	0	2	2	4	1	0	0	1	1	2	1	18
女	1	0	1	2	2	2	2	1	1	0	1	2	1	16
合计	3	2	1	4	4	6	3	1	1	1	2	4	2	34

（2）深度访谈对象。选取了北京市心灵家园工程4位失独老人作为研究对象，对他们进行深度访谈，并收集他们的一些博文（见表2）。

表2 研究参与者的基本信息

序号	姓名	年龄（岁）	婚姻状况	宗教信仰	丧失对象	丧亲时间（年）	逝者年龄（年）	丧失原因
1	兰奶奶	69	再婚	无	儿子	20	20	肿瘤（脑瘤）
2	王奶奶	67	已婚	佛教	儿子	8	29	自杀
3	赵大爷	70	已婚	无	儿子	8	29	自杀
4	李奶奶	65	丧偶	无	女儿	13	30	车祸

注：王奶奶和赵大爷是夫妻。

三 研究内容及结果

（一）失独老人的人口学信息

1. 经济方面

失独老人退休前多为工人或务农，学历在初中以下。每月固定收入在650

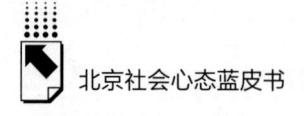

元以下的占失独老人总数的62.5%；另有6人为公司职员或专业技术人员，其中4人月固定收入在1001~4000元不等；其余2人月固定收入较高，均在4001~6000元。多半失独老人每月花销有结余，仅6人（占总数的37.5%）表示其每月花销没有结余，物质资源短缺，生活较为拮据。

2. 婚姻状况方面

16位失独老人中有3人丧偶、2人离婚，其余均为在婚。丧偶或离婚老人选择独自居住或与朋友居住，其中1人和侄女共同居住。

3. 身体健康状况方面

对自己身体健康状况的认知在某种程度上可以反映失独老人的生活态度。认为自己身体健康状况很好的失独老人共3例，没有失独老人认为自己的身体健康状况很差。特别的是，在失独中年人群体中，竟无一人认为自己身体很好。另外，绝大多数失独老人认为自己的日常生活能够自理（共13人，占总数的81.25%），在生病时，他们多依靠自己的月固定收入和公费医疗进行治疗。而月固定收入在650元以下的失独老人只能依靠合作医疗或者国家和集体的补助看病治病，医药费占据了他们生活花销的绝大部分。

（二）生活现状与社区服务状况

1. 生活现状

失独老人的生活现状主要体现在其娱乐休闲生活及日常生活需求两个方面。本研究发现，失独老人在精神关怀层面有较强的需求。

（1）老年人的娱乐活动与空闲时间安排：失独老人选择最多的娱乐活动是唱歌/跳舞（共5人，占总数的31.25%），其次是打牌/下棋（共3人，占总数的18.75%）。身体健康状况良好且收入较高的失独老人则更愿意选择旅游/摄影。而在失独中年人群体中，选择诸如打牌/下棋及书法/绘画这样较为安静的娱乐方式的人更多，另有一些失独中年人选择旅游作为自己的娱乐方式，还有一些更愿意待在家里。此外，绝大多数失独老人（共15人，占总数的93.75%）比较积极地安排空闲时间的生活，比如选择看电视看电影、读书看报以及养花养宠物；另有2人分别选择了上网/微信和做社区志愿者的休闲方式；仅有1人（占总数的6.25%）比较消极，表示自己没有什么兴趣爱好，空闲时间大多待在家里。

（2）老年人的生活需求：失独老人中，有8人（占总数的50%）认为他

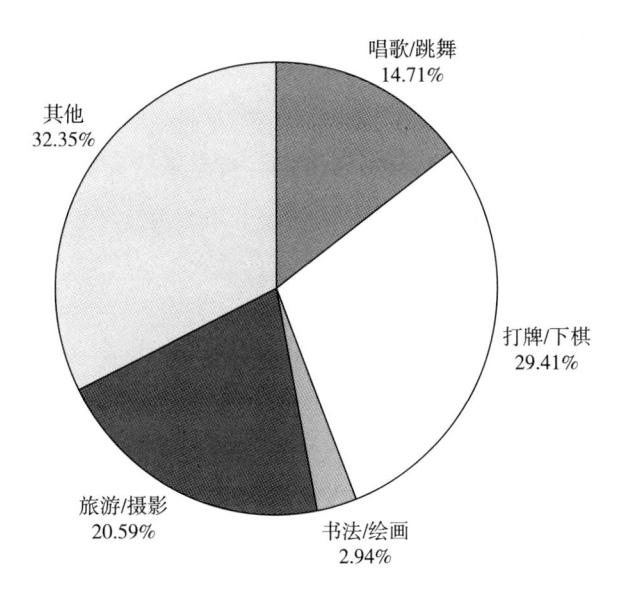

唱歌/跳舞 14.71%
其他 32.35%
打牌/下棋 29.41%
旅游/摄影 20.59%
书法/绘画 2.94%

图1　受访者的娱乐活动选择

们的生活需求主要是精神层面的关怀；4人（占总数的25%）表示有日常照顾的需求；3人选择物质需求（占总数的18.75%）；1人对良好的社区环境有所需求。在所有受访者中，失独者对精神关怀的需求也较为强烈，远远高于对日常照料和物质支持的需求（见图2）。可见，精神关怀已成为失独者生活的主要需求。

其中，失独老年女性表达出较强的精神关怀需求（共6人，占失独老年女性的66.7%），无一人表达出对物质支持的需求。相对于女性而言，男性则表现出较强的物质支持需求（共2人，占失独老年男性的50%），仅有1人（占失独老年男性的25%）表达出对精神关怀的需求。男性对精神关怀呈现较低需求的原因还有待进一步研究。而从经济条件来看，月固定收入越高，对精神关怀和社区环境需求越高；反之，月固定收入越低，对日常照顾和物质支持的需求越高。

2. 社区心理健康服务开展状况

专业的心理健康教育对提高失独老人的自我认知及心理调适能力起到关键作用。研究发现：多数失独老人认为目前社区心理健康服务的开展情况还不理想，服务质量还亟待提高。他们期望社区能够定期举办心理健康公益讲座、提

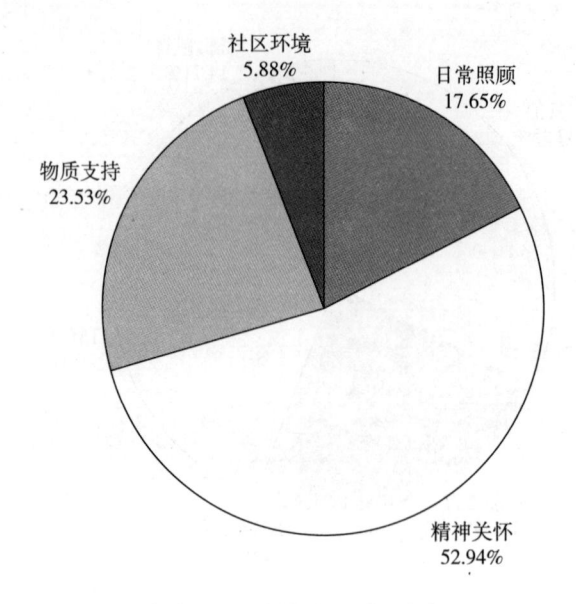

社区环境 5.88%
日常照顾 17.65%
物质支持 23.53%
精神关怀 52.94%

图 2　受访者的生活需求

供心理健康检查并配备专业的心理服务人员。

(1) 期望社区定期举办心理健康公益讲座：失独老人中，有 13 人（占总数的 81.25%）表示非常希望或比较希望社区定期举办心理健康公益讲座，仅有 3 人（占总数的 18.25%）表示不希望社区举办这样的活动。

(2) 期望社区提供心理健康检查。多数失独老人（共 13 人，占总数的 81.25%）对社区能够提供心理健康检查表示欢迎，仅有 3 人不太希望社区提供健康检查。

(3) 期望社区配备专业心理服务人员：除 1 人外，绝大多数失独老人（共 15 人，占总数的 93.75%）希望社区能够配备专业心理服务人员。

3. 社区休闲活动室的建设状况

社区休闲活动室可以为失独老人提供一个交流平台，供老人在此聊天、放松等应被予以重视。比如，绝大多数失独老人（共 14 人，占总数的 87.5%）表示希望建设社区休闲活动室。

4. 居家、社区养老与机构养老的开展状况

本研究发现：失独老人对养老方式的选择已不仅仅局限于传统的居家养老或社区养老，越来越多的失独老人开始认可机构养老，并向身边的朋友或邻居

推荐这种养老模式。

（1）在失独老人中，有8人（占总数的50%）表示非常愿意或比较愿意去养老机构养老。而在不愿去养老机构养老的失独老人中，6人认为"不习惯"，另两人认为养老机构"太贵"。这两名因为"太贵"而不愿意去养老院养老的失独老人均为女性（见图3）。

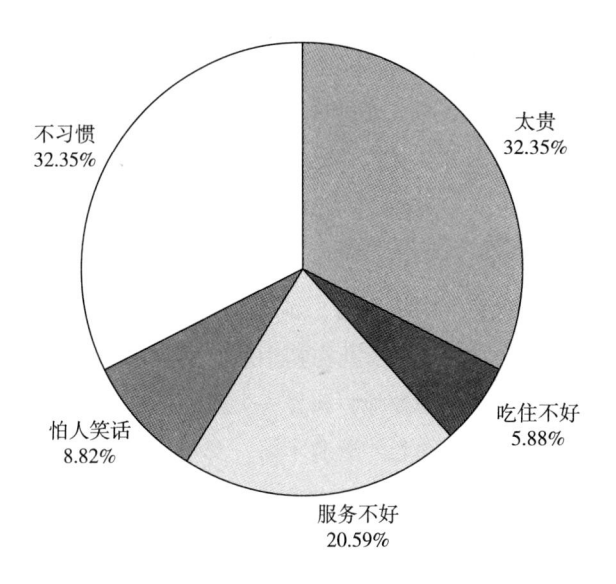

图3 受访者不愿去养老机构的原因

（2）占总数一半的失独老人表示，他们会向与他们情况类似的朋友或邻居推荐机构养老这种养老模式。尤其是当失独老人处于半自理或不能自理情况时，机构养老便显出其优势。在对社区养老的态度上，男性明显较女性更易接受社区养老这种方式。

（三）两例失独老人的个案研究

在对失独老人的访谈中，有两位女性向采访者哭诉了自己的失独经历，希望政府和社会能够关注她们。比如，杜奶奶提到希望政府能给像她这样的失去了子女的孤寡老人建立一个专门的养老院，让她们能够老有所养、老有所终，而不至于受到他人的冷落、看他人脸色过日子。刘大妈希望市政府能够关注下面的乡镇，并出台一些针对少数民族失独老人的扶助政策。

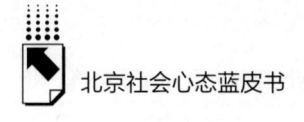

1. 杜奶奶的故事

杜奶奶是一个高龄单身女性，今年90周岁。自早年婚姻关系破裂后，一直单身至今。她与前夫所生的儿子一直由前夫照料，她则领养了一个孩子。她视养子为亲生，甚至爱他甚于爱自己的亲生儿子，直到有一天她的养子因意外去世。在养子去世后，她的亲生儿子曾主动上门来探望她，可她对儿子的到来并不欢迎，因为一直以来，亲生儿子与她缺少联系、关系早已生分。然而，20年前，她47岁的儿子也因病去世了，只剩下她一个孤寡老人，生活处于半自理状态，需要他人照料。因此，她与侄女签订了一份协议，只要她的侄女能好好照料她的余生，她便把自己的一套房子在死后赠送给她侄女。只可惜她的侄女待她并不好。

2. 刘大妈的故事

刘大妈不是严格意义上的失独者。她今年整60岁，河北省唐山市丰南县人，满族。家里有两个女儿，小女儿在初中的时候因白血病去世，去世之前因为治疗欠了很多债，大女儿是教师，和另一个教师结婚了。但在一天下班回家途中，刘大妈的女婿和自己的老伴遭遇车祸，女婿当场死亡，刘大妈的老伴头部和腿部严重受伤，肇事者酒后驾车也当场死亡而且是一个刚从监狱出来的刑满释放人员，孤身一人没有亲人，所以没有任何赔偿金。刘大妈为老伴治疗，又欠下很多债务。最终，女儿改嫁了也不再回家了，家里只剩下两位老人，刘大妈独自照顾着留有后遗症、自理能力较差的老伴。

由此可见，失独老人的生活质量在很大程度上取决于其家庭经济状况，政府应对特殊家庭在经济上予以一定补助。

（四）失独老人的深度访谈情况

在深度访谈中，研究者对失独老人在经历失去孩子之后的心路历程进行了剖析，希望就失独老人的哀伤经验提出有效的对策建议。研究发现：在经历过丧子事件后，失独老人都会有很长一段时间处于消沉失落的状态，然后他们中的一些人会开始努力调适自我，重新回归社会生活。

1. 自我迷失

在消沉失落期，几位失独老人都表现了下述相似的反应：孤独感与无奈、无助、无望、后悔、自责、害怕过节（节日综合症）、痛苦感受、自我贬低、自觉倒霉、自认造孽，反刍、悔恨过去，产生抑郁及自杀意念、社交退缩与回避。

2. 重新振作

在面对如此巨大的应激事件后，失独老人也并不是完全被动的、无为的，他们也在积极地调动自己的资源，尽自己所能应对这一切，并努力地活着。他们采用的应对策略有以下几方面。

（1）抒发与排解

情绪多了，不可能一直采用压抑和回避，那样情绪可能就会溢出来，有时候，他们也会选择一些安全的环境、安全的方式，适当地抒发自己的苦痛，排解自己内心的失落。

（2）人际支持

失独群体是一个特殊的群体，很多时候，他们并不愿意和其他正常的家庭在一起，因为怕触及敏感的孩子话题，他们更愿意与和自己有类似经历的人在一起，这样说话无所顾忌，彼此也能够更加懂得彼此的心理。目前全国各地的失独活动室、失独父母QQ群在不断增加。有的失独父母集结在一起，提出自己的诉求。

除了同命人之间的抱团取暖之外，其他的人际关系也非常重要。这些支持可能来自配偶，可能来自同事，可能是朋友，也有的是社区服务人员，或者地方政府及部门干部。这些亲朋好友，虽然不是哀伤辅导的专业工作者，但是他们用真心去陪伴、鼓励，这本身就是最好的疗愈。

（3）宗教应对

在研究中发现，孩子的去世常常会摧毁失独老人的基本信念和灵性观念，需要将丧失事件整合到自我的叙事中去，宗教的教义可以提供给他们一个很好的解释框架。

比如在儿子去世之后，王奶奶就皈依了佛教，佛教的教义帮助她更好地接受了这一丧亲事实。

四 分析与讨论

通过本次调研发现，失独老人的日常生活水平、精神寄托与追求、医疗费

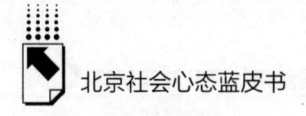

用自理能力以及哀伤经验都会直接或间接地影响老人的心理健康状况。总体来讲，受访的失独老人呈现出以下三方面的特征。

（一）失独老人的精神关怀需求更为强烈

没有了子女，失独老人更需要通过构建以其他血缘亲情为纽带的家族亲属支持系统寻求外部资源辅助养老。这种亲情式问候与照料所带来的精神慰藉是无可替代的，可以帮助年龄较大的失独者重新建立心理支撑系统、完成再社会化的过程，以此增强自我防御力量。比如，调查中很多失独老人提到了他们喜欢"去亲戚家串门"或"找朋友聊天"，以此打发空闲时间。这种来自亲属和朋辈群体的精神支持对失独老人的心灵疗愈起到重要作用。其实，他们之间的沟通交流是一种情绪宣泄的过程，能够实现失独老人的人际交往需求和精神关怀需求，更好地促进他们的再社会化。除此之外，以地缘关系为基础的邻里支持，对失独老人来讲也是一种有效的情感资源。失独老人更在乎别人对其情感的关注与抚慰。现已开展的面向失独老人的"爱心服务热线"[1]，通过意识介入疗法和行动介入疗法帮助这些失独者。[2]

（二）失独老人的医疗保健需求比较迫切

对失独老人来讲，经济来源单一，使他们"看病难"的情况更如同雪上加霜、火中浇油。一位失独老人告诉访谈员，她每个月收入的大部分都用在看病买药上了，因为其中有些药是在国家规定的110种可报销药品之外的，她只能自费购买。而且"吃药比吃饭还勤"，老人的生活毫无质量可言。另外一些失独老人提到当地医疗保健服务水平较差，为老年人提供的常规体检根本没有。因为没有子女能够带其去其他地方进行体检，很多疾病都是拖到后期才被发现的。因此，他们希望地方政府能够多开设些医疗保健站点。

由此可见，失独老人的医疗保障需求不仅包括基础型的医疗就诊需求，还包括预防型的医疗保健需求。具体工作中还要结合失独老人应激反应时间长的特点开展上门医疗服务以及紧急救助服务。

---

[1] 王祥等：《社会工作介入失独者危机应对的探析》，《学理论》，2013。
[2] 闫振族：《从灵性社会工作视角看失独者的精神慰藉》，《理论前沿》2014年第2期。

(三)失独老人的哀伤辅导需求日益凸显

"老年丧子""白发人送黑发人",没有经历过晚年丧子之痛的人是永远无法体会失独老人心中的苦与悲的。因此,访谈过程中失独老人提到"痛不欲生"的感受也是真实存在的。但是只有失独者通过自我或他人正确疏导这种哀伤情绪,才能使他们正视现实,坚强地走过自己的余生。

在采访刘大妈的过程中,刘大妈告诉访谈员,当地计划生育办公室的工作人员一直都很关注她家的日常生活,办公室主任逢年过节就会去家里慰问,并陪着她和老伴聊天,让他们把压抑很久的哀痛转移到更广阔的世界中去。正是他们的心理辅导帮助老人"挺"过最难的日子。

由此可见,失独老人需要他人的理解与关怀,对失独老人的情绪疏导十分必要,针对失独老人的哀伤进行辅导的需求日趋迫切。刘大妈村里的计生办主任告诉访谈员,他们村最近又开展了一项叫作"春雨计划"的项目,成立了6支由志愿者组成的服务队,目的就是为了帮助那些失去孩子的老人排解哀伤,使他们感到"失独不独"。在北京,"新希望家园"作为一个服务失独群体机构的成功案例,也凸显了其为失独者创建内在与外在和谐发展的生态环境的特点。[①]

五 对策建议

老年个体应对老龄化能力的提高取决于个体本身与周围大、中、小环境的互动和相互协调;积极老龄化也取决于个人、家庭、社会和国家中种种"决定"因素的影响。对于失独老人来说,社会文化价值观念和传统在很大程度上决定失独老人实现积极老龄化的过程。失独老人个体需要主动根据外在社会环境的要求和自身的实际情况,调整自身的心理和行为方式,以适应变化,最后才能够达到个体内在的和谐,以及个体与外在社会环境的和谐,从而积极应对和适应老龄化挑战。失独老人积极老龄化的实现,应从个人及家庭、社区和政府(社会)三个有代表性的环境中寻求积极对策。

---

① 桂江丰等:《特扶人群的特殊关怀模式研究——"新希望家园"经验总结》,《人口与计划生育》,2012。

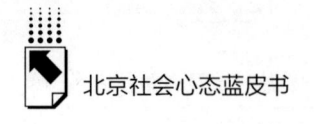

（一）个人理念更新

1. 增强体育锻炼，学会精神养生

失独老人参加体育锻炼可以有效缓解哀伤情绪，以更加积极的人生态度去创造良好的生活环境。鼓励失独老人尽量克服不良情绪的影响，避免或减轻由生活环境变化对健康造成的危害，达到养生的目的。

张冬雪等通过调查，对北京市离退休老年人参加体育锻炼及锻炼的方式、时间、频数和参与动机等进行分析，发现体育锻炼不仅可以使老年人增强体质，而且对老年人控制缓解心理焦虑和抑郁都有良好的作用。[①]

2. 主动适应社会，处好夫妻关系

社会适应包括社会角色适应和人际关系适应。对于失独老人，老年丧子与闲暇无事均会使老人无所适从，害怕与人接触的心理也会产生强烈的社会脱节感。因此，失独老人应意识到社会适应对其心理健康状况的重要意义，变被动为主动，重新寻找自己的社会定位、积极搭建能给自己带来正能量的人际关系网络。

另外，老年夫妻之间的相互依赖、相互照顾可为老年人身心健康提供良好的基础。老伴在日常生活照料和精神慰藉方面也都发挥着无法替代的作用。对于失独老人，老伴的陪伴更为重要，应处理好夫妻间的关系，不能因为子女的过世而归咎于老伴。离婚或丧偶的失独老人不妨在双方合适的条件下再婚，以此互相照应。

3. 转移哀伤情绪，完善人格特征

人格是一个随主客观因素改变而不断组建的动态物。个人生活发生的重要转折要求主体人格自我调整以适应新环境和新关系。在经历失独事件前后老人性格、人格改变的发展方向，决定了老人日后的生活态度及生活质量。

有研究指出，长寿老人大多具有超于一般人的心理优势，比如情绪稳定和心境愉快。[②] 而喜欢一直愤怒或不愿意宣泄不满的人大多容易心脏不好、免疫功能下降，长期的消极情绪还易导致心血管疾病。[③] 失独老人若苦于自责、性

[①] 张冬雪、张志峰、郭炳彦等：《体育锻炼对老年人心理情绪影响初探》，《河北体育学院学报》2001年第3期。

[②] 陈露晓：《老年人心理卫生与保健》，中国社会出版社，2009。

[③] 李争：《生气易得心脏病抑制愤怒更不好》，http：//www.qm120.com，2009年3月18日。

格闭塞，整日沉溺于往事之中，最终损害的还是自己的身体。因此，失独老人应该尽快转移哀伤情绪，不断对自己的人格、性格进行调整。

（二）社区关爱服务

1. 发展社区家庭网络养老

对于失独老人，由于其家庭结构的缺失，传统的家庭养老模式不再能为其提供服务，伦理情感的需要无法得到满足，失独老人只能另外寻求其他养老方式。这便为社区家庭网络养老——一种社会大家庭似的养老模式的产生创造了可能性。

社区家庭网络养老模式以社区照料为依托，在社区家庭网络的平台上，社区可充分发挥优势，为老年人群体定期或不定期地开展文艺会演，提供休闲娱乐、专题座谈会、健康讲座等社区活动，并为老人提供就业机会，增强老人的价值感。这种社区家庭网络养老的模式适用于失独老人较多的大型社区。

2. 建设社区专项医疗保健服务站

"专项"医疗保健服务即专门针对失独老人特点的医疗保健服务。有助于更有针对性地为失独老人提供医疗保健服务。

首先，失独老人的护理工作要完成从躯体护理到躯体和心理护理并重的转变，将养老机构和社区服务中心相结合，做到因人制宜的护理服务。具体措施是在护理课程中增加失独老人护理的概念和知识、完善机构和社区中心功能、建立协调机制、建设人才梯队。

另外，在社区内建立专设医疗保健服务站点，简化失独老人的就医手续。改进失独老人医保政策，可在原有医保体系中，调低失独老人自费比例、增加公费项目，以此减轻其医疗负担。同时，针对失独老人，可免去其心理或精神科就诊费用。对老年人常见疾病（如心脏病、高血压、白内障等），也应将医疗费用降到最低。

3. 开展社区失独老人心理辅导

社区应努力保持失独家庭系统的良性发展和运作。发挥社区居委会的作用，依托家庭养老和社区服务共同构建社区自助体系。社区应做到邻里的近端支持与保持向社会求助的联系，与政府部门和社会机构的远端共同参与。

由于失独老人已脱离社会生产，建议鼓励他们多参与社会活动，并进行经验交流分享。应该重视失独老人之间的互助功能，广泛开展社区失独老人心理

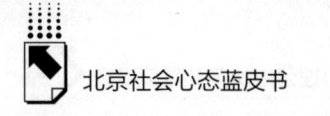

辅导工作坊，带动失独老人积极参与，鼓励失独老人将自己更多的正能量传递给予他们经历相似的失独者，不把失独老人简单地当作弱者与求助者，以此提高他们的自我价值感。失独老人之间的交流能为他们提供情感共鸣的温馨港湾，也可以帮助其更好地面对和解决问题。

（三）政府纳入规划

1. 健全城市—农村对口支援服务制度

针对农村的失独老人，建议各级政府部门对失独老人健康保障方法进行多方面探索，以此提高对失独老人的医疗健康保健服务工作的层次和水平。在具体工作中，可以健全城市—农村对口支援服务制度。比如，将城市医护人员定期派往农村，对当地失独老人进行身心健康监测。也可将地方社区的医护人员送到对口城市的医院进行学习深造；在城市医学院校、护士学校的课程中，应增加有关老年人性格特征、失独老人心理特征以及农村老人心理特征等相关内容，使医务工作者系统掌握失独老人的身心健康及疾病特点以及针对农村患者开展医疗服务。

2. 促进老龄产业有针对性地开发产品

老龄产业作为老年保障事业的重要组成部分，它的发展标志着一个国家文明和社会进步的程度。市场专家指出，全国老龄消费者中每年有100亿元的购买力没有实现。换句话说，老龄产业现今还无法满足老年人的需求。促进老龄产业推崇稳固的银发价值文化，有针对性地开发产品是提高老年人社会适应水平的良策之一。

在开发老龄产品的同时，建议政府设立老龄产品专项基金，以此支持失独老人购买老龄产品，如益智玩具等，一方面可以帮助失独老人打发空闲时间，另一方面可以给予失独老人精神寄托。

3. 探索失独老人特殊困难的监护机制

政府应该着力于探索对失独老人日常生活中面临特殊困难（比如医疗签字、临终关怀等）时的监护机制。

首先，建立"跟踪数据库"。国家、各级政府和地区相关部门应广泛开展对失独家庭的走访与管理工作，尽早建立动态的"失独家庭"数据库，从总体上掌握"失独家庭"的数量、年龄结构组成及分布。

在社区的帮助下，可以对失独老人进行"一对一"监护措施，一旦老人出现紧急问题，可在老人统一的基础上由社区工作人员代理签署知情同意书及担保书。另外，对病逝失独老人进行登记，并由社区临时监护人为其火化下葬。

4. 在积极和系统观的视角下开展服务

在积极观和系统观的理论视角下，对失独老年人群体养老政策及计划的制订，必须以老人的权利、需要、能力和外在客观条件为基础，涉及观念、政策及行动三个方面：在观念层面，应该放下对失独老人的刻板印象和道德制高点心态，真正做到社会工作价值信念的"平等""尊重""个别化"；在政策层面，应该尽量满足失独老人的物质需求、予以足够的精神慰藉，并不断完善失独老人医疗健康保障体系；在行动层面，应该为失独老人创造更为和谐的外部环境，通过开展专业的心理服务帮助失独老人尽早走出哀伤、保持身心健康。

后　记

由于"失独"这个话题较为敏感，在本项目的开展过程中，遇到了很多阻力。比如，一些社区街道拒绝了我们入户调研的请求；另外，由于一些失独老人自身的原因，我们在调研过程中不得不中断对他们的访谈，以保护当事人。因此，本研究所获样本量十分有限，样本量虽小但研究较为深入，希望能够管中窥豹，对失独老人所面临的生活问题、社会心理需求进行一些初探性分析。研究结果的普遍性及适用范围有待开展更大样本量的研究以及期待进一步检验。

B.12
北京市昌平区流动儿童心理健康状况调查

刘艳 刘华清 张东 魏晨曦 李玖菊*

摘　要：	本研究以北京市昌平区某打工子弟学校的 12~16 岁流动儿童为研究对象，通过访谈和问卷调查的方式对其心理健康状况以及有关的影响因素进行了调查和分析。研究发现，流动儿童中近 16% 在老家居住 10 年以上；90% 以上在不同城市流动过；超过一半的人期望今后还能继续在城市生活；社会支持不足；心理韧性偏低；心理症状呈现两极化。本文从政策水平、家庭教育和学校教育三方面提出了相应的建议与对策。
关键词：	流动儿童　心理健康　干预措施

一　项目背景

随着经济的发展，社会的进步，城市得到迅速发展，特别是东部沿海城市。农村地区相对发展缓慢，随着农村城镇化的快速发展，农村出现了大批剩余劳动力，多是中青年，他们纷纷进城务工，在大中城市从事着有关建筑、商

---

* 刘艳，医学学士，北京回龙观医院心理科精神科主治医师。2003~2013 年从事心理危机相关科学研究和临床干预工作。2013 年至今从事临床心理工作，同时也做临床心理相关的科研工作；刘华清，北京回龙观医院临床心理科主任兼儿童心理科主任、主任医师、教授。擅长抑郁症、强迫症、儿童青少年心理咨询和治疗；张东，心理测查室主任；魏晨曦、李玖菊，心理科心理治疗师。

业、服务等劳动强度大、收入报酬偏低的工作。刚开始他们只身前往，逐渐有了稳定的住所和收入后，便将孩子从老家接到身边，于是，在城市便形成一个庞大而特殊的群体——进城务工农民子女，在城市里逐渐形成。由于农民工流动性大，他们的子女又被称为"流动儿童"。

我国相关法律指出："6至14周岁（或7至15周岁），随父母或其他监护人在流入地暂时居住半年以上有学习能力的儿童少年称作流动人口子女"。流动儿童已经成为一个备受各界关注的特殊群体，关于流动儿童心理状况及其干预措施的研究越来越多。

据统计，我国流动人口超过1.2亿，18周岁以下随父母进城的农民工子女接近2000万人，占全部流动人口的19.37%，在北京接受义务教育的农民工子女有38.3万人，这一群体数量还在不断扩大。2006年，北京调查流动人口分娩率占北京市全年出生率的60.2%。这些数字说明，农民工第二代的新群体正在形成，他们是未来城市的新公民和建设者。他们的健康成长与融入社会，不仅关系到他们的前途，而且是实现社会和谐的一个重要因素。

近几年，流动儿童的数量呈上涨趋势，而且这种趋势还有可能进一步增加，甚至大幅度上涨。流动儿童和家乡已经失去了情感联系，大多数流动儿童基本上返乡无望了。以北京来说，中国人民大学的调查数据显示，北京市的流动儿童中，有34.82%出生在北京。这部分流动儿童生于北京、长于北京，从社会及心理的身份感来讲，已经是土生土长的准城市居民，没有父辈的恋乡情结，也没有意愿再回到户口所在地的乡村生活。

由于没有当地户口，这些流动儿童的很多权利无法得到充分保障。以学籍为例，按照我国现行的学籍管理制度，流动儿童被限制不能在居住城市上高中和考大学，但仅凭初中毕业，他们又难以在城市里获得好的就业机会。"大龄"流动儿童面临着出路问题，包括：能去哪里上高中？能到哪里考大学？能否和城里孩子一样平等地实现就业？能不能留在城市里就业？能否有机会转变为城里人？如果对上述问题的答案都是否定的话，他们的出路又在哪里？

20世纪80年代以来，伴随着大量农村户籍人口涌入城市，所谓农民工群体开始出现，但很长时间没有得到重视，直到2004年以后，他们才切实受到新闻媒体、学术团体、政府机关等社会各方面的广泛关注，使流动儿童问题成为社会热点话题。这个重大的现实问题当然也引起研究者们的关注和重视，来自社会学、教育学、心理学等多个学科领域的大批专家学者，对流动儿童问题进行了多视角研究。近年来，我国儿童心理研究中尤为关注两大群体——流动儿童和留守儿童。流动儿童的心理健康状况越来越受到心理学界的高度关注。

二 研究的重要性

儿童的心理发育伴随着社会化进程，他们在与周围人相处中，获得各种价值观念、行为规范以及知识技能，逐渐成为独立的个体并逐渐适应整个社会大环境。流动儿童跟随父母来到城市，在城市里度过最关键的儿童青少年时期，也是心理发育的关键期，当出现适应不良时就会出现各种心理问题。大部分的城市流动儿童都是在农村生活了一段时间后被父母带入城市的（当然有的流动儿童是在城市出生的，没有对农村生活的记忆），由于我国长期的二元体制造成了城乡之间的巨大差异，流动儿童来到城市所面对的是一个与农村完全不同的陌生世界，在这个过程中不可避免地经历着城市和农村两种不同的价值观念和文化心理的剧烈碰撞。流动儿童又正处于身心发展的关键时期，心智发展的不成熟，容易受各种外界因素的影响，使得流动儿童的城市融入变得更加困难重重。他们社会地位的尴尬性、接受义务教育的困难度等问题，成为我们不得不关注这一群体的理由。流动儿童这种特殊的境遇，则有可能使其成为社会发展的不利因素。

三 我们的研究

（一）研究方法

1. 研究对象

整个项目的研究对象取自北京市昌平区某打工子弟学校，样本分别来自小学六年级、初中一年级、初中二年级和初中三年级的学生，共计6个班300人，有效数据为292人。其中，男生178名，女生114名。包括小学五年级

(100人)、小学六年级(80人)、初中一年级(50人)、初中二年级(49人)和初中三年级(13人)五个群体。

2. 研究工具

(1) 一般情况;

(2) 家庭环境和教育情况;

(3) 学习情况;

(4) 青少年社会支持量表;

(5) 青少年心理韧性量表;

(6) 症状自评量表。

3. 研究程序

(1) 小组访谈

小组访谈对象主要为打工子弟学校流动儿童及其班主任。

第一步:班主任及主要授课老师访谈。访谈人数每组6~8人,共计2组,每组访谈时间约2小时。主要内容包括:

你们认为流动儿童与普通儿童有什么不同吗?

你们认为他们主要有哪些问题?(学业、生活、人际、心理和行为)

你们在教学中是否考虑帮助他们,用过哪些方法?

你们如何评估自己的工作量?

你们所担心的问题有哪些?

你们有何期待和建议?

第二步:打工子弟学校流动儿童小组访谈。每组5~6人,共计2组,每组访谈时间约2小时。主要内容包括:

了解一般背景;

你现在的生活与原来在老家时有什么不一样吗?举例说明?

你觉得自己和城里这些孩子相比有什么不同吗?

你是怎么看和爸爸妈妈一起出来在不同的地方生活?你觉得和爸爸妈妈一起出来好不好?

你目前最大的压力是什么?

作为一个孩子,成长需要很多人的帮助,你觉得还需做什么?

从这个学校毕业之后最想做什么?为什么?

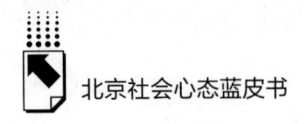

(2) 预试验

分层随机选取 20 名小学五年级至初中三年级学生进行问卷测试。

(3) 问卷测试

利用集体施测的方法，每次大约 40 人，要求被试独立安静地填写上述量表和问卷。首先主试说明研究目的，讲解各量表的指导语，然后开始正式答题，大约需要 1 小时完成。

（二）研究结果

表1 一般情况

单位：人

性别	男	女	
	131	162	
出生地	北京	河北河南	其他
	3	120	170
出生地居住年限	≤1 年	1~5 年	>5 年
	59	94	140
北京居住年限	≤1 年	1~5 年	>5 年
	27	92	174
北京居住地变更次数	无	1~3 次	3 次以上
	37	192	64
居住城市个数	1 个	2~3 个	3 个以上
	21	243	29
与父母共同生活起始年龄	1 岁以下	1~3 岁	3 岁以上
	73	121	99

男性占 45%；出生地分布较广泛，40% 以上来自河北与河南两省；近 16% 在老家居住年限为 10 年以上。被试人群的人口流动性特点比较明显，其中 92.8% 的被试有超过 1 个城市的迁居经历。以同一城市来看，在北京居住 1 年以上的被试比例为 90.8%，其中居住 5 年以上的占 59.4%，但同时我们也看到，即使是在同一城市，居住地能够稳定不变的比例也仅为 12.6%，大部分被试都经历过不只 1 次的居住地变更。造成这一情况的现实因素至少有两方面，一是被试的父母因工作地点变动而改变居住地，二是被试本身因户籍、学籍问题导致入学或择校困难，而需要改换居住地。不论何种原因，对

于被试这一年龄阶段（绝大多数在 14 岁以下）的儿童来说，他们正处在需要同辈交往、早期社会化、建立稳定身份感的心理发展阶段，而频繁地甚至短期内频繁地改变生活环境，将会干扰这一心理发展过程，为儿童的性格成长留下隐患。

还有一点值得注意，在"与父母共同生活起始年龄"这一项，1 岁以后才开始和父母一起生活的人数占 75.1%，其中还要考虑到许多孩子可能只是和父母住在一起，但父母却没有时间和精力照顾孩子，还要依靠隔代养育或其他替代办法。从早年养育的角度看，婴儿出生后需要母亲或固定养育者提供足够好的喂养环境，促进早期安全依恋关系的建立。早期的依恋关系质量，奠定了个体以后各种关系的基础。养育者不够体贴和细致，喂养不规律，环境经常变动，这些很容易让孩子被忽视，不利于安全依恋感的形成，这有可能给孩子的人格发展留下隐患，导致人际关系不信任、共情能力弱，引起孩子日后出现学校适应问题和学习困难。

表 2　家庭环境

单位：人

居住情况	与父母同居一室	与兄弟姐妹挤在一起	有自己的卧室	其他
	187	23	60	21
居住地附近居住人群	都是本地人	少数外地人	很多外地人	
	28	54	206	
家庭教养方式	专制型	民主型	溺爱型	忽视型
	92	165	17	14
单亲家庭	是	否		
	23	267		
爸爸妈妈是否和你聊天	经常会	有时会	不会	
	72	186	35	
爸爸妈妈辅导你学习吗	经常	偶尔	没有	
	44	173	75	
平均每天自己在家时间	4 小时 17 分			
家庭月收入	5000 元及以下	5000 元以上		
	257	36		

结果显示，被试的"家庭月收入"一项，在5000元以下的人数占87.7%，这对于在北京这样的城市生活，势必会带来许多现实的影响。一方面，家庭的经济状况难以为孩子提供更好的物质条件，比如生活居住条件。研究结果表明，只有20.5%的被试在家中有自己的卧室，将近4/5的被试要和父母或兄弟姐妹等同居一室，缺少独立的生活空间；再比如周边环境，有70.3%的被试居住地附近生活的也是流动性强、人员复杂的许多外地人。另一方面，父母为提高生活水平忙于生计，难免忽视家庭教育，家庭教育甚至是缺失的，但是家庭的养育和教养是学校无法替代的，而且也是儿童健康心理和人格养成的重要基础。从结果上看，能够经常和孩子交流以及辅导孩子学习的家长，分别仅有24.6%和15.0%，而被试平均每天自己在家的时间在4小时以上，这表明，被试在家中能得到的关注和陪伴非常有限。如果这方面需要得不到满足的话，一个人要么就得压抑、降低自己的需要，但可能造成心理发展上的障碍；要么就得转向家庭以外寻求关注和陪伴，而被试群体的外部生活环境又并不乐观。上述因素有可能综合导致被试群体的心理健康状态存在问题。

换个角度，从"家庭教养方式"这一项看，以民主型养育为主的家庭刚刚超过半数，占56.3%，也就是说其他三种不良的教养方式，包括专制型、溺爱型和忽视型，已经接近一半。这提示我们，尽管从整体结果上看被试群体的家庭环境能达到平均水平，但群体内部存在着两极化的趋势，尤其是专制型教养方式的家庭有31.4%，占群体总数的1/3，因此一旦孩子的身心出现问题，很可能是极端和严重的问题。

表3 学校及学习情况

单位：人

以前在哪里上学	一直在现在的学校	在老家	北京其他公立学校	北京其他打工子弟学校	其他城市
	54	145	20	49	24
家长参加家长会吗	父母参加	其他人参加	没人参加		
	251	10	29		
和同学关系怎样	很好	比较好	一般	比较差	很差
	119	96	60	11	2
希望能学习到的程度	现在不想读了	小学毕业	初中毕业	高中毕业	大学及以上
	0	1	25	49	221

续表

喜欢上学吗	喜欢	一般	不喜欢		
	153	126	13		
功课难吗	特别难	比较难	一般	比较容易	很容易
	11	102	153	19	7
听课时注意力集中吗	非常集中	比较集中	不太集中	不能集中	
	29	156	97	7	
能否按时完成作业	能	大多数时候能	不能		
	188	94	9		
是否参加课外辅导班	是	否			
	47	242			
对目前学习状况感觉	满意	比较满意	不满意		
	20	154	115		
学习态度如何	听老师话十分刻苦	听老师话比较刻苦	不听老师话	不听老师话不努力	
	41	198	31	19	
是否购买自己喜欢的图书	经常买	有时买	很少买	从没买过	
	34	114	107	35	

研究结果表明，被试在校学习情况，从他们的主观感受和客观表现来看，整体上问题不大。值得注意的是，"一直在现在学校"上学的人只占总人数的18.4%，大部分被试有过更换学校的经历，这可能与随居住地变迁而转学、插班或借读、升学等因素有关。环境的变化往往首先影响到人际关系，尽管多数被试报告与同学关系比较好，但仍有24.9%的人感到与同学关系的质量在一般及"以下"水平，占总人数的1/4。学生的学习问题其实不单单是学习能力或智力水平的问题，有时学习困难恰恰是人际关系出现问题的一种外化表现，当学生因学校环境感到持续不安和焦虑时，其学习能力也难以正常发挥。我们注意到，在对上学的喜好和兴趣方面，有52.2%的人表示喜欢上学，而近一半的被试对上学并不特别有兴趣；在学习的难易度和满意度方面，有34.8%的人感到功课比较难，有39.2%的人明确表示对目前的学习状况不满意。

我们在调查中发现，被试群体获得社会支持的途径主要是家人、同学、朋友等。对被试群体而言，社会支持与他们的心理健康状况有着密切关系。儿童

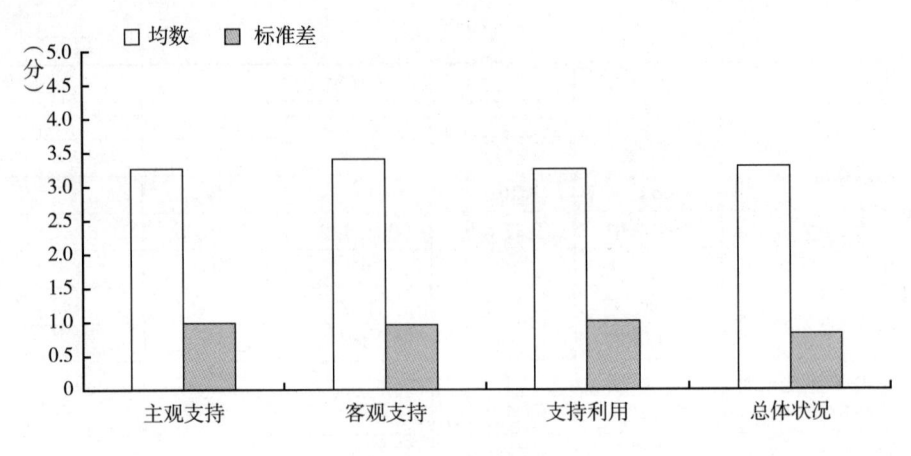

图1　社会支持

青少年尚处在心智不成熟的发展阶段，独立承受压力应激和解决问题的心理功能还不完善，需要支持性环境的保护和帮助。社会支持比较好的情况下，儿童的心理安全感水平也会比较高，相应的解决问题能力和学习效率也能处于较高水平，心理健康状态也相对平稳。

从结果上看，被试群体的主观支持、客观支持、支持利用在总体上是比较一致的。主观支持包括被试在主观感受上能够觉察到的家庭、学校、同辈群体所提供的归属感、安全感、支持感等，可以反映个体的心理安全感和人际信任水平。客观支持指的是被试所处的环境实际能提供的支持，反映了客观环境的可靠程度。支持利用则是说最终能为被试所直接利用的支持，反映出支持系统的运作状态是否良好。这几方面的协调一致，表示在被试与其社会支持系统之间没有太多的冲突，并且被试可以比较充分地利用已有的支持，以维持相对有效的社会功能。否则，差异显著则意味着个体与环境之间容易产生冲突，容易出现个体适应不良和效率低下等问题。

我们也要注意到，尽管在社会支持系统内部运作方面比较协调，但是从结果均数上看，被试群体得到的社会支持整体水平偏低。这反映出被试群体可能需要家庭、学校甚至社会大环境更多的关注，为他们提供更多的可利用资源。

心理韧性（resilience）是指曾经历或正遭受严重压力/逆境的个体，其身心未受到不利处境的影响甚或不屈不挠知难而上的发展现象。它既是一种特

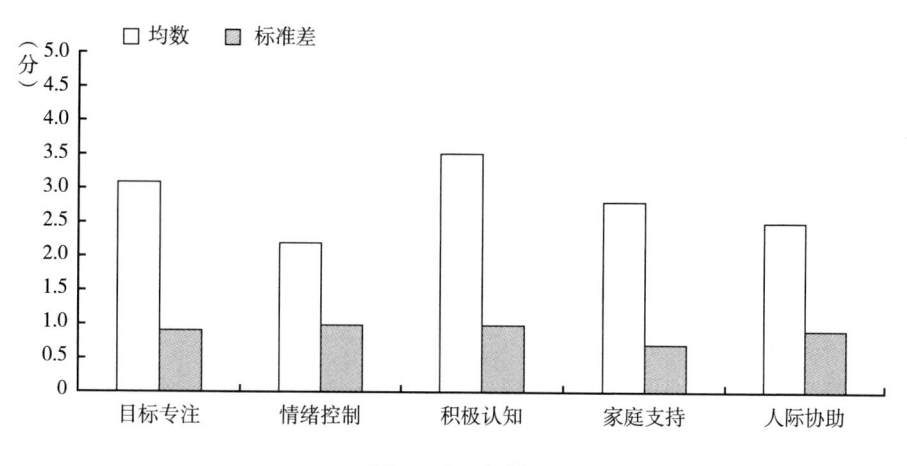

图 2　心理韧性

质，也是一种从压力/逆境中反弹的能力，更是个体面对生活逆境、困难、威胁、创伤或其他重大压力时的良好适应过程。

结果显示，被试群体的心理韧性整体水平偏低，在目标专注、情绪控制、积极认知、家庭支持、人际协助各项上得分不高，反映被试群体在应激情况下坚持解决问题的能力有限。其中，以情绪控制维度得分最低，即被试群体的情绪稳定性较差，对情绪的识别、控制、耐受能力不足，而情绪不稳定直接影响认知功能和问题解决能力的发挥，表现为心理韧性较差。此外，家庭支持和人际协助维度得分也偏低，提示被试群体的家庭及人际环境的稳定性和支持性较差，这也不利于心理韧性的发展。结合之前社会支持方面的结果，也表明被试群体周围客观存在的、可被利用的支持性资源比较匮乏，符合流动儿童流动性强、环境不稳定的特点。目标专注和积极认知维度得分相对稍高，但绝对分数仍然较低，这意味着被试群体不仅在情绪稳定性和支持利用率方面较弱，在积极乐观并朝向既定目标前进的方面也比较弱。考虑到我们所选取的被试群体的年龄特点，这一年龄阶段的儿童青少年，也具有情绪波动大、乐观单纯、顺应外部要求的发展特性。刘慧曾以留守儿童为对象进行过心理韧性与适应性的相关研究，发现留守儿童心理韧性在年级变量上差异显著（$P = 0.01$），中年级学生的心理韧性水平最高，高年级次之，低年级水平最低。在心理韧性各因子中，人际协助因子（$P = 0.05$）和情绪控制因子（$P = 0.05$）在年级变量上差异显著。

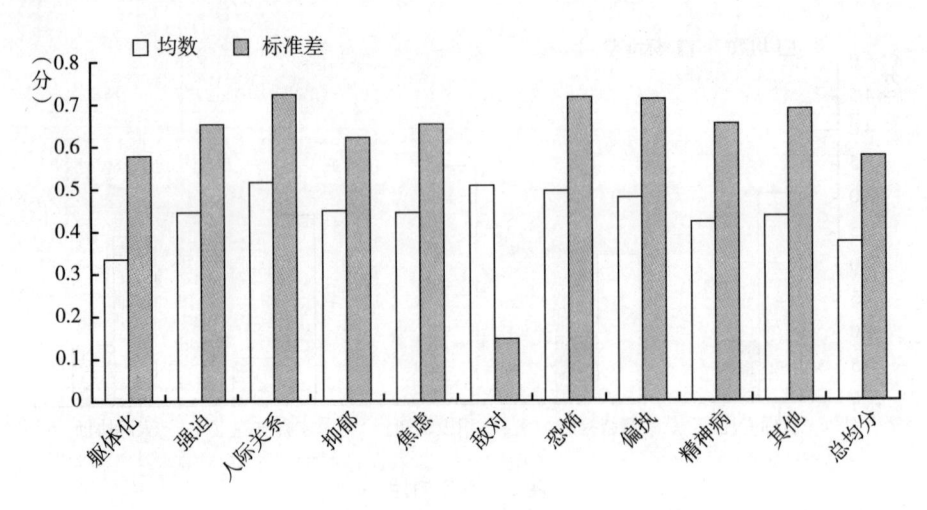

图3　症状自评（SCL-90）

表4　SCL-90各因子分人数

	1~2分	2~3分	>3分
躯体化	17	2	3
强迫	79	9	3
人际关系	65	12	2
抑郁	50	6	2
焦虑	43	8	3
敌对	57	6	7
恐怖	32	13	3
偏执	46	8	4
精神病	36	5	3
其他	44	8	2

从平均分来看，被试群体的心理健康状态尚可。但值得注意的是，各因子分及总分的标准差较大，这反映出在被试群体内部，心理健康状态的个体差异程度很大。因子分介于1~2分提示该项目有轻度的异常，2~3分提示中度异常，3分及以上提示重度异常。具体看各项因子得分时发现，敌对、人际关系、恐怖三项因子最为明显。敌对一项，自评达到重度的为7人；人际关系和恐怖两项，自评达到中度以上的分别为14人和16人。被试群体内的个体差异

较大，有两极化的趋势，即整体呈现出相对稳定的心理健康状态，很可能是由于心理状态良好的一部分个体的表现，掩盖了有严重心理问题的另一极。这提示我们，流动儿童群体的心理健康问题有隐蔽性，其中的个体存在产生极端心理问题的可能性，需要进一步的关注和个别筛查。

（三）结论

本研究从多个维度探讨了流动儿童的心理健康状况及其影响因素。结果表明，研究对象群体的一般特点是流动性强，而且大部分人都有过婴儿早期与母亲分离的经历；他们的家庭教养环境，尤其是父母自身素质、居住条件以及学习条件等，都不容乐观；他们所能获得的外部社会支持性资源非常有限，这可能与社会对这一群体的关注程度有关；这一群体的心理韧性整体水平偏低，尽管从症状自评量表的结果上看，这一群体并没有表现出严重的心理健康状态的偏差，但是在群体内部却存在着两极化的趋势，其中的个体差异度很大。因此，流动儿童群体的心理健康问题具有隐蔽性和滞后性，成长环境中的流动、缺失、匮乏所造成的影响可能会在个体成长过程中逐渐显现出来，这就需要我们持续深入地关注这一群体，甚至可以考虑连续跟踪研究的方式来更进一步地、动态地了解这一群体的心理健康状况。

流动儿童不仅仅是我国的特有现象，在发达国家也存在着类似的情况，比如移民，伴随移民而来的往往就是家庭文化氛围和生活环境的重大变更，而家庭中心理能量较弱的孩子也要面临身心适应能力的挑战。国外有的研究调查了跨国家庭中青少年儿童受父母迁移、重聚等因素的影响。一份关于拉丁裔移民家庭的研究显示，家庭凝聚力可预测儿童社交问题解决能力和社会效能感的提升，正向教养可预测儿童社会效能感的提升，而阻碍正向教养和家庭凝聚力的因素主要有四个方面：父母和孩子间文化适应的差异导致的权力失衡；父母难以介入对孩子的教育；失去了大家庭的支持；歧视移民和法律地位。归结起来，社会文化因素和家庭内部系统是至关重要的影响因素。与此类似，在另一份关于加拿大的香港华裔、大陆华裔以及菲律宾裔移民儿童的研究中，发现多种因素的联合效应最影响移民儿童的心理健康，移民特有因素——包括原籍国家、迁移地、迁移压力以及父母对偏见的看法——有助于理解移民儿童的心理状态。移民所导致的不仅仅是物理环境上的变动，更为重要的是文化环境的剧变，文化环境又对一个人的心理归属感和身份认同感起着决定性的影响和塑造作用。尽管我国的流动儿童在文化上不像跨国移民那样差异巨大，但考虑到我国幅员辽阔，地域文化差异也是十分明显的，所以远距离的人口流动势必存在文化塑造和再适应的问题。

综合本研究的结果以及国外相关研究的结论来看，对我国流动儿童心理健康状况的深入关注和干预至少应该从三个方面入手。一是社会大环境方面，这包括政策性支持，社会舆论氛围的正面引导，相关保障制度的制定与完善，以促成一种尊重、接纳、理解、包容的总体环境，切实改善流动人口家庭的生活条件和生存状态。二是家庭内部系统方面，这包括提升父母及主要养育者的自身整体素质，以提高整个家庭的人口素质，还有必要加强相关的心理疏导与干预工作，为养育者提供合适的心理教育、心理服务、亲子互动指导等，或以社区为单位进行心理科普与宣传工作，目的是帮助流动家庭形成较好的家庭氛围，为儿童的健康成长创造有利的条件。三是学校教育环境方面，这包括学校针对流动儿童群体的特殊性所做出的适应性调整，以及相关政策的扶持，比如这类学校免不了经常有转校生、插班生等，因此更应该关注学生在新环境、新团体中的适应状况，而不是只注重学习成绩，这类学校其实是流动儿童与所迁居地区之间建立社会化关系的重要场所，从客观上和心理上都有着重要的过渡性意义，应该在这方面发挥更大的作用。

因此，我们就上述三个方面进一步提出更为具体的建议与对策。

四　建议与对策

（一）应对流动儿童问题的可行性建议与策略

发挥政府职能，切实有效地建立和完善保护流动儿童的各项措施。主要包括四个方面。

1. 登记建档：调整对流动儿童的登记管理工作，将16岁以下流动儿童纳入流动人口登记管理体系中。建议开发以公安档案管理系统为核心的、全国统一的流动人口信息管理系统，在社区平台的支持下，可以把流动儿童的管理纳入居住地日常的户籍管理工作中，对流动儿童群体进行一种动态的管理和监控。

2. 福利保障：建立健全针对流动儿童的社会福利保障机制，在地方日常管理系统中，纳入流动儿童的教育、医疗、就业等各项社会保障。此外，为促进政府发挥作用，把流动儿童的地方日常管理服务作为各级政府考核中的一项内容，以实际儿童数作为考核基数。

3. 完善规章：制定和完善相关政策规章制度，一方面注意政策的实际可操作性，另一方面注意兼顾部门间的合作。这个过程需要一步步分清中央政府和地方政府对流动儿童的责任分工，这样才能提高政府机构的办事能力和效率。另外，通过调节公共服务的供给和税收，减少地区差别、贫富差距和不均衡发展；通过制定和完善相关政策法规，有效地维护流动儿童的合法权益。

4. 营造环境：积极营造关心和尊重流动儿童的社会环境，提高流动儿童父母的政策参与程度。好的社会政策应当既能体现社会保护原则，又能体现社会促进原则。在流动人口大幅增加的背景下，城市政府和管理部门也要适当转变观念，看到流动人口对城市经济增长和社会进步的积极作用。为人父母的流动人口，关心流动儿童的利益需求也是正常的，政府可以鼓励社会力量加入进来，参与流动儿童的服务，加强城市人口与流动人口的沟通和交流，促进融合。进一步加大政策法规和儿童权利的宣传力度，通过各媒体倡导关怀、尊重流动儿童的正确舆论导向，为流动儿童保障政策的制定和顺利执行提供良好的社会环境。

（二）改善流动儿童家庭教育状况的建议与对策

1. 积极营造良好的流动人口家庭教育环境

从一个家的内部环境来说，家是形成健康性格的起始点，因此营造良好的家庭环境和教育氛围至关重要。

（1）父母二人要言传身教，通过双方的互敬互爱，互谅互让，让孩子体验到恩爱的夫妻关系对家庭的稳定作用。

（2）父母起到示范作用，通过与邻里之间和平相处，互帮互助，建立良好的邻里关系，向孩子展示如何与人交往，让孩子有机会接触到更多的同龄人。

（3）父母要充分尊重且平等地对待孩子，多一份体贴，少一些训斥；多

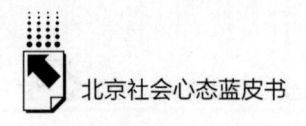

一份爱护，少一些冷淡；多一分理解，少一些专横。

（4）在流动人口家庭中，大部分孩子要帮助父母承担一定的家务劳动甚至生产劳动，如帮父母做饭、守摊点、值班等。对此，父母可以有针对性地开展劳动教育，鼓励孩子先做好自己的事，再帮大人做一些力所能及的事，对父母的职业持正确的看法，体谅父母工作过程中的艰辛。

2. 强化社会职能，提高流动人口家庭教育的整体水平

（1）建立社区儿童少年教育和监护体系，增强和发展社区式教育

儿童少年的教育一向是由家庭、学校与社会共同负责，但是我国的现状是：社区容纳着大量的儿童少年，可是缺少专门的儿童少年社区教育组织，使得社区在儿童少年的教育与成长方面起不到多大作用。另外，流动人口一般文化素质差，工作不稳定，工作时间长，子女教育的责任几乎全部交给了学校。然而，孩子实际在校时间大约只占1/3，多数时候他们还是在家和社区中活动的。有鉴于此，建议在社区中设置教育咨询机构，由一到两所学校联合社区主办，返聘退休教师，为社区中的孩子及家长提供相关咨询，或举办讲座沙龙。社区可以组织的集体活动包括：健康讲座、家庭教育讲座、亲子互动沙龙、家长经验交流会等。社区可以帮助组织同年级或近年级的学生家长形成一个家长网络，利用集体的力量来改良家庭的教养方式，在彼此的交流中促成家长理性的增长，不断提升家庭教育质量。

（2）建立家长学校式的培训机构，对家庭教育进行科学指导

家庭教育主要涉及父母与子女就为人处世、社会交往等进行互动活动。家长的素质直接关系到家庭教养水平。流动人口存在整体素质偏低的情况，在家庭教育方面，往往缺乏正确的认识和知识，又没有合适的渠道获取这些信息，这就严重影响了家庭教育质量的提高，降低了流动人口子女的健康成长概率。因此，建立家长学校式的培训或咨询机构，使家长能得到较为全面、系统、科学的家庭教育指导，对流动儿童的家庭教育是行之有效的办法之一。

3. 推行协同教育，建立家庭教育与学校教育、社会教育的联系机制

教育是一项将家庭、学校、社会相结合的系统工程，要积极推行协同教育，具体采用以下方法。

（1）家庭教育与学校教育的联系

流动人口普遍做着收入低、稳定性差、工作强度大的工作，他们一直忙于

生计，很少有时间关注孩子的教育，更没有精力与学校联系，时刻关注孩子的成长和学习问题。要改变这一现状，必须建立家庭与学校的定期联系机制。如学校定期召开家长会，讨论教育中普遍存在的问题；而对个别孩子存在的问题，学校要有一定的体制，要求班主任将学生在学校存在的问题及时与家长或家长协会联系，并商讨和实施切实可行的解决措施。

（2）家庭教育与社区教育的联系

要积极发挥社区的力量，组成专业的社区教育中心和团队，可以由退休教师、居委会干部及热心教育事业的人士组成。其主要职能：一是监护那些家庭教育缺位的孩子；二是为孩子提供集中学习活动的场所；三是协调学校教育与家庭教育的关系。

（三）流动儿童学校教育建议与对策

学校对每一个孩子都是至关重要的成长之地，在这里孩子们不仅学习文化知识，还可以与同伴交流，获得初步的人际互动。同样，流动儿童随着父母来到异乡，首先接触的新环境就是学校，学校教育在流动儿童的城市生活适应过程中起着重要作用，当然，学校教师对待孩子的态度以及方式对其健康成长都是非常重要的。尤其流动儿童因为环境的变化、语言的适应以及户籍的影响，再加上父母工作忙，较少顾及孩子的成长，孩子本身就比较敏感，学校和老师要更加关注流动儿童，经常和家长沟通，及时反映学生在校的情况，并了解儿童在家的状态。

第一，提供城市儿童与流动儿童交流的机会。物以类聚，人以群分，也许是因为共同的话题或者共同的心理，在一些流动儿童与城市儿童混合编班的学校中，我们往往会看到两类儿童有很明显的交往界限，他们形成各自的交往圈。学校应开展有针对性的活动，创造机会促进城市儿童与流动儿童的相互了解，破除偏见，提高流动儿童的城市社会关系融入度。

第二，开展更多心理适应和城市文化教育活动。开展心理课程，主要是关于适应环境的教育，如流动儿童如何应对来自新环境的压力，以及如何调节自己的消极情绪。同时，向流动儿童班级介绍城市生活设施以及在城市应当遵守的行为规范，乃至常见的城市方言，使流动儿童在生活上更快适应。形式可以是科普宣讲，也可以小组的形式大家互相交流，给孩子相互表达和倾听的机

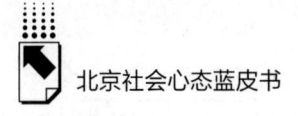

会，建立同伴间的社会支持系统。

第三，学校应当搭建学校与家庭的合作平台，积极主动地与流动儿童的父母沟通。流动儿童的家长普遍工作压力大，文化水平偏低，无暇也无力顾及孩子的教育，学校应积极联系家长，定期召开会议，帮助流动儿童家长学习科学的教育理念和方法，使其子女得到更好的家庭教育。学校要建立一定的体制，有专人负责学校与家庭的沟通，及时了解孩子在家里的表现，并向父母反应学校的情况，引起家长对孩子教育的重视，共同商讨流动儿童的教育对策，从而改变父母将孩子完全交给学校，造成家庭教育严重匮乏的现象。

民办打工子弟学校存在办学条件差、管理水平低、教育水平低等问题，政府及教育主管部门应采取积极措施保障其教育的平等性。通过加强管理，规范办学水平，促进打工子弟学校改善办学条件，提高教育教学质量，尽量缩小与公办中小学校的差距，让流动人口子女享受城市市民子女一样的教育。公办学校借助自身的优势向民工子弟学校提供一定的教育资源，帮助民工子弟学校的教师提高教学质量和自身素质。

社会心理建设篇

Social Psychological Construction

B.13 北京市心理援助热线情况调研报告

朱俊颖 石孟磊[*]

摘　要： 心理热线已成为大众接受度最高的咨询形式之一。为摸清北京市心理援助热线的现状，我们选取了具有代表性的6家机构进行座谈，结果发现整个行业处于各自为政的无序状态，缺乏统一的行业标准与必要监管，发展随意性较大。因此，我们提出若干条相应的措施，以加强对这个行业的引导和规范，促进其健康有序发展。

关键词： 心理援助热线　监管

---

[*] 朱俊颖，国防大学军队政治工作学硕士，现任北京社会心理研究所所长。主要研究方向为军队政治工作、部队作战心理防护、特殊群体社会心理、社会心理服务模式创新等；石孟磊，北京社会心理研究所助理研究员，主要研究方向为幸福感、社会支持。

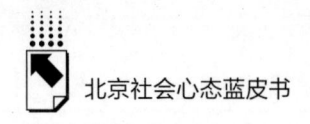

为了摸清北京市心理援助热线的现状，北京社会心理研究所通过资料查询、网络搜找、电话查证、同行互荐的方式，联系到了部分从事心理援助热线（以下简称"心理热线"）的服务机构，第一次针对心理热线情况开展了专题调研。据不完全统计，北京市正常运转的心理热线现有17条。我们从中选取了具有代表性的6家机构，召开了座谈会，对这个行业有了初步了解。

一 心理热线发展历程和当前政策环境

心理热线指通过电话提供的心理危机干预、心理健康教育及咨询服务。当前，心理咨询的方式主要有现场咨询、电话咨询、网络咨询、传统媒介咨询（电台、电视台、报纸杂志进行的公开咨询活动）等。现阶段，在社会公众对心理健康关注度不高、对心理问题存在偏见和歧视的状况下，心理热线因其经济便捷的优势，已成为大众接受度最高的咨询形式之一。

（一）心理热线发展历程

心理热线源于西方、兴于西方。最早见于20世纪50年代的英国，随后逐渐在西方发达国家兴起，成为深受大众欢迎的心理援助方式。我国的心理热线建设起步较晚，1987年天津开设了国内第一条公益心理热线。此后，北京、上海等地也相继开通了类似的电话咨询服务。最初，心理热线被称为"生命线"，主要是为处于危机状态的人群提供心理支持、进行危机干预，降低自伤或自杀风险，帮助其寻找解决问题的途径，鼓励其寻求专业的治疗。而今，心理热线已不再拘泥于危机干预，而是广泛涉及婚姻家庭、亲子教育、两性科学以及身心保健、职业发展等多方面的心理问题。其中"希望24热线"为第一条旨在面向全国开通的统一服务号码（400-161-9995）的心理热线，截至2014年6月，已在上海、北京等9省市开通接线室。

（二）当前政策环境

2010年，卫生部为应对经济社会转型中出现的各种心理失调问题，制定了《心理援助热线电话管理办法》和《心理援助热线电话技术指导方案》，明确规定了心理热线服务为社会公益性质,应当设在具备心理治疗和心理咨询服务能力的精神专科医院或者有精神科特长的综合性医院。之后,北京市制定了《北京市心理援助热线管理办法》,明确了分级建设、属地管理的原则,但该办法只是针对16区县设立心理热线提出的要求,而且只规定了卫生部门赋有对办法的解释权,在管理权限上仅提到"热线机构日常工作接受并积极配合北京市心理援助热线的监督、检查和评估等活动"。鉴于此,我们认为,北京市对心理热线实质上推实的是行业管理模式。

当前,卫生部在全国范围内共认证了26条心理热线,回龙观医院开设的"北京市心理援助热线"(800-810-1117)为北京唯一通过认证的心理热线。从该机构介绍的情况看,热线于2010年正式建成,并经几次升级改造,受市卫计委的监管,并由市卫计委提供部分资金支持。

由此可见,从全国范围来讲,除正式认定的26条热线外,其余正在执业的都是自行开设且无合法手续的机构。虽然它们在普及心理知识与解决心理问题上起到积极作用,但均处于"违规做公益"的尴尬处境。这种情况,即便政府想给予资金等方面的支持,都没有规范合理的渠道。尤其需引起重视的是,在参加座谈会的6家热线服务机构中,除回龙观医院的代表外,其他机构竟无一知道国家颁布的管理办法和技术规范。这也就意味着执业的机构处于"五无状态",即无统一的技术标准、操作规程、培训督导、效果评估、监督管理。通过在民政部和北京市民政局社会组织登记网上查询发现,没有一家含有"热线"字眼的社团、民非、基金会和国际性机构,侧面反映出现有的政策法规不允许这类机构独立注册。这可能是我们熟知的"爱心传递热线"多年来无法正式注册的重要原因之一。该机构目前虽然已经注册,但名称已改为"北京爱心传递老人关爱中心"。"希望24热线"作为全国性热线,其设在上海的总部也未正式注册。

二 心理热线机构的基本情况

据不完全统计,当前北京市正常运转的各类心理热线共有17条(不含民营心理医院、门诊的接待电话),全部为公益性质。

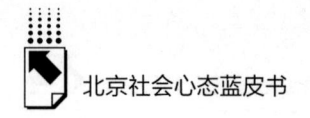

（一）心理热线分类情况

心理热线行业没有明确的分类标准，我们通过座谈交流和现状分析，认为现有的热线类型可按照机构性质进行区分。心理热线可分为政府扶持的热线、学校支持的热线、公司出资的热线、非营利性组织自筹的热线。政府扶持的热线是由政府出资开设的热线，在心理热线行业中起到示范作用。这类热线的代表是"北京市心理援助热线"（市卫计委支持）、"保安心理咨询热线"（市公安局支持）、"双井街道心理服务热线"（双井街道工委支持）等。学校支持的热线以学校的心理咨询中心为依托，咨询员以在校学生为主，是高校大一、研一的学生进行教学实习和社会实践的形式之一，此类热线主要解决学生与家长的心理问题。这类热线的代表是北京师范大学的"雪绒花热线"。心理热线在高校的分布广泛，数量最多，但主要集中在中央部属高校，北京市属的23所高校均未开通心理热线。公司出资的热线是以公司资源为依托开设的热线，是其开展业务工作中的一部分，有的是真正的咨询热线，有的只是本机构对外宣传的一种形式，比如"红枫妇女公益热线"咨询作用就发挥得非常好。非营利性组织自筹的热线是非营利性组织自筹资金开设的热线，这些机构同时开展线上服务与线下服务，比如"爱心传递热线"、"希望24热线"等。其中"爱心传递热线"就开设了2条"800"电话，线上线下服务遍布全国。此外，还有军队、公安监狱系统开办的心理热线，但不对社会公众开放服务。

（二）心理热线机构现状

在参与座谈的机构中，从成立年限看，从10个月到22年不等。其中成立10年以上的机构都有广泛的受众群体和良好的口碑，有的还在无形中承担了行业培训基地的功能，影响力、辐射力较强。比如大多数机构都有在红枫参加过培训或工作的经历。从人员构成看，多数机构招聘咨询员的基本条件是具有本科以上学历，有人力资源部颁发的心理咨询师资格证书。6家机构中，其中2家机构的咨询员以专职人员为主，其余4家机构的咨询员均以志愿者为主，志愿者数量从30人到400人不等。从服务时间看，北京市心理援助热线提供7×24小时服务，其他机构均在某一固定时段提供服务，学校开设的热线通常在寒暑假期间关闭。从设备设施看，5家热线会对热线电话进行录音，但只有

1家具备独立的隔音接线室。从服务费用来看,北京市心理援助热线是完全免费的热线,其余5家机构需要求助者向电信部门支付市话或长途费用。从操作规程看,多数机构都具有自己的流程规范,包括招聘条件、岗前培训、接线流程、回访制度、督导机制等。但是,这些流程规范各异,科学性尚待检验。从服务群体看,3家热线面对的是普通公众,3家热线针对的是特定人群。通过座谈会还了解到,各机构除通过电话服务外,均有以面询或心理健康知识宣传为主要形式的线下活动。

总体上说,这个行业优胜劣汰的特点较为明显,对专注精神和持续能力要求较高,而且具有一定的自我净化能力。其中存在10年以上的机构都是经过大浪淘沙和市场洗礼的优秀品牌,新成立的机构则更注重服务的专业性和精细化。但有关部门的监管还不到位,整个行业对技术规范执行的力度有待加强。

(三)心理热线开展服务情况

经统计,"北京市心理援助热线"2002~2011年共接听来电近17万次,这其中也包括一小部分骚扰电话。"希望24公益热线"在成立的10个月内共接听来电7073次。"红枫妇女儿童热线"2013年共接听来电7939次。平均测算,心理热线年均接听量在10000次左右,反映出大众对心理热线的巨大需求。心理热线经济便捷、保护隐私是大众选择这类方式的重要原因。据了解,当面咨询的费用是100~1000元/小时(视咨询师的资历而定),而心理热线全部免费或仅需支付普通电话费。心理热线拨打和接听双方都是匿名的,咨询员只需报出自己的工号,而求助者也不是必须暴露自己的真实姓名及身份。双方只需涉及具体事件与个人情绪,更容易使求助者吐露真实的隐私,更有利于问题的解决。这些优势,使热线的服务人群非常广泛,北京的心理热线也并不限于北京市,而是辐射到全国各个地区。据北京市心理援助热线的统计,40%的求助者来自北京,60%的求助者来自全国各地。

三 心理热线行业的问题

尽管心理热线这种个体心理咨询形式的公众接受度较高,行业自律性也较好,公益属性值得宣传和推广,但仍然存在诸多问题,需要加以重视和解决。

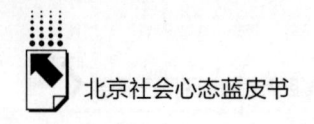

（一）整个行业处于各自为政的无序状态，缺乏统一的行业标准

心理热线在国内已有20多年的发展历史，对于一个小行业来说应当过渡到稳定期。但从了解的情况看，整个心理热线行业目前仍然处于无序发展阶段。行业准入制度不严格，导致一些热线缺乏前期调研与准备工作，仅凭一部电话就开起热线。虽然每家机构都有自身的流程规范，但缺乏统一的标准。比如培训时间，有的机构培训时间是1个月，有的机构培训时间是3天。再如督导次数，一些机构每周督导一次，一些机构每周督导两次。

（二）整个行业处于"灰色地带"，缺乏必要监管，发展随意性较大

目前，单独的热线没有在任何部门备案，而是挂靠在医院、学校、公司、非营利性组织等机构。由于缺乏明确的监管部门与必要的政策引导，导致了心理热线行业的监管仍处于无人问津的"灰色地带"。当求助者对服务过程或服务效果不满意时，找不到对应的投诉部门。此外，各个热线机构的发展目标不清晰，发展过程随意性大，多采取以小组为基础的分散工作模式，情况互通、案例移交、持续跟踪等存在较大问题。

（三）多数热线机构缺乏稳定的资金来源，设备设施不够齐备，可能会有潜在法律风险

由于热线多为免费服务，因此，热线机构在业务上没有稳定收入。除政府支持的热线机构得到部分资助外，多数热线机构没有稳定的资金来源，仅凭短期项目资金或个人捐助。有些热线的工作场所是发起人免费提供自有居民房，有些是设在公共办公区的角落里。受资金条件的限制，许多热线"一切从简"，并不具备开展热线咨询的基本条件，比如没有单独的隔音接线室，没有必要的电话录音设备、存储设备、服务器、网络交换机等，对通话记录保留时间也没有明确的标准和要求。一旦求助者出现自杀、自伤或其他危害社会的行为，当追究责任时，机构的责任、当班咨询员的责任或求助者自己的责任难以界定清楚，即便能够界定，机构由于没有注册，不是法律主体，无法担责，当班咨询员又没有劳动合同，可随时离职逃责，具有很大的法律风险。

（四）多数热线机构以志愿者为主，从业人员来源复杂，服务质量难以保障

为了节约成本，多数热线机构招募志愿者，完全免费或按接线时长支付低廉报酬。参与热线志愿者来源各异，包括社工、精神科医生、心理咨询机构人员、普通职员等。其从业心态各异，有的纯粹是爱专业、为公益，有的是积累工作经验，为今后自我发展打基础，还有的仅仅是完成实习任务，这就很容易出现人员流动率过大、素质参差不齐的现象，导致质量难保证、问题难界定、责任难追究的现象。对于接线的志愿者培训也处于"自导自演"的状况，自己培训、自己评估，缺乏客观性与系统性。当真正面对求助者命悬一线的棘手事件时，现有人员恐怕难以胜任，难以做出正确有效的处置。

四 对策建议

随着心理服务需求增加和新媒体技术发展，包括心理热线在内的非现场心理咨询形式，因其经济便捷、匿名隐私等优势，将会吸引众多专业机构和公益人士参与其中，会被更多民众所接纳，对社会稳定和提升幸福指数所起的作用也会愈发明显。因此，应未雨绸缪，加强对这个行业的引导和规范，促进其健康有序发展。

（一）实行分类管理，建立双向转介制度

建议与有关部门沟通协商，将公益性的心理热线分为紧急援助、非紧急援助和专向援助三类，建立统一平台，进行分类管理。根据心理热线从业人员的专业背景和自身实力，划定服务"红线"，引导他们做力所能及之事。紧急援助主要干预有自杀行为或倾向、暴力危害社会行为和重大自然灾害后严重心理创伤等对象。非紧急援助主要面向生活、工作、人际关系方面压力较大、情绪不稳定的人群。专向援助面向比如家庭暴力、性侵害等特定范围的群体。尽快建立双向转介制度，紧急援助、非紧急援助、专向援助之间实现即时无缝的对接。比如，当从事非紧急援助的热线接听到有自杀行为或倾向的求助时，应先稳定住对方的情绪，并立即转介到紧急援助热线，提高干预的效果；当紧急援

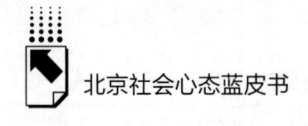

助热线接听到一般求助时，应根据服务范围向非紧急援助或专向援助热线转介，以免干扰或影响其他紧急求助者求助。

（二）统一操作规程，提供标准化服务

我们在座谈中发现，虽然各类心理热线都有自己的操作规范，但来源不同，标准不一，随意增减规程。北京市心理援助热线是经卫生部认证的全国示范性热线，可以项目的形式给其一定资助，为其他心理热线提供岗前培训、设备使用、工作督导、效果评估等方面的服务，促进和提升其他心理热线服务的质量和水平。同时，支持其打造心理热线服务交流平台，整合各类心理服务资源，实现不同专业优势互补，做好热线数据收集与汇总工作，并在此基础上开展资料分析与理论研讨，进一步提升心理热线行业的服务质量。

（三）鼓励线上线下同步，服务向社区延伸

心理热线的覆盖面广，不受时间、环境和地域的局限，是对建立全天候社会心理服务体系的有力补充。在规范线上服务的同时，注重发挥心理热线从业人员的专业优势，鼓励把服务链向社区延伸，对线上服务中遇到的普遍问题进行整理总结，面向社区大众进行预防性的知识普及。在社区的配合下，对线上服务时掌握的线索进行跟踪，必要时可深度介入疏导，协助社区解决现实问题。

综上所述，我们认为，在当前政策环境下，考虑到心理热线身份的合法性、服务的可靠性、设备的完备性和存在潜在法律风险等诸多因素，在为心理热线提供具体支持方面，我们建议：暂不对心理热线的电话咨询服务提供支持和资助，但可针对其基于社区的线下服务予以政策指导和一定的资金支持。

附录：17条心理援助热线名称

1. 希望24公益热线（自杀干预）
2. 北京市心理援助热线（自杀干预）
3. 红枫妇女儿童热线（妇女儿童）

4. 爱心传递热线（老年人）
5. 北京心境阳光心理咨询（保安心理咨询热线、双井街道心理服务热线）
6. 北师大雪绒花心理咨询热线（大学生、中小学生教育）
7. 李家杰珍惜生命大学生心理热线（大学生自杀）
8. 瓷娃娃罕见病热线（罕见病）
9. 一线希望热线（毒品）
10. 红丝带热线（艾滋病）
11. 12355热线（团市委青少年服务平台）
12. 北京青少年法律与心理咨询中心热线
13. 北京协和启迪心理咨询中心救助热线
14. 孙老师热线（针对家庭教育和亲子关系）
15. 青春热线（交友）
16. 北京林业大学"四月天"热线（大学生）
17. 婚姻情感热线（婚姻家庭）

（标注"#"号的为参加座谈会的机构）

B.14 中医心理对家庭和谐关系认知与行为的影响研究

汪卫东 张锦花 徐惠玲 杜辉 周璇梓 梁秋语 洪兰[*]

> **摘 要：** 研究针对社区家庭关系开展，通过问卷调查，筛选出婚姻满意度较低的夫妻，对其进行中医心理干预。结果显示婚姻质量受到多方因素的影响，夫妻间感情是影响整个家庭关系的重要因素；婚姻满意度是婚姻质量的重要指标；夫妻关系的好坏在一定程度上影响着与父母关系的发展；中医心理干预能够改善夫妻关系及家庭关系。
>
> **关键词：** 社区 家庭关系 夫妻关系 婚姻质量 中医心理

一 研究现状与趋势

家庭是社会组织的基本形式，是社会的细胞，亦是维护社会稳定、构建和谐社会的基础，所谓"家和万事兴"。首都北京作为现代化大都市，人口密度极大，人口结构复杂，竞争激烈，生活节奏逐年加快，工作生活压力升高，解压与心理调适成为在京人员遇到的瓶颈之一，家庭作为他们的归宿，成为他们

---

[*] 汪卫东，中国中医科学院广安门医院副院长，主任医师，教授，博士生导师。研究方向为中医心理学与睡眠医学；张锦花，中国中医科学院广安门医院；徐惠玲，丰台区浦黄榆社区卫生服务中心；杜辉，中国中医科学院广安门医院；周璇梓，中国医科学院广安门医院、北京中医药大学；梁秋语，中国中医科学院广安门医院、北京中医药大学；洪兰，中国中医科学院广安门医院心理科副主任医师，硕士生导师。研究方向为中医心理学与睡眠医学。

缓解压力、调适身心的最佳选择。良好的家庭关系是个体心理健康的重要因素，家庭的和谐以夫妻关系、婚姻关系和谐为主轴。我国现在正处在社会转型阶段，家庭结构与家庭关系的变迁使得夫妻关系、婚姻关系越来越复杂，婚姻问题层出不穷，离婚率逐年上升，严重挑战着家庭的稳定与和谐，明确当前家庭关系与存在的问题，是当务之急。

（一）家庭结构与关系的变化

家庭作为社会的基本单位，一直是社会稳定的基础，当前我国正处在社会转型阶段，家庭结构与家庭关系也在不断发生变化。受传统文化的影响，新中国成立之初我国家庭结构变化一直处于缓慢状态，改革开放以后，家庭结构与家庭关系的变迁出现了明显的变化。家庭结构与家庭关系的变化受到文化、社会政策与经济等因素的影响。

1. 文化因素

我国家庭结构与家庭关系的变化带有明显的文化特色，如孝文化影响下的家庭结构与家庭关系，家庭关系受社会文化、伦理道德的过度约束，家庭关系存在权威性与不平等性。

早在清代末年，我国家庭结构与家庭关系由于受到外来文化的影响，开始出现转变。民国初期新思潮的到来，使得这种转变更加明显与剧烈，但由于文化深厚与社会局限，这种变化带有不平衡性与不完全性。郑全红在其文章中认为，民国时期是我国传统家庭结构与关系的"半平权期"，这时候的变化带有明显的地域性与局限性。[①] 在民国时期的家庭结构仍以以前的主干家庭为主，但却与现在的主干家庭不同，民国时期则以"父慈子孝""男尊女卑""家长权威至上"为主要特点，女方婚后多住在男方家中，与男方父母居住，家庭关系相对复杂，包括代际关系、亲子关系、夫妻关系等。目前我国主干家庭的形式不再单独以一方父母为主干家庭的主要形式，而是随着文化的进步，传统孝文化受到挑战，传统养老观念发生变化，逐渐形成并出现双方父母与夫妻共同居住的主干家庭，核心家庭逐渐成为家庭结构发展的主流。在李银河对兰州城市居民的调查中显示：目前城市家庭结构以核心家庭为主，主干家庭和单亲

---

① 郑全红：《论民国时期家庭关系的变化》，《中州学刊》2008年第6期，第177~179页。

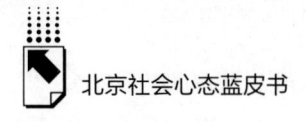

家庭为辅。① 当前夫妻关系已成为家庭关系的主轴,家庭规模逐渐缩小,家庭主要关系变得相对简单。

2. 政治经济因素

改革开放之后,随着经济的发展,人们传宗接代等传统观念也随之发生变化,尤其在实行计划生育后,独生子女增加,加速了家庭与家庭关系的转变。20世纪末改革开放,我国经济经历了快速发展的时期,随着经济的发展,生活工作地域变得更加广泛,大量人口离开家庭外出务工,人口迁移的局面打破了传统家庭结构与关系。子女与父母及其亲属在地域上的距离,使得主干家庭、联合家庭等家庭结构逐渐瓦解。而经济、生活水平的升高,使得人们养老观念发生变化,子女与父母间关系更加独立,养老院等养老模式的发展、社会保险业发展、社会服务体系的进一步完善,都让子女养老的方式有了多种选择,子女离开父母形成自己家庭的条件更加成熟。

经济发展的不平衡,使得大城市人力资源聚集,房价上涨严重。因此当前我国高房价现象,亦成为了影响家庭规模、家庭结构与关系的因素之一。为了减少购房经济压力,多数人选择买小型住房或租房居住,居住条件限制住了家庭结构的发展,同时也给家庭关系带来负面影响。而我国在实行计划生育后,独生子女增多,家庭规模缩小,家庭结构与关系也因此发生改变。家庭结构渐变为核心家庭为主,夫妻关系在家庭关系中占据了主要地位;夫妻双方均为独生子女已成为常见现象,独生子女夫妻关系比之以往出现了更多问题。目前我国现行养老保险、医疗保险等社会保障制度也为父母与子女分开居住提供了条件,养老保险、医疗保险的普及,使得老年人在看病、养老方面在一定程度不依赖于子女。

当家庭关系逐渐以夫妻关系为主导时,这个关系对于家庭的影响也就更为重要了。

(二)家庭关系主轴——夫妻关系的地位与影响

夫妻关系与家庭的研究西方国家开展得较早,我国20世纪40年代以前由于受传统文化礼教的束缚,并不重视夫妻关系的研究,40年代费孝通对我国夫妻

---

① 李银河:《家庭结构与家庭关系的变迁》,《甘肃社会科学》2011年第1期,第6~12页。

关系等做了理论研究，80年代以后出现了新的研究局面，夫妻关系作为家庭关系的主轴，影响着代际关系、亲子关系、家庭教育方式、儿童身心发展等方面。

梁春莲等①调查研究显示夫妻关系不良对儿童行为有负面影响，夫妻关系不良中儿童的多动、攻击性、残忍等方面统计显著高于夫妻关系良好者。宋戈②调查显示夫妻关系影响着家庭教育方式、亲子关系以及子女性别的角色发展等，而家庭关系不和则主要与夫妻间交流不当引起。

夫妻关系影响范围广泛，同时也受多方面因素影响，由于多方原因的影响，如经济条件、婚姻制度、婚姻观念、法律法规的变化，当前夫妻关系出现了更多的问题。刘娟等人在1991年针对北京地区家庭进项调查，随机抽取了2000多个家庭进行夫妻关系调查，发现经济因素对夫妻关系影响最大，而在婚姻满意度、夫妻交流、决策权等方面而妻子的满意度则普遍低于丈夫的满意度，婚姻类型则影响着婚姻的质量，夫妻沟通也显得越来越重要。③席琴在分析夫妻双方的价值观、人格特质和应对方式对婚姻满意度影响的基础上，从心理健康的角度提出了完善双方的个性以加强婚姻的融合、增强调适能力以排解婚姻中的烦恼、提高应对能力以面对婚姻中的压力、掌握沟通技巧以增进夫妻间的了解四个方面的对策以提高婚姻满意度。④陈妤提出良好的夫妻关系不仅需要良好的沟通同时需要拥有各自的隐私。⑤

而社会大变革时期，夫妻关系的逐渐转型带来了许多社会问题。叶尔肯拜·苏琴提出：社会的巨大发展不仅带来家庭结构的变化，也带来男女两性观念的变化。随着妇女受教育程度的提高以及职业妇女的增加，微观上的小家庭受社会的变迁影响以及家庭构成单位的变化，已经呈现出明显不同于过去的特点，并且随之产生了很多新的问题。许多学者认真反思这些家庭夫妻关系的变化，并力求提供一种社会学的测量方法，来应对现代社会中由家庭矛盾引发的社会问题。⑥

---

① 梁春莲等：《夫妻关系对孩子行为影响的初步研究》，《健康心理学杂志》2002年第10期，第215~216页。
② 宋戈：《试论家庭人际关系与家庭教育》《天津市教科院学报》2000年第1期，第62~63页。
③ 刘娟等：《北京市夫妻关系研究》，《人口与经济》1994年第3期，第38~47页。
④ 席琴：《提高婚姻满意度的心理学探讨》，《世纪桥》2010年第7期，第151~152页。
⑤ 陈妤：《简论家庭关系中夫妻关系处理》，《岱宗学刊》2011年第3期，第19~20页。
⑥ 叶尔肯拜·苏琴：《对现代社会夫妻关系的反思》，《黑河学刊》2010年第6期，第148~149页。

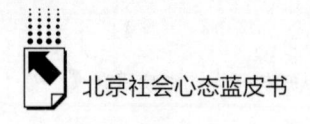

（三）小结

夫妻关系中出现的问题需要及时进行调整或干预，夫妻治疗作为一种独立的心理治疗正在兴起，赵芳[①]提出：夫妻关系的实质是连锁的神经症，夫妻治疗的模式则应作为一种独立的心理治疗进行探索。李荐中[②]采用婚姻治疗技术改善夫妻关系取得了一定疗效，表明夫妻关系应当及时进行治疗以免造成不必要的伤害。目前夫妻关系存在着婚外性关系、离婚、一夫一妻制的破坏、家庭暴力等问题，亟待解决，而夫妻双方的价值观、人格基础、社会经济因素、社会文化环境等等都能够影响着夫妻关系的变化与发展，各自的应对方式影响着婚姻满意度，所以提高夫妻双方各自的心理素质，构建良好的夫妻关系是目前维护家庭稳定的必然。席祥勇提出：完善双方的个性以构建良好夫妻关系；增强调适能力以排解婚姻中的烦恼；提高应对能力以面对婚姻中的压力；掌握沟通技巧以增进夫妻间的了解。[③]

目前国内外主要采用夫妻关系问卷、婚姻满意度调查问卷、婚姻质量量表等工具对夫妻关系进行研究，在改善夫妻关系中多采用家庭治疗或夫妻独立心理治疗为主。夫妻关系不和不单纯像生活中说的那样"性格不合"，夫妻双方的成长背景、环境、性别、年龄、家庭教养方式等不同自然性格就不同，不可能和一个性格一样的人生活在一起，但在缺乏对夫妻双方成长过程的研究调查，不能为当前夫妻关系提供更为清晰明确的治疗思路，同时中国传统文化在现代家庭中的影响不是单纯西方心理学理论能够消除的，需要结合中国传统文化特征，对出现问题的夫妻双方进行成长过程调查研究，明确夫妻关系中问题产生的主要原因，找出问题的关键，运用本土心理研究与治疗进行有效干预。

---

① 赵芳：《论作为独立心理治疗模式的夫妻治疗》，《南京师大学报》（社会科学版）2011年第5期，第116~118页。
② 李荐中：《婚姻治疗技术在解决夫妻关系问题上的运用》，《中国全科医学》2010年第1期，第271~273页。
③ 席祥勇：《基于心理学理论的夫妻关系新探索》，《企业导报》2013年第8期，第259~261页。

二 研究对象与方法

社会大家庭的和谐稳定离不开普通小家庭的和谐稳定，夫妻关系是家庭关系的核心组成部分，夫妻关系的稳定也是构建和谐家庭、和谐社会的重要因素。

本研究针对家庭关系的主轴——夫妻关系与婚姻质量等开展问卷调查评估，探讨不同角色成员过去的成长发展经历对目前夫妻关系的影响，并对部分研究对象实施针对性中医心理治疗干预，为探讨当代夫妻的关系模式、开展忆溯性评估方法在心理学中的应用以及发展中医心理治疗干预技术、发展和谐家庭、稳定家庭关系奠定基础。

（一）研究对象与研究目的

1. 研究对象

本研究以北京市居民为研究对象。

2. 研究目的

（1）了解目前夫妻的心理状态、夫妻关系、模式及婚姻质量，评估不同夫妻关系的个体教育成长经历；

（2）探讨个体成长教育经历对夫妻关系的影响；

（3）初步观察中医心理干预对夫妻关系认知和行为的作用。

（二）研究标准

1. 纳入标准

（1）年龄≥22周岁；

（2）初中（含）以上学历；

（3）已婚、再婚者。

2. 排除标准

（1）未婚、离婚后未再婚、丧偶人士；

（2）初中以下学历。

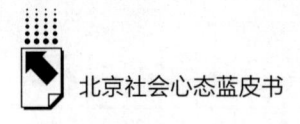

3. 剔除标准

（1）相关问卷未完成或完成质量较差者；

（2）未按照研究流程进行，依从性较差者；

（3）答卷态度不认真，存在明显的应付情绪，结果不可靠者。

（三）研究内容与方案

1. 研究内容

本研究通过问卷评估，对北京市目前夫妻关系进行调查；了解目前该区夫妻的婚姻质量等情况，在此分析结果的基础上筛选出婚姻满意度较低的夫妻，对其进行中医心理干预，初步观察中医心理干预对改善夫妻关系的作用。

2. 研究方案

（1）取得知情同意：

在进行调查之前，严格按照知情同意书的原则和伦理委员会的要求获得研究对象的同意。

（2）问卷调查部分：

①对研究对象进行开放式问卷调查，随机抽样进行。

②所有入选对象均在主试指导下对问卷进行填写，预计时间为200分钟。

③将原始问卷进行整理，分类编号。

④对问卷进行筛选，按照纳入排除标准纳入研究对象，剔除不合理不合格问卷。

⑤对合格问卷进行分类，区别正常结果群体和异常结果群体。

（3）治疗应用部分：

①根据被试的问卷内容，在低满意度群体中筛选志愿者作为治疗对象。

②按照知情同意原则将治疗对象纳入。

③对研究对象进行提纲式访谈，被试完成提纲式作业。

④中医心理TIP技术治疗，治疗40分钟/次，2次/周，疗程2周。

⑤疗程技术后，被试者再测夫妻关系调查问卷、婚姻质量问卷。

（四）研究工具

本研究采用《家庭亲密关系调查问卷》调查夫妻关系与家庭关系情况，

使用《婚姻质量量表问卷》测评被试者婚姻质量，而《忆溯性心理发展水平问卷》主要针对个体的教育、教养、成长、发展水平进行评估。所有工具均为自测，由被试者独自完成。

（五）研究流程

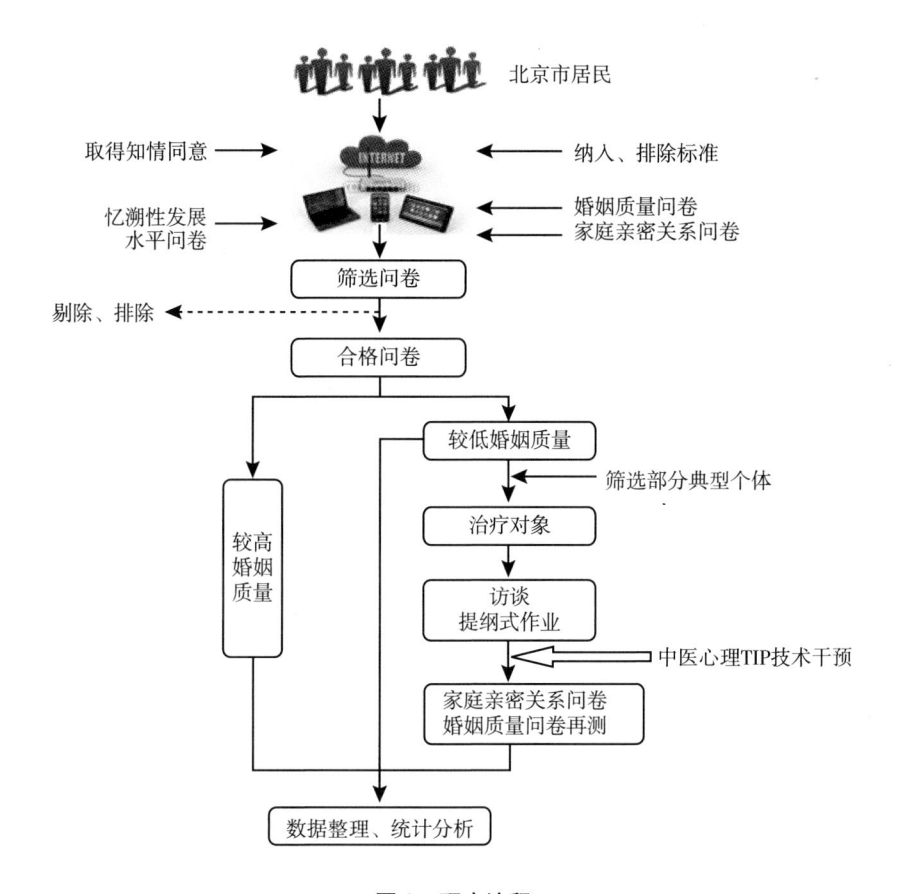

图1 研究流程

（六）考核指标

1. 婚姻质量问卷各项因子分；
2. 家庭关系问卷评分。

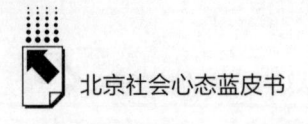

(七)数据统计

所有数据均应用 SPSS 20.0 统计软件对数据进行统计处理,$p < 0.05$(双侧)定义为有统计学意义。

三 社区家庭关系分析

(一)一般资料分析

1. 调查完成情况

表1 调查完成情况

	女性组(百分比)	男性组(百分比)	合计
有效问卷数	45(30.00%)	45(30.00%)	90(60.00%)
无效问卷数	17(11.30%)	18(12.00%)	35(23.33%)
未收回问卷数	13(8.67%)	12(8.00%)	25(17.67%)
合计	75(50.00%)	75(50.00%)	150(100%)

如表1所示,本次调查在社区内随机发放问卷150份,回收问卷125份,有效问卷90份,男女有效问卷各45份。

2. 研究对象基本情况

表2 年龄分布情况

项目	年龄分布情况	
	例数(人)	比例(%)
20~29岁	12	13.33
30~39岁	42	46.67
40岁以上	36	40.00
合计	90	100

如表2所示,男女性别比例为1:1,年龄分布:20~29岁12人,30~39岁42人,40岁以上36人,以30~39岁对象为主。

表 3 学历分布情况

项 目	例数(人)	比例(%)
高中/中专	14	15.56
大专/本科	60	66.67
硕士/或以上	16	17.78
合 计	90	100.0

如表3示，研究对象的学历以大专/本科为主，占总人数的66.67%，高中/中专占15.56%，硕士/或以上占17.78%。

表 4 婚龄分布情况

项 目	例数(人)	比例(%)
2年以内	6	6.67
2~5年	22	24.44
6~10年	22	24.44
10年以上	40	44.44
合 计	90	100.00

如表4所示，研究对象婚龄在2年以内6人，占总人数的6.67%；婚龄2~5年22人，占总人数的24.44%；婚龄6~10年22人，占总人数的24.44%；婚龄10年以上40人，占44.44%。

图2所示，独生子女与非独生子女比例约为3∶7，独生子女28人。非独生子女62人，其中单个被试家庭子女最高人数可达到7人。

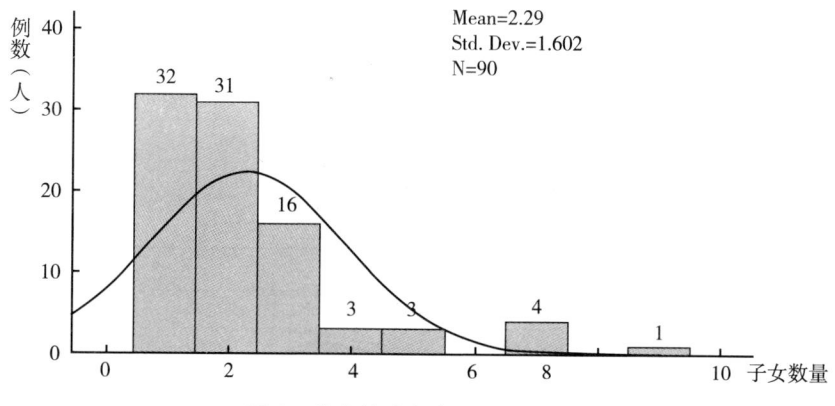

图 2 单个被试家庭子女数量分布

（二）婚姻质量问卷分析

婚姻质量问卷为明尼苏达大学 Olson 教授等编制，量表分为 12 个因子分，总分越高表明婚姻质量越高。这 12 个因子分包括：过分理想化、婚姻满意度、性格相容性、夫妻交流、解决冲突的方式、经济安排、业余活动、性生活、子女和婚姻、与亲友的关系、角色平等性、信仰一致性。

1. 婚姻质量问卷各因子分情况

表5 婚姻质量问卷因子分与总分情况

	整体（n=90）	男性（n=45）	女性（n=45）
总分	408.97±44.729	402.98±46.344	414.96±42.727
过分理想化	43.47±6.036	43.73±6.562	43.20±5.521
婚姻满意度	33.49±4.209	33.47±4.187	3.51±4.278
性格相容性	30.77±6.100	30.44±6.542	31.09±5.680
夫妻交流	33.72±5.518	33.02±5.504	34.42±5.504
解决冲突的方式	32.50±5.989	29.87±5.833	30.62±5.702
经济安排	35.34±6.053	34.49±6.233	36.20±5.810
业余活动	33.66±5.463	32.93±5.495	34.38±5.395
性生活	35.73±6.173	34.87±5.371	36.60±6.535
子女与婚姻	35.08±5.833	34.33±5.556	35.82±6.069
与亲友的关系	34.63±5.644	34.60±5.895	34.67±5.448
角色平等性	30.24±5.748	29.87±5.833	30.62±5.702
信仰一致性	30.34±4.872	30.04±4.777	30.64±5.001

由表5可以看出，样本整体总分为408.97，男性平均分为402.98，女性平均分为414.96。

2. 婚姻质量问卷男女各因子分比较

表6 婚姻质量问卷男女各因子分比较

	男性	女性	t/Z	p
总分	402.98±46.344	414.96±42.727	1.275	0.206
过分理想化	43.73±6.562	43.20±5.521	0.417	0.678
婚姻满意度	33.47±4.187	33.51±4.278	-0.050	0.960

续表

	男性	女性	t/Z	p
性格相容性	30.44±6.542	31.09±5.680	-0.499	0.619
夫妻交流	33.02±5.504	34.42±5.504	-1.207	0.231
解决冲突的方式	29.87±5.833	30.62±5.702	-2.108	0.035*
经济安排	34.49±6.233	36.20±5.810	-1.347	0.181
业余活动	32.93±5.495	34.38±5.395	-1.032	0.302
性生活	34.87±5.371	36.60±6.535	-1.032	0.302
子女与婚姻	34.33±5.556	35.82±6.069	-1.214	0.228
与亲友的关系	34.60±5.895	34.67±5.448	0.056	0.956
角色平等性	29.87±5.833	30.62±5.702	-0.621	0.536
信仰一致性	30.04±4.777	30.64±5.001	-0.582	0.562

注：*$p<0.05$，**$p<0.01$，Kolmogorov-Smirnov 法检验，除解决冲突的方式、性生活因子分外其余因子分服从正态分布，服从正态分布者采用两独立样本 t 检验，不服从正态分布者采用两独立样本的秩和检验。

从表6可以看出，数据研究对象显示只有因子分（解决冲突的方式）上存在显著差异（$p<0.05$）。

3. 婚姻质量问卷各因子分之间相关性分析

表7 婚姻质量总分与各因子分之间相关性分析

	p	r
与过分理想化	0.000**	0.674▲▲
与婚姻满意度	0.000**	0.733▲▲
与夫妻交流	0.000**	0.610▲▲
与解决冲突的方式	0.000**	0.837▲▲▲
与经济安排	0.000**	0.779▲▲
与业余活动	0.000**	0.715▲▲
与性生活	0.000**	0.805▲▲▲
与子女与婚姻	0.000**	0.748▲▲
与亲友的关系	0.000**	0.650▲▲

注：*$p<0.05$，**$p<0.01$，※$r<0$ 为负相关，▲$|r|<0.3$ 基本无相关性，$0.3\leq|r|<0.5$ 低度相关，▲▲$0.5\leq|r|<0.8$ 中度相关，▲▲▲$|r|\geq0.8$ 高度相关；Pearson Correlation 进行相关性分析。

表8　婚姻质量总分与各因子回归分析

	t	p
与过分理想化	4.274	0.000**
与婚姻满意度	6.084	0.000**
与性格相容性	1.931	0.057
与夫妻交流	5.645	0.000**
与解决冲突的方式	7.645	0.000**
与经济安排	5.630	0.000**
与业余活动	4.860	0.000**
与性生活	4.687	0.000**
与子女与婚姻	9.559	0.000**
与亲友的关系	2.889	0.005**

注：*$p<0.05$，**$p<0.01$。

表7、表8中表明总分与其他因子间除性格相容性外均存在相关性。

表9　婚姻质量问卷因子过分理想化与其他因子分相关性分析

	p	r
与婚姻满意度	0.000**	0.615▲▲
与性格相容性	0.001**	0.344▲
与夫妻交流	0.000**	0.442▲
与解决冲突的方式	0.000**	0.578▲▲
与经济安排	0.000**	0.386▲
与业余活动	0.000**	0.498▲
与性生活	0.000**	0.414▲
与子女与婚姻	0.000**	0.438▲
与亲友的关系	0.000**	0.378▲
与信仰一致性	0.000**	0.367▲

注：*$p<0.05$，**$p<0.01$，※$r<0$为负相关，▲$|r|<0.3$基本无相关性，$0.3\leq|r|<0.5$低度相关，▲▲$0.5\leq|r|<0.8$中度相关，▲▲▲$|r|\geq0.8$高度相关；Pearson Correlation进行相关性分析。

由表9可见，婚姻质量问卷中过分理想化与其他因子分之间存在不同程度的相关性，其中以与婚姻满意度相关性最高，其与解决冲突的方式相关性为其次。

表 10　婚姻满意度与其他因子相关性分析

	p	r
与夫妻交流	0.000**	0.573▲▲
与解决冲突的方式	0.000**	0.636▲▲
与经济安排	0.000**	0.546▲▲
与业余活动	0.000**	0.467▲
与性生活	0.000**	0.577▲▲
与子女与婚姻	0.000**	0.555▲▲
与亲友关系	0.000**	0.486▲

注：$*p<0.05$，$**p<0.01$，※$r<0$ 为负相关，▲$|r|\leq 0.3$ 基本无相关性，$0.3<|r|\leq 0.5$ 低度相关，▲▲$0.5<|r|\leq 0.8$ 中度相关，▲▲▲$|r|>0.8$ 高度相关；Pearson Correlation 进行相关性分析。

表 11　婚姻满意度与其他因子分多元线性回归分析

	t	p
与过分理想化	4.103	0.000**
与夫妻交流	2.824	0.006**
与解决冲突的方式	4.936	0.000**
与经济安排	2.256	0.027*
与业余活动	4.958	0.000**
与性生活	6.631	0.000**
与子女与婚姻	6.265	0.000**
与亲友关系	5.221	0.000**

注：$*p<0.05$，$**p<0.01$。

在表中（见表 10、表 11）可以看到，婚姻满意度与其他因子分存在不同程度的相关，与解决冲突的方式相关最高。

表 12　性格相容性与其他因子分的相关性分析

	p	r
与总分	0.000**	0.610▲▲
与夫妻交流	0.000**	0.544▲▲
与解决冲突的方式	0.000**	0.556▲▲
与经济安排	0.000**	0.437▲

续表

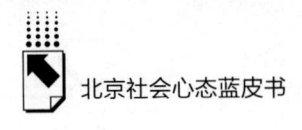

	p	r
与业余活动	0.000**	0.323▲
与性生活	0.002**	0.320▲
与角色平等性	0.000**	0.387▲

注：*$p<0.05$，**$p<0.01$，※$r<0$ 为负相关，▲$|r|\leq 0.3$ 基本无相关性，$0.3<|r|\leq 0.5$ 低度相关，▲▲$0.5<|r|\leq 0.8$ 中度相关，▲▲▲$|r|>0.8$ 高度相关；Pearson Correlation 进行相关性分析。

表12显示，解决冲突的方式相比其他因子来说与性格相容性相关程度最高，具有中等正相关性。

表13 夫妻交流与其他因子相关性分析

	p	r
与总分	0.000**	0.790▲▲
与解决冲突的方式	0.000	0.672▲▲
与经济安排	0.000	0.641▲▲
与业余活动	0.000	0.523▲▲

注：*$p<0.05$，**$p<0.01$，※$r<0$ 为负相关，▲$|r|\leq 0.3$ 基本无相关性，$0.3<|r|\leq 0.5$ 低度相关，▲▲$0.5<|r|\leq 0.8$ 中度相关，▲▲▲$|r|>0.8$ 高度相关；Pearson Correlation 进行相关性分析。

表13显示，夫妻交流与解决冲突的方式、经济安排因子有着中等的正相关性。

（三）家庭亲密关系问卷分析

1. 与父母的关系男女之间分析

表14 男女父母关系总分比较

	男性（n=45）	女性（n=45）	Z	p
父母关系	41.20±5.26	40.67±5.31	-0.352	0.725

注：*$p<0.05$，**$p<0.01$，Kolmogorov-Smirnov 法进行正态性检验，不服从正态分布，采用两独立样本秩和检验。

如表 14 所示，男女在与父母的关系结果并无显著差异（$p>0.05$）。在该研究表明与父母的关系上，男女并无明显不同，关系均维持在中间偏高的水平上。

2. 夫妻关系问卷分析（配偶关系）

表 15　夫妻关系得分比较

	男性（n=45）	女性（n=45）	t	p
夫妻关系	31.73±6.98	30.20±6.37	1.089	0.279

注：$*p<0.05$，$**p<0.01$，Kolmogorov-Smirnov 法检验服从正态分布，满足方差齐性，用两独立样本 t 检验。

由表 15 可以看出，研究结果中男性与女性在配偶关系上得分不具有显著差异（$p=0.279>0.05$），双方的夫妻关系相对一致。

3. 父母关系与夫妻关系分析

表 16　夫妻与父母关系相关性分析

	总分	p	r
夫妻关系	30.97±6.69	0.000**	0.436▲
父母关系	40.93±5.26		

注：$*p<0.05$，$**p<0.01$，※$r<0$ 为负相关，▲｜r｜<0.3 基本无相关性，0.3≤｜r｜<0.5 低度相关，▲▲0.5≤｜r｜<0.8 中度相关，▲▲▲｜r｜≥0.8 高度相关；Pearson Correlation 进行相关性分析。

如表 16 所示，与父母的关系同夫妻关系之间存在一定的相关性（$r=0.436$），这两者具有低正相关性。

（四）讨论

1. 婚姻质量受到多方因素的影响

研究显示，总样本婚姻质量受到多方面因素影响。解决冲突的能力是我们样本中对婚姻质量影响最大的因子，其次是性生活、婚姻满意度、经济安排、子女与婚姻也是影响婚姻质量的重要因素。

2. 夫妻双方感情对婚姻质量的影响

从分析结果可以看出，过分理想化这个因子分与总分成正相关（$r=$

0.674），过分理想化得分越高者，婚姻质量总分也越高。这表明夫妻双方感情色彩的程度能够影响到婚姻质量的好坏。一些研究表明，过分理想化得分高者以婚前情侣较多，而我们调查结果显示近50%的夫妻在过分理想化得分都高于平均值，我们推测可能与年龄、婚龄、学历存在一定关系，但在做相关性分析时并未分析出是否与它们有关，这可能跟我们在调查中对这些项目的分层较大有关，数据细致性不足以分析出它们的相关性。但有研究表明夫妻情感的好坏或自身感情色彩浓厚程度都会影响到整个夫妻关系。

夫妻间的"皮革马利翁效应"则表明夫妻关系感性大于逻辑性，因此在这里我们要提到过分理想化这个因子，它对婚姻满意度也存在一定影响，在以往的研究中这个因素可能被忽略或者以别的形式出现，国外研究者在调查中发现过分理想化因子分较高的通常出现在婚前的情侣中，而婚后的夫妻对这个因子分的评分则相对较低，在研究结果统计过程中我们可以看到，过分理想化与婚姻质量存在着正相关，是影响婚姻质量的因素之一，这在一定程度上表明夫妻间感情基础是整个婚姻与家庭关系的重要因素之一。

3. 婚姻满意度是婚姻质量的重要指标

调查结果发现，在婚姻质量问卷因子分中，婚姻满意度与婚姻质量相关性最高（$r=0.733$），婚姻满意度越高，婚姻质量越高。这与孙丽岩等人[①]早在2002年的研究结果一致。夫妻婚姻满意度又与多方因素有关，结果显示：该研究中婚姻满意度与夫妻交流、解决冲突的方式、经济安排、业余活动、性生活、子女与婚姻、与亲友关系相关，这也同以往的研究相一致。我们的研究发现，解决冲突的能力对婚姻满意度的影响要高于其他因素，说明在总体样本中，如果夫妻双方能够拥有较高的解决冲突的能力，就能够提高其婚姻的满意程度，这在另一方面也体现了家庭中的冲突如果能够很好地得到解决，夫妻关系的满意度也会相应提高。同时夫妻交流在婚姻满意度中处于较高的地位，"语言是沟通的桥梁，沟通是心灵的桥梁"，夫妻间的交流对整个婚姻质量有着重要的作用，夫妻交流可以明确对方在婚姻中的心理需求、对婚姻的期望等，这样就会减少很多不必要的问题与矛盾，

---

① 孙丽岩、王建辉：《当前我国婚姻满意度的状况分析》，《学术探索》2002年第4期。

提高幸福感。

4. 夫妻关系影响双方与父母的关系

在家庭关系的调查结果中，男女在家庭关系上无显著差异，夫妻关系的好坏在一定程度上影响着父母关系的发展。在一些研究中发现，夫妻关系是整个家庭关系的主轴，影响着代际关系、亲子关系等。我们的研究结果显示，夫妻关系对双方与父母间关系存在一定影响。风笑天在其研究中证实，子女的婚姻状况是影响整个家庭结构与关系中的重要因素。① 而邝洁认为，夫妻关系是构建和谐家庭的首要因素，在当前家庭结构与关系中占据着主体地位，影响着其他关系的发展。②

四 中医心理干预下夫妻关系变化

在研究的第二部分中，我们将从婚姻质量与家庭关系得分低的夫妻中筛选志愿者参加中医心理干预，在总样本中我们同源筛选与自愿原则招募了 5 对夫妻进行干预。

（一）GMPI 问卷简介与分析

1. GMPI 问卷

在这里《忆溯性人格问卷》（GMPI）是由我们独立编制的问卷，忆溯个体自出生时起到 25 岁成年期的成长过程。

在这里中医学理论对于中医心理学人格构架产生了深刻影响。中医整体观、形神一体观、阴阳平衡观、恒动发展观以及辨证论治思维都是中医心理学在心理发展与量表编制的理论基础。

问卷的编制基于异常发展理论，③ 基本思想中人格认识有以下几个特点：

---

① 风笑天：《第一代独生子女父母的家庭结构》，《社会科学研究》2009 年第 2 期，第 104～110 页。
② 邝洁：《构建和谐家庭的要素结构》，《深圳大学学报》（人文社会科学版）2011 年第 5 期，第 109～114 页。
③ 汪卫东、杜辉、吕学玉等：《精神与心理疾病的临床忆溯性研究思维简论》，《医学与哲学》2012 年第 33 期。

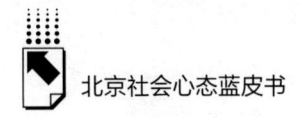

（1）内部结构动态变化与主体逐步稳定化的结果。
（2）具有阶段性。
（3）观察到的行为特质只是外在表现。
（4）人格相对稳定的，但存在细微变化。

GMPI问卷设计的思路基于：在个体自我成长报告的基础上，以个体成长过程为纵坐标，围绕不同年龄，以记忆为线索，以心理发展过程中与人格相关的各种要素为横坐标。力求全面反映患者心理异常的发展过程，我们称为《忆溯性心理发展水平问卷》[①]。

在研究中，使用GMPI的主要目的是进行个体成长过程忆溯性内容，呈现夫妻发展的不同历程，包括：刺激事件发生年龄段、刺激事件、教养方式、个性特征、意志力、认知特点、人际关系、自我意识、世界观、能力等方面。我们主要关注教养方式在其中的作用。[②]

2. 教养方式与婚姻质量、家庭关系相关性分析

表17　教养方式与婚姻质量、家庭关系相关性分析

	p	r
总分	0.842	0.210
婚姻满意度	0.634	0.051
家庭关系	0.608	0.022
配偶关系	0.287	-0.114

注：＊p＜0.05，＊＊p＜0.01，※r＜0为负相关，▲|r|＜0.3基本无相关性，0.3≤|r|＜0.5低度相关，▲▲0.5≤|r|＜0.8中度相关，▲▲▲|r|≥0.8高度相关；Pearson Correlation进行相关性分析。

由表17中可见，在GMPI教养方式与其他问卷比分的相关性分析中并没有检出明显的相关性，这表明在本次研究中未能观察到教养方式对于婚姻质量、家庭关系的影响程度。

[①] 汪卫东：《发展治疗学》，人民卫生出版社，2012。
[②] 吕学玉：《基于中医学思维的忆溯性心理发展水平结构及测评研究》，博士研究生（学位）论文，第1~25页。

（二）婚姻质量量表问卷

表18　婚姻质量干预前后比较

	干预前	干预后	Z	p
总分	341.60±33.484	398.70±4.423	-2.803	0.005**
过分理想化	39.70±7.227	40.40±5.522	-0.459	0.646
婚姻满意度	29.00±4.190	37.40±1.430	-2.814	0.005**
性格相容性	23.30±6.533	29.80±4.315	-2.245	0.025*
夫妻交流	26.70±5.579	32.10±1.969	-2.016	0.044*
解决冲突的方式	23.90±6.027	30.50±2.838	-2.553	0.011*
经济安排	27.30±6.516	34.90±4.725	-2.194	0.028*
业余活动	29.00±5.249	31.50±4.353	-0.766	0.443
性生活	29.30±3.466	34.00±4.269	-2.812	0.005**
子女与婚姻	29.70±4.191	33.50±3.790	-1.585	0.113
与亲友的关系	29.10±3.755	33.80±3.360	-2.077	0.038*
角色平等性	26.80±6.630	34.67±5.448	-2.016	0.044*
信仰一致性	28.30±5.272	32.10±6.454	-0.360	0.715

注：*$p<0.05$，**$p<0.01$，Kolmogorov-Smirnov法检验，样本不服从正态分布，采用配对样本的秩和检验。

在表18中可以看到，中医心理干预后婚姻质量总分、婚姻满意度、性格相容性、夫妻交流、解决冲突的方式、经济安排、性生活、与亲友关系、角色平等性上具有显著差异（$p<0.05$或$p<0.01$），干预后评分明显好于干预前。

（三）家庭关系干预前后分析

表19　家庭关系干预前后比较

	干预前	干预后	Z	p
家庭关系	87.80±2.898	66.10±2.885	-2.814	0.005**
与父母关系	46.30±3.057	37.10±2.331	-2.810	0.005**
配偶关系	41.50±4.301	29.00±3.432	-2.807	0.005**

注：*$p<0.05$，**$p<0.01$，Kolmogorov-Smirnov法检验，样本不服从正态分布，采用配对样本的秩和检验。

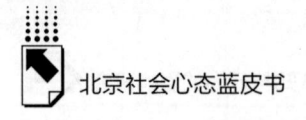

表19显示，干预后家庭关系、与父母的关系、配偶关系评分明显低于干预前，表明干预后家庭关系显著好于干预前（p<0.01）。

（四）讨论

1. 教养方式与子女夫妻、家庭关系探讨

在本研究中，我们通过分析教养方式与婚姻质量、家庭关系结果并未显示出教养方式与其他两种得分的显著相关。在关于教养方式的研究中，许多学者也在关注父母教养方式对子女情感、婚恋观等的影响程度。平媛等人在对大学生婚恋观的调查中发现，父母婚姻质量与大学生婚恋观有显著的相关性，但教养方式与其相关性并不明显，这在一定程度提示可能教养方式与夫妻婚姻满意度之间相关度低的可能。但在张湛英对父母教养方式与大学生爱情类型的关系探究中却发现教养方式对大学生的情感类型影响显著。[1] 赵亚红则认为父母教养方式能够影响到幼儿关爱情感的发展。[2] 在教养方式对于儿童心理发展的影响已经是不言而喻的，对于情感的影响亦是毋庸置疑的，但其与子女以后的婚姻质量、夫妻关系的相关性到底如何，还没有确切数据证实，因此教养方式影响婚后夫妻关系及其婚姻质量还有待进一步研究。

2. 中医心理干预在夫妻治疗上具有推广价值

中医心理疗法——低阻抗意念导入疗法，简称TIP技术，[3] 是中医心理的创新疗法，临床治疗病例总结数据证实了TIP技术治疗确实有效：国家自然基金TIP技术治疗抑郁症的临床疗效、TIP技术治疗抑郁症的临床疗效、低阻抗意念导入疗法对抑郁症伴失眠等研究亦证实其有效性；[4] 2型糖尿病患者进行研究、TIP技术可有效改善2型糖尿病患者的心理、生存质量；[5] TIP技术治疗

---

[1] 张湛英：《父母教养方式与大学生爱情类型关系探究》，《科教导报》（电子版）2013年第5期。
[2] 赵亚红：《家庭教养方式与幼儿关爱情感的影响》，《幼教研究》2010年第2期，第38~39页。
[3] 汪卫东等：《低阻抗意念导入疗法》，人民卫生出版社，2012。
[4] 林颖娜、汪卫东：《低阻抗意念导入疗法治疗抑郁症的临床疗效观察》，《国际中医中药杂志》2011年第33期，第131~133页。
[5] 林颖娜、石井康智等：《不同养生功法对2型糖尿病患者生存质量及糖代谢的影响》，《北京中医药杂志》2009年第28期。

难治性抑郁症取得良好疗效。①

本研究结果中医心理干预能够改善夫妻婚姻质量、婚姻满意度、家庭关系。TIP 技术以我国传统文化背景，注重治疗中采用具有文化特色的治疗方式，如针对中国人含蓄、好面子的特点，使用提纲式作业进行治疗信息采集，这在很大程度上让来访者降低治疗阻抗，详细全面地展现自身困扰；在面对成年人人格发展较为完善难以改变的问题上，我们采用再成长治疗，让来访者行使充分的自主权，去领悟再成长导入；在一些认为是羞耻的事情上，夫妻双方会带有强烈的阻抗，因此中医的病名更容易让来访者接受，在首次治疗中阻抗将会降低；未采用精神分析式的治疗，不会让来访者感到文化差异的不适。但本研究中案例较少，目前仅仅证实我们初步研究的有效性，且无不良反馈，可以初步推广与应用。

---

① 吕学玉、林颖娜、汪卫东等：《应用 TIP 技术治疗难治性抑郁症经验举隅》，《国际中医中药杂》2011 年第 33 期，第 277~278 页。

B.15 农转居社区居民的心理适应研究

——基于北京南海家园社区的实证研究

刘视湘　董洪杰　李淑婷*

摘　要： 本研究首先运用邓丽芳、郑日昌（2008）主持编订的成年人心理健康量表中的生活适应分量表，评估南海家园农转居居民的心理适应情况。同时运用大五人格简化表（NEO-FFI）、社会支持评定量表（SSRS）和团体用心理社会应激调查表（PSSG），探索农转居居民心理适应与个体层次因素（个体人格及应激事件应对方式）、组织层次因素（社会支持）、情境层次因素（应激事件）的关系结构。

其次，利用心理评估和数据分析结果，筛选、招募心理适应困难社区居民作为心理疏导对象，实施相应主题的团体心理活动与干预措施。然后，研究通过半结构访谈问卷，考察南海家园居民在农转居过程中遇到的具体问题与困难，探析农转居居民获取身份认同和社区感的心路历程。最后在综合上述研究分析的基础上，尝试提出针对农转居社区居民的社会心理工作的架构体系，谨供进一步的研究与实践参考。

关键词： 农转居　社区感　心理适应　心理干预　社会心理工作

---

* 刘视湘，博士，成均教育科技发展中心。研究方向为社区心理学、心理测量与心理健康；董洪杰，硕士，成均教育科技发展中心。研究方向为文化与社会心理；李淑婷，本科，成均教育科技发展中心。研究方向为心理健康教育与心理咨询。

一 引言

随着我国经济社会的发展和城市化进程的推进,城镇社区中被征地新居民不断增加。据预测,到2050年,我国的城镇人口将占总人口的70%,即基本达到中等发达国家城市化的平均水平。这意味着,在未来几十年内,我国数亿农民将成为城镇社区的新居民。

如何使"熟人社会"中农民适应上楼后的城市化生活,在安居后能够乐业,是当前突出的社会问题。开展这项研究,探索上楼农民的心理调适对策,对于顺利实施北京市政府"十二五"规划,保持社会和谐稳定,具有重大的现实应用价值。

二 文献综述

(一)心理适应的界定

"心理适应"一词在既有研究中广为论及,但其含义并不明晰。

南京大学社会学系的朱力(2002)提出,民工的社会适应是指生活环境和社会角色的变化使他们在行动和心理方面不断调整,就是他们在城市中的继续社会化,也是适应城市的过程。并通过经济、社会、心理三个层面来分析社会适应过程。[1]

符平认为,移民或流动人群的城市适应并非一个有清晰边界的过程,而是生活世界里以事件经历为主线形成的绵延不断的行动流。[2]

贾晓波把心理适应定义为:当外部环境发生变化时,主体通过自我调节系统做出能动反应,使自己的心理活动和行为方式更加符合环境变化和自身发展

---

[1] 朱力:《论民工阶层的城市适应》,《江海学刊》2006年第2期,第82~87页。
[2] 符平:《青年农民工的城市适应——实践社会学研究的发现》,《社会》2006年第26卷第2期,第136~157页。

的要求，使主体与环境达到新的平衡的过程。[1]

林丹华等人通过外显行为和内因适应两个方面来考察流动人口的社会适应。[2]

综上所述，笔者认为，心理适应可界定为特定职业、年龄、种族、文化等群体在自身生活环境发生变化时，实现心理状态重新达到平衡与和谐的心理机制或心理过程。

（二）农转居居民的心理适应

国内针对农转居居民心理适应的研究不多，现有的相关研究主要为失地农民的城市化过程的适应。研究内容主要涉及适应的含义、现状及影响因素的探讨。

陈建文、王滔认为，社会适应表现为个体对社会生活环境的适应。社会适应的基本内容是人际适应，最重要的适应是职业适应。[3]

张海波、童星指出，自我认同的完全转换是失地农民城市适应的标志。研究表明失地农民的城市适应水平较低，未能完全适应城市生活。[4] 于孙姆、刘艳飞则认为，失地农民城市适应包括经济适应、社会适应、心理适应等三个方面，强调行为方式与日常生活方式方面的适应。[5]

张海波、童星则认为，社会适应是一个过程，是行动者对周围环境变化的主动和被动的调适，既包括客观层面，也包括主观层面，可以操作化为经济生存、社会交往、心理认同等三个维度。[6] 黄辛隐等人从生命历程的视角通过宏观社会变迁和微观个人特征的结合，对比分析了苏州农村城市化进程中青年、

---

[1] 贾晓波：《心理适应的本质与机制》，《天津师范大学学报》（社会科学版）2001年第1期，第20~21页。
[2] 林丹华等：《年轻流动人口的流动模式与其社会适应的关系》，《心理发展与教育》2004年第4期，第49~55页。
[3] 陈建文、王滔：《关于社会适应的心理机制、结构与功能》，《湖南师范大学教育科学学报》2003年第7期，第90~94页。
[4] 张海波、童星：《被动城市化群体城市适应性与现代性获得中的自我认同——基于南京市561位失地农民的实证研究》，《社会学研究》2006年第2期，第86页。
[5] 于孙姆、刘艳飞：《城中村村民城市适应问题研究——以福州市为例》，《山西师范大学学报》（社会科学版）2006年第9期，第49~52页。
[6] 张海波、童星：《中国城市化进程中失地农民的社会适应》，《社会科学研究》2006年第2期，第129~133页。

中年和老年失地农民的心理适应状况差异。①

有关农转居居民城市适应影响因素的研究主要从主客观两个方面进行了探讨。主观因素在于被动城市化带来的"时间性"效应和"空间性"效应,客观因素在于失地农民的经济收入、文化程度、社区环境、社会支持网。②

(三)农转居居民心理适应的研究工具

有关农转居居民心理适应的研究,主要研究思路和方法集中在关于城市困难群体心理状态和精神文化需求上。研究方法主要关注特征的描述和解释,以问卷调查法、访谈法、个案法为主。③

其中问卷调查一般使用症状自评量表了解弱势群体所存在的心理卫生问题的居多。同时结合自编问卷、自杀意念问卷、生活事件评定量表、社会支持评定量表(SSRS)测量弱势群体的一般生活状态。④

综上所述,农转居居民的心理适应研究目前仍处于起步阶段,还没有成熟的研究范式和研究工具。因此着手探索城市化进程中农转居社区居民的心理适应,具有极为重要的理论和现实实践意义。

三 研究一:农转居居民的心理适应状况及相关因素研究

(一)研究工具

1. 生活适应分量表

本研究采用邓丽芳、郑日昌主持编订的成年人心理健康量表中的生活适应

---

① 黄辛隐、白大文:《不同年龄段失地农民的心理适应模式比较研究》,《苏州科技学院学报》(社会科学版)2012年第29卷第2期,第69~73页。
② 叶继红:《试论影响失地农民城市适应能力的因素》,《农村经济》2007年第3期,第114~116页。
③ 陈洁:《扬州市农民工子女心理适应性调查——在城乡二元社会结构下流动儿童身份构建的冲突分析》,上海外国语大学硕士学位论文,2009,第3~17页。
④ 王玲凤、施跃健:《城市空巢老人的社会支持及其与心理健康状况的关系》,《中国心理卫生杂志》2008年第22卷第2期,第118~122页。

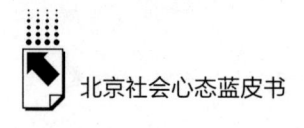

分量表。该成人生活适应分量表采取五级评分,包括人际适应(4个项目)、生活满意度(4个项目)、居住适应(4个项目)、工作适应(5个项目)、发展适应(3个项目)五个维度,共20个项目。

2. 大五人格简化表(NEO-FFI)

大五人格简化表共有60个项目,采取五级评分,包括神经质(Neuroticism)量表、外向性(Extraversion)量表、开放性(Openness)量表、顺同性(AgreeablenessFacets)量表、严谨性(Conscientiousness)量表共5个分量表,每个分量表各有12个项目。

3. 社会支持评定量表(SSRS)

社会支持评定量表是肖水源于1986年编制,并于1990年修订的。量表共有10个项目,包括客观支持(3个项目)、主观支持(4个项目)和对社会支持的利用度(3个项目)三个维度。

4. 团体用心理社会应激调查表(PSSG)

本调查表包含生活事件L(13个条目)、消极情绪体验NE(10个条目)、积极情绪体验PE(5个条目)、消极应对NC(8个条目)、积极应对PC(8个条目)5个维度,共44个项目。各层次的条目混合排列而成,另设"其他"一项供被试补充填写,在统计时并入相近的条目。应激总分(TS)依据TS = 15 + 21 + 3NE - PE + 5NC - PC计算。

(二)研究对象

研究以南海家园社区农转居居民为研究对象,南海家园社区下辖南海家园一里至七里及鹿海园五里,共8个社区。南海家园社区于2012年年底完成回迁,共4782户近13000名村民;目前已入住居民10133户、21324人,其中60岁以上老年人2322人,18~35岁青年人8977人。

(三)抽样方法与数据处理

采用分层抽样的方法从南海家园社区抽取500名(男女各半)。他们来自南海家园一里至七里及鹿海园五里,平均年龄为38.45岁。回收问卷488份,剔除不合格问卷88份,有效问卷共400份。数据采用SPSS 20.0分析。

(四)结果与分析

1. 农转居居民的心理适应状况分析

本研究采用邓丽芳、郑日昌主持编订的成年人心理健康量表中的生活适应分量表。调查数据与常模对比可以看出,在心理适应的5个维度上,人际适应的水平最高,居住适应和生活满意度水平相当,发展适应和工作适应水平最差。同时还可看出,工作适应维度的分数离散程度最大(SD = 4.410),居住适应维度的分数离散程度其次(SD = 2.958),人际适应、生活满意度与发展适应三个维度的分数离散程度相当(见表1)。

表1 南海家园参与调查居民的心理适应总体状况

心理适应维度	调查样本(N)	调查样本(M±SD)	常模(N)	常模(M±SD)	t
人际适应	400	15.60 ± 2.453	2598	15.35 ± 2.522	1.852
生活满意度	400	15.27 ± 2.683	2598	15.19 ± 2.732	0.546
居住适应	400	15.37 ± 2.958	2598	15.25 ± 3.096	0.726
工作适应	400	16.31 ± 4.410	2598	16.52 ± 4.175	-0.929
发展适应	400	10.97 ± 2.544	2598	11.05 ± 2.437	-0.607

注:*$p<0.05$,**$p<0.01$。

结果表明(见表2):在心理适应量表的5个维度中,南海家园参与调查居民的人际适应维度在学历(**$p<0.01$)和信仰(*$p<0.05$)上均存在显著差异。参照多重比较的结果,可知小学以下及初中学历居民的人际适应水平显著低于高中/技校及大专学历居民(*$p<0.05$);其他信仰居民的人际适应水平显著高于无宗教信仰、佛教、基督教信仰居民(*$p<0.05$),而基督教信仰居民的人际适应水平显著高于无宗教信仰居民(*$p<0.05$)。

另外,南海家园参与调查居民的工作适应维度在职业类别上存在显著差异(**$p<0.01$),参照多重比较的结果,私企/个体职业的居民的工作适应水平显著高于就职于国企/事业、自由职业以及待业、退休的居民(*$p<0.05$),外企工作的居民的工作适应水平显著高于待业、退休的居民(*$p<0.05$)。

南海家园参与调查居民的各人口学变量,在心理适应量表的其余维度上的差异均不显著。

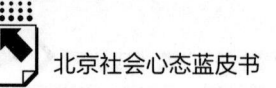

表2 南海家园参与调查居民的基本状况及对其心理适应的影响

项目	类别	人数	比例(%)	人际适应(M±SD)	生活满意度(M±SD)	居住适应(M±SD)	工作适应(M±SD)	发展适应(M±SD)
性别	男	139	34.75	15.62±2.49	14.96±2.94	15.53±2.86	16.71±4.67	11.19±2.62
	女	261	65.25	15.60±2.44	15.42±2.59	15.24±3.07	16.00±4.25	10.80±2.52
	t			0.011	1.878	0.917	3.124	3.147
年龄	25岁以下	30	7.50	15.14±2.61	15.32±3.19	15.29±2.73	16.21±3.82	11.46±2.99
	25~35岁	115	28.75	15.78±2.28	15.02±2.41	15.55±2.91	16.57±3.95	11.10±2.23
	36~45岁	101	25.25	15.79±2.55	15.38±2.80	15.54±2.87	16.39±4.33	11.03±2.42
	46~59岁	113	28.25	15.33±2.44	15.46±2.78	15.13±3.11	16.51±4.81	10.85±2.74
	60岁以上	41	10.25	15.59±2.64	15.15±2.63	15.07±3.14	14.73±4.78	10.34±2.75
	F			0.948	0.463	0.513	1.524	1.107
学历	小学以下	23	5.75	14.00±2.92	15.71±2.39	13.19±4.11	13.33±5.94	9.67±3.47
	初中	127	31.75	15.26±2.60	15.16±2.96	15.12±3.09	15.77±4.93	10.61±2.63
	高中/技校	101	25.25	15.95±2.50	15.40±2.63	15.46±2.84	16.73±3.95	11.14±2.21
	大专	99	24.75	16.11±2.01	15.22±2.63	15.99±2.30	16.60±3.54	11.09±2.48
	本科以上	50	12.50	15.48±2.33	15.35±2.82	15.40±3.47	16.75±4.34	11.73±2.21
	F			3.471**	0.124	2.330	1.102	2.228

续表

项目	类别	人数	比例(%)	人际适应(M±SD)	生活满意度(M±SD)	居住适应(M±SD)	工作适应(M±SD)	发展适应(M±SD)
信仰	无宗教信仰	316	79.00	15.60±2.47	15.33±2.63	15.44±2.96	16.48±4.43	11.01±2.51
	佛教	13	3.25	16.38±2.02	15.38±2.90	16.71±2.87	14.92±4.94	11.69±2.39
	基督教	10	1.75	17.57±1.62	14.71±3.35	14.85±2.73	15.57±3.69	11.43±2.51
	伊斯兰教	0	0.00	—	—	—	—	—
	道教	0	0.00	—	—	—	—	—
	其他	61	16.00	14.24±2.05	14.00±3.26	14.47±2.76	13.82±3.07	9.53±3.06
		F		3.783*	1.450	2.246	2.513	2.287
婚况	未婚	39	9.75	15.10±2.36	14.88±2.94	15.05±3.18	16.28±3.94	11.48±2.00
	已婚	354	88.50	15.65±2.46	15.31±2.66	15.40±2.95	16.27±4.49	10.89±2.60
	离异丧偶	7	1.75	15.86±2.48	15.43±2.30	15.71±2.21	18.14±2.27	12.14±2.27
		F		0.749	0.330	0.064	0.680	2.055
职业	外企	28	7.00	15.44±2.85	15.28±2.95	15.23±2.35	17.30±4.30	11.26±2.75
	国企/事业	83	20.75	15.90±2.07	14.83±2.42	15.76±2.42	16.08±3.43	10.76±2.44
	私企/个体	91	22.75	15.44±2.35	15.45±2.52	15.52±2.83	17.62±3.68	11.10±2.54
	自由职业	35	11.25	15.81±2.38	15.42±2.42	15.25±3.39	15.51±3.79	11.03±2.57
	待业	83	18.25	15.77±2.46	15.45±2.45	15.29±3.36	15.39±5.07	10.96±2.66
	退休	80	20.00	15.37±2.66	15.28±3.15	15.03±3.29	15.78±4.79	10.91±2.44
		F		0.846	1.013	1.046	3.785**	0.787

注：* $p<0.05$，** $p<0.01$。

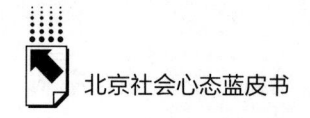

2. 农转居居民心理适应状况与其个体人格特征、社会支持因素、心理社会应激因素的相关分析

研究运用大五人格简化表（NEO-FFI）、社会支持评定量表（SSRS）和团体用心理社会应激调查表（PSSG）分别探索农转居居民的个体人格特征（神经质、外向性、开放性、顺同性、严谨性5个维度）、社会支持情况（客观支持、主观支持、对支持的利用度3个维度）以及心理社会应激情况（生活事件、消极体验、积极体验、消极应对、积极应对5个维度，分析时另加入"应激总分"一个积分维度）。然后对大五人格、社会支持、心理社会应激因素与心理适应进行 Pearson 相关分析，分别验证个体人格特征、社会支持和心理适应各维度之间是否存在相关（见表3、表4、表5）。

表3结果显示，人际适应与神经质存在显著负相关（$^{**}p<0.01$），与外向性、开放性、顺同性和严谨性存在显著正相关（$^{**}p<0.01$）。生活满意度与神经质存在显著负相关（$^{**}p<0.01$），与外向性、开放性、顺同性和严谨性存在显著正相关（$^{**}p<0.01$）。居住适应与神经质存在显著负相关（$^{**}p<0.01$），与外向性、顺同性和严谨性存在显著正相关（$^{**}p<0.01$）。工作适应与神经质存在显著负相关（$^{*}p<0.05$），与外向性、开放性存在显著正相关（$^{**}p<0.01$）。发展适应与外向性、开放性、严谨性存在显著正相关（$^{**}p<0.01$）。

表4结果显示，人际适应与客观支持、主观支持、对支持的利用度存在显著正相关（$^{**}p<0.01$）。生活满意度与客观支持（$^{**}p<0.01$）、主观支持（$^{**}p<0.01$）、对支持的利用度（$^{*}p<0.05$）存在显著正相关。居住适应与客观支持存在显著正相关（$^{**}p<0.01$）。工作适应与客观支持存在显著正相关（$^{*}p<0.05$）。发展适应与客观支持（$^{**}p<0.01$）、对支持的利用度（$^{*}p<0.05$）存在显著正相关。

表5结果显示，人际适应与生活事件、消极应对、应激总分存在显著负相关（$^{**}p<0.01$），与积极体验、积极应对存在显著正相关（$^{**}p<0.01$）。生活满意度与生活事件、消极体验、消极应对、应激总分存在显著负相关（$^{**}p<0.01$），与积极体验存在显著正相关（$^{**}p<0.01$）。居住适应与生活事件、消极体验、消极应对、应激总分存在显著负相关（$^{**}p<0.01$）。工作适应与消极应对、应激总分存在显著负相关（$^{**}p<0.01$）。发展适应与生活事件存在显著负相关（$^{**}p<0.01$）。

表3　农转居居民心理适应状况与其个体人格特征的相关矩阵

变量	人际适应	生活满意度	居住适应	工作适应	发展适应
神经质	-0.366**	-0.296**	-0.306**	-0.128*	-0.089
外向性	0.435**	0.296**	0.253**	0.251**	0.274**
开放性	0.286**	0.269**	0.093	0.167**	0.323**
顺同性	0.348**	0.186**	0.228**	-0.056	-0.070
严谨性	0.428**	0.366**	0.281**	0.075	0.224**

注：* $p<0.05$，** $p<0.01$。

表4　农转居居民心理适应状况与其社会支持的相关矩阵

变量	人际适应	生活满意度	居住适应	工作适应	发展适应
客观支持	0.303**	0.213**	0.156**	0.103*	0.211**
主观支持	0.160**	0.223**	0.050	0.034	0.056
支持利用度	0.151**	0.125*	0.026	0.082	0.121*

注：* $p<0.05$，** $p<0.01$。

表5　农转居居民心理适应状况与其心理社会应激的相关矩阵

变量	人际适应	生活满意度	居住适应	工作适应	发展适应
生活事件	-0.162**	-0.252**	-0.168**	-0.059	-0.151**
消极体验	-0.087	-0.146**	-0.145**	-0.063	-0.043
积极体验	0.138**	0.151**	0.069	0.049	0.043
消极应对	-0.140**	-0.187**	-0.158**	-0.187**	-0.057
积极应对	0.151**	0.096	0.007	-0.013	0.040
应激总分	-0.174**	-0.226**	-0.181**	-0.167**	-0.069

注：* $p<0.05$，** $p<0.01$。

3. 农转居居民心理适应状况与其个体人格特征、社会支持因素、心理社会应激因素的回归分析

分别以大五人格的5个维度（神经质、外向性、开放性、顺同性、严谨性）、社会支持的3个维度（客观支持、主观支持、支持利用度）、心理社会应激因素的6个维度（生活事件、消极体验、积极体验、消极应对、积极应对、应激总分）为预测变量，以心理适应的5个维度（人际适应、生活满意度、居住适应、工作适应、发展适应）为因变量，采用逐步回归法进行回归分析，考察农转居居民个体人格因素、社会支持因素、心理社会应激因素对其心理适应各维度的影响（见表6、表7、表8）。

表6结果表明，个体大五人格的5个维度中，神经质和外向性对人际适应有显著预测作用，两者对人际适应的变异解释率为23.8%。神经质、外向性和开放性对生活满意度有显著预测作用，三者对生活满意度的变异解释率为14.8%。神经质和外向性对居住适应有显著预测作用，两者对居住适应的变异解释率为11.6%。外向性对工作适应有显著预测作用，其对居住适应的变异解释率为5.9%。开放性、外向性、顺同性、严谨性对发展适应有显著预测作用，四者对居住适应的变异解释率为16.9%。

表7结果表明，个体社会支持的3个维度中，客观支持对人际适应、居住适应、工作适应和发展适应均有显著预测作用，其对人际适应、居住适应、工作适应和发展适应的变异解释率分别为9.2%、2.4%、1.1%、4.4%。客观支持和主观支持对生活满意度有显著预测作用，两者对社会满意度的变异解释率为6.4%。

表8结果表明，个体心理社会应激的5个维度中，生活事件、积极应对和消极应对方式对人际适应有显著预测作用，两者对人际适应的变异解释率为6.5%。生活事件、积极体验和消极应对方式对生活满意度有显著预测作用，三者对生活满意度的变异解释率为10.2%。生活事件和消极应对方式对居住适应有显著预测作用，两者对居住适应的变异解释率为3.9%。消极应对方式对工作适应有显著预测作用，其对居住适应的变异解释率为3.5%。生活事件对发展适应有显著预测作用，其对居住适应的变异解释率为2.3%。

表6 农转居居民心理适应状况与其个体人格特征的回归分析

因变量	预测变量	β	R^2	t	P
人际适应	神经质	-0.236	0.238	8.922	0.000
	外向性	0.347		-4.991	0.000
生活满意度	神经质	-0.194	0.148	-3.838	0.000
	外向性	0.164		3.100	0.002
	开放性	0.155		3.064	0.002
居住适应	神经质	-0.246	0.116	-4.823	0.000
	外向性	0.161		3.153	0.002
工作适应	外向性	0.242	0.059	4.978	0.000

续表

因变量	预测变量	β	R^2	t	P
发展适应	开放性	0.227	0.169	4.387	0.000
	外向性	0.183		3.202	0.001
	顺同性	-0.248		-4.534	0.000
	严谨性	0.156		2.501	0.013

表7 农转居居民心理适应状况与其社会支持的回归分析

因变量	预测变量	β	R^2	t	P
人际适应	客观支持	0.303	0.092	6.340	0.000
生活满意度	客观支持	0.139	0.064	2.517	0.012
	主观支持	0.157		2.837	0.005
居住适应	客观支持	0.156	0.024	3.148	0.002
工作适应	客观支持	0.103	0.011	2.075	0.039
发展适应	客观支持	0.211	0.044	4.296	0.00

表8 农转居居民心理适应状况与其心理社会应激的回归分析

预测变量	因变量	β	R^2	t	P
人际适应	生活事件	-0.123	0.065	-2.360	0.019
	积极应对	0.180		3.633	0.000
	消极应对	-0.128		-2.422	0.016
生活满意度	生活事件	-0.216	0.102	-4.237	0.000
	积极体验	0.166		3.486	0.001
	消极应对	-0.118		-2.308	0.022
居住适应	生活事件	-0.127	0.039	-2.415	0.016
	消极应对	-0.112		-2.134	0.033
工作适应	消极应对	-0.187	0.035	-3.801	0.000
发展适应	生活事件	-0.151	0.023	-3.044	0.002

四 研究二：农转居居民心理适应的团体心理干预研究

（一）研究设计

本研究采用实验组、对照组前后测研究设计（见表9），根据前述的心理

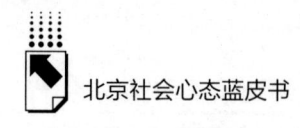

适应调查的分析结果，筛选在多个维度上心理适应得分较低的被试。按照参加团体心理干预的意愿，将被试分为构成相当的实验组和对照组。在团体心理干预之后，两组的居民都进行同样的心理适应调查问卷后测。对照组的居民在干预时段不做特殊处理。在心理适应的团体心理干预期间，居民的其他活动正常安排不做限制。

表9 南海家园农转居居民心理适应的团体心理干预研究

组别	前测	干预	后测	追踪
实验组	南海家园心理调查问卷（含心理适应调查问卷）	心理适应团体干预	心理适应调查问卷	焦点小组访谈
对照组	南海家园心理调查问卷（含心理适应调查问卷）	无	心理适应调查问卷	无

（二）研究工具

1. 心理适应状况

团体干预的心理适应状况后测，仍采用邓丽芳、郑日昌主持编订的成年人心理健康量表中的生活适应分量表。

2. 自编农转居居民心理适应团体心理干预方案

根据本研究需要，运用德尔斐法，联系北京师范大学心理专家及南海家园社区居委会有关人员，以"农转居居民心理适应主题的团体心理干预方案"为任务，征求他们的意见与建议，设计出自编的农转居居民团体心理干预方案初稿。后经过多次反馈、分析与修改，最终形成如下方案。

表10 自编农转居居民心理适应团体心理干预方案大纲

单元名称	单元目标	活动内容与安排
一、幸福来敲门	通过自我认识探索，正确认识金钱和价值，提升生活幸福感	1. 破冰之旅：茉莉花开 2. 自画像 3. 金钱之门 4. 价值大拍卖 5. 幸福花开

续表

单元名称	单元目标	活动内容与安排
二、相识你我他	熟悉人际交往和沟通的技巧,结识新朋友,构建新的人际关系	1. 热身活动:呼名传球 2. 我们的新朋友 3. "我"说你"画" 4. 笑、听、美 5. 传电报
三、邻里一家亲	学会换位思考,促进生活方式调适,适应新的居住环境	1. 热身活动:捉蜻蜓 2. 设身处地 3. 大扫除 4. 缩小包围圈 5. 楼上楼下
四、居业两相宜	调适家庭需求,舒缓内心压力,客观看待居家和从业的关系	1. 热身活动:照镜子 2. 人工机器 3. 飞鸽传书 4. 公平与不公 5. 工作价值清单
五、面向新未来	学习目标管理,珍惜时光奋发有为,积极投入新生活	1. 热身活动:生命的河 2. 人生沙漏 3. 生命彩虹图 4. SMART 原则 5. 生活新计划
六、共建好家园	关心社区建设和维护,增进社区认同和归属感,提升居民社区感	1. 热身活动:齐眉棍 2. 松鼠搬家 3. 呼拉圈 4. 激流勇进 5. 爱心天使

3. 实验组成员焦点小组访谈资料

这部分资料包括：焦点小组访谈提纲、访谈笔记及相应的文字转录资料。

遵循研究伦理起见，在访谈邀请时，向实验组成员解释访谈的主要目的和方式，并承诺为被访谈者的隐私保密。在访谈开始即向团体成员说明，如果其中某些细节当事人不希望被用于研究，请其特别告知。

（三）数据处理

数据运用 SPSS 20.0 统计分析，采用平均数差异 t 检验。

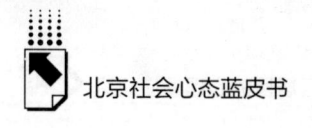

（四）结果与分析

参与心理适应团体心理干预的农转居居民（实验组）和根据实验组人口统计学特征匹配的对照组，两组的人数相当（参与活动的实验组人数实为50人，由于团体活动期间4人中途退出，故数据剔除，实验组人数为46人，对照组50人），且在主要人口学变量上比例一致。心理适应团体成员的年龄集中在36~59岁的已婚中年人，文化水平普遍较低（初中以下为主），以私企/个体或居家待业人员为主。

1. 实验组和对照组的组间差异性比较

（1）实验组与对照组的前测比较

结果显示（见表11），实验组与对照组在心理适应的5个维度上的均值差异不显著，这表明实验组与对照组的心理适应水平相当，可以作为后续研究的基线。

表11　实验组与对照组的前测比较（M ± SD）

	实验组	对照组	t
人际适应	14.46 ± 2.56	14.63 ± 2.35	-0.339
生活满意度	14.35 ± 3.19	14.66 ± 2.94	-0.496
居住适应	14.52 ± 3.07	14.79 ± 2.73	-0.456
工作适应	14.69 ± 3.38	14.73 ± 2.69	-0.064
发展适应	10.53 ± 2.85	10.79 ± 3.12	-0.425

注：$^* p < 0.05$，$^{**} p < 0.01$。

（2）实验组与对照组的后测比较

结果显示（见表12），经过心理适应团体心理干预之后的实验组在人际适应和生活满意度（$p < 0.05$）的得分均值显著高于未进行团体干预的对照组。实验组和对照组的居住适应得分的均值有差异，但差异不显著。心理适应的另两个维度（工作适应和发展适应）差异均不显著。

2. 实验组和对照组的组内差异性比较

（1）实验组的前测后测比较

结果显示（见表13），经过心理适应团体心理干预之后的实验组在人际适应、生活满意度（$p<0.05$）的得分差异显著。心理适应的另两个维度（工作适应和发展适应）在团体干预前后差异不显著。

表12 实验组与对照组的后测比较（M±SD）

	实验组	对照组	t
人际适应	15.72±2.49	14.71±2.62	2.043*
生活满意度	15.97±2.85	14.69±3.23	2.051*
居住适应	15.47±3.14	14.91±2.65	0.947
工作适应	15.19±3.38	14.86±3.18	0.493
发展适应	10.86±3.27	10.82±2.91	0.064

注：*$p<0.05$，**$p<0.01$。

表13 实验组的前测后测比较（M±SD）

	前测	后测	t
人际适应	14.46±2.56	15.72±2.49	-2.444*
生活满意度	14.35±3.19	15.97±2.85	-2.628*
居住适应	14.52±3.07	15.47±3.14	-1.497
工作适应	14.69±3.38	15.19±3.38	-0.724
发展适应	10.53±2.85	10.86±3.27	-0.525

注：*$p<0.05$，**$p<0.01$。

（2）对照组的前测后测比较

结果显示（见表14），没有进行团体心理干预的对照组在实验组的团体干预前后差异很小，均不显著。

表14 对照组的前测后测比较（M±SD）

	前测	后测	t
人际适应	14.63±2.35	14.71±2.62	-0.157
生活满意度	14.66±2.94	14.69±3.23	-0.047
居住适应	14.89±2.73	14.91±2.65	-0.218
工作适应	14.73±2.69	14.86±3.18	-0.215
发展适应	10.79±3.12	10.82±2.91	-0.049

注：*$p<0.05$，**$p<0.01$。

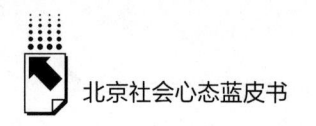

五 研究三：农转居居民获取社区感的策略初探

社区感指社区成员之间的相互影响及对社区的归属感，通过彼此承诺而使成员需要得以满足的共同信念，并且以社区历史为基础所形成的情感联结。

萨拉森（S. Sarason，1974）率先提出"社区感"的概念；把社区感界定为："同他人类似的知觉；一种公认的与他人的相互依赖；一种维持这种相互依赖的意愿，这种维持通过给予他人或为他人做人们期待的事情来实现；一个人是某一更大的、可依赖且稳定的组织之组成部分的情感。"麦克米伦和查韦斯（McMillan & Chavis，1986）拓展了社区感的概念并提出了：成员资格、集体影响力、需要的整合与满足、共同的情感联结、"四要素"理论模型。①

牟丽霞认为，社区感是指社区成员对社区生存与发展的心理条件及相互影响的态度体验。②

（一）研究工具与研究对象

本研究采用质性研究的方法，运用访谈笔记本、录音笔和自编的半结构访谈提纲，通过深度访谈获得农转居居民社区感的数据资料。访谈对象为来自南海家园随机选取并自愿接受访谈的农转居居民，共计23人，其中男性12人，女性11人，年龄范围为28~55岁，平均年龄为39.91岁。

（二）方法与数据处理

收集数据资料的研究工具包括访谈提纲、访谈笔记本、录音笔。

数据分析过程中的研究工具包括录音文本、访谈笔记、Microsoft Office Excel 2007，内容分析软件为ROST CM 6.0。

---

① 刘视湘：《社区心理学》，开明出版社，2013，第64~75页。
② 牟丽霞：《城市居民的社区感：概念、结构与测量》，浙江师范大学硕士（学位）论文，2007，第118~122页；中国知网博硕士学位论文全文数据库：http://epub.cnki.net/kns/brief/default_result.aspx。

（三）结果与分析

本研究采取质性研究的方法，对访谈收集来的文本资料进行全面理解的基础上，逐步抽取要素点，形成概念词，最终得到核心类别，运用情景分析的方法，从微观层面上研究农转居居民获取社区感的策略。质性研究是以研究者本人为研究工具、在自然情境下采用多种资料收集方法对社会现象进行整体性探究、使用归纳法分析资料和形成理论、通过与研究对象互动对其行为和意义建构获得解释性理解的一种活动。①

在逐步编码的过程中，研究者另请两位做过质性研究的研究者一同进行编码，对研究结果进行分析校正。先从访谈文本资料中随机选取一些段落，三位研究者各自独立从粗编到归纳概念词，再形成核心类别，最后将三者的研究结果进行对照。若三位研究者的研究结果差别很大，就进行讨论调整编码思路和规则。然后再从访谈文本资料中另行选取一些段落，重复上述过程，直至编码结果的一致性程度达到90%以上，最后研究者将确定的编码方法和思路整理成为条文标准，形成编码规则。

1. 开放编码形成意义单元

依据开放编码的步骤，将访谈对象提及有关农转居之后如何获取社区感的段落中，粗略提取相应的语句，并进行归纳、编码，共形成97个意义单元，分别为：

"邻里问题需要沟通或协商解决""想回到从前的生活""小区建设同心协力办法能多些""好些人搬到这儿随地丢垃圾素质很差""楼房隔壁常吵架影响到邻居""多组织些居民活动""住上楼房但感觉不像城市人""楼上转悠不开，又懒得上下楼地出门""新家新业的，不是一时半会儿能习惯的""希望在这小区能和原来村里一样相互照应""顺其自然，习惯了就好啦""盼着这里和和睦睦的像一家人一样""这事要靠大伙一起努力""到这儿要有回家的亲切感，才是名副其实的家园""居民很松散

---

① 陈向明：《教育行动研究中如何使用质的方法》（一），《基础教育课程》2005年第4期，第25~27页。

各顾各的""好些人不自觉,没人管着小区就没个样了""需要营造好的风气""社区的大事要大伙商量""新小区需要大家维护""都在村里住惯了,好些习惯不好改的""挥霍赌钱影响很坏""自个要多调整自己,这个谁也指望不上""不认识的常见面也不说话,交流太少了""需要提高大家的素质""自己多努力适应呗""熟人住得远见不着总挂念""风气一下就变很多""周围人都不认识很不习惯啊""拆迁后疏远好些熟人""都住一起互帮互助的多好""社区文化不是个别人的事""宁愿待在家不愿出门""哪些要留哪些要改,政府也应该考虑考虑""大家的素质都上去才行""住在楼上搬个家具什么的特别不方便""时常找好友聚聚,但总喝酒也特没劲""白天小区人少很多,不认识个人特别冷清""这把年纪顾什么事也没心力了""政府引导着社区建设""时常去孩子那儿住一段时间""住楼上最不方便的是没地儿晒被子""有钱就败坏风气不学好""可能过些时间就好了""闲得发慌也想为社区做点儿事""调整心态好好地过""环境条件很整洁,心情也好""关心提到我们这小区的报纸和电视新闻""向以前的熟人倾诉""大家都常关心着社区各种事""感觉什么都改成城市的样也不太对""在社区闲着,盼着有些事做""多学习学习,提高整体素质""都住一片的有事多照应点""楼上楼下处好邻居""和社工或原来的街坊聊天""看电视报纸什么的,学习适应新生活""和牌友时常谈论搬迁和社区的感受""天天在小区,越来越有感情""换地方住,总感觉有些难受""引导积极的好风气""小区整出个样,要好长时间才成,这事不能急""平时心里有些话总找不到个人说""搬迁前的一些好的传统还能保留着吗""感觉自己跟不上变化,也没老师能教啊""常在这儿住,总多认识个人,平时有个照应有个伴""生活各个方面什么都变了,总有些别扭""能有片地种点儿菜什么的就好了""对周围人好,人家还烦,心里很委屈""到这里没事干没人能说话""时间久了就习惯了""见面都不说句话,都冷得很""商品楼和回迁户想法很不一样""在社区打扫卫生,熟悉一草一木""人熟了就好啦""各过各的也相安无事""盼着平时人和人能多些温暖""住在这里特别闷得慌""刚到这那会儿吃不好睡不着""新认识几个邻居,人还都不错""心里特别不踏实""不能强求人人一样啊""好管闲事会招人烦的""有什么小忙找不到人帮""左邻右舍的常一起出门买菜""常常一个人发呆""对这里有时很陌生""好些居民素质都上不去""试着多和邻居打招呼""人与人之间交往少,邻里都很陌生""在小区遛弯儿认识几个人,约好平时一块溜达""楼上邻里不像原来居民热情""年轻人半夜不归很闹腾""在小区管楼,大事小事接触人挺好的""一早一晚在小区转转,感觉还不错""素质慢慢会提高的""居民人多心杂,人来往很少""绿地种点儿菜不成吗,只种中看不中用的花草"

2. 对要素点进行主轴编码

在这一步中,对上述粗编的结果进行编码,对上面提取出来的要素点进行主轴编码,进一步归纳总结,将意义相同或相近的要素点合并为一个意义单元,得到以下38个概念词。

培育主体:同心协力;共同维护;政府引导;群策群力;邻里协商。

培育目标:居民素质提升;社区文化建设;调解纠纷;环境维护;邻里互助;社区温暖。

文化体验:居民松散;各顾各的;人际冷漠。

情绪体验:苦闷不适;寝食不节;烦躁不安;陌生孤独;没有心力。

回避逃避:回到从前;不愿出门;借居别处。

生活不适:种菜;晒被子。

政府引导:组织居民活动;引导良好风气;尊重多样性。

接受改变:日久生情;调整心态;习以为常。

社会支持:熟人倾诉;求助他人;邻居打招呼;一起买菜遛弯儿;结识新友。

日常参与:参与社区管理;想为社区做事;关注社区新闻。

3. 对概念词进行归纳总结

在主轴编码的基础上,进一步对概念词进行归纳总结得出20个关键词,将本质或性质相同的要素归为一类,最终得到6种核心类别。

培育目标:素质提升;文化建设;整洁和睦;温暖互助。

培育主体:居民参与;政府引导。

冲突不适:城市不适;生活不适;消极体验;消极应对。

政府引导:组织活动;引导风气;尊重差异。

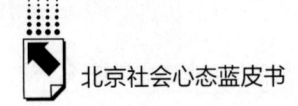

自我改变：习以为常；调整心态；关注社区；参与管理。
社会支持：熟人倾诉；求助他人；邻里互动。

4. 农转居居民的社区感获取策略的描述性分析

在这一步中，对农转居居民的社区感获取策略方式的频数进行描述性分析。对于主轴编码的概念词归纳形成的20个关键词，假如在被试的文本中出现就记为"1"次，以后在同一文本中如果重复出现，仍记为"1"次，得到23名研究被试在社区感上的频次表（见表15）。可以看出，论及社区感的获取，农转居居民关注的内容依次为培育目标；自我改变；社会支持；冲突不适；政府引导；培育主体。

20个关键词中提到频次在6次以上的关键词共有8个，分别为素质提升（8）；温暖互助（7次）；邻里互动（7次）；整洁和谐（6次）；居民参与（6次）；消极体验（6次）；引导风气（6次）；参与管理（6次）。

表15 南海家园农转居居民的获取社区感策略的频次

核心类别	关键词	频次	所占比例(%)	关键词频次排序	核心词频次排序
培育目标	素质提升	8	33.33	1	
	文化建设	3	12.50	4	
	整洁和谐	6	25.00	3	
	温暖互助	7	29.17	2	
	总　计	24	100		1
培育主体	居民参与	6	60.00	1	
	政府引导	4	40.00	2	
	总　计	10	100		6
冲突不适	城市不适	3	20.00	3	
	生活不适	2	13.33	4	
	消极体验	6	40.00	1	
	消极应对	4	26.67	2	
	总　计	15	100		4
政府引导	组织活动	5	35.71	2	
	引导风气	6	42.86	1	
	尊重差异	3	21.43	3	
	总　计	14	100		5

续表

核心类别	关键词	频次	所占比例(%)	关键词频次排序	核心词频次排序
自我改变	习以为常	5	27.78	2	
	调整心态	4	22.22	3	
	关注社区	3	16.67	4	
	参与管理	6	33.33	1	
	总计	18	100		2
社会支持	熟人倾诉	4	25.00	3	
	求助他人	5	31.25	2	
	邻里互动	7	43.75	1	
	总计	16	100		3

六 基本结论与讨论

（一）农转居居民的心理适应状况及群体差异

从心理适应的整体状况来看，南海家园参与调查的农转居居民人际适应的水平最好，居住适应和生活满意度水平相当，发展适应和工作适应水平最差。还可看出，工作适应维度的分数离散程度最大，即在工作适应上农转居居民的差距最大。可以得知，农转居居民最难应对的是工作适应问题。

农转居后大量居民"拆迁致富"，面临身份和职业的重新定位。特别是原来职业的专业技能和收入水平较低的居民，不得不深入思考工作对于自身的意义和价值，要不要再外出工作，以及从事何种工作之类的问题。群体差异和多重比较的结果也表明，农转居居民的工作适应在职业类别上存在显著差异（$^{**}p <$ 0.01），私企/个体职业的居民的工作适应水平显著高于另几种群体（$^{*}p <$ 0.05）。这可能是因为农转居后私企/个体职业群体的身份和职业定位更容易取舍，工作适应水平更高。而待业和退休居民的工作适应水平显著低于外企和私企/个体职业的居民（$^{*}p < 0.05$），这是因为生活方式变化使得这两种群体在农转居后对工作的需求和意义的认知更为淡漠。

从心理适应的群体差异来看，农转居后低学历群体（小学以下及初中学

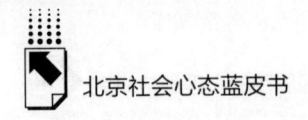

历）人际适应水平显著偏低。由于其他居民的信仰内容并不明晰，而佛教、基督教居民的人数偏少（佛教13人，基督教10人）。因此宗教信仰差异群体的人际适应的水平显著差异的结果有待商榷，个体的宗教信仰是否会影响农转居的人际的心理适应，需要进一步研究论证。

（二）影响农转居居民心理适应状况的主要因素

1. 农转居居民人格因素对心理适应的影响

由相关分析可知（见表3），在心理适应的5个维度中，神经质与人际适应、生活满意度、居住适应和工作适应存在显著负相关。外向性与人际适应、生活满意度、居住适应、工作适应和发展适应存在显著正相关。开放性与人际适应、生活满意度、工作适应和发展适应存在显著正相关。顺同性与人际适应、生活满意度、居住适应存在显著正相关。严谨性与人际适应、生活满意度、居住适应和发展适应存在显著正相关。

进一步的回归分析发现（见表6），神经质能显著预测人际适应、生活满意度和居住适应。外向性能显著预测人际适应、生活满意度、居住适应、工作适应和发展适应。开放性对生活满意度和发展适应有显著预测作用。可见，外向性和神经质是人格因素里影响心理适应的两大维度。

2. 农转居居民社会支持因素对心理适应的影响

由相关分析可知（见表4），在心理适应的5个维度中，客观支持与人际适应、生活满意度、居住适应、工作适应和发展适应存在显著正相关。主观支持与人际适应、生活满意度存在显著正相关。支持的利用度与人际适应、生活满意度和发展适应存在显著正相关。

进一步的回归分析发现（见表7），客观支持能显著预测人际适应、居住适应、工作适应和发展适应，客观支持和主观支持对生活满意度有显著预测作用。可见，客观支持是社会支持因素里影响心理适应的最重要维度。

3. 农转居居民心理社会应激因素对心理适应的影响

由相关分析可知（见表5），在心理适应的5个维度中，生活事件与人际适应、生活满意度、居住适应和发展适应存在显著负相关。消极体验与生活满意度和居住适应存在显著负相关。积极体验与人际适应和生活满意度存在显著正相关。消极应对与人际适应、生活满意度、居住适应和工作适应存在显著负相关。积极应对与人际适应存在显著正相关。应激总分与人际适应、生活满意度、居住适应和工作适应存在显著负相关。

进一步的回归分析发现（见表8），生活事件能显著预测人际适应、生活满意度、居住适应和发展适应。消极应对能显著预测人际适应、生活满意度、居住适应和工作适应。积极应对能显著预测人际适应，积极体验能显著预测生活满意度。可见，生活事件和消极应对方式是心理社会应激因素里影响心理适应的两大维度。

综上所述，在个体层次因素上，外向性、神经质与消极应对方式是影响心理适应的主要维度。在组织层次因素上，客观支持是社会支持因素里影响心理适应的最重要维度。在情境层次因素上，生活事件是心理社会应激因素里影响心理适应的主要维度。

（三）农转居居民心理适应的团体心理干预的应用效果分析

从表11～表14的数据分析可以看出：农转居居民的人际适应、生活满意度和居住适应在团体心理干预后均有显著提升。与对照组的比较发现，农转居居民的居住适应在团体干预期间有非干预性提升，这应该是与实验组的团体心理干预活动期间，居民积极适应居住环境的自身努力，以及社区居委会深入的社会心理工作是密切相关的。

同时，还可以注意到，工作适应和发展适应在团体心理干预后，并没有达到预期的成效。这其中的主要原因在于，在两个维度上（工作适应和发展适应）适应较差的农转居居民，多数为文化水平较低的居家或待业人员。依靠短时的团体心理干预难以有效指导他（她）们解决自身的工作和发展问题，需要政府在拆迁农转居后给予具体政策和制度的引导扶持。于孙姆和刘艳飞的研究也发现，城中村村民对城市的适应仍然是一种浅层次的适应，在个人素质、职业层次等方面没能跟上城市化的步伐，同时明显缺乏竞争的意识。[①] 这也可以看出农转居居民的心理调适，是一项需要社会心理工作持续参与的长期性、系统性工程。

---

① 于孙姆、刘艳飞：《城中村村民城市适应问题研究——以福州市为例》，《山西师范大学学报》（社会科学版）2006年第9期，第49～52页。

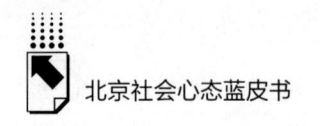

（四）农转居居民社区感的获取策略探析

1. 农转居居民获取社区感的策略

根据以上农转居居民获取社区感的策略研究可以看出，农转居居民的社区感获取具有相对完整的结构与过程，包括社区感的培育主体与目标，社区感获取的方式途径（自我改变、社会支持和政府引导）。这与牟丽霞划分社区感的三大因素：集体认同（认知因素）、相互依恋（情感因素）和传承倾向（行为的准备状态）存在很大不同。[1]

具体来说，农转居居民所期望的社区感，其培育目标可划分为三类：（1）居民素质提升；（2）社区文化建设；（3）社区风气培养（整洁和睦、温暖互助）。农转居居民普遍认为，社区感的培育主体是居民自身。政府部门需要做的是，营造积极和谐和邻里互助的社区风气，引导农转居居民关心并参与社区管理和社区建设，充分调动和发挥农转居居民迁居适应的主观能动性。

需要特别指出的是，授受访谈的居民还提到一些有关的冲突与不适感受，可以初步推断农转居居民的心理适应与社区感的获取关系密切。农转居居民的心理适应可能对社区感的获取具有中介和调节作用，这需要另行研究探讨。

2. 农转居居民需要什么样的社区感？

论及社区感之前，我们需要先明晰一下"社区"的核心内涵。

1991年版的《中国大百科全书》社会学卷里曾提出："至少可以从地理要素（区域）、经济要素（经济生活）、社会要素（社会交往）以及社会心理要素（共同纽带中的认同意识和相同价值观念）的结合上来把握社区这一概念。"[2] 夏建中提出社区概念应该包括以下几个基本特征：（1）共同性，主要指共同利益、共同文化、共同意识或价值观等；（2）非正式性组织；（3）社区居民间的互动；（4）具有一些基本社会功能和一定规模；（5）地域性。[3] 单

---

[1] 牟丽霞：《城市居民的社区感：概念、结构与测量》，浙江师范大学硕士（学位）论文，2007，第118~122页；中国知网博硕士学位论文全文数据库：http://epub.cnki.net/kns/brief/default_result.aspx。

[2] 吴铎等：《中国大百科全书》（社会学卷），中国大百科全书出版社，1991。

[3] 夏建中：《现代西方城市社区研究的主要理论与方法》，《燕山大学学报》（哲学社会科学版）2000年第1卷第2期，第1~5页。

菁菁的研究也指出，我国的城市发展正进入以人为中心、重视社区发展和微观发展（地区、基层的发展）的第三阶段。可以说，这是我国城市发展战略重心的转移。[①] 这些主张都充分表明，社区的主体应当是社会互动中的居民。

访谈研究可以看出，农转居居民的"社区"概念并非凭空产生的，其中包含着他们自身需求和价值信念的生活实践。他（她）们表现出参与社区事务的热切愿望，对社区建设与邻里相处都有自己的见解。因此响应居民的呼声，因势利导地促进农转居居民的自我改造和家园建设，不仅要集思广益增进社区的凝聚力，而且应该充分利用和发挥政府资金的作用。

社会纵深发展带来与之相应的个体社会需求的多元化和层次化，社区规划与建设有必要根据社区居民居住、生活、交往与情感需求等进行弹性指标设计。比如，社区的中老年人特别是长期待业居家人员，能否与一般从业社区居民区别对待，给予着重关注与满足？另一个值得深思的具体问题是，社区的绿化是否只能种"花草"而不能尝试"种点儿菜"？

还应注意的是，农转居居民也表现出对于社区建设的困惑与疑虑。这些文化与生活方式的冲突，其实也是居民生活中传统性与现代性的角逐冲突。王思斌认为，现代化是一个破坏传统社区的力量，它以经济理性和社会流动的力量冲击传统社会中普遍存在的共同体意识和情感性联系，并造成颠覆性后果。[②]

归根结底，需要思考的是，我们要建设的农转居社区是楼盘构筑的居住区还是兼顾人文生态的居民区？抛弃文化与价值多样性的社会生态意识，进行社区建设与管理必定要遭遇始料未及的困难和阻力。楼房与绿化的规划建设只是社区建设的起步阶段，如何能在不完全割裂既有文化传统与深厚感情联系的基础上，实现农村居民向社区居民的顺利过渡，值得城市社区规划者与社区治理者斟酌兴革。

[①] 单菁菁：《城市社区情感研究》，中国社会科学院博士学位论文，2003，第20页。中国知网博硕士学位论文全文数库：http://epub.cnki.net/kns/brief/default_result.aspx。
[②] 王思斌：《体制改革中的城市社区建设的理论分析》，《北京大学学报》（哲学社会科学版）2000年第37卷第5期，第5~14页。

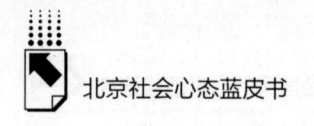

七 建议与对策

社区作为社会有机体的基本单元,是居民日常生活中关联互动的核心区域。综合上述分析可以看出,农转居社区居民的心理适应和社区感的建立,需要社区心理健康服务和社会工作的共同参与。但是目前,我国社区心理健康服务和社会工作都处于探索阶段,尚未形成成熟的社区社会心理工作的服务体系与模式。笔者在既有研究的基础上,综合上述分析与讨论,尝试提出农转居居民心理适应、社区感和心理需求的社区社会心理工作的框架图(见图1~图3)。

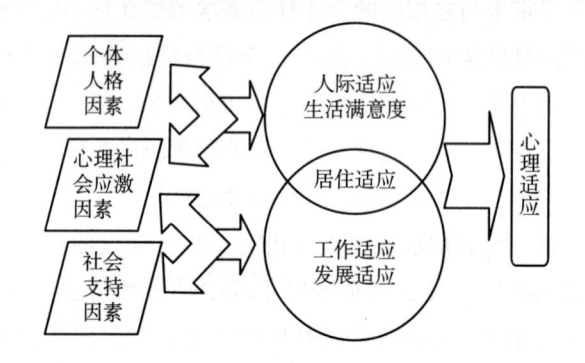

图1 农转居居民心理适应的社区社会心理工作架构

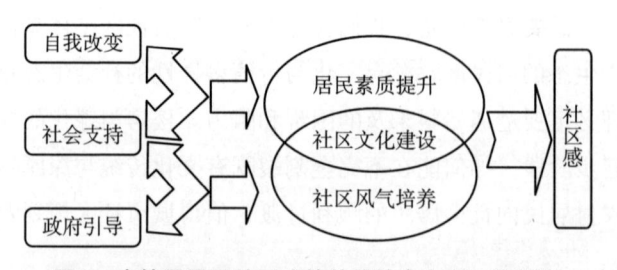

图2 农转居居民社区感的社区社会心理工作架构

综合上述图1~图3,可以概括出,农转居居民社区社会心理工作的基本架构体系(见图4)。社区社会工作和社区心理健康服务工作相辅相成,共同实现个人和社会的和谐一致,促进社会的稳定与发展。

社区社会工作的作用在于及时解决社区居民的社会生活问题,构建完善有

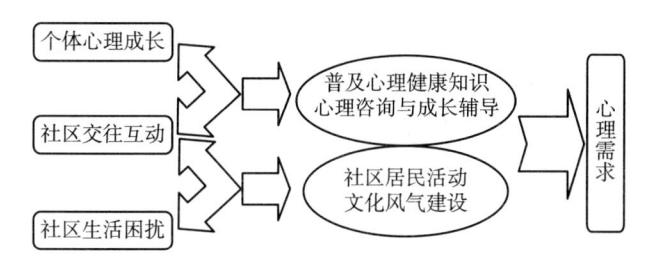

图3 农转居居民心理需求的社区社会心理工作架构

图4 农转居居民社区社会工作与心理健康服务内容的架构

力的社会支持系统。社区社会工作的主要内容为针对心理适应困难群体，提供就业和创业的技能培训用于工作适应支持、制度政策的扶持引导用于发展适应支持，以及居住环境的参与用于居住适应支持。积极组织社区居民活动，满足居民的心理需求。并致力于居民素质提升、社区文化建设和风气培养，营造社区居民的社区感。

社区心理健康服务工作旨在提升社区居民的心理健康水平，保持良好的心理状态。心理健康服务的主要内容：为心理适应困难群体，提供人际适应、居住适应和生活满意度方面的心理辅导；普及心理健康知识、心理成长辅导和个别心理咨询，满足居民的心理需求；同时配合社区社会工作，致力于居民素质提升，营造社区居民的社区感。

B.16 老年社会适应模型的构建与实证分析

陈捷 冯春苗 图娅*

摘　要： 本文从心理、环境、健康层面探索北京社区老年人社会适应模型。研究方法为确定老年人社会适应的行为特征，编制并发放调查问卷（SAQOB）400份，分城市、郊区组（40人/组）矫正不良社会适应行为。研究结果显示，人际适应是北京市老年人社会适应的主要影响因素；北京社区老年人角色适应性和自我评价较高，日常生活受轻微限制，安全防范意识较高，不愿意接受社会养老。研究认为，存在适合北京社区老年人的社会适应模型：生活—心理—社会适应模型。

关键词： 老年人　社会适应　生活—心理—社会适应模型

一　研究背景

北京社区老年人是指在北京居住的具有北京户口或非北京户口的居民。国家统计局2011年的人口统计报告预测：到2025年，60岁及以上人口将达到2.8亿，占总人口的比重超过18%；到2050年，将达到4亿左右，占总人口

---

* 陈捷，北京中医药大学副教授，硕士生导师，中国中医药学会亚健康分会理事，多家企业顾问，媒体心理专栏撰稿人，致力于抑郁高危人群的筛查与认知行为干预研究；冯春苗，北京中医药大学2014年在读硕士。研究方向为心理与健康评价，参与北京市课题两项，发表论文两篇，参编教材两部；图娅，北京中医药大学教授，主任医师，博士生导师，第十一届全国人大代表，国务院教育督学。致力于中医药抗抑郁机制、临床疗效，抑郁高危因素的早期筛查与预防。

的比重超过25%，中国将成为高度老龄化的国家。老年人在生理上明显衰老、精神和智力也逐渐衰退，常被看做弱势群体，需要受到照顾和帮助。而老年人自身也在很大程度上认同这种观点，降低了主动适应社会的主观能动性，影响老年人的生活质量。改善老年人的社会适应程度、提高老年人自身的社会适应水平不仅是政府的责任，也是社会的义务。

社会适应（socialadaptation）是指个体的社会化过程，是个体学习和掌握社会生存技能、遵循社会规范、完善个体人格的过程，是个体对周围环境的适应状态及心理品质和人格品质的表现。根据发展心理学的毕生发展原理，个体的发展与适应贯穿终生。老年人的社会适应主要表现在其社会参与能力与从社会获益的能力。行为矫正法是指对人类行为进行分析和矫正的心理学方法，主要应用对象是行为过度和行为不足的受辅导者。目前的行为矫正法多用于对儿童问题行为的实施和治疗，鲜有通过此方法对老年人的行为障碍进行治疗以矫正老年人的社会行为。本研究认为，老年人与儿童在判断能力、行为控制能力、自我辨认能力等方面存在极大的相似性，所以可根据行为矫正理论探索老年人群行为模式，建立老年人社会心理适应模式。

基于上述构想，本研究设计了北京社区老年人社会适应调研方案和行为矫正方案，并在北京社区老年人中实施。希望完成以下目标：（1）通过文献调研、访谈、专家评议等方法确定老年人的社会适应行为特征。对这些行为特征进行分类，形成问卷的基本结构。（2）确定行为矫正是否可以改变老年人的不良社会适应模式。（3）老年人社会适应问卷的编制、发放、回收与统计分析。（4）通过统计分析的方法，了解老年人社会适应行为规律。（5）提出适合老年人特点的社会适应模式。（6）调查老年人的生活适应现状。（7）调查老年人的社会价值取向。

二 研究内容

通过问卷调查、绘画、访谈，调查数据探究北京社区老年人的社会适应现状，包括安全防御、环境（变化）适应、自我评价、角色适应、人际适应、应激事件应对。

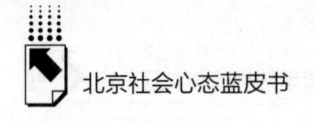

（一）调查工具

1.《北京老年人社会适应情况调查问卷(OCSAS)》的设计

《北京老年人社会适应情况调查问卷》分为生活适应和社会环境适应两大部分。（1）生活适应。来源于《工具性日常生活活动量表（Instrumental Activities of Daily Living Scale，IADL）》，主要用于评定被试者的日常生活，包括自己乘车、购物、做家务、洗衣、做饭、打电话、理财、服药等8项。（2）社会适应。安全防范意识（人身、财产安全共11题）；对新事物的适应（共4题）；自我评价（共6题）；角色适应（退休、生理衰退共6题）；人际适应（家庭内、家庭外共11题）；突发事件应对方式（共6题）。

《北京老年人社会适应情况调查问卷》，共有54道题，采用李克特4点量表形式，各项目均为1~4评分。被试根据自己的实际情况回答，对生活适应项目，评分时，"很大"记1分，"有些"记2分，"很小"记3分，"没有"记4分；对社会适应项目，评分时，"非常符合"记1分，"符合"记2分，"不符合"记3分，"很不符合"记4分，其中，Q11、Q16~Q23、Q25、Q31、Q33~Q38采用反向计分制。

2. 透射性心理测试设计

绘画测验（painting test）是投射性心理测验的一种形式，[①] 绘画内容可以传达创作者的意识或潜意识，且可作为治疗性改变的有价值的因素。[②] 绘画艺术理论认为，那些言语所无法描述的情绪体验可以通过图像存储在大脑中，很难被言语所提取和表达，而绘画艺术可将这些无意识释放和表达出来，从而达到测验与治疗的目的。绘画本身是一种符号，价值中立，来访者运用这一工具能较为安全、顺畅地表达自己的内心冲突、情感、愿望等，特别是那些不被自身、他人或社会所接纳的部分，从而达到治疗的目的。[③] 绘画可以用于团体心

[①] 高宇翔：《绘画测验在特殊儿童心理评估中应用的研究进展》，《绥化学院学报》2012年第6期。

[②] 陈琨、边霞：《绘画投射技术在攻击性儿童心理分析中的运用及其效果》，《学前教育研究》2010年第13期。

[③] Piecity Daniel M., "The Effects of Art Therapy on the Somatic and Emotional Situation of the Patients-a Quantitative and Qualitative Analysis," *Universität Sklinik für Psychosomatische Medizin und*, Psychotherapie, Universität Ulm, 2008, 9 (9–10).

理干预,① 在团体心理治疗中,最重要的就是建立起团体的信任关系,② 绘画治疗对情绪障碍儿童的亲子关系的改善可发挥一定的作用。③ 九宫格统和绘画测试是以九宫格统和绘画为中介进行的投射性心理测验,测验过程是让被试在一张纸上的9个格子里按照一定顺序绘画。目前九宫格统和绘画法的研究集中于评价技术的研究,④ 尚未发现使用九宫格进行心理测验的研究。

社会价值取向（value orientation）是个体在社会化的过程中,价值观与一定的客观生活条件相结合而逐渐形成的相对稳定的评价事物的标准和态度。⑤ 它包括价值观和价值观系统,价值观是指个体对客观事物的意义和重要性的总评价和总看法,即在特定历史条件下,人们的思想观念对客观事物的反映。⑥

（二）研究方法

1. 问卷调查

2014年7～10月在北京朝阳、西城、宣武、大兴四个区县共6个社区,发放问卷400份,有效问卷380份,问卷有效率为95%。

2. 透射性心理测试

与问卷共同进行,即在居民填写《北京老年人社会适应情况调查问卷》同时完成九宫格绘画测试。为了扩大调查范围,课题组成员还将调查问卷发布到网上,并建立微信公众号。

3. 行为数据分析

针对北京社区老年人现有的不良社会适应模式,通过心理剧、角色扮演、强化等方式寻找适合北京社区老年人群的社会适应模式。

---

① 杨琴、蔡太生:《团体心理干预对大学生自我效能、自我接纳影响的研究》,《中国临床心理学杂志》2012年第5期。
② 包方等:《团体绘画心理辅导在新兵心理健康维护中的应用》,《解放军医药杂志》2012年第2期。
③ 孙国胜等:《绘画治疗对情绪障碍儿童亲子关系的作用》,《当代医学》2011年第12期。
④ 何瑶波:《绘画疗法刍议》,《校园心理》2012年第3期。
⑤ 王伟伟:《价值取向和结果预期对助人行为的影响》,《社会心理科学》2013年第6期。
⑥ 肖结红:《转型期农村老年人价值观之转变》,《巢湖学院学报》2012年第2期。

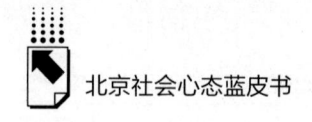

（三）数据分析

统计方法采用SPSS 18.0软件进行数据录入及统计学分析，具体统计学方法包括：描述性分析，构成比、均数及标准差等；推断性分析，多元线性回归分析。

统计分析显示，问卷具有较好的信度（信度系数$\alpha=0.735$）。调查对象中男性占24.3%，女性占75.5%。调查对象中50岁以上占91.9%，其中60岁以上的占62%；50岁以下的只占8.1%，从中可以看出本研究的调查对象的年龄基本符合研究预期所需年龄。调查对象中文化水平在高中及以下的占71.5%，其中，所占比例最高的是初中（29.2%），其次是高中（占18.8%）。值得注意的是，调查对象中小学以下文化水平的所占比例为17.6%，因此，对于这部分老年人应给予更详细、更易理解的宣传教育。

三 研究结果

（一）北京社区老年人社会适应因素分析

1. 北京社区老年人群的生活适应状况

北京社区老年人日常生活受到一定程度的限制。调查结果显示，北京社区老年人生活受限平均分数为1.79±0.889。从高到低的排列顺序是打扫卫生、购物和做饭。在使用公共交通工具、吃药和处理钱财方面的受限较小。

2. 北京社区老年人群社会适应状况

在社会适应的诸因素中人际适应对北京社区老年人的影响最大。老年社会适应性的因素分析显示，6个维度对北京社区老年社会适应具有较强的影响，根据影响力大小的顺序排序依次为：人际关系（29%）、角色适应（27%）、自我评价（13%）、日常生活的适应能力（12%）适应新鲜事物（11%）、方法意识（8%）（见表1、图1）。

3. 安全防范意识

北京社区老年人具有较高的安全防范意识。调查结果显示，老年人有较高的安全防范意识（3.27±0.414）。由大到小依次是对陌生人的防范（陌生人

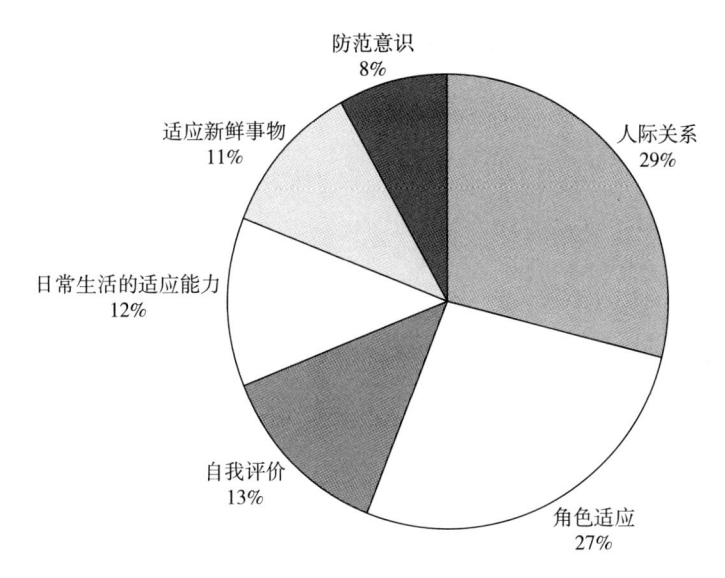

图1 老年社会适应影响因素

的电话访问、没有预约的敲门、对没有预期的礼物或礼品的可接受行为）（32%）、财产安全（31%）、信息安全（27%）、防推销或诈骗（10%）。

4. 对新事物的适应

调查显示，北京社区老年人不太能接受新的消费与养老方式，尤其是不能接受去贷款（2.24±1.201）和养老院养老（2.11±1.155）（见表1）。

表1 老年人对新事物的适应

变量	$\bar{X} \pm S$	标准系数	P值
贷 款	2.24±1.201	0.382	0.000
养老院	2.11±1.155	0.371	0.000
网 购	2.85±1.140	0.367	0.000
保 险	2.53±1.166	0.363	0.000
对新鲜事物的适应	2.431±0.785		

5. 自我评价

北京社区老年人总体自我评价较高（3.11±0.680）。其中，自我认同占85.5%，对自己现状较高的满意度占87.7%。38.2%的社区老年人"自卑感"

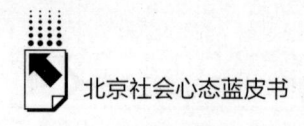

一项分数较高，应予以重视。调查还显示，"自卑感"（41%）与"自我评价"关系密切。

6. 角色适应

有近一半社区老年人能够合理地安排退休时间。对老年人角色适应影响从高到低的排列顺序是安排退休的时间（46%）、夫妻和睦（20%）、"家长"角色（19%）、退休生活有趣（15%）。一半以上的北京社区老年人在退休以后夫妻关系有待改善（58.8%）；40.5%的老年人认为自己的"家长"地位受到威胁；由于身体衰退而痛苦的只占39.7%，76.9%的老年人认为退休生活有趣，老年人因为有朋友、不孤独而感到退休生活有趣，其中大多数老年人因有朋友而快乐（78.6%），没有孤独感（67.2%）。

7. 人际适应

北京社区老年人的人际适应主要表现在邻里关系方面（53%），其次是面临独自生活、家庭成员的关系。调查中北京社区老年人邻里和睦（80.9%）；大多数老年人和家庭成员一起居住（83.8%），家庭成员之间相互关心（83.9%）；大多数老年人主动倾诉烦恼（77.1%），67.2%的老年人选择独立应对困难。

8. 突发事件应对方式

北京六成以上老年人具有应对突发事件的策略。当迷路时，大多数老年人（64.1%）选择拨打110。配偶是北京社区老年人的强有力的经济及精神支柱。当陷入困境时配偶是得到的安慰或关心来源（66.4%），39.7%的老年人选择其他家人。50.4%的老年人认为配偶是经济支持者，35.1%的老年人选择其他家人。一半以上老年人在遇到人身伤害时会采取大声呼叫的策略；采取"表面不反抗，见机会逃跑"（46.6%）及"通过写纸条等方式寻求他人的帮助"（20.6%）。北京社区老年人具有较强的防火意识。发生火灾时，多数老年人会采取切断电源（73.3%）、用湿毛巾捂住口鼻匍匐前进（48.9%）等正确的防灾方法，这说明老年人具备预防火灾的基本知识。

9. 性别、年龄、文化程度的不同对北京社区老年人社会适应的影响

性别、年龄、文化程度在北京社区老年人的社会适应中扮演者重要角色。统计结果显示，被调查者在"对新鲜事物的适应、自我评价、家庭内、邻里关系、是否独居"这些维度中存在明显的性别差异（$P<0.05$），且在这几个

维度中女性高于男性,其中,在处理"邻里关系"中,性别差异最明显($P<0.007$),女性(3.10 ± 0.683)明显高于男性(2.69 ± 0.862),这与男女性格差异有关。在"日常生活的适应能力、防范意识、角色适应、对生理变化的适应、情绪体验、突发事件应对方式"这些维度中没有性别的差异。

(二)各因素之间的相关分析

1. 农村和城市老年人社会适应的对比分析

对城市和农村的被调查者进行对比发现,在"文化程度、日常生活的适应能力、自我评价、角色适应、邻里关系"这几个维度中存在明显差异。其中,城市被调查者在"文化程度、日常生活的适应能力、自我评价、角色适应、突发事件应对方式"中高于农村被调查者(见表2)。

表2 农村和城市老年人社会适应的对比分析

项目	城市($\bar{x}\pm s$)	农村($\bar{x}\pm s$)	F值	P值
文化程度	3.20 ± 1.590	0.86 ± 1.002	76.824	0.000
日常生活的适应能力	1.94 ± 0.970	1.49 ± 0.588	7.698	0.006
自我评价	3.19 ± 0.661	2.94 ± 0.698	3.950	0.049
角色适应	3.01 ± 1.073	2.60 ± 0.753	5.112	0.025
邻里关系	2.91 ± 0.700	3.22 ± 0.799	5.302	0.023
突发事件应对方式	8.96 ± 3.558	6.81 ± 2.233	12.853	0.000

2. 性别与其他因素的相关分析

统计分析显示,北京社区老年人的性别、年龄、文化程度、满意度、空巢、有无朋友与其他各因素间存在相关性。本调查研究统计结果显示,北京社区老年人的性别与其对新鲜事物接受、自我评价、人际适应($P<0.05$)呈相关趋势。

(1)新鲜事物适应与性别的相关性

女性老年人更容易接受新鲜事物,特别是在贷款和网购方面。对新鲜事物的适应上女性(2.51 ± 0.756)高于男性(2.15 ± 0.829);这种差异来自对网购的认同、贷款消费两个方面。在"接受网购"方面,北京女性老年人的行为意向(2.16 ± 1.147)明显高于男性老年人(1.97 ± 1.189);在"贷款消费"方面，北京女性老年人（2.36±1.213）的接受程度也明显高于男性老年人（1.97±1.189），且这些统计结果与对北京社区老年人的访谈结果一致。北京女性老年人群（2.62±1.139）接受社会养老的倾向略高于老年男性（2.20±1.215）。对"现在保险制度"接受程度，统计显示女性老年人（2.92±1.074）与男性老年人（2.60±1.329）趋近一致，差异不显著，具有一定的相似性。

（2）自我评价与性别的相关性

女性老年人较男性老年人具有更多的自我接纳性，有较高的自我满意度，更乐观。调查显示，北京女性老年人（3.18±0.619）的自我评价较之男性老年人（2.90±0.831）更乐观，她们较男性老年人的自我接纳性更高。男性老年人的自我评价与人际适应具有相关性。调查统计结果还显示，北京男性老年人的自我评价与人际适应相关性较大（$R=0.653$）；女性老年人的自我评价也与人际适应相关性较小（$R=0.198$）。

（3）人际适应与性别的相关性

女性老年人的人际适应性更高，男性老年人更在意在家庭中的权威性。北京女性老年人（3.29±0.629）的人际适应性明显高于男性老年人（2.14±0.665）。在对退休角色的相关适应性调查显示，北京男性老年人（2.78±0.771）与女性老年人（2.85±0.643）呈一致性趋同。在"家长权威"方面，北京女性老年人（2.64±1.205）的在意程度明显低于男性老年人（3.03±1.066）。女性老年人较之男性老年人受到家庭更多的关注。统计分析显示，家庭成员对女性老年人（3.37±0.880）的关心要多于对男性老年人（2.97±1.159）的关心。面对身体的衰老及其带来的不适，女性老年人与男性老年人的心态基本相同。调查显示，北京社区老年人面对生理衰老时，男性老年人（2.78±0.926）与女性老年人（2.74±0.921）不存在显著差异。北京社区女性老年人遇到烦恼更倾向于向他人倾诉，她们比男性具有较强的情绪调节能力。"情绪调节"一项的调查显示，北京老年女性（3.03±0.762）较之老年男性（2.81±0.693）有较高能力。在"遇到烦恼时主动向别人倾诉"这一方面，女性老年人具有较高的行为倾向（3.17±0.949），而男性老年人（2.53±1.167）主动倾诉苦闷的倾向性较低。另外，"与邻居进行主动互动"的调查显示，女性老年人（3.21±0.909）明显高于男性老年人（2.87±1.106），也就是说北京老年女性更愿意和邻里互动,而老年男性与邻里互动的动机较弱。

3. 年龄与其他因素的相关性

统计结果显示,北京社区老年人的年龄与日常生活的适应能力（$R=0.213$）,呈正相关。调查结果还显示,年龄增长与对新鲜事物、人际适应呈负相关。

4. 文化与社会适应的相关性

统计结果显示,北京社区老年人的文化程度与其日常生活的适应能力（$R=0.224$）、防范意识等呈正相关（$R=0.40$）（$P<0.05$）（见图2）。

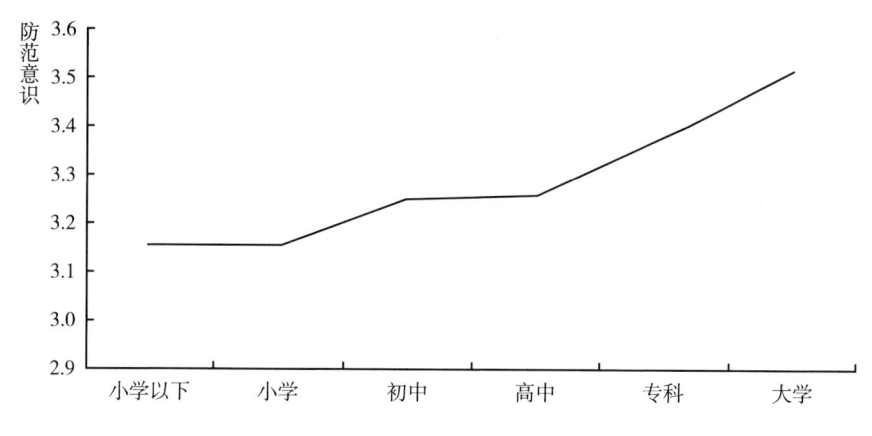

图 2　文化水平与防范意识的相关性

5. 社会适应各维度之间的相关

北京社区老年人的生活适应、防范意识、自我评价、人际适应之间存在相关性。北京老年社会适应的统计结果显示,老年人的生活适应能力与防范意识（$R=0.234$）、自我评价（$R=-0.204$）、人际适应相关（$R=-0.177$）（$P<0.05$）。

6. 性别、文化、年龄与社会适应各维度的相关性

调查结果显示,老年人对退休角色的适应、情绪适应、生理退化的适应之间存在相关性（$P<0.05$）且成正相关,但相关较低。其中,退休角色与生理退化之间的相关系数 $R=0.367$,退休角色与情绪适应的相关系数 $R=0.370$,生理退化与情绪适应的相关系数 $R=0.349$。

7. 北京社区老年人年龄越高越不倾向于独居

调查表明,年龄与独立生活（$R=-0.290$）之间成负相关（$P<0.05$）,

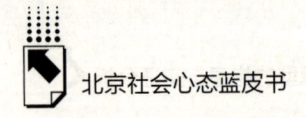

年龄越高，独立生活的倾向性越低。

8. 北京社区老年人的自我评价与自我满意度呈正相关

统计结果显示，老年人的自我满意与自我评价相关（$P<0.05$），且成正相关（$R=0.717$）；自我满意与角色适应相关（$P<0.05$），且成正相关（$R=0.326$）；自我满意与人际适应相关（$P<0.05$），且成正相关（$R=0.534$）。

（三）投射性心理统计分析

老年人的社会价值取向是指老年人认为最重要或最有意义的事物排序。将九宫格绘画测试结果中的图画进行分类、统计，结果显示，老年人的社会价值取向分别为人际关系、健康、情绪、户外活动、家务劳动、生活享受和工作。

（四）行为矫正，建立新的社会适应模式

笔者在研究和访谈的基础上，将老年人的社会适应模式进行分类、汇总，发现北京社区老年人在人际适应、角色适应、对新事物的适应以及安全防范方面存在不足。行为矫正方法（见图3）：课题组成员分别选取城区和农村的两个社区，针对老年人社会不适应行为，运用认知行为矫正的方法，消退不适应行为，构建良好的社会适应行为。每个社区6次，每次40人，共计240人次。

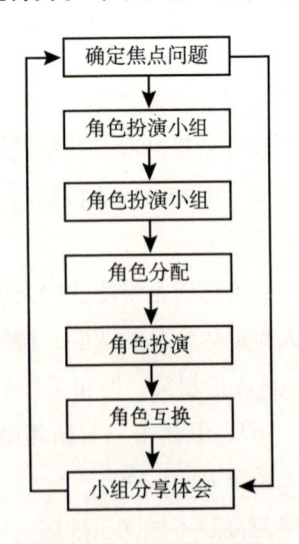

```
确定焦点问题
    ↓
角色扮演小组
    ↓
角色扮演小组
    ↓
角色分配
    ↓
角色扮演
    ↓
角色互换
    ↓
小组分享体会
```

图3　行为矫正活动示意

具体方法如下：(1) 通过问卷调查数据分析找出焦点问题，经调查分析，关键问题来自以下四个方面：人际适应、角色适应、对新事物的适应、安全防范意识，如表3所示。

表3 社会适应焦点问题清单

焦点	相关问题
人际适应	婆媳关系紧张 老伴不关心自己
角色适应	女儿不孝顺 邻居事儿多 退休无用处 我在家里不做主 教育孙子得听子女的
适应新事物	养老方式（社会、家庭） 消费方式（网购）
安全防范意识	生命安全 人身安全

(2) 针对焦点问题采取角色扮演的方法让社区居民获得沟通体验。将社区居民分组，6人一个小组，2人一对，分别扮演婆婆和媳妇，通过对话、辩论甚至是争吵，让扮演者观察和体验，每对扮演者在小组中说出他们的体验和感想，包括婆婆和媳妇层面感受，其他小组成员可以提问、质疑和建议。每个小组均有一名课题组成员（调研员）参加，负责组织、协调和记录。

(3) 角色互换：婆婆扮演媳妇，媳妇扮演婆婆，使之进一步体会对方的感受从而化解冲突，课题组调研员继续负责记录。

(4) 提炼产生冲突的关键行为，进行行为矫正（包括言语和非言语行为）、强化。

(5) 布置家庭作业，强化适应性行为。家庭作业是一个四栏表格包括日期、生活事件、对生活事件的看法和行为反应。在新的一次活动中首先由调查员检查家庭作业，汇总新的焦点问题，然后进行行为矫正。

1. 人际适应

本调查研究表明，北京社区老年人渴望与人交流，包括老伴、子女、邻居

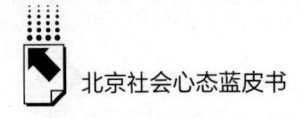

和提供社会服务的相关部门。但在沟通过程中会因为经济问题或情感问题与老伴和子女产生冲突，由于缺乏解决冲突的策略，多数老年人在与老伴，特别是子女发生冲突的时候多采取回避的态度，例如，"出去遛弯儿""做其他事情"。但是，这种回避冲突的方式往往使矛盾升级。产生恶性循环（冲突—回避—冲突模式）。

通过认知领悟与行为矫正方法的使用，多数老年人能够从他人的角度看待问题，掌握了沟通与化解冲突的基本策略。从而建立了新社会适应模式：冲突—沟通—和谐模式（见图4）。

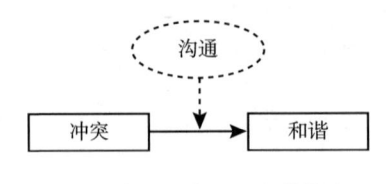

图4 冲突—沟通—和谐模式

2. 角色适应

角色一词在这里指处于一定社会地位的个体依据社会客观期望，借助自己的主观能力适应社会环境所表现出的行为模式。在《北京老年人社会适应情况调查问卷（OCSAS）》中角色适应来自两个方面：退休角色的适应和老年角色的适应退休角色的适应涉及工作角色到家庭角色的改变、作息时间的改变以及经济收入的变化。老年角色的适应包括社会地位的改变，在核心家庭中从决策再到非决策者再到从属者的改变。身体的改变，包括生理的退化和由生理退化引起的行动受限等。其中，焦点集中于客观地看待生理的退化，有些老年人将生理的退化视为有病，感到非常痛苦，就医后难以得到改善而反复就医，形成行动受限—痛苦—强迫模式（见图5）。

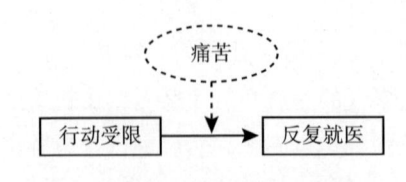

图5 行动受限—痛苦—强迫模式

经过认知领悟，让老年人认识到身体机能的衰退是生命发展的必然规律，引导他们接受这种现实，从而形成新社会适应模式：行动受限—调节—适应（见图6）。

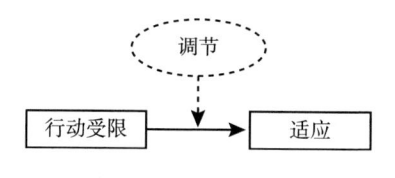

图 6　行动受限—调节—适应

3. 对新事物的适应

对新事物的适应是指个体对新的生活理念和生活模式尝试与接纳的过程。在问卷中包括新的消费方式和养老方式。部分老年人难以接受新的消费方式，包括信用卡的使用、网上转账和网购等。有些老年人不能接受社会养老的方式，认为住养老院等同于子女不接受自己，子女不孝顺，或者自己没有面子。原始行为模式：排斥—担心—拒绝（见图7）。

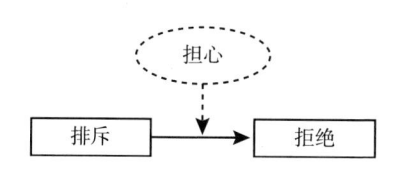

图 7　排斥—担心—拒绝模式

经过行为矫正，社区老年人改变了原有的模式，愿意去体验和尝试新鲜事物，从而建立新的行为模式：观察—体验—接受模式（见图8）。

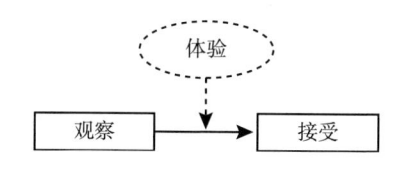

图 8　观察—体验—接受模式

4. 安全防范意识

安全防范意识指的是具有生命安全防范意识和避免人身伤害的意识，包括

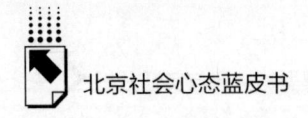

对诈骗行为的警觉。对于生命安全和人身伤害老年人具有较高的防范意识，但是对于诈骗行为，虽然具有警觉性，但是不好意思拒绝推销者，觉得拒绝是不给对方面子。因此形成了难以拒绝—纠结—接受模式（见图9）。

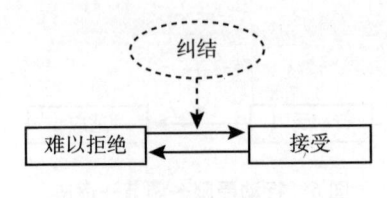

图9 难以拒绝—纠结—接受

经过角色扮演和角色替换等方法，多数老年人接受了新社会适应模式（见图10）。

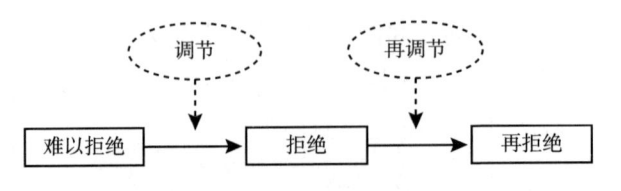

图10 难以拒绝—调节—拒绝—再调节—再拒绝模式

（五）构建生活—心理—社会适应模式

经行为矫正与强化，一种新的生活—心理—社会适应模式逐渐建立起来。生活的适应是心理适应的基础，个体不接受年老、生活受限的事实必然造成精神的紧张与不良的情绪体验，不良的情绪体验势必令人精神倦怠、损害社会功能、影响日常生活。

通过逐一解决以上各项问题，课题组最终提出老年人"生活—心理—社会"适应模式（LPSA）（见图11）。社会环境也会影响个体的心理感受，例如，人际关系紧张、由于防范意识薄弱而造成的财产损失必然给个体造成精神上的痛苦。心理适应是生活适应与社会适应的关键，自我评价低、不适应老年角色是主观不良感受的根源。

因此，生活—心理—社会模型的建立具有现实意义。对相关的社区心理健康服务进行理论再思考，发展更加有效的具体服务策略，力求建立适合老年人认知的社会—心理—健康适应模式，为政府相关部门和社会组织提供可操作的模型，为促进老年人的身心健康服务。

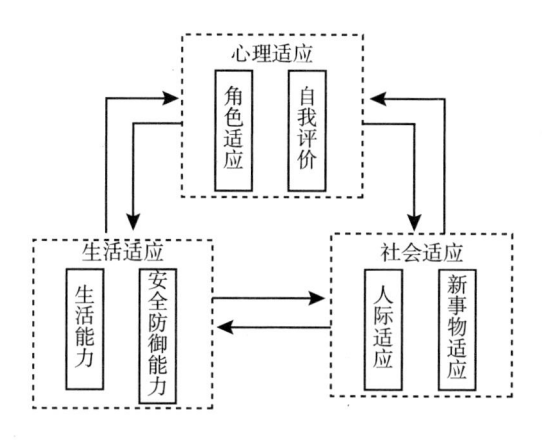

图 11　老年人"生活—心理—社会"适应模式

四　结论与思考

（一）结论

1. 老年人的社会适应可以通过操作性行为获得。通过问卷调查与访谈可以找到和确定焦点问题；通过角色扮演、角色互换、观察领悟与讨论的形式可以调整不良适应模式建立新的生理—心理—社会适应模式；以操作性条件发射原理为基础的行为矫正方法适用于生理—心理—社会适应模式的建立。

2. 行为矫正方式适合老年人的社会适应行为。调查研究的对象是北京社区老年人，使用行为矫正方式确实可以改变老年人的不良适应方式，建立新的社会适应方式，证明行为矫正方式适用于北京社区老年人群。

3. 存在适合老年人的社会适应模型：生活—心理—社会适应模型。研究表明北京社区老年人生活、心理、社会三方面的适应存在相关性。老年人的生活受限程度直接影响他们的自我评价。老年人的自我评价与角色适应又对老年人的人际适应与对新事物的适应有较大的影响。

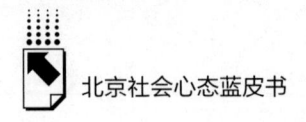

4. 根据九宫格绘画测试的统计显示，老年人的社会价值取向为人际关系、健康、情绪、户外活动、家务劳动、生活享受和工作。

（二）意义与成果

本课题用认知与行为矫正相结合等方法在城区与农村老年人群开展调查研究，被试初步接受了合理的认知与客观的行为反应，形成了积极社会适应模式，改善人际关系，特别是生活中与他人的关系，提高社会适应性与满意度。用正强化的方式鼓励积极的社会适应行为，使积极的社会适应得以强化。

理论意义在于：（1）了解老年人社会认知、社会参与、心理适应的现状与需求，分析他们在社区环境内人际交往的心理特点。（2）从心理—社会支持—健康层面进行研究，根据行为矫正理论建立老年人社会心理适应模型，提出切实能改变老年人适应性的"生活—心理—社会"模型。

现实意义在于：（1）为老年人社区支持与保障体系的建立提供理论依据与具体策略。（2）为矫正与提高老年人在正常社会环境中进行人际交往的能力与策略提供指导，尽可能地降低老年人的犯罪率和自杀率。（3）本研究有助于促进形成理解、帮助老年人的社会氛围，使老年人充分健康地参与社会生活。

本课题还产生了如下成果：（1）编制了成熟的社会适应测评工具《北京老年人社会适应情况调查问卷》。（2）初步建构了生活—心理—社会适应模型。（3）搭建了网络问卷调查与微信心理服务平台。

（三）存在的问题

1. 生活—心理—社会适应模型有待于完善、进一步的试验和推广。

通过实证调查研究数据分析，证明了生活—心理—社会适应模型具有较高的信度，由于样本的局限性，还需要在更大范围测试，发现问题，对其修改和完善。

2. 由于时间局促，行为矫正部分还有待进一步深化。

由于课题执行时间较短，而研究周期，特别是行为矫正需要较长的周期和时间，使研究受到一定的限制。

B.17
北京居民邻里关系研究
——从价值观角度谈新型邻里关系构建

聂品 康悦*

摘　要：	本研究采用俗语和行为情境测验对北京居民的邻里观及邻里关系现状、特点和影响因素进行调查研究，为重塑社区邻里、居民群众守望互助的良好氛围，构建文明和谐的新型邻里关系，践行社会主义核心价值观提供参考。
关键词：	北京居民　邻里观　邻里关系

改革开放以来，我国经济建设取得了显著成果，城市风貌焕然一新，城市基层社会结构也正在发生着深刻的变化，广大村民变成了社区居民，城市居民也逐渐由"单位人"转变为"社区人"，社区的地位和作用越来越重要。全面加强社区建设，不仅是城市经济社会发展到一定阶段的要求，也是加快城市现代化建设的重要组成部分。然而，大规模的城市改造，大拆大建的开发方式，高度的商业化运作，改善了也改变了传统的城市空间形态，割裂了居民的传统生活方式，影响了传统的邻里关系。社区居民虽然物理空间近在咫尺，然而说起邻里关系的时候，常常感慨"当今社会邻里关系越来越冷漠了"。

俗话说"远亲不如近邻"，邻里间友善、互助、宽容、有事相互帮忙、遇事宽容大度、和谐共处，不仅体现了我们中华民族的传统美德，而且符合社会主义核心价值观理念。当前，要想让居民积极参与社区公共事务，实现

---

* 聂品，北京社会心理研究所副所长，研究方向为社会心理学、文化心理学、教育心理学等，研究领域包括北京居民社会心态、心理健康、幸福感、价值观、社会情绪等；康悦，北京社会心理研究所助理研究员，研究方向为社情民意。

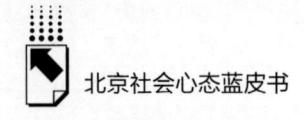

政府治理和社会自我调节，也必须消除"陌生人社区"的疏离感，促进居民良性互动。

那么，北京社区邻里关系的现状究竟如何？是否如大家所感叹的"越来越冷漠了"呢？影响居民处理当前邻里关系的价值观有哪些？为了寻求答案，北京社会心理研究所于2014年10月对北京16区县100个社区的4000余位居民进行了抽样调查，获得4200个有效样本。

一 北京居民的邻里观及邻里关系现状

（一）亲善意愿强，现实中以"简单打个招呼"居多

88%的居民认同俗语"远亲不如近邻"，认同度为4.38分（5分制）；同时，有超过1/3的居民认为"与邻居接触多了，可能会泄露个人隐私"，认同度为3.09分，高于理论平均值（3分）。在小区里散步的时候，如果遇到邻居，84.1%的居民会打招呼或者寒暄几句。只有8.8%的人会和邻居聊挺久，3.5%的人邀请邻居到家里做客。由此可见，北京居民在处理邻里关系时秉承友善的基本准则，但也存在一定的戒备心，在与邻居交往的过程中会保持"安全"距离。

（二）互助意愿强，生活中六成以上居民力所能及地帮助邻居

七成居民认同俗语"邻家失火，不救自危"，认同度为3.80分；只有15.7%的居民认同"各人自扫门前雪，不管别人瓦上霜"，认同度为2.31分。这表明北京居民在处理邻里关系的时候，愿意相互关心，守望相助。"快递送货，家里没人，需要邻居代收"时，85.9%的居民认为邻居能帮忙代收，其中63.2%的居民认为邻居是乐于帮助代收快递的，两成多的居民判断邻居有可能主观上并不乐意（或者持无所谓的态度），但是也能帮忙代收，实际上发挥了邻里互助的作用。14.1%的居民对邻居帮忙收快递没有信心，其中1.5%的人认为邻居会"非常不乐意，拒绝代收"；12.6%的居民表示这事"不好说"。

（三）和谐认同感强，邻里宽容度高，遇到矛盾半数居民能宽容处事，理性和平解决

北京居民（91.3%）高度认同"邻里之间应该和谐相处"的说法，认同度为4.54分。86.8%的居民感到社区邻里关系和谐。在问及"您与邻里相处和谐吗？"时，近1/3的居民回答"非常和谐"，54%的居民回答"比较和谐"，12.5%的居民认为自己与邻里关系相处得一般，只有不到一成（0.7%）的居民回答"不太和谐"或"很不和谐"。用5分制来衡量，北京居民的邻里关系和谐程度为4.19分，介于"比较和谐"与"非常和谐"之间。

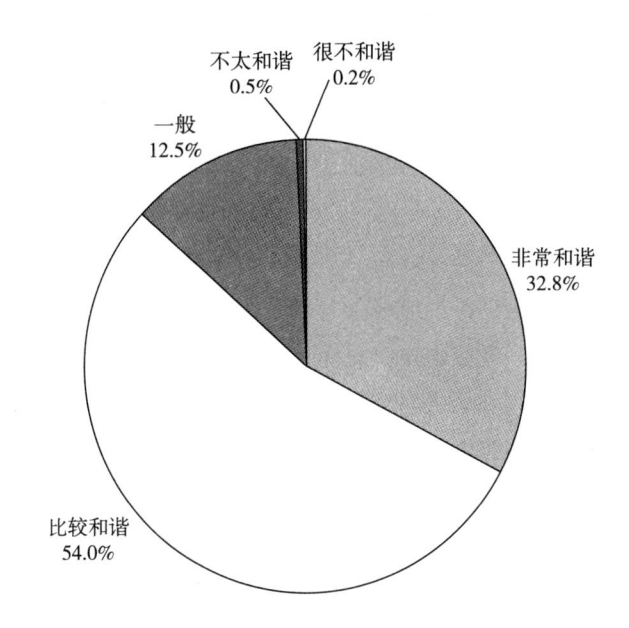

图1　北京居民邻里关系的和谐程度

62.5%的居民认同俗语"吃亏是福，能忍自安"，认同度为3.76分。对于"邻居噪音打扰我，我得找机会报复"的说法，75.6%的居民表示不认同，认同度仅为1.99分。邻里间发生矛盾的时候，"主动找邻居调和解决"占45.1%；"能够谅解或让步，息事宁人"占34.7%；"找社区居委会"占10.1%，选择打电话报警、找物业、找媒体曝光、向政府相关部门反映、武力解决的比例很低，合计仅占9.2%。

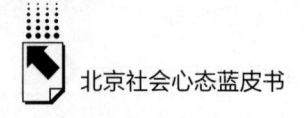

情境测试题"楼上住着一个3岁的小朋友,经常在屋里跑来跑去或者将东西掉到地板上发出较大的响声。如果您是楼下的住户,您会怎么处理?"的数据显示,56.7%的居民表示"理解,小孩长大就好了",21.0%的居民会特意"上楼找家长协调解决",19.1%的居民等"遇到家长的时候协调解决",只有0.7%的居民图谋"制造声音报复或者找机会给点教训"。可见,大多数北京居民认为在邻里之间发生摩擦的时候,应该秉承宽容大度的邻里观念,理性平和地沟通协调,而不是尖酸刻薄、针锋相对、伺机报复。

二 北京居民邻里关系的影响因素

(一)邻里观对邻里关系的影响

价值观对人们自身行为的定向和调节起着非常重要的作用。本次调查显示,北京居民在处理邻里关系方面,其价值观与行为显示了较高的一致性。在和谐、友善、宽容、互助等价值观念上得分高且在防备、刻薄、冷漠观念上得分低的居民,其行为表现更为亲善友好、宽容体谅、互相帮助,邻里关系也更为和谐。例如,不认同邻里之间应宽容体谅的居民,当邻里发生矛盾时,只有37.6%的人能够采取宽容体谅的行为方式解决问题;而持宽容体谅价值观的居民,62.6%的人以宽容体谅的态度和方式解决矛盾。

(二)社区身份对邻里关系的影响

数据显示,不同居住身份居民的邻里观及对邻里关系和谐程度的体验有显著差异。业主和社区工作者多持有友善、和谐等积极的邻里观,对邻里关系和谐度评价高;商户和租户戒备心稍重,秉持冷漠、刻薄等消极邻里观的比例较高。这样的特点可能与不同身份居民的社区归属感有关——业主出于产权的原因,社区工作者出于工作职责的缘故,在心理上对自己的社区身份更为认同,社区归属感强,从而显现出邻里观积极的特点。与之相反,商户租用社区门店的经营行为和租户的临时租住行为使其社区归属感弱,邻里观也消极一些。

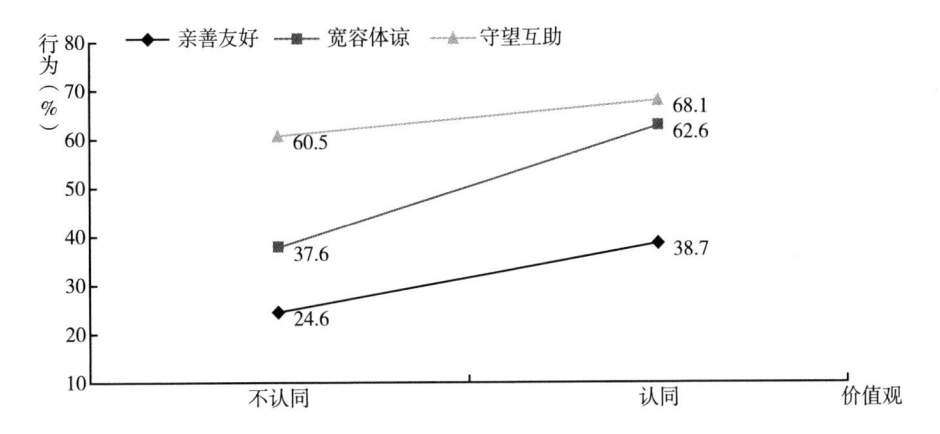

图 2　邻里价值观念对邻里关系的影响

表 1　不同社区身份的居民的邻里观及社区和谐体验

单位：分数

	邻里观	业主	商户	物业工作人员	社区工作者	租户
（友善）*	远亲不如近邻	4.41	4.3	4.38	4.48	4.25
（防备）*	接触多了，可能会泄露我的隐私	3.09	3.55	3.22	3.11	3.08
（互助）	邻家失火，不救自危	3.83	3.79	3.96	3.9	3.6
（冷漠）*	各人自扫门前雪，不管别人瓦上霜	2.26	2.96	2.52	2.34	2.45
（宽容）	吃亏是福，能忍自安	3.77	3.65	3.85	3.86	3.61
（刻薄）*	邻居噪音打扰我，我得找机会报复	1.95	2.64	2.32	2.02	1.97
（和谐）*	邻里之间应该和谐相处	4.57	4.27	4.49	4.56	4.42
	邻里关系和谐体验	4.21	3.89	4.02	4.29	4.01

（三）居住时长对邻里关系的影响

调查发现，社区的老住户对邻里友善、互助、宽容、和谐的认同度高，对邻里防备、冷漠、刻薄的认同度低。随着居民在社区内居住时间的延长，社会关系的增长，体验到的邻里关系越来越和谐。

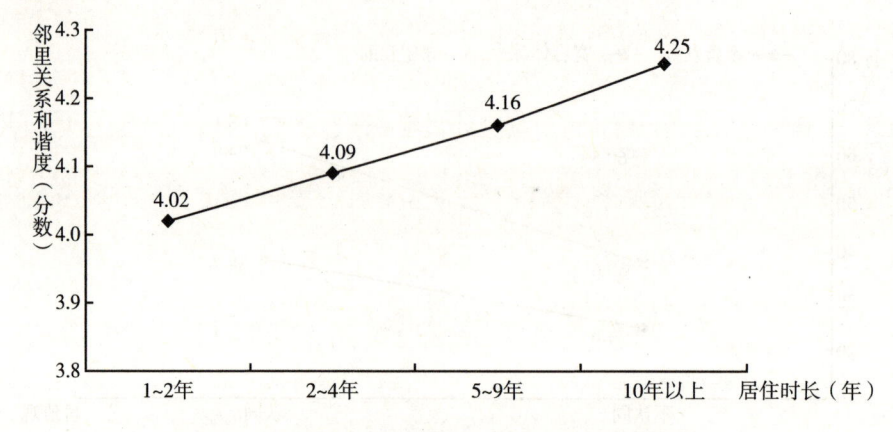

图3 不同居住时长的居民对邻里关系和谐的体验

（四）社区类型对邻里关系的影响

从邻里观来看，居住在单位社区的居民"友善"取向高；商住两用社区的居民"冷漠"取向高；居住在平房社区的居民"友善"和"冷漠"取向都高，表现出价值观的矛盾性。

究其原因可能是，单位社区居民的社会结构以在同一单位工作为特征，其工作关系是邻里关系的基础，给邻里交往提供了天然的机会，因而邻里观取向积极。随着城市的发展，20世纪80年代后期至90年代初，出现了高层商品房和别墅区，私密性很强，客观上削弱了邻里间的生活联系。商住两用社区的居民，出于对自身安全性和私密性保护，邻里取向消极。在北京传统的建筑中，胡同平房四合院给人们的交往提供了大量的机会，邻里关系紧密。但是在北京现有平房社区中，既存在邻里交往的便利，也存在私密性弱的不便，再加上原住民与流动租户杂居一处等诸多因素，导致居住在平房社区的居民邻里关系较为复杂，既表现出友善的一面，又表现出冷漠的一面。

（五）家庭结构对邻里关系的影响

不同家庭结构的北京居民邻里观及邻里关系有着显著的差异。上有老、下有小且三代人一起生活的中年居民和谐取向高；无老无小，与配偶一起生活的居民友善、宽容取向高；和父母一起生活的年轻人宽容取向低；单身独居的居民,防备、冷漠、刻薄的取向高。

自己生活的居民可能是出于安全的考虑,担心接触多了,会泄露个人隐私,既不帮助邻居,也不需要邻居帮助,更不能容忍邻居打扰。夫妻二人一起生活的居民以及祖孙三代一起生活的居民通常以社区事务或孩子教育游乐为纽带,建立起良好的邻里关系。

四 构建新型邻里关系的对策和建议

邻里间具有区位相近的自然优势。改革开放以来,由于住房商品化和公共服务设施的一体化,传统的邻里模式被打破,为构建新型邻里关系提供了内在动力与客观需求。人们既需要发展熟人基础上的睦邻关系,更需要倡导陌生人之间的"邻里自觉""己所不欲勿施于人",建立"友善互助、宽容、和谐"的新型邻里关系。

积极的邻里关系不仅对个人身心健康起着重要作用,同时还影响社会整合、社会信任建立以及社会和谐发展。构建新型邻里关系需要社区和居民双方面努力。[①]

(一)充分发挥社区指导作用,促进邻里沟通交流

社区是聚居在一定地域范围内的人们所组成的社会生活共同体。增强社区效能,发挥社区多方面的包括经济功能、政治功能、文化功能和社会功能等多方面功能。其中,文化功能主要指发展教育事业,组织文体活动,开展群众性精神文明创建活动。只有充分发挥社区的指导作用,才能有组织、有秩序、有目的、长期性地安排社区的邻里活动,并能起到良好的引导作用,较好地优化邻里关系,使邻里间的活动更主动、更积极。社区开展的"邻里节"活动,以其形式多样、内容丰富给社区居民提供了交流机会,促进社区成员的相互了解和沟通,增进友谊,提高社区成员的凝聚力。在沟通中交流,在交流中促进、实现新邻里关系从人情共享到资源共享的转变。充分发挥社区管理人员的

---

① 闫文鑫:《现代住区邻里关系的重要性及其重构探析——基于社会交换理论视角》,《重庆交通大学学报》2010年第3期。

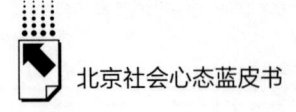

想象力和创造性，为和谐邻里关系的构建打下扎实的基础，并成为邻里沟通的桥梁和纽带。此外，通过建立一定的社区"邻里公约"来约束邻里间的不文明行为，告诉大家应该做什么，反对或者不应该做什么，将有利于良好邻里关系的形成。

（二）树立良好的道德风尚，努力践行社会主义核心价值观

和睦相处的邻里关系是现代社会文明的一种表现，也是对每个市民的基本素质要求。新型邻里关系建设需要从一点一滴做起，需要每个居民为之努力。首先，相互信任，真诚礼待，打下彼此交往的牢固基础。不歧视和妒忌邻居，尽量避免邻里间打探他人隐私、传播小道消息。尊重邻居的生活习惯和兴趣爱好，不可强求他人遵从自己的意志和习惯。如果情况允许，尽可能多地为邻居分忧解难。其次，注重修身，严于律己，教育孩子关心邻里。自觉维护舒适安静的居住环境，在使用音响等设备时，要掌握好音量，以免影响上夜班的邻居休息。再次，爱护公共用地，保证他人的安全和方便，保持良好环境卫生，打造优美的居住环境。最后，居民积极参与"邻里节"活动，在社区生活中感受、领悟和践行社会主义核心价值观的理念。

"和谐邻里"是城市文明的一道美景，展现着一座城市的精神风貌和市民素质。而营造与邻为德、与邻为善、与邻为亲、与邻为乐的邻里氛围，打造友善、互助、宽容、和谐的现代社区，增强居民归属感，需要整个社会多方合作、广泛参与，最终成为经济、文化和社会和谐发展，践行社会主义核心价值观的强大动力。

Abstract

This book is the second annual report of Blue Book of Beijing Social Mentality, conducted by Beijing Social Mentality Research Group of Beijing Institute of Social Psychology, which is under the leadership of the Beijing Municipal Social Work Committee and Beijing Social Construction Office. The scholars and researchers taking parting in the study of this project and the writing of the book are from Chinese Academy of Sciences, Chinese Academy of Social Sciences, universities, Beijing Social Construction Research Bases, Beijing Social Psychological Work Association. The research reports included in this book are based on a large amount of original researches, adopting investigation method, internet big data analysis, interview, etc.

The research of the social value is emphasized in this book, not only examining consciousness of historical aspects, social order and faith, social norms, based-value, value-practise awareness to study on the basic structure and general situation of the current Beijing residents' values, but also considering in a certain aspect of living space, such as family, school, workplace, community, to reveal the daily life values while Beijing residents deal with social relations. Finally, the countermeasures for the cultivation and promotion of the socialist core values are proposed.

Based on the research of social mentality, the book also makes investigation on social psychological construction work, combining the actual needs of the capital community construction and practical work of Beijing Social Psychological Work Association. It tries to provide references for capital social mentality cultivation, social construction and social psychological construction going forward.

Contents

B I General Report

B. 1 2014 Beijing Residents' Values Survey Report
—*Grasp the Basic Structure of the Value, Construct
the Reasonable Value System*　　　　　　　*Nie Pin* / 001
  1. Research Background and Method of Value Outlook　　　　/ 002
  2. *The Value System of Beijing Residents*　　　　　　　　　　/ 005
  3. *Factors Affecting the Values of Beijing Residents*　　　　　　/ 042
  4. *Some Enlightenments of the Study*　　　　　　　　　　　　/ 046

Abstract: This study examine Beijing residents'consciousness of historical aspects, social order and faith, social norms, based-value, value-practise awareness, from the perspective of social psychology. This is a study on the basic structure and general situation of the current Beijing residents' values. It has an in-depth analysis of factors affecting the values. Finally, the countermeasures for the integration of the values and the cultivation and promotion of the socialist core values are proposed.

Keywords: Consciousness of Historical Aspects; Consciousness of Based-Value; Consciousness of Value-Practise Awareness; The Socialist Core Values; The Integration of the Values

B II Thematic Research on Values

B. 2 A Report on the Cognition of Socialist Core Values of
Beijing Residents　　　　　　　　　　　　*Zhang Xiongkuan* / 048

Abstract: Through investigating the cognition of socialist core values in the city's residents, We get the conclusion: the knowledge degree and recognized degree of the socialist core values in the residents is high; The evaluation of the socialist core values in the residents is critical; People can though some away to knowledge the socialist core values, and be full of confidence to realize these values. According to the characteristics of the residents cognition, we puts forward some suggestions of their cultivation.

Keywords: Socialist Core Values; Cognition; Identity

B. 3 Report on Family and Marriage Values of Beijing Residents

Chen Shan / 060

Abstract: The purpose of the study was to investigate the family and marriage values of Beijing residents, The data from the sample survey showed: family happiness was the residents' generally pursue, most residents attached great importance to the family interests, praised equality mutual relationships, praised filial duty and practiced actively. Referring to the marriage values, Beijing residents praised highly the importance of the marriage happiness, most of them were in favor of maintaining the loyalty of marriage, and agreed on maintenances of marriage stability. The general characters of the family values and the affecting factors were discussed.

Keywords: Family Values; Marriage Values; Beijing Residents

B. 4 Beijing Residents' Values Survey Report in the Field of Education
—*A Study on the Educational Perspectives of Beijing Residents from the Value Perspective*   *Tang Dongling / 087*

Abstract: The social mentality survey of Beijing residents in 2014 shows that in the field of knowledge values, residents generally accept the role of knowledge in meeting the higher level needs of people; in the field of ideal schooling's expectations, residents emphasize training students' ideological and moral standards and mental health and playing the leading role of teachers; in the field of family education, high family socioeconomic status of residents is more sympathetic to send their children to famous schools foreign schools, and low family socioeconomic status of the residents to show more exam-oriented education.

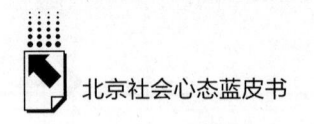

Keywords: Knowledge Values; Ideal Schooling; Parents'Educational ideas

B. 5　Occupational Values of Beijing Residents　　*Wang Hui / 104*

Abstract: The study attempts to explore occupational values of Beijing residents. According to the results of the survey, the values during choosing occupation of Beijing residents has some characteristics: valuing work conditions and self development, pursuing stable occupation, there is a gap between ideal and reality during choosing occupation. The values during working of Beijing residents has some characteristics: valuing relationships, most people agree with Collective concept, most people agree with family is more important than work. Then analyzes the occupation value of different group characteristics differences, and offer some suggestions.

Keywords: Occupational Values; Beijing Residents; Work Values

B. 6　An Investigation Report on Health Concept and
　　　Medical Treatment of Beijing Residents
　　　—*The Construction of Harmonious Relationship between*
　　　Doctors and Patients from the Perspective of Values
　　　　　　　　　　　　　　　　　　　　Zhang Lihua / 123

Abstract: The doctor-patient relationship refers to the process of commitment and mutually beneficial relations between the doctor and the patient as the main body of the crowd formed in the treatment. To build a harmonious relationship between doctor and patient have a positive role in promoting the harmonious society. This article mainly conducts the research from the perspective of medical values, analyze its influence on the harmonious doctor-patient relationship evaluation and the attribution of doctor-patient tension, and proposed to build a mutual respect and understanding, trust tolerance friendly harmonious doctor-patient relationship.

Keywords: Values; the Doctor-Patient Relationship; Harmonious

B.7　A Survey on Beijing Residents' Consumption Value
Shi Menglei / 148

Abstract: The article investigated Beijing citizens' consumption value and views of sellers' credibility. The results are as follows: (1) Beijing citizens in large had traditional consumption values; (2) Females had more traditional consumption values than males; (3) The older had more traditional consumption values than the younger; (4) Consumers' assessments on after-sale service are obviously superior to those on products' prices and qualities.

Keywords: Consumption Value; Credibility

B Ⅲ　Social Mentality Research

B.8　Research on Social Psychology of Belief Crisis　*Tan Rihui* / 165

Abstract: Good faith belief in the current social crisis is a universal phenomenon. Empirical data show that the integrity of the current issues affecting the formation of good social attitude of the public, need further attention and attention. Under the credit crisis, to guide the public to form a good social attitude, must strengthen mechanisms for the integrity of the social psychology guide and encourage community participation, vigorously carry forward the traditional virtues and social innovation network management methods.

Keywords: Integrity; Crisis of Honesty; Social Psychology

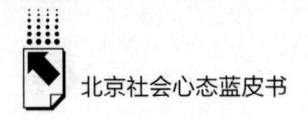

B. 9 "Microblog" Situational Report in Beijing in 2014

Zhu Tingshao / 178

Abstract: In recent years, the information technology industry in our country has been developing rapidly. The development of information science technology and the Internet platform provides a new opportunity for the development of social situation perception. It can be helpful to make up for the limitations of traditional research methods through the network data used to compute user psychological factors. In view of this, the network data is the ideal way of social situation perception research, and is a rapid trend to establish subjective social situation analysis system. This report focuses on Sina "micro-blog" platform. Through the online data acquisition of large-scale social network user, the features of user online behavior, the content of online text are extracted. Facing to Beijing area, this report carries out the computation of public attitudes during different events. Results show that, the system can figure out the public social situation timely before and after the event, and provides data support for the formulation of public policies.

Keywords: Sina Microblog; Social Situation; Beijing; Social Events

B. 10 Macro Demand on Micro Era: An Investigation Report on the Mode of Interpersonal Relationships in WeChat

Yu Jia, Hu Jing / 199

Abstract: WeChat, which is one kind of the reflection of heightened artificial and uncertain Micro Era, is the reveal of another dimensional social scene and personal life. In this paper, a questionnaire on "Interpersonal Interaction of WeChat Era" is used through the spread of the interpersonal network based on the individual, and modern people's demand and behavior under the influence of technological revolution is considered through the of presentation of interpersonal interaction and relationships in WeChat.

Keywords: WeChat; Micro Era; Interpersonal Relationships

Contents

B.11　The Study on the Psychological Well-being of Shidu
　　　　Elderly and Coping Strategies　　　　　　　　　*Li Linying* / 222

Abstract: This study explores the grieving experiences of the Shidu elderly and their coping strategies. It aims to provide evidence of conducting effective psychological counseling to this group in the future. By adopting documents research method and fieldwork, this study finds out that Shidu elderly have more spiritual demands than material or daily-care demands. Thus, it is suggested that the government should look for actions from three levels, including personal level, the level of community and the level of society.

Keywords: Shidu; Grieving Counseling; Spiritual Care

B.12　Investigation on the Mental Health of Migrant Children
　　　　in Migrant Schools in Changping District of Beijing City
　　　　Liu Yan, Liu Huaqing, Zhang Dong, Wei Chenxi and Li Jiuju / 240

Abstract: With the development of city is accelerated year by year, the mental health of migrant children received more and more extensive attention. In this study, we investigated 293 12 – 16 year old migrant children of a migrant school in Changping District of Beijing city through interviews and questionnaire survey and analyzed their mental health status and related factors. We found that nearly 16% lived in home place for more than 10 years; more than 90% children lived in different city with their parents; more than half children looked forward to continue living in the city in future; the overall level on social support was low; the overall level of mental toughness was low; the polarization was more obvious in group for SCL – 90. We provided the corresponding suggestions on the prevention and intervention measures for the adverse psychological problems of migrant children from the policy level, family education and school education aspects.

Keywords: Migrant Children; Mental Health; Intervention Measures

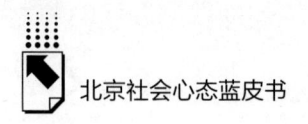

B Ⅳ Social Psychological Construction

B.13 The Report on Beijing Psychological Aid Hotline

Zhu Junying , Shi Menglei / 257

Abstract: Psychological hotline has become one of well-known counseling forms. In order to have an understanding of Beijing psychological hotline, we chose six representative organizations to interview, and find that the whole industry is in the disordered state, lack of a single standard and necessary supervision. We give several advices to reinforce the guidance and development of the industry.

Keywords: Psychological Aid Hotline; Supervision

B.14 The Research of TCM Psychological Impact on Cognition and Behavior of Family Harmony Relationship

Wang Weidong, Zhang Jinhua, Xu Huiling,
Du Hui, Zhou Xuanzi, Liang Qiuyu and Hong Lan / 266

Abstract: In view of the community family relations, Select lower marital satisfaction couples for TCM psychological intervention through the questionnaire survey. Results show that the marriage quality affected by many factors, Marital satisfaction is an important index of marital quality. Husband and wife feelings and each emotion were important factors in the marriage and family relations. Spouse relationship influenced the development of the relationship between them and their parents to some extent. TCM psychological intervention could improve the relationship and family relations.

Keywords: Community; Family Relationships; Spouse Relationship; Marriage Quality; TCM Psychological Intervention

B. 15　The Mechanism of "Farmers to Citizens" Community Residents' Mental Adaptation
　　　—Empirical Research of the Beijing Nanhai Homestead Community

Liu Shixiang, Dong Hongjie and Li Shuting / 288

Abstract: In this paper, with the advantage of Mental Adaptation subscales from the Adult Mental Health Scale compiled by Deng Li-fang, Zheng Ri-chang (2008), we evaluated Nanhai Homestead Community residents' Mental adaptation condition. At the same time, we used Neuroticism Extraversion Openness Five-Factor Inventory (NEO-FFI), Social Support Rating Scale (SSRS) and Psychosocial Stress Survey for Groups (PSSG), to explore the relationship structure between the residents' mental adaptation and individual level factors (individual personality and stress coping style), organizational level factors (social support), situational factors (stress events).

Secondly, the data was analyzed and evaluated to investigate and screen mental adaptation disturbed community residents, and provide corresponding psychological interventional measures. Then through semi-structured interview, we described the Nanhai Homestead Community residents' difficulties and problems during the import process, to explore the psychological process of their identity and sense of community. Based on the research above, we try to propose a system of social psychological work of the "farmers to citizens" communitie, for reference only in further research and practice.

Keywords: Farmers to Citizens; Sense of Community; Mental Adaptation; Psychological Intervention; Psychosocial Work

B. 16　Construction and Empirical Analysis on the Older Citizens' Model of Social Adaptation

Chen Jie, Feng Chunmiao and Tu Ya / 316

Abstract: 【Objective】 Exploring the older citizens' model of social adaptation from mental, environment and health in Beijing. 【Methods】 Determine behavioral characteristics for the older citizens' social adaptation, design and grant 400 social adaptation questionnaire for older citizens in Beijing. Older citizens selected from city (n =40) and suburb (n =40) in Beijing are divided into two groups, modify their inappropriate behavior. 【Results】 Interpersonal adaptation is the main factor of social adaptation. With role adaptation and higher self-evaluation. Daily life is limited slightly. With a high awareness of security. With low propensity of elderly care. 【Conclusion】 The existence of social adaptation model for the older citizens in Beijing. : Life - psycho-social adaptation model.

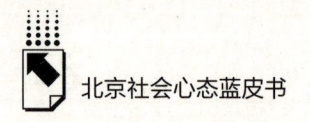

Keywords: the Older Citizens; Social Adaptation; Life-Psycho-Social Adaptation Model

B. 17　Study on Neighborhood Relationship of Beijing Residents
　　　—*Construction of New Neighborhood Relationship*
　　　　from the Viewpoint of Value Residents
　　　　from the Value Perspective　　　*Nie Pin, Kang Yue* / 333

Abstract: In this study, the status quo, characteristics and influencing factors of neighborhood and neighborhood relations of residents in Beijing were investigated by using common sayings and behavioral situation tests. It tries to provide a reference of rebuilding the good atmosphere of the community and a harmonious new neighborhood relationship, while practicing the socialist core values.

Keywords: Beijing Residents; Neighborhood View; Neighborhood Relationship

皮书系列

❖ 皮书起源 ❖

"皮书"起源于十七、十八世纪的英国,主要指官方或社会组织正式发表的重要文件或报告,多以"白皮书"命名。在中国,"皮书"这一概念被社会广泛接受,并被成功运作、发展成为一种全新的出版型态,则源于中国社会科学院社会科学文献出版社。

❖ 皮书定义 ❖

皮书是对中国与世界发展状况和热点问题进行年度监测,以专业的角度、专家的视野和实证研究方法,针对某一领域或区域现状与发展态势展开分析和预测,具备权威性、前沿性、原创性、实证性、时效性等特点的连续性公开出版物,由一系列权威研究报告组成。皮书系列是社会科学文献出版社编辑出版的蓝皮书、绿皮书、黄皮书等的统称。

❖ 皮书作者 ❖

皮书系列的作者以中国社会科学院、著名高校、地方社会科学院的研究人员为主,多为国内一流研究机构的权威专家学者,他们的看法和观点代表了学界对中国与世界的现实和未来最高水平的解读与分析。

❖ 皮书荣誉 ❖

皮书系列已成为社会科学文献出版社的著名图书品牌和中国社会科学院的知名学术品牌。2011年,皮书系列正式列入"十二五"国家重点图书出版规划项目;2012~2014年,重点皮书列入中国社会科学院承担的国家哲学社会科学创新工程项目;2015年,41种院外皮书使用"中国社会科学院创新工程学术出版项目"标识。

中国皮书网

www.pishu.cn

发布皮书研创资讯，传播皮书精彩内容
引领皮书出版潮流，打造皮书服务平台

栏目设置：

- □ **资讯**：皮书动态、皮书观点、皮书数据、皮书报道、皮书发布、电子期刊
- □ **标准**：皮书评价、皮书研究、皮书规范
- □ **服务**：最新皮书、皮书书目、重点推荐、在线购书
- □ **链接**：皮书数据库、皮书博客、皮书微博、在线书城
- □ **搜索**：资讯、图书、研究动态、皮书专家、研创团队

中国皮书网依托皮书系列"权威、前沿、原创"的优质内容资源，通过文字、图片、音频、视频等多种元素，在皮书研创者、使用者之间搭建了一个成果展示、资源共享的互动平台。

自2005年12月正式上线以来，中国皮书网的IP访问量、PV浏览量与日俱增，受到海内外研究者、公务人员、商务人士以及专业读者的广泛关注。

2008年、2011年中国皮书网均在全国新闻出版业网站荣誉评选中获得"最具商业价值网站"称号；2012年，获得"出版业网站百强"称号。

2014年，中国皮书网与皮书数据库实现资源共享，端口合一，将提供更丰富的内容，更全面的服务。

法律声明

"皮书系列"（含蓝皮书、绿皮书、黄皮书）之品牌由社会科学文献出版社最早使用并持续至今，现已被中国图书市场所熟知。"皮书系列"的LOGO（ ）与"经济蓝皮书""社会蓝皮书"均已在中华人民共和国国家工商行政管理总局商标局登记注册。"皮书系列"图书的注册商标专用权及封面设计、版式设计的著作权均为社会科学文献出版社所有。未经社会科学文献出版社书面授权许可，任何使用与"皮书系列"图书注册商标、封面设计、版式设计相同或者近似的文字、图形或其组合的行为均系侵权行为。

经作者授权，本书的专有出版权及信息网络传播权为社会科学文献出版社享有。未经社会科学文献出版社书面授权许可，任何就本书内容的复制、发行或以数字形式进行网络传播的行为均系侵权行为。

社会科学文献出版社将通过法律途径追究上述侵权行为的法律责任，维护自身合法权益。

欢迎社会各界人士对侵犯社会科学文献出版社上述权利的侵权行为进行举报。电话：010-59367121，电子邮箱：fawubu@ssap.cn。

社会科学文献出版社

权威报告·热点资讯·特色资源

皮书数据库
ANNUAL REPORT(YEARBOOK) DATABASE

当代中国与世界发展高端智库平台

www.pishu.com.cn

皮书俱乐部会员服务指南

1. 谁能成为皮书俱乐部成员？
- 皮书作者自动成为俱乐部会员
- 购买了皮书产品（纸质书/电子书）的个人用户

2. 会员可以享受的增值服务
- 免费获赠皮书数据库100元充值卡
- 加入皮书俱乐部，免费获赠该纸质图书的电子书
- 免费定期获赠皮书电子期刊
- 优先参与各类皮书学术活动
- 优先享受皮书产品的最新优惠

3. 如何享受增值服务？

（1）免费获赠100元皮书数据库体验卡

第1步 刮开附赠充值的涂层（右下）；
第2步 登录皮书数据库网站（www.pishu.com.cn），注册账号；
第3步 登录并进入"会员中心"—"在线充值"—"充值卡充值"，充值成功后即可使用。

（2）加入皮书俱乐部，凭数据库体验卡获赠该书的电子书

第1步 登录社会科学文献出版社官网（www.ssap.com.cn），注册账号；
第2步 登录并进入"会员中心"—"皮书俱乐部"，提交加入皮书俱乐部申请；
第3步 审核通过后，再次进入皮书俱乐部，填写页面所需图书、体验卡信息即可自动兑换相应电子书。

4. 声明

解释权归社会科学文献出版社所有

皮书俱乐部会员可享受社会科学文献出版社其他相关免费增值服务，有任何疑问，均可与我们联系。

图书销售热线：010-59367070/7028
图书服务QQ：800045692
图书服务邮箱：duzhe@ssap.cn

数据库服务热线：400-008-6695
数据库服务QQ：2475522410
数据库服务邮箱：database@ssap.cn

欢迎登录社会科学文献出版社官网
（www.ssap.com.cn）
和中国皮书网（www.pishu.cn）
了解更多信息

社会科学文献出版社 皮书系列
SOCIAL SCIENCES ACADEMIC PRESS (CHINA)

卡号：831437250967
密码：

子库介绍
Sub-Database Introduction

中国经济发展数据库

涵盖宏观经济、农业经济、工业经济、产业经济、财政金融、交通旅游、商业贸易、劳动经济、企业经济、房地产经济、城市经济、区域经济等领域，为用户实时了解经济运行态势、把握经济发展规律、洞察经济形势、做出经济决策提供参考和依据。

中国社会发展数据库

全面整合国内外有关中国社会发展的统计数据、深度分析报告、专家解读和热点资讯构建而成的专业学术数据库。涉及宗教、社会、人口、政治、外交、法律、文化、教育、体育、文学艺术、医药卫生、资源环境等多个领域。

中国行业发展数据库

以中国国民经济行业分类为依据，跟踪分析国民经济各行业市场运行状况和政策导向，提供行业发展最前沿的资讯，为用户投资、从业及各种经济决策提供理论基础和实践指导。内容涵盖农业，能源与矿产业，交通运输业，制造业，金融业，房地产业，租赁和商务服务业，科学研究环境和公共设施管理，居民服务业，教育，卫生和社会保障，文化、体育和娱乐业等 100 余个行业。

中国区域发展数据库

以特定区域内的经济、社会、文化、法治、资源环境等领域的现状与发展情况进行分析和预测。涵盖中部、西部、东北、西北等地区，长三角、珠三角、黄三角、京津冀、环渤海、合肥经济圈、长株潭城市群、关中—天水经济区、海峡经济区等区域经济体和城市圈，北京、上海、浙江、河南、陕西等 34 个省份及中国台湾地区。

中国文化传媒数据库

包括文化事业、文化产业、宗教、群众文化、图书馆事业、博物馆事业、档案事业、语言文字、文学、历史地理、新闻传播、广播电视、出版事业、艺术、电影、娱乐等多个子库。

世界经济与国际政治数据库

以皮书系列中涉及世界经济与国际政治的研究成果为基础，全面整合国内外有关世界经济与国际政治的统计数据、深度分析报告、专家解读和热点资讯构建而成的专业学术数据库。包括世界经济、世界政治、世界文化、国际社会、国际关系、国际组织、区域发展、国别发展等多个子库。